U0857483

打造乡村振兴的齐鲁样板

王 秋 主编

山东大学出版社

图书在版编目(CIP)数据

打造乡村振兴的齐鲁样板/王秋主编. —济南：山东大学出版社，2019.4

ISBN 978-7-5607-6325-5

Ⅰ. ①打… Ⅱ. ①王… Ⅲ. ①农村—社会主义建设—山东—文集 Ⅳ. ①F327.52-53

中国版本图书馆 CIP 数据核字(2019)第 079373 号

责任编辑：宋亚卿
封面设计：张　荔

出版发行：山东大学出版社
社　址　山东省济南市山大南路 20 号
邮　编　250100
电　话　市场部(0531)88363008
经　销：新华书店
印　刷：济南景升印业有限公司
规　格：720 毫米×1000 毫米　1/16
22.75 印张　414 千字
版　次：2019 年 4 月第 1 版
印　次：2019 年 4 月第 1 次印刷
定　价：58.00 元

版权所有，盗印必究

凡购本书，如有缺页、倒页、脱页，由本社营销部负责调换

序

实施乡村振兴战略是党的十九大作出的重大战略部署，是习近平新时代中国特色社会主义思想的重要组成部分。2018年3月8日，习近平总书记在参加十三届全国人大一次会议山东代表团的审议时提出：要深刻认识实施乡村振兴战略的重要性和必要性，扎扎实实地把乡村振兴战略实施好，并强调要着力推进乡村产业振兴、人才振兴、文化振兴、生态振兴、组织振兴，为山东实施乡村振兴战略指明了主攻方向和实践路径。2018年6月12～14日，习近平总书记在考察山东时指出：要扎实实施乡村振兴战略，打造乡村振兴的齐鲁样板。为积极贯彻党的十九大精神，学习好、贯彻好、落实好习近平总书记对山东的重要指示精神，山东省重大经济理论与经济发展研究基地确立了“实施乡村振兴战略，打造齐鲁样板”的研究主题，组织专家、学者深入探讨如何打造乡村振兴的齐鲁样板，形成了一批有深入见解、有实证数据、有针对性对策建议的研究成果。

研究成果涵盖了乡村振兴战略的整体性研究以及产业振兴、人才振兴、文化振兴、生态振兴、组织振兴五个方面的具体研究，内容非常全面。总体来讲，本书内容有以下特点：一是内容丰富。书中既有对实施乡村振兴战略的整体论述和把握，同时也聚焦乡村振兴战略的五大振兴，从产业振兴、人才振兴、文化振兴、生态振兴、组织振兴五个方面进行具体深入的探讨，研究内容丰富全面。二是因地制宜，各具特色。实施乡村振兴战略不能千篇一律，不能搞“一刀切”。因此，对于乡村振兴战略的研究也应注重突出各地特色，本书研究内容很好地把握住了这一点，坚持一切从实际出发，因地制宜，宜粮则粮、宜经则经、宜林则林、宜牧则牧、宜渔则渔，结合本地区域特点和发展特色探讨如何使乡村振兴各具特色。三是实践性强。在对如何实施乡村振兴战略进行理论探讨的基础上，深入加强调查研究，提炼总结齐鲁各地在实施乡村振兴战略，打造齐鲁样板过程中的具体政策、措施，总结当地好的经验、好的做法并从中查找不足，提出有针对性的对策建议，突出了实践性，具有较强的现实指导意义。

编　者

2018 年 8 月

目　录

乡村振兴战略篇

乡村产业振兴篇

乡村文化振兴篇

乡村组织振兴篇

乡村生态振兴篇

乡村人才振兴篇

乡村振兴战略篇

论实施乡村振兴战略的“三大”逻辑

杨盛林

习近平总书记在党的十九大报告中首次提出实施乡村振兴战略，后又在参加十三届全国人大第一次会议山东代表团审议时要求山东打造齐鲁样板。实施乡村振兴战略，既要学懂、弄通乡村振兴之要，也要积极探究乡村振兴之道，深谙乡村振兴战略蕴含的道路逻辑、标准逻辑、使命逻辑。

一、道路逻辑：从“农业现代化道路”走向“乡村振兴道路”

农，天下之大业也，自古以来便是历朝历代的安民固本之要。无论是强调农业、农村、农民问题是全党工作的重中之重，还是实施乡村振兴战略，打造齐鲁样板，其初心使命都是夯实“三农”发展基础，实现农业增效、农民增收。党的十八大以来，以习近平同志为核心的党中央高瞻远瞩，着眼于实现“两个一百年”的奋斗目标，进一步提出“中国要强农业必须强，中国要美农村必须美，中国要富农民必须富”的“三农”新思想，将“三农”事业上升为事关党和人民事业发展的全局性和根本性问题，由此，“三农”重中之重的地位也得以充分体现。方向决定道路，道路决定命运，党的十九大报告昭示天下，农业、农村全面振兴，是中国特色社会主义进入新时代必然的方向选择，要贯彻新发展理念，建设现代化经济体系，实施乡村振兴战略，并将乡村振兴战略写入中国共产党章程，使全党的行动指南和全社会的共同行动相统一。2018 年中央一号文件全面落实党的十九大精神，从顶层设计方面构建起乡村振兴的“四梁八柱”，鲜明提出“走中国特色社会主义乡村振兴道路，让农业成为有奔头的产业，让农民成为有吸引力的职业，让农村成为安居乐业的美丽家园”。这标志着我国解决“三农”问题的道路选择实现了重大转换，由此，补短板，强农基，着力解决全面建成小康社会“最后一公里”的问题成为了解决“三农”问题的重要思路。从十六届五中全会提出的走中国特色社会主义农业现代化道路“升级”为走中国特色社会主义乡村振兴道路，是习近平新时代中国特色社会主义思想对“三农”问题的高度概括和丰富诠释，是对我国新时代“三农”规律的最高认识，是中国特色社会主义进入新时代的最佳路径选择。

举什么旗，走什么路，实现什么样的奋斗目标，其前提是要对我国所处的历史方位及面临的社会主要矛盾作出历史性的判断，了知“今夕是何年”。“乡村振兴道路”替代“农业现代化道路”，既是对改革开放40年来的“三农”理论及实践的继承，又是对奋力实现“两个一百年”奋斗目标的道路创新，具有鲜明的时代性和客观性。

（一）时代逻辑

中国特色社会主义“农业现代化道路”发端于2002年党的十六大提出的要“在本世纪头20年，全面建设惠及十几亿人口的更高水平的小康社会”的奋斗目标。2007年，党的十七大基于“我国仍处于并将长期处于社会主义初级阶段的基本国情没有变，人民日益增长的物质文化需要同落后的社会生产之间的矛盾这一社会主要矛盾没有变”这一历史判断，立足于我国“农业基础薄弱、农村发展滞后的局面尚未改变”这一现状，首次提出“走中国特色农业现代化道路”的小康路径。十年后，党的十九大作出了“中国特色社会主义进入了新时代”“我国社会主要矛盾已经转化为人民日益增长的美好生活需要和不平衡不充分的发展之间的矛盾”等重大的、全新的阶段性论断，观点之新，结论之准，道路之明，叹为观止。中国特色社会主义进入了新时代，这涵盖了三个层面的逻辑认知：一是在国家层面，意味着“中华民族迎来了从站起来、富起来到强起来的伟大飞跃”；二是在经济层面，意味着我国经济总体进入了由高速增长转向高质量增长的阶段；三是在农业、农村层面，意味着“三农”事业进入了决胜小康“强富美”的新征程。乡村振兴战略由此应运而生，恰逢其时，是新时代的必然产物。

（二）实践逻辑

“走中国特色社会主义农业现代化道路”的实践逻辑是聚焦农业发展的速度和数量，千方百计地实现农业的“机械化、水利化、规模化、标准化”，提高“土地产出率、资源利用率和农业劳动生产率”，在对以往短缺经济的惯性判断认知基础上，着力解决“有无和快慢”的问题。“走中国特色社会主义乡村振兴道路”的实践逻辑，首先体现为新时代要有新作为，要以农业供给侧结构性改革为主线，推动农业、农村进行“质量变革、效率变革、动力变革”，培植壮大农业、农村发展的新动能，实现“产业、人才、文化、生态、组织”五大振兴，着力解决“好不好和城乡二元”的深层次结构性问题。其次，中国特色社会主义乡村振兴道路的内涵有三个层面：第一个层面是“城乡融合、共同富裕、质量兴农、绿色发展、文化兴盛、乡村善治、特色减贫”，构成了乡村振兴的具体路径；第二个层面是“强富美”，是乡村振兴道路的灵魂；第三个层面是“让农业成为有奔头的产业，让农民成为有吸引力的职业，让农村成为安居乐业的美丽家园”，是乡村振兴道路的初心。

二、标准逻辑：从建设新农村“五项标准”走向乡村振兴“五项标准”

实施乡村振兴战略，打造齐鲁样板，是以习近平同志为核心的党中央交给山东的重大历史任务，是山东实现新旧动能转换、建设经济强省的关键一招。全面落实好习近平总书记的重要指示，打造乡村振兴的齐鲁样板，必须回答振兴什么、如何振兴、怎样衡量的现实问题。“思深方益远，谋定而后动”，无论是“十一五”时期的建设社会主义新农村，还是进入新时代以后的实施乡村振兴战略，都提出了“五句话二十个字”的总要求，但因时代不同及社会主要矛盾的历史性转化，“三农”工作从总体上呈现出从建设新农村“五项标准”走向乡村振兴“五项标准”的标准逻辑，“乡村振兴”是“新农村建设”的升级版，并具备标准“五位一体”、样板“三生三美”的新特征。

（一）标准逻辑

党的十九大确立的“产业兴旺、生态宜居、乡风文明、治理有效、生活富裕”的乡村振兴战略总要求，实质上就是党的十六届五中全会提出的“生产发展、生活宽裕、乡风文明、村容整洁、管理民主”的新农村建设标准的升级版。这一升级实现了“三农”工作的战略选择从“生产发展”到“产业兴旺”、从“村容整洁”到“生态宜居”、从“管理民主”到“治理有效”、从“生活宽裕”到“生活富裕”质的新飞跃。乡村振兴“五项标准”突出“产业兴旺的经济基础、生活富裕的获得感受、乡风文明的思想道德、生态宜居的美好环境、治理有效的体制机制”，体现了新时代统筹推进“五位一体”总布局在农业、农村现代化建设中的最新要求。产业兴旺居首，意在夯实根基；生活富裕位高，意在强调目的；生态宜居关键，意在返璞归真；治理有效固本，意在善治和谐；乡风文明提法不变，意指农村精神文明建设进步迟缓，精神文明建设尚未随着农业物质文明的巨大进步而显著提高，不协调不充分的短板凸显，这一点必须一以贯之地强化。

（二）样板逻辑

打造齐鲁样板，勾画美好蓝图，既要对标习近平总书记在参加山东代表团审议时发表的重要讲话，即深入贯彻党的十九大和2018年中央一号文件所提出的关于实施乡村振兴战略这一顶层设计，又要实施乡村振兴战略的山东重大工程，努力做到“上接天线，下接地气”，理论支撑，样板鲜活。2018 年习近平总书记赞扬及视察的临沂市兰陵县代村和济南市章丘区三涧溪村，都是乡村振兴齐鲁样板的典型代表，它们的“三农”工作实践蕴含着乡村振兴战略的丰富哲理。

临沂市兰陵县代村在 20 世纪 80 年代至 90 年代末曾是班子弱、村容破、风纪差、百姓穷的远近闻名的落后村，村集体负债 380 多万元。1999 年 4 月，王传喜同志担任村党支部书记后，以共产党人的责任担当，率领村两委成员以党建为引领，励精图治，谋事创业，繁荣产业，走出了一条“强村富民，共同富裕，新型集体化，就地城镇化”的乡村振兴之路。2017 年，全村各业总产值达 20 亿元，村集体资产达 12 亿元，村集体收入达 1.1 亿元，农民人均纯收入达 6.5 亿元，率先建成了全面小康、“三生三美”的社会主义新农村。济南市章丘区三涧溪村以党建为统领，强化班子建设，推动产业发展，保护生态环境，汇聚人才资源，建设文明村风、家风，壮大村级集体经济，塑造了“五个振兴”的新样板。

伟大的导师列宁指出：“有这样的情况，甚至范围很小的模范的地方工作，也比中央许多部门的国家工作有更重要的全国性意义。”①追寻代村、三涧溪村成长为乡村振兴齐鲁样板的轨迹，不难发现，这两者都具有高度相似的生成逻辑：一是具有一支牢记初心、不辱使命、攻坚克难、担当作为、不甘平庸、勇闯新路的坚强的农村基层党组织，这两个基层党组织历久弥坚，趟出了一条具有本地特色的乡村振兴之路，充分印证了“党旗红，乡村兴”这一颠扑不破的真理；二是协调发挥市场和政府这“两只手”的作用，以政府为引领，以农民为主体，既突出了壮大集体经济的宏观效能，又保持了创业创新的灵活机制；三是深耕“三农”，使产业三产融合，实现“三生三美”的格局，其所坚持的工作标准先进且各具特色，同时又遵循经济规律和自然规律。在这种逻辑下打造的样板可复制，经验可推广。

三、使命逻辑：从单一注重“物”的现代化走向“人”的全面现代化

唯有铭记初心与使命，方能做到忠诚与担当。党的十八大以来，以习近平同志为核心的党中央就做好“三农”工作提出了一系列新理念、新思想、新战略，这些新理念、新思想、新战略集中体现在党的十九大报告所提出的乡村振兴战略中，集中体现在习近平总书记朴实无华的“强、富、美、兴”四字真言中，集中体

---

① 《列宁全集》第 4 卷，人民出版社 1972 年版，第 292 页。

现在“中国共产党人的初心和使命，就是为人民谋幸福，为中华民族谋复兴”，集中体现在“举全党、全国、全社会之力，以更大的决心、更明确的目标、更有力的举措，实现农业强、农村美、农民富”，这是党和政府初心和使命的铿锵表白。

“九层之台，起于垒土；千里之行，始于足下”，要把以“强、富、美、兴”为标志的乡村振兴蓝图变为现实，离不开强有力的抓手，抓手使人们在贯彻落实乡村振兴战略方面，实现理论上醍醐灌顶，布局上打通“任督二脉”，战略推进上“纲举目张”。从21世纪以来的15个中央一号文件的主题来看，有9次为现代农业、2次为农民增收、3次为新农村建设、1次为乡村振兴；从主题的分布来看，以往中央解决“三农”问题的思路主要是力求通过发展现代农业这个“主抓手”，提高农产品生产能力，促进结构调整，加强水利建设，推动科技创新，健全投入机制，构建新型农业经营体系，也就是说推进“物”的现代化这一主题占了很大比重。但是2018年中央一号文件则展示出不同于以往的新风格，在“三农”政策设计的逻辑上，更加注重坚持以人民为中心的发展思想，更加注重制度优化、文化建设、生态环境、基础设施、社会保障等“软”要素，表现出从单一注重“物”的现代化走向“人”的全面现代化，从城乡融合到强化农村社会保障，从“厕所革命”到“四好”农村路，从美丽乡村建设到农村人居环境综合整治，从精准脱贫到提升农民获得感、幸福感这一系列转变，把“人”的现代化提高到前所未有的水平，抓手实现了由以“物”为中心向以“人”为中心的历史演进。

首先，乡村振兴战略的整体思路体现为新时代要有新作为，顶层设计综合表现为“一三五四三”的架构，即走一条中国特色社会主义乡村振兴道路，经历三个阶段(2020—2035—2050年)，坚持五项标准(产业兴旺、生态宜居、乡风文明、治理有效、生活富裕)，实施四大保障(制度、人才、资金、组织)，达到三个标志(强、富、美)。乡村振兴战略的目标更明，标准更高，路子更实；“乡村”代替“农村”，“农业、农村现代化”代替“农业现代化”，新农村“五项标准”升级为乡村振兴“五项标准”，“城乡一体化”演变为“城乡融合”，“村民自治”升级为“自治、法治、德治”，反映了中央对乡村价值的高度审视。

其次，创新思路，民本为先。乡村振兴战略的实施更加突出乡村振兴主体的能力建设，在策略上呈现为“二三五”的框架结构。其中，二是指队伍建设，要同时打造“懂农业、爱农村、爱农民”的农村干部队伍及“爱农业、懂技术、善经营”的新型职业农民队伍。三是指制度建设，要着力在“稳、活、新、股”四字上做文章，稳定农村土地集体所有制这项基本经营制度，推进农民承包地和宅基地“三权分置”，“放活”农村承包地、宅基地和农民房屋的经营权，发展民宿、养老、电商、田园综合体等“新业态”，依托“三变改革”大力推进集体资产股份合作制，发展壮大集体经济，增加村集体收入和农民资产性收入，增强村级事务发展和村两委履职能力建设的经济基础；针对农民缺钱、缺人、缺物的实际，不断深化体制机制改革，加大激励措施，大力推进城市资金、技术和各类人才“上山下乡”，融合乡村自然资源、生态资源和人文资源，塑造“三生三美”的美丽家园。五是指“五级书记”抓乡村振兴，要紧盯“五项标准”推进“五个振兴”，搞好生态宜居“五有建设”，提升亿万农民的获得感和幸福感。

【参考文献】

《中共中央 国务院关于实施乡村振兴战略的意见》，2018 年 2 月 5 日《人民日报》。

作者单位：中共临沂市委党校

加快实施乡村振兴战略的对策分析

董德茹

党的十九大报告明确指出："农业、农村、农民问题是关系国计民生的根本性问题，必须始终把解决好'三农'问题作为全党工作的重中之重。要坚持农业、农村优先发展，按照产业兴旺、生态宜居、乡风文明、治理有效、生活富裕的总要求，建立健全城乡融合发展体制机制和政策体系，加快推进农业、农村现代化，巩固和完善农村基本经营制度，深化农村土地制度改革，完善承包地'三权分置'制度等相关农村发展的内容。"这一提法全面、具体地规划了未来农村发展的美好蓝图，"产业发展、生态宜居、乡风文明、治理有效、生活富裕"这 20 字总要求，从顶层设计上全面规划了未来农村发展的远景。

一、实施乡村振兴战略是新时代中国发展的客观需要

从根本上看，乡村振兴战略是解决当前"三农"发展所面临的一系列挑战性问题的必然选择，是全面激活农村发展新动能的重大战略选择。目前，中国的农业和农村总体上是持续发展的，在此背景下提出全面实施乡村振兴战略，表明农业和农村在持续发展的过程中的确存在需要高度重视的问题和挑战。主要表现在以下两个方面：

（一）中国"三农"发展中存在的挑战性矛盾

1. 要素非农化态势仍未扭转

一方面，粗放型的土地城市化趋势虽有所遏制但矛盾仍然突出，耕地大规模减少的矛盾不仅表现在数量上，而且还表现在质量上，在高速工业化、城市化推进过程中所占用的主要是良田沃土；另一方面，农业劳动力特别是素质相对较高的青壮年主要的选择还是进城就业，严重失衡的劳动力流动趋势依然未能转变，这一发展态势损伤了现代农业的发展根基。

2.劳动力老龄化现象持续发展

受人口非均衡性流动的影响，我国农村人口老龄化的问题比城市更为突出。目前，大多数农村区域实际务农的劳动力平均年龄高达60岁，劳动力老龄化的加剧不仅使农业的人工成本因供给不足而不断推高，而且促使农村家庭由多种经营向单一经营转变，出现了商品经济向自给经济倒退的现象，结果是农业的兼业化和粗放化不断发展，“谁来种地”成为普遍性的矛盾。并且，农业劳动力老龄化进一步拉低了农业劳动力的教育水平，而自给性的农业生产取向使老龄劳动力缺乏有效的技术需求，对新技术、新品种持保守态度，“如何种地”面临严峻挑战。

3.农村空心化矛盾不断加重

农村空心化是一个由农村人口过度地向外部流失而引起的农村整体经济、社会功能综合退化的过程。其典型的表现形式是农村人口急剧减少，农村住房大量空置，农村公共服务的有效需求显著降低，乡村社会治理水平同步下降，部分自然村落出现总体性衰败甚至消亡的现象。如果从宏观的历史发展趋势审视，因农村人口减少而造成部分村庄衰落的现象是现代化进程中出现的一种共同趋势，在很大程度上是我国经济转型发展过程中必然要经历的阵痛和必然要付出的代价，但合理的制度安排和政策设计，会使阵痛期更短，使所付出的代价更小。短期内农村人口特别是青壮年劳动力的过度流失，将直接导致土地经营的粗放化。

4.环境污损化问题日益突出

必须清醒地认识到，中国经济的快速增长付出了巨大的生态代价，农村水土流失面积不断扩大，土地荒漠化的问题十分尖锐，特别是环境污染已经成为最严重的问题。具体表现在以下三个方面：一是废弃物的污染。我国的农膜回收率和秸秆还田率都很低，农膜不能降解会直接危害土壤结构，大规模地焚烧秸秆则会造成严重的大气污染。二是生活污染。过去农村的生活用水排放后大都可以自然消解，但是现在的生活用水中含有大量使用过的洗衣粉、消毒液等物质，这种生活用水不加任何处理地排入沟渠、耕地，会造成日趋严重的水体和耕地污染。三是投入品的污染。我国的农业过度依赖化肥、农药的格局总体上仍未扭转，化肥、农药等投入量大，但利用率低，致使农村环境污损矛盾日趋加重。

（二）中国“三农”发展应高度关注的突出问题

1.不均衡发展

就产业发展来看，当前我国面临着一些地区现代农业发展速度快，另一些地区传统精耕细作农业趋于衰落两种趋势并存的严峻现实，农业产业发展的区域失衡现象十分突出。就区域来看,农村内部发展不平衡的矛盾同样十分严重,在一些交通不便的偏远农村,伴随人口外流而产生的问题是乡村的全面、深度衰退,村庄空心化与土地荒芜、粗放经营、产业萎缩在同一区域同时发生。这与相对发达区域新农村建设所实现的深刻变化产生了巨大反差。毫无疑问,农村内部面临着产业发展和区域发展双重失衡的严峻现实,尽管这种现实是阶段性发展中的内在必然,但当这种失衡超过合理限度而又对全局性稳定增长过程构成威胁时,就必然成为需要及时解决的紧迫性重大问题。

2.短期化加剧

虽然我国现代农业在原有的基础上实现了长足发展,但由于缺乏相应的制度,缺乏完备的约束机制,使产业发展过程中的短期化仍是一个较为突出的问题。农产品质量不安全和农村环境恶化,无疑是农业短期化酿成的两大恶果,也是当前推进农业供给侧结构性改革和实施乡村振兴战略必须破解的关键性难题。在推进新农村建设过程中,短期化的问题不容忽视。在行政的推动下,为建设整齐划一的新农村,不惜毁损乡村自然风貌,牺牲独特的乡村价值,破坏乡村文化和传统治理体系。此外,当前精准扶贫战略实施过程中的短期化取向也是需要高度重视的问题,重物质投入、轻能力建设,重行政手段、轻市场机制,重发展、轻改革,都是当前脱贫攻坚中带有共性的突出问题。

受到上述矛盾与问题的影响,我国农业在持续增长的同时越来越难以满足不断增长的优质安全农产品需求,乡村在不断改造过程中面临着越来越大的保持良好生态环境的巨大压力,农民在收入日趋多样化的同时实现稳定增长的难度不断加大。乡村振兴战略正是基于这样的宏观背景而提出的,因此从根本上看,乡村振兴战略是全新战略理念下的创新型发展,是基于重点解决现实突出矛盾的战略选择,而不是对原有“三农”工作的简单加强。实施乡村振兴战略必须坚持问题导向,选择新思路,启用新方法,不能以老手段对付新挑战,应当以城乡融合为基本支撑,重点解决农业和农村发展中的突出问题,补齐现实短板,破解重大难题。

二、加快实施乡村振兴战略的建议

党的十九大提出的乡村振兴战略是补齐农业、农村“短板”的战略举措,是解决城乡发展不平衡、农村发展不充分等问题的重要途径,也是新时代“三农”工作的主线。

(一)培育壮大“三农”工作队伍,实施能人兴村

“乡村要振兴,人才排第一。”然而,近年来农村人才外流状况严重,发展农业急需的专业人才在农村留不住的现象较普遍,“三农”工作队伍人员不足、视野不

宽、老龄化、本领恐慌等问题较突出。为此，党的十九大提出了“培养造就一支懂农业、爱农村、爱农民的‘三农’工作队伍”的明确要求。各级政府要引导、吸引外出打工的种养能手返乡，在项目扶持、农机补贴、技能培训、用地安排、金融扶持等方面实行优先、优惠。鼓励大学生和涉农科技人员下乡，到农村开创新天地。

（二）全面推进城乡融合发展，促进城乡共同繁荣

随着大多数青壮年离开乡村来到城市，农村老龄化问题日趋严重，农村发展活力减弱，甚至出现了不同程度的衰落。在培养和造就一支懂农业、爱农村、爱农民的“三农”工作队伍的基础上，要尽快改变农村地区供水、供电、供气条件差以及道路、网络通信、仓储物流设施落后的状况，进一步提升乡村与城镇间以及农村内部的互联互通水平，充分激活农村要素资源，让城乡之间实现要素良性互动。积极探索城乡融合发展新路径，改变以往不协调的“城乡统筹”，形成协调可持续的“城乡融合”。要把城市资金、技术、人才、管理等优势与农村人力资源、发展空间的优势结合起来，增强农村发展活力。鼓励城市企业和工商资本参与乡村振兴建设，让乡村呈现“田成方，树成簇，水成网”的美景，点亮现代都市人群的田园梦想。

（三）推进农村一、二、三产业融合发展，拓宽农民增收渠道

要实现乡村振兴，产业兴旺是重要内容，而农村产业兴旺的关键在于发挥农产品加工业和休闲农业的引领带动作用，推进农村一、二、三产业的融合发展。把农村产业发展的主导产品与城市的旅游业、餐饮业、养老业、健康业等紧密结合，借鉴日本小岩井农场和法国农业旅游的成功经验，发展观光农业、体验农业、民宿经济等“农＋游”模式。促进农业与互联网的深度融合，通过鼓励农业经营主体对接全国性和区域性农业电子商务平台，大力发展农村物流业，形成“村村通”，建立农产品网络销售的“农＋网”模式。

（四）筑牢生态文明建设的法治屏障，净化乡村生态环境

把保护农村生态环境作为改善民生的重要工程。对于可能造成污染的企业的“上山下乡”，各级环保部门要重点加强对“小、散、乱、污”的“村中厂”的监管；对于环保检查时躲匿的“小、散、乱、污”作坊业主，必要时可以联合警方进行打击，增大威慑力。各级法院、检察院、公安局、环保局要联合制定环境保护执法联动机制，严厉打击破坏生态环境特别是污染农田和灌溉水源的违法犯罪行为，做到依法快捕、快诉。对已经停产、转产或关闭的污染企业和小作坊，要对其周围土壤、水塘全部进行清理，消除潜在的安全隐患。

(五)加大对农民教育和医保的投入力度,提升农民发展能力

乡村建设离不开农民的体能、智能、技能和管理能力等,乡村振兴需要提高农民的发展能力。一是邀请农业科研院所的科技人员传授优质栽培、土壤改良、病虫害与自然灾害综合防治等实用技术,鼓励职业农民应用农业新科技;二是将基层优秀农技人员和种养能手的"土专家"组成农民讲师团,定期巡回讲解;三是要改善乡镇医院的硬件设施,完善城乡医护人员双向交流机制,提高农村医护人员的诊疗水平,进一步提高农村医疗保险水平,提高报销比例,扩大可报销药品的范围,并定期免费为农民体检,充分保障农民的健康。

(六)着力打造农产品品牌,提高农业效益和竞争力

政府要成立农业品牌建设工作领导小组,把品牌建设作为乡村振兴的重要举措。支持农业龙头企业与农民合作社、家庭农场、普通农户建立起紧密的利益共同体,共同打造农业品牌。按照有一定规模、有产品认证、有品牌名称、有商标注册等标准,种植具有保健功能的药食同源农产品,统一实行标准化生产、全过程监管,突出产业化经营、严格化管理,形成区域性农产品公用知名品牌,带动农业增效、农民增收。

(七)充分发挥政府的保障作用,提高服务"三农"水平

1.合力打好扶贫攻坚战

帮助经济薄弱村和低收入农户改善生产、生活条件,按照"缺什么、帮什么、补什么"的原则,坚持"帮眼前"与"扶长远"并重并进,有针对性地开展扶贫帮困活动。要切实发挥工会、共青团、妇联等群团组织的作用,积极鼓励企业、社会组织、个人参与扶贫开发,推动全社会广泛参与扶贫,合力打好扶贫攻坚战,做到脱真贫、真脱贫。

2.进一步完善农业社会化服务体系

一是提升农技推广服务中心、农业信息化服务工程、基层畜牧兽医站等农村基层服务机构的服务水平;二是通过财政扶持、信贷扶持、税费减免等措施,搭建好农业生产性服务平台,加快培育各类农业服务组织,发展面向广大农户的全程托管、代耕代种、联耕联种等服务方式,解决普通农户一家一户"办不了、办不好、办起来不合算"的事情。

3.加强乡村社会治理

一是基层政府要提高自身服务意识和法律素质,搭建起村民与政府沟通的桥梁,认真倾听民意,科学民主决策;二是坚持依法行政,纠正有法不依、执法不

严、违法不究等行为；三是建立完善村基层班子建设长效机制、农村财务监管机制以及农村基层社会矛盾调处化解机制，形成以党建为引领、以自治为基础、以法治为保证、以德治为支撑的乡村治理体系。

【参考文献】

[1]《中共中央 国务院关于实施乡村振兴战略的意见》，2018年2月5日《人民日报》。

[2]冯俊锋：《乡村振兴与中国乡村治理》，西南财经大学出版社2017年版。

作者单位：中共东营市河口区委党校

实施乡村振兴战略　加快推进农业、农村现代化

郭淑敏

实施乡村振兴战略，加快推进农业、农村现代化，是党的十九大作出的重大决策部署，是新时代“三农”工作的总抓手，是促进农业发展、农村繁荣、农民增收的治本之策。

一、实施乡村振兴战略的时代背景

实施乡村振兴战略，是党中央着眼于“两个一百年”奋斗目标和农业、农村短腿、短板的问题而作出的重大战略安排。

（一）实现“两个一百年”奋斗目标的必然要求

在全面建设小康社会以及现代化进程中，农业、农村还是一条短腿、一块短板。目前，我国有近6亿农民，即使到2030年城镇化率达到70%，农村人口也还有4亿多。只有农民实现小康，才能全面建成小康社会；只有农业、农村实现现代化，才能全面建成社会主义现代化国家。实施乡村振兴战略，就是要加快补齐农业、农村发展的短板，实现农业、农村现代化，使农民的生活更加富裕。这是全面建成小康社会的“最后一公里”，是开启全面建设社会主义现代化国家新征程的必经之路。

（二）新时代社会主要矛盾转化提出的迫切要求

中国特色社会主义进入新时代，我国社会主要矛盾已经转化为人民日益增长的美好生活需要和不平衡不充分的发展之间的矛盾。当前，我国社会中最大的发展不平衡，是城乡发展不平衡；最大的发展不充分，是农村发展不充分。这主要表现在：城乡经济发展不平衡，城乡居民收入差距大；城乡基础设施建设和公共服务不平衡；农业产业发展不充分，农业生产成本高，生态环境超载，国内

农产品供求失衡，国际竞争力低；农民增收渠道拓展不充分，农民增收困难。新时代主要矛盾的转化，对农业、农村发展提出了迫切要求，要求我们要坚持农业、农村优先发展，加快推进农业、农村现代化，促进发展更平衡、更充分，更好地满足人民日益增长的美好生活需要。

（三）历史的积淀和改革的成就奠定了物质文化基础

21世纪尤其是十八大以来，农业现代化稳步推进，粮食生产能力达到1.2万亿斤，农民人均纯收入增幅连续8年高于GDP和城镇居民收入增幅。农村民生全面改善，农村生态文明建设显著加强，农民获得感显著提升，农村社会稳定和谐。农业、农村发展取得的重大成就和“三农”工作积累的丰富经验，为实施乡村振兴战略奠定了良好的物质文化基础，提供了充分的可行性。

二、实施乡村振兴战略的主要任务

党的十九大报告明确提出，要按照“产业兴旺、生态宜居、乡风文明、治理有效、生活富裕”的总要求，加快推进农业、农村现代化。其实质，就是把中央“五位一体”的总体布局落实到农村。

（一）乡村振兴，产业兴旺是关键

紧紧围绕促进产业发展，引导和推动更多的资本、技术、人才等要素向农业、农村流动，调动广大农民的积极性、创造性，形成现代农业产业体系，实现一、二、三产业融合发展。只有产业兴旺，农村才有好的就业机会，农民才有好的收入，农村才有生机和活力，乡村振兴才能真正实现。

（二）乡村振兴，生态宜居是重点

良好的生态环境是最公平的公共产品，也是广大民众最基本的福祉。生态宜居要求农村不仅要拥有与城市相当的基础设施和公共服务，而且还要拥有优美的环境和田园风光。生态宜居有两方面的深刻内涵：一是我国经济从高速增长转向提高质量和效益，农村的发展一定要改变过度消耗农业资源、破坏环境的发展方式；二是不仅要求我们这一代能生活在绿水青山之中，更重要的是我们可以把绿水青山作为留给子孙万代永续发展的宝贵财富。

（三）乡村振兴，乡风文明是保障

乡风文明就是社会主义精神文明在农村的具体化。2017年，习近平总书记在视察江苏马庄村时说：“乡村振兴，不但要看经济发展得怎么样，老百姓的口袋鼓不鼓，最重要的是看老百姓的精神风貌怎么样。”对比新农村建设的20字方针，今天提出的“乡风文明”内涵更丰富，建设要求更高，不仅包括思想道德建设，而且还包括公共文化建设以及传统文化的传承。这是一个长期的过程，未来还有很多工作要做。

（四）乡村振兴，治理有效是基础

要加强和创新农村社会治理，加强基层民主和法治建设，使农村更加和谐、安定有序，达到政令畅通、民心相通。也就是说，一方面，党的政策措施可以得到很好的贯彻落实；另一方面，乡村要实现干群关系和谐、邻里之间和睦、老百姓其乐融融。

（五）乡村振兴，生活富裕是根本

习近平总书记强调，要构建长效政策机制，通过发展农村经济，组织农民外出务工经商，增加农民财产性收入等多种途径，不断缩小城乡居民的收入差距，使广大农民尽快富裕起来。这其实就是要坚持以人民为中心的发展思想，围绕农民群众最关心、最直接、最现实的利益问题，千方百计地拓展农民增收渠道，彻底消除贫困，实现全面富裕。

三、实施乡村振兴战略，加快推进农业、农村现代化

习近平总书记指出，实施乡村振兴战略是一篇大文章，要推动乡村产业振兴、人才振兴、文化振兴、生态振兴、组织振兴，把广大农民对美好生活的向往化为推动乡村振兴的动力。

（一）实现乡村产业振兴

要紧紧围绕发展现代农业，围绕农村一、二、三产业融合发展，构建乡村产业体系，实现产业兴旺，促进农民增收。

1. 全面深化改革

巩固和完善农村基本经营制度，完善承包地“三权分置”制度。坚持农村土地集体所有的性质不能改变，坚持家庭经营的基础性地位，坚持农村现有土地承包关系稳定并长久不变。不论经营权如何流转，集体土地承包权都属于农民家庭。农民承包土地的经营权是否流转、怎样流转、流转给谁，只要依法合规，都要让农民自己做主，任何个人和组织都无权干涉。

深化农村集体产权制度改革。改革的目的和要求是保障农民的财产权益，壮大乡村集体经济。改革的主要任务包括：民主确定成员资格认定标准，规范

农村集体资产股权管理办法，完善农村集体资产法人治理结构，发展多种形式的集体经济。集体产权制度改革必须首先明确农村集体经济组织的基本性质。农村集体经济组织有两大基本特征：一是集体的资产不可分割给个人，二是集体组织成员享有平等权利。从这两个基本特征可以看出，农村集体经济组织不是公司、企业性质的经济组织，在集体产权制度改革中提倡实行“股份合作制”，但这个“股”不同于一般意义上的可以依法处置的“资产”，而是指每个成员在集体资产收益中的具体分配份额，因为集体的资产是不可分割给个人的。因此，有条件的农村集体经济组织可以依法设立公司、企业，并依法从事经营活动和承担市场风险，但农村集体经济组织本身不能改制为公司、企业。

2.实施国家质量兴农战略规划

当前，农业生产的主要矛盾不是数量不足，而是质量不高，供需不平衡，效益不高。因此，中央提出走质量兴农道路，将2018年确定为“农业质量年”，并制定了国家质量兴农战略规划。建立质量评价体系，大力推进农业标准化。在大城市郊区、“菜篮子”主产县基本实现农业生产标准化、质量安全可追溯。实施品牌提升行动，从数量的增长转变到质量的提高，通过好的品牌引导农业结构转型升级，提高农业竞争力。

3.实现小农户和现代农业发展的有机衔接

据第三次农业普查的数据显示，2016年，实际耕地面积为16.8亿亩，其中流转面积为3.9亿亩，占实际耕地面积的23.2%。由此可见，76.8%的耕地仍然由承包者自家经营。一家一户的小农户生产，是中国将长期存在的一种现象，也是实现农业现代化的重要制约因素。因此，弥补小地块的分散经营，加快农业现代化进程，帮助农民提高收益，必经的道路就是积极构建新型农业社会化服务体系，向农户提供完善的农业社会化服务，推动小农户和现代农业发展的有机衔接。

作为实现小农户和现代农业有效衔接的重要抓手，健全现代农业社会化服务是一个系统工程，需要举全社会之力完成。一要强化公共服务机构的公益性服务供给，通过政府购买服务等方式，支持具有资质的经营性服务组织从事农业公益性服务。二要培育综合高效的经营性服务组织，逐步将政府部门不擅长的服务领域交由新型农业经营性服务组织进行运作。三要充分重视和发挥科研教育单位的技术支撑作用，不断增强其在技术创新与推广等方面的服务功能，变分散化、部门化服务为综合性、一体化服务。四要加快供销合作社改革发展，推广供销合作社改革成功经验，打造服务农民生产、生活的生力军和综合平台。五要加强协同合作，实现资源整合，为农民提供综合配套的一体化全程服务。

4.促进农村一、二、三产业融合发展

农村一、二、三产业融合发展，在本质上是一个以农业为基础，以农民就业增收为目标，以农村为依托，以打通、延长农业产业链与价值链为方向，以农业与关联行业间资本、技术、人才、市场、管理方式的交叉渗透和优化重组为途经，最终形成农村一、二、三产业高度一体化的新型农业产业形态的过程。城乡居民特别是城市居民生活水平提高，闲暇时间日益增多，再加上交通、通信、农村基础设施条件的改善，使得一、二、三产业融合成为可能，也使它成为发展农业经济的一个有效渠道。国家出台了各项扶持政策，支持现代农业和一、二、三产业融合发展，鼓励发展种养业、加工流通、休闲旅游、电子商务、健康养老、养生等产业，构建乡村产业体系，为实现乡村振兴提供有力支撑。

（二）实现乡村人才振兴

培养、造就一支懂农业、爱农村、爱农民的“三农”工作队伍。一方面要建立城乡要素双向流动机制，激励更多优秀的城市人才下乡创业。发挥科技人才的支撑作用，全面建立高等院校、科研院所等事业单位专业技术人员到乡村和企业挂职、兼职和离岗创新、创业制度，保障其在职称评定、工资福利、社会保障等方面的权益。鼓励社会各界投身乡村建设，建立有效激励机制，吸引支持企业家、党政干部、专家、学者、医生、教师、律师、技能人才等，通过下乡担任志愿者、投资兴业、捐资捐物、法律服务等方式服务乡村振兴事业。另一方面要加强农村干部、农民和新型主体培训。近年来，国家在逐年加大培养新型职业农民的力度，截至目前，我国已经培育了1400万懂农业、懂技术、善经营的新型职业农民，到2020年我国新型职业农民将达到2000万人，这些人都将成为现代农业发展的先导力量。

（三）实现乡村文化振兴

实现乡村文化振兴的主要要求就是物质文明和精神文明两手抓，既要“富口袋”也要“富脑袋”。实施乡村振兴战略，不仅会使村民的生产能力和生活消费水平得到提升，而且还会提升乡村文化的自信，改变乡村的精神面貌。一要加强思想道德建设，培育文明乡风、良好家风、淳朴民风，提升农民的精神风貌，提高乡村社会文明程度，焕发乡村文明新气象。二要挖掘、传承优秀传统文化，让乡村文化“活”起来。三要提供更多的公共文化服务，丰富农村、农民的文化生活，使他们的兴趣转移到更有意义的活动中去。四要移风易俗。农村是人情社会、熟人社会，要在红白喜事、结婚彩礼这些“关键小事”上树立社会主义核心价值观，防止不良习气蔓延。

（四）实现乡村生态振兴

实施乡村振兴战略，要以生态宜居为关键，推进乡村绿色发展，打造人与自然和谐共生发展的新格局。统筹“山、水、林、田、湖、草”系统治理，实施重要生态系统保护和修复工程，把优势资源保护好。加强农村环境突出问题治理。扎实实施农村人居环境整治三年行动计划，推进农村“厕所革命”，完善农村生活设施。改善土地和水污染状况，实行化肥、农药减量使用。建立市场化的多元补偿机制，特别是要从国家安全、生态安全、战略安全的角度来建立补偿机制，真正使那些因为严格保护制度受到损失的农民得到一定的经济收入。要将乡村生态优势转化为发展生态经济的优势，让绿水青山真正成为兴村富民的金山银山。

（五）实现乡村组织振兴

习近平总书记多次强调，农村基层党组织是党在农村全部工作的基础。要坚持党建引领，选优配强村两委班子，把农村基层党组织建成坚强的战斗堡垒，使农村党员发挥先锋模范作用。建立选派第一书记工作长效机制，全面向贫困村、软弱涣散村和集体经济薄弱村派出第一书记。注重吸引高校毕业生、农民工、机关企事业单位优秀党员干部到村任职，选优配强村党组织书记。

建立健全党委领导、政府负责、社会协同、公众参与、法治保障的现代乡村社会治理体制，坚持自治、法治、德治相结合。通过自治形成多层次的基层协商格局，依托村民会议、村民代表会议、村民议事会、村民理事会、村民监事会等，实现大家的事大家来治。对于一些难以解决的问题和矛盾，要运用法治的手段，让专业的人做专业的事，建立乡村法律顾问网络，建立专门的调解组织、参与机构，提供多种解决矛盾纠纷的途径。同时，引导农民加强自我管理、自我教育、自我服务、自我提高，建立道德激励约束机制，实现家庭和睦、邻里和谐、干群融洽。以自治化解矛盾，以法治定纷止争，以德治春风化雨，以共治同筑平安，实现村强、民富、景美、人和。

【参考文献】

[1]韩长赋：《大力实施乡村振兴战略》，2017 年 12 月 11 日《人民日报》。

[2]陈锡文：《从农村改革四十年看乡村振兴战略的提出》，《行政管理改革》2018 年第 4 期。

[3]郭翔宇：《新时代乡村振兴的指导思想和战略部署》，2018 年 1 月 1 日《第一财经日报》。

作者单位：中共济宁市任城区委党校

着力“五个振兴” 努力打造乡村振兴的“东平样板”

李 泉

实施乡村振兴战略，是党的十九大作出的重大决策部署，是中国特色社会主义进入新时代做好“三农”工作的总抓手。习近平总书记曾对山东省实施乡村振兴战略作出过明确指示，要求山东充分发挥农业大省优势，打造乡村振兴的齐鲁样板。作为欠发达县的东平县，在实施乡村振兴战略中，着力“五个振兴”，勇探欠发达地区乡村振兴新路，努力打造乡村振兴的“东平样板”。

一、培育特色产业，找准乡村振兴突破口

乡村要振兴，产业是支撑。乡村振兴的长期性决定了实施乡村振兴战略必须超前谋划，科学规划，因地制宜地做好产业发展规划。为真正把乡村振兴战略落到实处，东平县着力搞好资源调查，对县域内资源的品种、数量，农村资产等进行全面摸底，全面盘点，脱清底数，找出比较优势，把宏观政策和县域自身优势结合起来，以制定更加有针对性的规划。经努力，2018 年 2 月 8 日，东平县与华中师范大学中国农村研究院联手编制的以“‘合作治理’引领乡村振兴”为主题的《东平县乡村振兴战略规划纲要》(以下简称《纲要》)正式出炉，这是山东省首份县级乡村振兴战略规划纲要。根据《纲要》内容，东平县将分三步实现乡村全面振兴：到 2020 年，探索建立一套有效的乡村振兴体制机制，乡村振兴取得重要进展；到 2035 年，农村产业发展与城镇化建设全面推进，乡村振兴取得决定性进展；到 2050 年，农业现代化基本实现，农村公共服务得到均衡供给，农村生态环境有效改善，农民成为有吸引力的职业，农业强、农村美、农民富全面实现。这一《纲要》为打造乡村振兴的“东平样板”进行了高端谋划。《纲要》的最大特点是突出“合作治理”，以合作开发创新产业供给，以合作建设创新城镇格局，以合作参与创新乡村治理，以合作共享创新共富路径，通过政府、村集体、农民等主体的合作，挖掘内生资源潜力，破解政府、市场、农民单一主体资源供

给不足的难题。蓝图如何变为现实？东平县站在区域经济一体化的高度，紧紧围绕农业供给侧结构性改革，创新农业经营体系，调整农业生产结构，提升产业科技水平，整合产业品牌，推进一、二、三产业融合发展，切实发挥资源优势、区位优势、比较优势，在资源优势中培育地方特色，在区位优势中探索发展着力点，在地方特色上找准产业突破点，在传统优势产业中筛选特色品牌，选准主导产业进行重点开发，打造独具特色的战略产业，培育地方名牌产品，把比较优势拉长，使其转化为市场优势和经济优势，走好专业化、规模化、品牌化发展的路子，使一个产品或一个品牌成为一个乡镇，成为县域产业的代名词，逐步形成本地区的核心竞争力。东平县通过发展龙头企业，带动形成了粮食、油料、食用菌、蔬菜、苗木花卉、麻鸭、水产等重点产业和主导产品集群。通过建立"党建＋企业""龙头企业＋专业合作社＋基地＋农户"等农业产业化经营模式，健全完善农业的产业链、就业链、价值链，提高农业产业的综合竞争力和效益，实现农产品与企业直接对接，保障农产品的销路畅通。例如，泰禾农业开发公司的"泰禾"牌食用菌、国丹食品公司的"国丹"牌红心鸭蛋和粥粉等已销往北京、济南、青岛等大中城市。通过实施"品牌富农"工程，发挥品牌效应，积极申报"八里香"食品、"斑鸠店"大蒜为国家地理标志证明商标，申报"水泊"食品、"八里香"食品、"国丹"湖产品、"赛金河"花生油、"香糊粥粉"等为山东省著名商标，申报"姜仔鸭"禽肉熟制品、"正亮"淀粉、"水泊"蛋制品等为山东名牌产品。通过开展国家级、省级"一村一品"示范村镇创建活动，培育竞争力强的区域品牌，推动区域特色经济的发展，真正使名牌战略带动一批企业、一个行业乃至整个区域经济的发展，充分发挥龙头企业的"火车头"带动作用，以产业推进县域经济实现跨越发展，以产业发展推进乡村振兴。目前，东平县已成为全国粮食生产先进县，全省粮食生产先进单位，绿色大蒜出口生产基地，淡水渔业生产基地，麻鸭、生猪及小尾寒羊生产基地，优质核桃之乡。

二、推动农村人才从外流向内聚转变，以人才振兴引领乡村振兴

推进乡村振兴，人才是支撑。针对农村人才老化、青年人才外流、实用人才匮乏等突出问题，东平县大力实施人才强县战略，抓好招才引智，促进各路人才"上山下乡"投身乡村振兴。一是能人归乡兴业。实施"能人归巢"计划，积极引导在外经商、创业和务工人员中视野开阔、观念新颖、善于经营、热爱家乡的经济发展人才回归，让能人回归后兴一方实业、富一方百姓、促一地发展，形成人才向农村基层一线流动的用人导向。二是选派第一书记驻乡帮扶。建立选派第一书记工作机制，从县直机关、事业单位和拟提拔年轻干部中选派第一书记到村任职，驻乡帮扶，并制定相应的扶持政策。结合第一书记驻乡帮扶工作，开

展机关、事业单位党支部与村党组织的结对共建活动，加强对选派单位的考核力度，加强对党组织“软弱、涣散”村和贫困村第一书记的跟踪管理，对帮扶成效明显、工作实绩突出的，优先提拔重用。三是遴选实用技术人员下乡服务。从农业、农机、科技、文化、卫生等部门，遴选业务骨干、专家、教授，深入生产经营一线开展巡回指导、跟踪帮带，充实乡村组织振兴工作力量。整合各类人才参与乡村振兴，让农村资源要素活起来，让广大农民的积极性和创造性迸发出来，让全社会支农、助农、兴农的力量汇聚起来。

三、实施文旅融合，使文化成为推动乡村文化振兴的引擎

乡村是传统文化的发源地，传统文化是乡村振兴的精神引擎。东平有文字记载的历史达4000多年，自周至清曾为国、郡、府、路、州，一直是北方的历史重镇。悠久的历史使东平积淀了深厚的文化底蕴、多元的文化形态、丰富的文化层次，孕育了水浒文化、黄河文化、运河文化、宗教文化、革命文化、名人文化、民俗文化、红色文化、餐饮文化等特色文化。东平县充分利用这些文化资源，对其进行保护、挖掘、开发、利用，使其助推乡村振兴。一是对优秀文化资源进行挖掘、开发。对水浒古镇、千年宋城等进行挖掘、开发，对现有的古村落等优秀乡村文化遗产加以规划，以实现“文化复兴”。二是实施文旅融合。东平县按照“看得见山、望得见水、记得住乡愁”的要求，使文化与旅游融合，深入发掘乡村背后的故事和文化基因，借助文化旅游实施乡村旅游开发，使乡村成为守望乡愁的重要依托。三是把革命文化与党员干部教育紧密结合。着眼于新时代的发展要求，积极筹建新时代讲习所，弘扬党的优良传统，用习近平新时代中国特色社会主义思想和党的十九大精神武装广大党员干部的头脑，切实加强农村思想道德建设和核心价值观教育，引导群众讲政治、树新风、爱党爱国、向上向善。四是依托自然资源发展休闲旅游。东平县顺应人们的观光休闲、农耕体验等需求，依靠独特的自然资源、产业特色、历史文化等，扶持农民发展休闲旅游业合作社，使乡村破房“变废为宝”，使原始村落变成“宝藏”，最大限度地提升农业的价值创造能力。例如，东平街道塘坊村，依托水乡特色，成立了乡村旅游专业合作社，策划了集餐饮、住宿、采摘、垂钓、赏花、体验于一体的精品度假项目，成为“住农屋、吃农饭、干农活、享农趣”的自驾游新区，使“家家都是农家乐，全村组成度假区”。自2012年以来，塘坊村先后被评为“中国乡村旅游模范村”“山东省旅游示范村”“泰安市旅游先进村”“市级文明村镇”“东平县旅游十朵金花”等。

四、以“创卫”和开展美丽乡村建设为抓手，以生态振兴助推乡村振兴

生态振兴是夯实乡村振兴的基础。良好的生态环境，既是生态文明建设的要求，也是广大农民的殷切期盼。近年来，东平县以创建国家卫生县城和开展美丽乡村建设为契机，根据党的十九大提出的生态宜居要求，扎实推进县城和农村环境综合整治行动，推进创建国家卫生县城建设。一是补齐设施短板，开展美丽乡村建设，美化村庄环境；统筹抓好特色小镇、新型示范社区和美丽宜居示范村庄建设；开展重要生态系统保护和修复工程，改善农村生态环境，建设美丽宜居的幸福家园。二是推进乡村文明行动，大力推进农村生态文明建设和农村人居环境、生态环境整治，积极推进农村生产方式、生活方式和消费方式的绿色化、生态化，发展绿色产业，培育“美丽经济”，实现城乡整洁、美丽、和谐、宜居的目标。三是着力推进国家卫生县城创建工作，坚持以网格化、常态化、精细化“三化引领”为抓手，以“深、实、细、透”四字标准为要求，强化“门前五包”责任制，探索“条块结合”“创卫街长制”等工作制度，顺利通过了国家专家组暗访，高质量地迎接了专家组明察，拿到了国家卫生城市的“入场券”，走出了党委领导、政府主导、部门联合、社会参与的路子，探索了欠发达县如何在自身条件有限的情况下成功创卫等重大问题，也为乡村振兴提供了思路。

五、坚持党建引领，以组织振兴促乡村振兴

乡村振兴的关键是党和组织振兴。东平县坚持以组织振兴促乡村振兴。一是深化农村过硬党支部建设，实施“头雁”更新工程。拓宽用人渠道，根据基层实际和工作需要，从各级党政机关、企事业单位等选派优秀党员干部到工作基础薄弱村担任党组织书记，不拘一格，更新换代，为农村党组织书记队伍注入新鲜血液；实施“头雁”育苗工程，建立全县农村党组织书记后备人才库，从各类组织负责人、专业大户、农村实用人才、青年农民、村医、外出务工经商人员、返乡创业人员、高校毕业生、退役军人等人员中挖掘村级班子后备力量，“培植育苗”，递进培养，把符合条件的优秀人才发展为党员，把优秀党员培养为村干部，有序推进村党组织书记实现优化升级、新老交替；建立健全村党组织书记履职情况定期评估、动态调整机制，对不胜任、不合格、不尽职的村党组织书记及时进行调整。对换届难点村、财务管理混乱村、宗族矛盾突出村等进行重点监控，集中整顿，实现村党组织由软到硬、由乱到治、由散到聚、由弱到强的目标。二是规范基层党组织、党员干部的教育、管理。深入推进“两学一做”学习教育常态化、制度化，持之以恒地抓好党员日常教育，全面落实“三会一课”、主题党日、组织生活会、民主评议党员等党的组织生活制度，使农村基层党组织和广大党

员群众用习近平新时代中国特色社会主义思想武装头脑，统一思想，增强“四个意识”，坚定“四个自信”，坚决维护习近平总书记在党中央和全党的核心地位，坚决维护党中央权威和集中统一领导。三是创新党员干部培训模式。实现课堂教学与现场教学、体验式教学相结合，在搞好课堂培训的同时，强化实践锻炼，通过拓展训练、到发达地区现场感受和红色教育等形式，增强培训实效。四是利用党建灯塔在线、微信群等现代信息技术，加强对党员的教育管理，消除党员管理盲区。五是针对外出务工党员开展“春节谈心”“农忙谈心”等活动，利用外出务工人员农忙、过春节回家等机会，有针对性地谈心，通报党的工作开展情况，加强思想教育。六是推动乡村各类组织的健康发展。支持村民委员会在党的组织领导下，依据自治章程、村规民约开展群众自治工作，依据职能从事民事活动。深入推进农村集体产权制度改革，加快发展现代农业经营组织，吸引农业龙头企业、专业大户共同参与，鼓励党支部、党员领办、创办合作社，继续探索“党建＋产业发展”“党建＋合作社＋农户”“龙头企业＋农户”等模式，提高农民群众的组织化程度。

作者单位：中共东平县委党校

全面理解和把握乡村振兴战略

卢建军

乡村振兴战略是一个具有长远意义和全局意义的大战略。乡村振兴战略是中华民族实现从站起来到富起来，再到强起来的必由之路，是实现中华民族伟大复兴的基础工程。实施乡村振兴战略有助于构建和谐城乡关系。自改革开放以来，我国乡村虽然取得了快速发展，但还跟不上城市的发展步伐，需要进一步加快乡村发展步伐，使城乡关系均衡协调。实施乡村振兴战略有利于保障我国粮食安全。目前，在国外农产品的挤压下，我国农业发展效率不高的问题也较为突出，因而需要大力推进农业供给侧结构性改革，提高农业竞争力。实施乡村振兴战略有利于促进经济增长。我国是一个农业大国，内需是经济增长的重要动力，而要扩大内需，必须进一步提高农民收入，进一步扩大乡村市场需求。实施乡村振兴战略有利于脱贫攻坚。我国的贫困问题主要集中在乡村，要打赢脱贫攻坚战，必须加大对农村的投入和支持力度。实施乡村振兴战略有利于建设美丽中国。目前，我国农村的生态环境问题较为突出，脏、乱、差等问题也较为严重，急需加大治理力度。

下好乡村振兴这盘大棋，应立足当前，放眼长远，全面理解和宏观把握乡村振兴战略。具体可从以下五个维度理解和把握：

第一个维度是实现经济振兴。作为实施乡村振兴战略的要求之一，产业兴旺的实质就是要实现经济振兴。从长远看，除少部分传统农业外，大部分应重点发展现代农业，这是保障我国粮食安全的需要。推进农业现代化，重点是要推进农业的合作化、订单化、生态化“三化”建设。推进农业合作化，就是要进一步壮大集体经济和合作经济，大力提高农业生产的规模效益和分工效益，同时要注意结合国情和农村实际，不盲目照搬外国模式。一是在合作制度建设方面，既要注意制度与文化的相容性，又要注意结合中国文化的特点推进合作制度创新；既要注意发挥农民自己给自己干活的积极性，也要充分发挥好规模效益和分工效益。二是要注意要素特征，尤其是人、地要素特点。从我国人、地要素特点看，可考虑建立劳动密集型与技术密集型相结合的合作形式。推进农业订单化，就是要通过建立生产和市场的有效衔接机制，大力降低农业的市场风险，为农业发展提供一个稳定的市场需求环境。三是发展现代农业，一定要推进农业的绿色发展，一定要坚持好生态化原则，要把生态化作为农产品最重要的品质。民以食为天，满足生态要求的农产品必然有更大的市场需求，所以，生态化也是保障农业经济效益的重要基础。四是要注重开发农业的多元价值，要在满足人们吃饱、吃好需求的基础上，大力开发农业的休闲价值、观赏价值、体验价值等。

第二个维度是实现政治振兴。作为实施乡村振兴战略的要求之一，治理有效的目的就是要实现政治振兴。政治振兴在中国特色社会主义民主政治推进过程中有着十分重要的现实意义，因此要积极结合农村实际，传承中国农村传统文化，积极探索、健全和完善自治、法治、德治相结合的乡村治理体系。中国农村数量庞大，历史悠久，在乡村治理方面有着十分有效且独特的治理模式，也就是自我治理模式。自治是推进治理民主化的客观需要，更是传承厚重历史文化的需要。自治在我国农村治理进程中发挥过不可替代的重要作用，为此在寻求农村治理“药方”时，要关注农村的自治。但是自治必须建立在法治的基础上，要坚决防止家族势力以及一些黑恶势力对乡村政治的干扰。另外，要实现真正的法治，还需要德治的配合。德润民心，法安天下，道德是法律的内在保障，缺乏德治的法治往往会空壳化或形式化。要完善乡村治理，还需要进一步提高农村干部队伍的素质，要培养、造就一支懂农业、爱农村、爱农民的“三农”工作队伍。

第三个维度是实现文化振兴。作为实施乡村振兴战略的要求之一，乡风文明的实质就是要实现文化振兴。文化振兴是实现乡村振兴的核心力量，并在推进乡村振兴过程中发挥着基础性的作用。因而，要进一步加大乡村精神文明建设力度。一是要发挥好社会主义核心价值观对乡村精神文明的引领作用。二是要大力弘扬中国优秀传统文化，要通过喜闻乐见的教育活动，激励人们向上向善、孝老爱亲、热爱国家、服务社会。三是要大力普及科学知识，进一步弘扬科学精神。四是要大力改造落后的习俗，提倡健康文明的生活方式。文化振兴的核心是要培育诚信、理性、敬畏意识。诚信是一切道德的基础，理性是一切科学的基础，敬畏本质上也是一种理性，目前，尤其要培育敬畏意识。

第四个维度是实现环境振兴。作为实施乡村振兴战略的要求之一，生态宜居的实质就是要实现环境振兴。经济的快速发展让中国的环保压力骤然倍增，原来环境优美的农村也难逃环境污染这个“恶魔”，农村环境问题越来越突出。

但对农村而言,"绿水青山就是金山银山"意义更大,因此要大力推进美丽乡村建设。一是一定要有科学的规划,不能再打着"发展经济"的幌子对农村环境进行自由、无序、随意的破坏。另外,在执行力度方面,不能心慈手软,要从严从重,有了科学的规划,就必须要严格执行,不能将规划往墙上一挂就了事。二是要大力整治乡村环境的脏、乱、差等问题,不能打着"历史积累问题"的幌子对农村脏、乱、差现象不治理,不彻底治理。三是各地应根据自身特点推进美丽乡村建设,不要求有统一的模式,但必须坚持美丽与生态有机统一这一核心,要留得住乡愁。从山东农村看,大力发展庭院经济是一个方向。山东农村几乎每家都有一个大庭院,由于缺乏科学设计,所以利用效率不高,但开发潜力巨大。因而,发展好庭院经济,可实现经济效益、社会效益、生态效益的有机统一。

第五个维度是实现社会振兴。作为实施乡村振兴战略的要求之一,生活富裕的实质就是要实现社会振兴。时下,有几个方面的工作需要扎实推进:一是要努力推进城乡协调发展。二是要坚决打赢脱贫攻坚战。打赢脱贫攻坚战的核心是要充分激活贫困乡村的内生动力,要在注重物质脱贫的同时,注重精神脱贫,要注重"扶志"和"扶智",尤其是对深度贫困问题,更要注重精神脱贫。三是要大力激活贫困乡村的创新动力,要通过制度创新、技术创新等,推动贫困乡村快速脱贫致富。创新驱动是贫困乡村实现与发达地区同步富裕或跨越式发展的必然路径。四是要进一步完善针对贫困人口的社会保障制度,对一些缺乏劳动能力的贫困人口,要通过社会保障,实现兜底脱贫。另外,要斩穷根,坚决斩断贫困的代际传递,还要对儿童的贫困问题给予特别关注和重点解决。自十八大以来,我国进入了精准扶贫阶段,主要的目的是实现人民至上、社会共同富裕。

从20世纪中叶以来,世界各国和有关国际组织先后提出和实施过不少反贫困战略。其中,最主要的反贫困战略有以下几个:一是经济增长战略。它的基本含义是通过促进经济增长来解决贫困问题。20世纪五六十年代一些发展中国家就实施过这一战略,联合国从20世纪60年代相继提出和实施的两个"发展十年"计划,也是这种经济增长战略。这一战略的实施,虽然使许多发展中国家实现了经济的快速增长,但并没有如预期的那样解决贫困问题。二是再分配战略。根据再分配对象的不同,这一战略又可以分为边际再分配战略和生产性资产再分配战略两种。前者的倡导者是霍利·钱纳里领导的世界银行发展研究中心,这一战略着重强调再分配的主要对象是经济增长的增量部分,也就是一般边际意义上的再分配,通过这种再分配,使经济增量中的一部分从富人手中转移到贫困者手中,从而消除过分悬殊的贫富差距,实现反贫困的战略目标。后者的核心可以用"增长前的再分配"来概括,它强调的是对可用于经济增长的资产存量进行再分配,即先分配后增长,这一战略的前提是保证贫困者获得基本的公共服务。三是绿色革命战略。当今世界的贫困人口绝大部分生活在农村，因而发展农村经济成为了反贫困战略的必然选择。绿色革命战略试图通过引进、培育和推广高产农作物品种，并利用生物技术提高农作物产量，发展农村生产力，从而解决粮食问题和农村的贫困问题。四是社会服务战略。如果不对贫困者的人力资本进行较大的投资，从长远看，试图缓解贫困的努力是不可能成功的。对人力资本尤其是教育进行投资，才能铲除贫困的根源。因此，20 世纪 70 年代以后，人们逐渐将反贫困的战略重点转移到了提供卫生、营养、教育和其他社会服务方面，并将其作为政府部门的一项重要社会政策。五是“双因素”发展战略。第一个因素是促使贫困者将其最丰富的资产也就是劳动力，用于生产性活动，为此，要求政府用政策来约束和刺激市场、社会和政治组织、基础设施、技术等。第二个因素就是向贫困者提供基本的社会服务，其中初级医疗保健、营养和初等教育尤为重要。这两个因素相辅相成，缺了其中任何一个都不能成功。上述反贫困战略在一些国家和地区的反贫困过程中得到了实际的运用，也取得了一定的成效，但均没有从根本上消除贫困，这也说明反贫困将是一项长期的、艰巨的任务。

解决中国的贫困问题，也需要走中国特色之路，要在借鉴世界的经验教训的基础上，结合中国实际，大力推进合作化、规模化、社区化、特色化、生态化模式。乡村振兴战略是实现民族伟大复兴、实现富强民主文明和谐美丽现代化强国的重大战略举措，为此要理性谋划、科学布局、统筹安排，让这一战略在中国乡村“开花结果”。

作者单位：中共东营市河口区委党校

烟台市推动乡村振兴的发展规划与模式

孙向荣

实施乡村振兴战略是党的十九大作出的重大决策部署，是新时代做好“三农”工作的总抓手和新旗帜。习近平总书记在参加2018年全国“两会”期间山东代表团审议时指出，要深刻认识乡村振兴战略的重要性和必要性，扎扎实实地把乡村振兴战略实施好。这为我们做好新时代农业、农村工作指明了前进方向，提供了根本遵循，注入了强大动力。

一、烟台市关于实施乡村振兴战略的总体规划

为深入贯彻落实中央实施乡村振兴战略这一重大决策部署，认真落实山东省委、省政府《关于贯彻落实中央决策部署 实施乡村振兴战略的意见》，烟台市委、市政府印发了《关于乡村振兴战略的实施意见》，即市委一号文件。市委一号文件坚持“三农”工作“重中之重”的战略地位，按照产业兴旺、生态宜居、乡风文明、治理有效、生活富裕的总要求，统筹推进农村经济建设、政治建设、文化建设、社会建设、生态文明建设和党的建设，全面推动乡村产业振兴、人才振兴、文化振兴、生态振兴、组织振兴，明确烟台市乡村振兴的指导思想、基本原则、目标任务，坚持规划先行、精准施策、分类推进，加快推进乡村治理体系和治理能力现代化。市委一号文件承载着全市农民的殷切期望，指引着全市农村的发展方向。

（一）产业振兴

深度推进农村一、二、三产业融合发展，推进一产与旅游、教育、文化、康养等产业深度融合，积极培育体验式农业旅游模式。深入推进电商示范县创建和农业特色互联网小镇建设，构建县、镇、村三级农村电商服务网络。

拓宽农民增收渠道，打造旅游一体化产业集群，实现联村共建、强弱帮带、

整合资源、共谋发展。鼓励发展文化、旅游、体验农业、手工作坊等乡村特色产业,保证农村居民收入实现稳定较快增长。计划 2018 年年底消灭集体经济空壳村,2019 年年底消除集体收入 3 万元以下村,2022 年力争使 80%以上的村集体收入在 5 万元以上。

打造开放型高端、高质、高效农业,划定粮食生产功能区,搭建果、菜、茶特色高效产业平台,形成粮、经、饲协调发展的三元种植结构,发展投礁、装备、底播、田园、游钓五大类型海洋牧场,大力推广循环水、智能网箱等集约化健康养殖模式。

计划到 2020 年,全市粮油和蔬菜加工业产值均达 500 亿元,葡萄酒、果品产值达 200 亿元,乡村旅游消费额突破 240 亿元,5 家农业龙头企业主营业务收入过百亿元。

(二)人才振兴

大力培养乡村教师队伍,全面提高乡镇学校教师的待遇,使职称评选向乡村倾斜。大规模开展职业技能培训,重点支持返乡农民工、中高等院校毕业生、退役士兵和下乡的城镇科技人员创业创新。推动新型农业经营主体提质升级,支持大学毕业生、返乡农民工、退伍军人登记并创办家庭农场,鼓励水利、粮食、农机、供销、邮政、烟草等部门、单位向农村延伸服务职能,推进龙头企业、农民合作社和家庭农场等新型农业经营主体的分工协作。

高度重视农村义务教育,加快建立以城带乡、整体推进、城乡一体、均衡发展的义务教育发展机制。积极发展农村学前教育,科学布局农村幼儿园,全面推行“镇村一体化”办园模式。推进农村普及高中阶段教育,加强职业教育。统筹配置城乡师资力量,推动城镇优秀教师向乡村学校流动。

加强乡村人才支撑,全面建立职业农民制度,实施新型职业农民培育工程。建立高等院校、科研院所等事业单位专业技术人员到乡村和企业挂职、兼职和离岗创新创业制度,保障其在职称评定、工资福利、社会保障等方面的权益。允许符合要求的公职人员回乡任职。

(三)文化振兴

以社会主义核心价值观为引领,加强爱国主义、集体主义、社会主义教育,推进社会公德、职业道德、家庭道德和个人品德的培育,为乡村振兴提供坚强的道德滋养和精神支撑。以弘扬传统、凝聚乡愁为目标,加大对农村民俗文化、传统艺术、人文典故、地域风情等非物质文化的保护与传承力度。加大对传统村落、民居、古屋、古树、古巷以及历史文化名村、名镇的保护开发工作。推进乡镇综合文化站、村(社区)基层综合性文化服务中心建设,保障农民享受各类文化服务。

实施德治工程。深入实施爱、诚、仁、孝“四德”工程,强化道德的教化作用,引导农民群众向上向善、孝老爱亲、重义守信、勤俭持家。

加强农村红白理事会建设,深化婚丧习俗改革,形成婚事新办、丧事简办、厚养薄葬的社会风尚。推进殡葬改革,规划建设县镇级公益性公墓。深化乡村文明行动,持续开展文明村镇、星级文明户评选。

组织广大文艺工作者下乡,创作反映乡村振兴实践、展现新时代农村风貌的优秀文艺作品。计划到2020年,实现基层综合性文化服务中心全覆盖,80%的村和乡镇达到县级及以上文明村镇标准。

(四)组织振兴

建立健全党委领导、政府负责、社会协同、公众参与、法治保障的现代乡村社会治理体系。各县、市、区每年至少打造2～3个区域化服务型农村党建示范区,计划到2018年建设50个左右,到2022年建成500个左右,辐射带动全市50%以上的村庄。持续开展农村干部“干事创业”活动,每年评选100个左右“干事创业红旗村”和100个左右“干事创业进步村”。

加强基层扶贫队伍建设,市里选派6名优秀县级干部到脱贫任务较重的县、市、区挂任政府副职,选派30名优秀科级干部到30个重点镇挂任党委副书记,加强对扶贫挂职干部的考核管理。对200个重点村全部派驻第一书记。

加强农村群众性自治组织建设,健全和创新村党组织领导的、充满活力的村民自治机制,提升村民自治章程和村规民约的影响力。建立健全村务监督委员会,扩大村级党务、村务、财务公开。推动乡村治理重心下移,尽可能地把资源、服务和管理下放到基层。

培育壮大村集体经济实力。坚持以“党支部+合作社”为主路径的“一主多辅”集体经济发展模式,制定“发展村级集体经济全域提升三年规划”,明确任务目标、进度安排和考核激励办法。村级党组织要主动作为、真抓实干,带动群众,因村制宜地发展集体经济增收项目。

(五)生态振兴

坚持高标准推进、全域化打造,实施“美丽乡村三年的行动计划”,有针对性地开展村容、村貌专项整治。计划每年提升5%的美丽乡村覆盖率。开展美丽乡村建设“双百工程”,计划每年建设100个美丽乡村示范村,每年提升100个相对后进村。

全面加强农村基础设施建设，计划2018年改造农村公路400千米，农村幼儿园、中小学、卫生室、养老院、便民服务中心等公共场所和农村新型社区实现冬季清洁供暖，计划2018年年内完成5万户农村无害化卫生厕所改造任务，完成农村义务教育学校“全面改薄”。

全面落实全域治水三年攻坚行动，实现从局部水生态治理向全面建设水生态文明转变。以全面落实河长制、湖长制为举措，纵深推进河道综合治理、水土保持、水源地保护、水污染防治、农村饮水等工作实现从局部水生态治理向全面建设水生态文明转变。

计划到2018年除高新区外，所有县、市、区都要完成美丽乡村建设规划，到2020年基本实现村庄规划全覆盖。计划到2020年，美丽乡村覆盖率达到75%，全市治理河道长度300千米以上，巩固提升20万农村居民饮水条件，70%的村庄实现清洁供暖，实现村内主要道路有照明路灯，农药、化肥利用率均达到40%。

二、烟台市推动乡村振兴发展的模式探索

面对如何实现烟台的农业、农村发展，继续走在全国、全省前列的时代命题，全市上下遵循习近平总书记提出的“五个振兴”——产业振兴、人才振兴、文化振兴、生态振兴、组织振兴，以实施乡村振兴战略为新旗帜和总抓手，以农业供给侧结构性改革为主线，加快农业新旧动能转换，加快构建现代农业产业体系、生产体系和经营体系，推进烟台由农业大市向农业强市转变。

（一）坚持产业融合发展，推动乡村产业振兴

产业化是现代农业最显著的特征，产业振兴是乡村振兴的基础。作为全国首批沿海开放城市，烟台是实施农业产业化战略较早的地区，农产品出口额连续10年居全国地级市首位，农产品网上零售规模居全省首位。近年来，烟台市主动适应经济发展新常态，坚持融合发展，稳住一产，壮大二产，做活三产，构建农业与二、三产业融合的现代产业体系，实现从单一产业向全链条、多功能、新业态发展的动能转换，全面提升农村产业发展速度、质量、效益。坚持集约发展，完善利益联结机制，实现从小规模分散经营向新型经营主体适度规模经营的动能转换，重点做大农产品加工业，大力发展农业生产性服务业，扶持发展农产品电商，促进多渠道销售，开展现代农业产业园四级联创，打造现代农业综合体，调精、做优现代种植业，推进农业区域布局调整，优化供给结构，延长产业链条，提高农民在一、二、三产业融合发展中的收益。

经过多年持续用力，烟台具有区域特色的现代农业不断发展壮大，农业综

合生产能力逐步提升，产业结构日趋优化，科技支撑能力逐步增强，农业外向度逐年提升，农村综合改革全面深化，农民生活水平显著提高。目前，全市培植起粮油、果品、蔬菜、畜牧、水产等五大支柱产业，粮油加工、果品加工储藏、蔬菜加工、畜牧加工、水产品加工、葡萄酒酿造等七大产业集群，涉农上市企业达到15家，省级以上农业产业化龙头企业达到72家，农产品出口额占全省出口总值的1/4、全国的1/16，城乡居民收入差距缩小到2.32∶1，农业"传统版"不断升级为"现代版"。

烟台市全力打造战略性支柱产业和综合性幸福产业。以乡村旅游为例，加快旅游产品供给侧结构性改革，坚持"旅游为民"的理念，高品质发展文化、乡村、葡萄酒等特色旅游产品，创新举办"烟台人游烟台""千万人游乡村"等主题活动，拓展旅游休闲空间，培育优质发展新动能。同时，结合贫困村和贫困人口特点，进一步强化产业政策和项目带动扶贫、护林员岗位安置扶贫、科技扶贫、政策性保险支持脱贫等措施，全面提升扶贫工作质量，坚决完成扶贫攻坚任务。

（二）加强乡村人才支撑，推动人才振兴

人才是乡村振兴战略的重要因素，是农业现代化的推动者。实施乡村振兴战略的关键是要有一支懂农业、爱农村、爱农民的"三农"工作队伍。激励各类人才在农村的广阔天地中大施所能、大展才华，打造一支强大的乡村振兴人才队伍，在乡村形成人才、土地、资金、产业汇聚的良性循环，使农民早日过上美好生活。

加强乡村人才支撑，通过开展农业重大应用技术联合攻关行动、万名科技人员下乡行动、科技型现代农业企业培育行动，实施新型经营主体培育工程，举办农技类培训班1600多场次，科技人员下乡9000多人次，培训农民15万多人次，新型职业农民数量达到2000人，引进国家"外专千人计划"专家等高层次专业人才7人。

自2018年起，全市建立起职业农民制度，允许农机人员通过提供增值服务合理取酬，允许符合要求的公职人员回乡任职，开展乡村振兴"巾帼行动"，创新乡村人才培育引进使用制度。

充分发挥高校和研究机构的优势，围绕国家及山东省发展战略和相关政策，围绕烟台市实施乡村振兴战略的意见，探索城乡一体化发展新路子，搭建学术交流平台，汇聚多方智力资源，为发展提供思路和对策。同时，积极开展人才支撑、科技应用、智力支持、资源共享、文化传播等全方位、高层次服务，全面加强乡村人才支撑。

(三)以文化引领乡风文明,推动文化振兴

乡村振兴离不开文化振兴,改善农民精神风貌,提高乡村社会文明程度,焕发乡村文明新气象,是乡村振兴不可或缺的精神文化基础。烟台市以社会主义核心价值观为引领,坚持教育引导、实践养成、制度保障,深化中国特色社会主义和中国梦教育,深入开展习近平新时代中国特色社会主义思想和党的十九大精神宣传教育。同时,深入开展“烟台好人”“道德模范”评选活动,广泛宣传道德模范、身边好人的典型事迹,实施爱、诚、仁、孝“四德”工程,弘扬真善美,传播正能量。

2018年,围绕打造文化旅游名城的工作目标,烟台市坚持以文化为灵魂,以旅游为载体,做活乡村文化旅游融合发展文章,积极创建国家全域旅游示范区,把文化融入旅游,以旅游彰显文化,展现烟台美景、讲好烟台故事,全力打造“仙境海岸”“文旅名城”和“康养胜地”。

(四)坚持绿色发展,推动生态振兴

良好的生态环境是经济社会持续健康发展的重要基础,实施乡村振兴战略,必须坚持绿色发展,推动生态振兴。烟台市始终把生态文明建设放在突出地位,以美丽乡村示范创建为引领,坚决贯彻“绿水青山就是金山银山”的绿色发展理念,使农业面源污染得到有效治理,化肥、农药减量增效,农业废弃物资源化利用行动深入开展,化肥、农药利用率均达到37%,秸秆综合利用率达到93%。此外,烟台各地农村垃圾污水治理水平显著提高,实现城乡环卫一体化覆盖所有村庄,形成了成熟的“户集、村收、镇运、县处理”的垃圾处理模式。

(五)以党建带动村庄发展,推动组织振兴

把方向、谋大局、定政策、促改革,办好农村的事情,实现乡村振兴,关键在党。烟台市坚持抓党建,促乡村振兴,强化党建引领,突出政治功能,加强基层党组织建设,抓乡促村,把农村基层党组织建成坚强的战斗堡垒,为乡村振兴提供组织保障。强化农村基层党组织的领导核心地位,持续整顿“软弱、涣散”党组织,着力引导农村党员发挥先锋模范作用。

突出、增强发展动能,持续开展农村干部“干事创业”活动,走上以“党支部+合作社”为主路径的“一主多辅”集体经济发展模式,做大做强合作社组织,各县、市、区每年至少打造2～3个区域化服务型农村党建示范区。继续发挥党建的核心引领作用,建立区域化党建示范区,引领乡村全面振兴,开启富民兴村新模式。坚持以党建引领经济发展,选好配强党组织带头人,在共事讲团结、议事讲程序、做事敢担当的党员干部队伍带领下，凝聚起干事创业的磅礴力量。村集体凭借优越的区位优势，加大招商引资力度，与多家企业建立合作关系，使村庄发展有着力点、村民幸福生活有落脚点。

乡村振兴战略有别于以往任何一个农业、农村发展政策，体现的是一个宏观的、系统的、综合性的、全局性的发展方略，既是对长期以来“三农”问题的再思考、再认识、再探索，又是站在新时代历史起点上对“三农”问题的再部署、再推进。牢记习近平总书记的嘱托，贯彻落实全省的安排部署，烟台市努力在探索、实施乡村振兴战略进程中担负起时代赋予的光荣使命。

作者单位：中共烟台市芝罘区委党校

蹄疾步稳补足乡村发展的关键短板

姚　振

习近平总书记在党的十九大报告中提出了“乡村振兴”这一重要战略。农业、农村、农民问题历来是党和政府高度关注的根本性问题。农业强不强、农村美不美、农民富不富是现代化进程中必须面对进而解决的、坚决不能回避的问题。“三农”问题考验着党的执政能力和执政水平，同时也考验着各级政府的治理能力和治理水平。可以说，“三农”问题关系国计民生，关系人心向背，更关系社稷安危。

一、实施乡村振兴战略是现代化进程中的必然选择

以习近平同志为代表的中国共产党在十九大报告一开篇就向世人庄严宣告：中国共产党人要时刻牢记自己的初心和使命，那就是“为中国人民谋幸福，为中华民族谋复兴”。这一宣告彰显了中国共产党人的责任、使命和担当，意味着中国共产党人在全心全意为人民服务的过程中永无止境和永不满足。旗帜鲜明地向全世界和全体国人宣示自己的初心，也凸显了共产党人在执政过程中的行动自觉。同时，中国共产党人把广大人民群众对美好生活的向往作为自己要为之努力的奋斗目标。

实施乡村振兴战略“决定着亿万农民的获得感和幸福感，决定着我国全面小康社会的成色和社会主义现代化的质量”。在新民主主义革命时期，中国共产党人筚路蓝缕，领导、依靠广大贫苦农民，开辟了农村包围城市、武装夺取政权的革命道路并最终摘得胜利的果实，使中华民族能够得以昂首挺胸地站起来。在中国共产党人的领导下，之所以能够取得新民主主义革命的胜利，其关键在于发动了占全国人口绝大多数的贫苦农民，并在他们的支持、拥护和共同努力下最终取得了革命的胜利。陈毅元帅曾深情地说：“淮海战役的胜利，是人民群众用小车推出来的。”

中华人民共和国成立后，我国的城市化伴随着工业化进程而展开，过程曲折，几经反复，但广大农民在城市化、工业化进程中做出的贡献不可磨灭。可以毫不夸张地说，如果没有广大农民的牺牲和奉献，中国目前取得的成就绝不可能这样多、这样大、这样引人瞩目、这样令人自豪。连年战乱导致中华人民共和国成立时百废待举、百业待兴。当时，党和国家领导人基于对世情、国情的判断，作出了建立较为完善的工业部门和工业体系的战略决策。长期以自给自足的小农经济为主导的农业国家要大力发展工业必然面临大量资金缺口。钱从哪里来？只能是从农业、农民身上来。国家通过统购统销的方式，利用剪刀差对工农业产品价格进行人为干预，以此为发展工业筹集必要的资金。

马克思主义唯物史观认为，人民群众是历史的创造者，是社会物质财富的创造者，是推动社会发展进步的决定力量。1977 年恢复高考后，一大批农村优秀青年通过高考跳出农门，他们中的绝大多数逐渐融入城市，进而发光发热。随着市场经济的发展，城市提供了大量就业岗位，在城市打工一年的收入相当于原来种地数年收入之和，越来越多“土里刨食”的农民放弃沿袭数千年的生活方式，背井离乡来到城市打工。青壮年劳动力大量涌入城市，导致农村劳动力相对不足，大量田地抛荒，乡村逐渐衰落。

进入 21 世纪后，城市化进程逐渐加快，农民再一次贡献出自己安身立命的根本——土地。由于缺乏相应的配套措施，失地农民的长远利益得不到保障，若没有合理的引导，那么将会为未来社会的稳定和发展埋下隐忧。

《孟子·离娄上》中写道：“得天下有道，得其民，斯得天下矣。得其民有道，得其心，斯得民矣。”意思是说，得人心者得天下。正是由于中国共产党人深刻地认识到了这一点，所以才会将全心全意为人民服务作为党的根本宗旨。习近平总书记更是指出：“人心向背、力量对比是决定党和人民事业成败的关键，是最大的政治。大力实施乡村振兴战略，补足现代化进程中的薄弱环节，在全面建成小康社会的征程中着重解决好‘三农’问题，实现共同富裕，一个都不能少、一个都不能掉队。”

二、实施乡村振兴战略过程中面临的困境

进入新时代后，我国社会主要矛盾已经转化为“人民日益增长的美好生活需要和不平衡不充分的发展之间的矛盾”，而“我国社会中最大的发展不平衡，是城乡发展不平衡；最大的发展不充分，是农村发展不充分。”综览西方发达国家的城市化进程，不难发现，各个国家在自身的发展历程中都会遇到此类问题。前段时间见诸报端的日本四国岛的人偶村，便是有力的见证。乡村衰落是在现代化进程中遇到的发展问题，其实质是一个国家在推进城市化和现代化进程

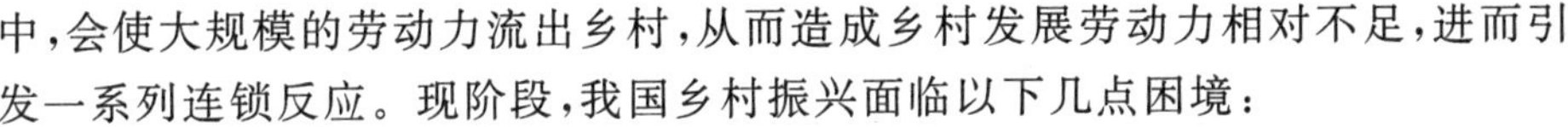

中，会使大规模的劳动力流出乡村，从而造成乡村发展劳动力相对不足，进而引发一系列连锁反应。现阶段，我国乡村振兴面临以下几点困境：

（一）基层组织对乡村治理的领导力弱化

党在农村设立的基层党组织本应发挥战斗堡垒作用，带领广大村民奔小康。但由于大量青壮年劳动力涌入城市，导致在农村基层党组织中党员年龄普遍偏大，发展年轻党员困难。当前社会，科技飞速发展，部分农村党员由于年龄偏大，知识结构陈旧，未能及时更新思想，跟上时代的步伐，导致在组织和领导村民的过程中心有余而力不足。此外，部分农村党员存在组织涣散、纪律松弛、意识淡薄等问题，严重削弱了党在基层的领导能力。

村民自治组织是村民自我教育、自我管理、自我服务的组织。村民自治作为一项基本社会政治制度，也是我国民主政治发展的一大特色，但现在部分地区出现了村民自治组织宗族化的苗头，村民自治组织被几个大姓甚至某一姓氏把持，更有甚者，村民自治组织被黑恶势力掌控，致使普通民众苦不堪言。

（二）农民创收渠道单一，抵御风险能力差

自古以来，我国的农业生产就以精耕细作的小农经济模式见长，农民的收入存在非常大的不确定性，农民的大量时间都用于田间劳作。这种生产方式费时费力不说，还无法保障收获，即使最终丰收了，也常会出现“谷贱伤农”的情况。在市场方面，会阶段性地出现农作物供需不平衡的问题。农民一般是根据本地的市场需求来安排农作物的种植，但由于农作物的生长需要一定的周期，这就会导致农作物上市时，市场已经饱和，出现供过于求的现象。在这种情况下，农民不得不低价处理手中积压的农产品，甚至为了增加收入、抵御风险而不得不在农闲时节外出打零工，以此补贴家用。

（三）农村文化场所形式单一，文化产品相对匮乏

农村的文化基础设施条件有限，一般每村仅有一个文化休闲广场以及少量捐赠的体育健身器械，文化书屋由于经费不足，所以书籍数量较少，且更新不及时，无法满足村民日益增长的精神文化需求。娱乐方式十分单调，较为普遍化的娱乐方式为广场舞、扑克牌、麻将等。村民法律意识淡薄，普通的麻将娱乐在一定程度上存在着转化为赌博的可能性，而赌博盛行必然会带坏农村的社会风气。此外，部分农村存在大操大办、攀比的现象。由此可见，移风易俗任重而道远。

由于农村文化建设缺乏专业的人才队伍，加之对传统历史文化的发掘和保护力度不够，所以许多边远村落具有厚重文化内涵的古建筑日渐破败，带有地

区烙印的传统技艺后继无人。

(四)农村生态环境超载严重,生态问题突出

部分地区农民缺乏环保意识,存在短视行为。土地是农民最为基本的生产资料,为了提高单位土地面积的产出量,在农业生产中大量使用化肥、农药的做法,从短期来看,可以使农作物单产提高,农民收入增加,但这种增收是不持续的,长此以往,会造成土壤污染、土地板结、土壤肥力下降、农作物品质降低等问题,并且食用这种受污染的农产品也会对人体造成不可逆转的伤害。

农村人居环境有待改善。农村的生活垃圾乱堆,生活污水乱排,这都严重影响了农村的人居环境。“村收集—镇清运—市处理”的城乡垃圾收集运输处理系统由于缺乏经费难以为继。农村污水处理现状更是堪忧,未经任何处理的生活污水直接排入沟渠,或渗入地下,或汇入河湖,严重污染了地下水、河湖水,长此以往将威胁居民的饮用水。

三、乡村振兴实施困境的建议

冰冻三尺,非一日之寒。乡村振兴战略在实施过程中遇到的问题,是在发展中长期积攒下来的,要解决这些问题不可能一蹴而就,因此要做好长期攻坚的心理准备,要时刻牢记习近平总书记“功成不必在我,功成必定有我”的谆谆教导。

(一)坚持顶层设计和渐进调试相结合

中共中央和国务院联合下发的《关于实施乡村振兴战略的意见》,是为补足现代化进程中乡村这一关键短板而作出的顶层设计。乡村振兴这一战略,既系统又复杂,需要党和国家立足国家整体利益、根本利益和长远利益进行全面部署,从战略高度统筹安排、宏观布局,以保证改革的系统性、整体性和协同性。

顶层设计现已完备,接下来就需要用渐进调试的方法应对实施过程中遇到的情况、问题,及时调整思维与手段,规避风险与困境。马克思主义辩证唯物论告诫我们,在具体实施的过程中一切应以时间、地点、条件为转移,切不可照搬照抄,要具体问题具体分析,因地制宜、因势利导、因事施策。

(二)加强农村基层组织建设,增强领导能力

加强农村基层党组织建设。农村青壮年党员比重过低的状况严重限制了农村基层党组织领导能力的提升,如不及时扭转这种状况,不为基层党组织补充新鲜血液,那么将严重限制乡村振兴的步伐。应以贯彻十九大精神为契机,

积极培养、吸收农村优秀青壮年入党，发展壮大农村基层党组织。另外，还要对农村现有党员进行政治理论和技能培训，切实提高现有党员的理论水平和领导能力，充分发挥党员的先锋模范带头作用。

完善村民自治制度，大力发展民主协商。村民自治的初衷是最大限度地调动村民的积极性，让他们参与乡村公共治理。但目前突出的困难是普通民众自治的参与性与积极性不高，究其根源在于大部分村民每天忙于生计，无暇顾及村务。国家还应针对参与乡村公共治理的人员制定一定的财政补贴措施，免除其后顾之忧。此外，还应担负起培育村民治理意识的责任，让普通民众乐于参与乡村治理，主动为实施乡村振兴战略贡献自己的力量。

（三）保护生态环境，提高农业科技含量

绿水青山就是金山银山，应转变农民的思维方式，提高他们的环保意识，切实保护好农村的生态环境。望得见山，看得见水，要将乡村的大好风景变为农民增收的新途径，大力发展乡村旅游和观光农业。鼓励农民开办农家乐，并为此给予相应的资金支持。对农民进行技能培训，培育职业农民。

改变传统的耕作模式，提高农业生产的机械化和科技化。以市场为导向，运用“互联网＋”和大数据对传统农业进行升级改造。坚持农业的供给侧结构性改革，生产适销对路的高质量农产品，建立农产品质量认证体系和名优产品产地认证，严把农产品的质量关。扶植和培育优势企业，合力打造全产业链模式，实现食品来源可溯，保证普通民众的食品安全。

（四）传承乡土技艺，丰富乡村文化生活

古村落、古戏台、古祠堂是乡村文化的载体，是乡村文化的物质见证，正确认识历史文化遗产与村庄建设的关系，并对其进行科学合理的开发、保护与利用。乡村地方戏曲和手工艺是乡村发展浓缩的精华，要保护好、发展好、传承好，让子孙后代有机会见识和了解老祖宗的精湛技艺和聪明才智。

农村文化建设要着眼于本地区实际和传统，在征求群众意愿和需求的前提下，本着精简实用的原则，提供民众喜闻乐见的文化生活产品；寓教于乐，在欢声笑语中对民众进行社会主义核心价值观教育；放手发动群众，在群众中培养专业文艺人员，解决基层文艺专干匮乏的现状，提高基层民众文化服务水平。

【参考文献】

[1]《乡村振兴，决胜全面小康的重大部署——专访农业部部长韩长赋》，2017 年 11 月 16 日《人民日报》。

[2]《中共中央 国务院关于实施乡村振兴战略的意见》,2018年2月5日《人民日报》。

[3]王先明:《从农村复兴到乡村振兴的百年跨越》,《开放时代》2018年第3期。

[4]《中共中央 国务院关于实施乡村振兴战略的意见》,2018年2月5日《人民日报》。

[5]姜德波、彭程:《城市化进程中的乡村衰落现象:成因及治理——"乡村振兴战略"实施视角的分析》,《南京审计大学学报》2018年第1期。

作者单位:中共曲阜市委党校

论打造乡村振兴的齐鲁样板的意义及途径

矫旭日

2018年6月，习近平总书记视察山东时指出，要“扎扎实实地实施乡村振兴战略，打造乡村振兴的齐鲁样板”。之前，习近平总书记在2018年“两会”期间参加山东代表团审议时也曾指出，山东“要充分发挥农业大省优势，打造乡村振兴的齐鲁样板”。打造乡村振兴的齐鲁样板，是习近平总书记交给山东的一项重大政治任务，为此，我们要认真领会和贯彻习近平总书记视察山东时的讲话精神，深刻认识“打造乡村振兴的齐鲁样板”的重大意义，采取有力措施大力推进乡村振兴战略，把山东打造成全国乡村振兴的典范。

一、打造乡村振兴的齐鲁样板的重大意义

（一）打造乡村振兴的齐鲁样板，是贯彻习近平总书记视察山东时重要讲话精神的需要

多年来，习近平总书记对山东“三农”工作非常重视，先后提出了“三个导向”“五个振兴”等，这次视察山东时又作出了“打造乡村振兴的齐鲁样板”的重要指示，希望山东能为全国的乡村振兴探出路子、做出表率。习近平总书记的这些指示和思想，充分体现了他对山东“三农”工作的重视和厚望，也体现了对山东做好“三农”工作的高度信任。这是山东人民的荣耀，也是一份重大的政治责任，所以要遵照习近平总书记的指示，努力推进山东的乡村振兴工作，奋力打造乡村振兴的齐鲁样板。

（二）打造乡村振兴的齐鲁样板，是推动山东乡村发展的迫切要求

山东是全国著名的农业大省，这样一个水资源只占全国1%、耕地只占全国5.6%的省份，其粮食产量却占全国7.6%、蔬菜产量占15.6%，因此素来便有

“全国农业看山东”的说法。但也应看到，山东农业也存在很多问题，如城乡发展不平衡、农村基础设施落后、基本公共服务短缺等，这些问题制约着山东农业和农村现代化的进程。因而，实施乡村振兴战略，有利于补齐山东省农业发展短板，促进城乡平衡发展，加快实现农业、农村现代化的宏伟目标。

（三）打造乡村振兴的齐鲁样板，关乎我国能否真正为世界各国解决乡村衰落问题给出中国方案

放眼世界，无论是发达国家还是发展中国家，都存在乡村衰落问题，只不过发展中国家的乡村衰落问题比较明显，而发达国家相对来说比较轻微。所以，一些学者也据此提出一个论断：乡村衰落是一个国家现代化过程中不可避免的现象。乡村衰落这个问题到底可不可以解决？党的十九大提出的“实施乡村振兴战略”给出了明确答案：乡村衰落现象确实存在，但并非无法解决，只要措施得力，就可以解决这个问题。如何把乡村振兴战略付诸实施并取得成功，这不仅关系到我国乡村振兴的目标能否顺利实现，而且还关系到乡村衰落这个世界问题能不能得到最终解决，甚至关系到我国能否真正为世界各国解决乡村衰落问题贡献中国智慧，给出中国方案。因此，打造乡村振兴的齐鲁样板，不仅对中国来说具有重大的现实意义，而且对世界各国特别是发展中国家解决乡村衰落问题也具有重大的借鉴作用。

二、打造乡村振兴的齐鲁样板的路径

（一）坚持规划先导，加强执行力度

增强规划意识。习近平总书记多次强调，规划科学是最大的效益，规划失误是最大的浪费，规划折腾是最大的忌讳。加快乡村全面振兴，必须增强规划意识，坚持规划先行，制定好、落实好乡村振兴规划。如果不重视乡村发展规划，走一步看一步，势必会走很多弯路，造成重大损失。

科学制定规划。首先，要做好顶层设计。根据乡村振兴的总体要求和规律，制定乡村振兴总体规划，并依据总体规划做好产业规划，村庄、社区建设等专项规划，使之有机衔接，做到一张蓝图绘到底。其次，要因地制宜、精准规划。山东省不同地方的乡村面貌差异较大，产业基础、村庄建设等方面也不一样，村庄规划不能千篇一律，必须根据本地实际情况，制定出适合本地需求、彰显本地特色的村镇规划。最后，要集思广益，做到民主决策。要避免规划失误、规划折腾，要发扬民主，多听一听老百姓的意见，并多向专家、学者请教，只有集中大家的智慧，才能保证规划的科学性。

加强执行力度。加强执行力度是规划得以落实的保障，再好的规划如果得不到落实也只能是空中楼阁。要增强规划的法律效力，保证任何人不能随意调整规划，更不能半途而废。要强化责任追究机制和监督机制，确保规划的引领、调控作用得到充分发挥。

（二）依靠改革动力，抓住关键重点

改革是乡村振兴的重要动力，实施乡村振兴战略要靠改革来推动。一是深化农村土地制度改革。完善农村承包地“三权分置”制度，加快建立农村土地经营权、产权交易市场，强化监督机制，促进土地经营权依法有序流转；完善农民闲置宅基地和闲置农房政策，探索宅基地所有权、资格权、使用权“三权分置”，落实宅基地集体所有权，保障宅基地农户资格权和农民房屋财产权，适度放活宅基地和农民房屋使用权，激活农村沉睡的土地资产，增加农民的财产性收入。

深化农村集体产权制度改革。深化产权制度改革是解决农业、农村改革发展深层次矛盾，加快新旧动能转换的根本性举措，所以要采取扎实措施强力推进产权制度改革。目前，全省已有15753个村（居）基本完成了改革，完成数占总数的18.7%，确认成员1265万人，清查集体资产1372亿元，量化经营性资产1081亿元。全省组建农村土地股份合作社8117家，新型经营主体发展到25.4万多家，土地经营规模化率达40%以上。2017年，全省1956个改革村实现了分红，分红总额达8.42亿元，集体凝聚力得到显著增强。根据部署，2018年山东省农村集体产权制度改革将扩大到所有涉农乡镇（街道），重点开展清产核资、成员身份确认等基础性工作。2018年年底基本完成清产核资工作，2020年基本完成改革任务。

深化农业、农村“放、管、服”改革。进一步下放审批权限，缩减审批程序和办理时限，提升审批效率；统筹推进农村综合服务平台建设，大力实施信息化、网络化工程，将农村综合服务平台建设成高度网络化、信息化的先进平台，大力提高农村公共服务质量和效率；健全农业支持保护机制。加大农业补贴力度，加快农村金融改革，建立财政支持的农业保险、大灾风险分散机制，着力构建“三农”稳定增长的长效机制。

（三）守住底线、红线，加强风险防范

实施乡村振兴战略，要树立底线思维，严守改革发展底线；要强化风险管控，做到有备无患，牢牢把握经济安全主动权。

维护国家粮食安全。粮食安全是维护国家安全和社会稳定的“定海神针”，一个国家只有做到粮食基本自给，才能保证经济安全，维护国家和社会的稳定。

山东作为农业大省，必须有强烈的责任感和使命感，主动为国家分忧，进一步强化粮食大省的“压舱石”作用，为确保国家粮食安全做出更大贡献。

坚决守住耕地红线。习近平总书记指出，保障国家粮食安全的根本在于耕地，耕地是粮食生产的命根子。农民可以非农化，但耕地不能非农化。如果耕地非农化了，那么我们赖以吃饭的家底就没有了。山东省在实施乡村振兴战略中，必须贯彻习近平总书记的指示精神，加强耕地保护，严格落实耕地占补平衡责任，健全耕地保护补偿机制，守住耕地红线。

严守生态保护红线。守护绿水青山，留住蓝天白云，是全省人民的共同愿望，也是我们义不容辞的责任。要严格落实中共中央办公厅、国务院办公厅《关于划定并严守生态保护红线的若干意见》，始终把建设生态文明、保护生态环境放在突出位置，强化科学治理，严守生态保护红线，大力实施生态修复工程，促使生态环境持续向好的方向发展。

加强风险防范。实施乡村振兴战略，是前所未有的壮举，没有先例可循，一些改革举措，如农村集体经营性建设用地直接进入市场，农民承包地及宅基地使用权抵押担保，工商资本进入农业等，都存在一定风险。为了做到有章可循，有法可依，有必要在认真研究和总结各地宅基地管理实践的基础上，加快出台一部专门的宅基地管理法。对于工商资本进入农业，需要建立严格的工商企业租赁农户承包耕地准入和监管制度；对于工商资本租赁农户承包地超过一定规模的，还要进行资格审查，做到未雨绸缪，防患于未然。

（四）推动“五个振兴”，明确主攻方向

2018 年“两会”期间，习近平总书记在参加山东代表团审议时提出“五个振兴”的科学论断：乡村产业振兴、乡村人才振兴、乡村文化振兴、乡村生态振兴、乡村组织振兴。“五个振兴”是山东实施乡村振兴战略，打造齐鲁样板的重要指针，必须深刻领会“五个振兴”的精神内涵，以此统领和推进山东“三农”工作。

一是大力推进乡村产业振兴。首先，要发展农村特色产业。我国各地农村的自然禀赋不同，经济发展水平也存在较大差异，因此发展农村产业必须坚持因地制宜的原则，根据本地优势发展特色产业，以特色产业带动农村经济的发展。其次，要推进农村产业融合发展。要创新城乡产业融合机制，建立形式多样的利益联结机制，实现农村产业与城市发展需求的对接，推进城乡产业融合发展。最后，要大力发展农业、农村现代服务业，培育农村经济新的增长极。

二是大力推进人才振兴。首先，加强教育培训。充分发挥农广校、各类职业技术学校、电教网络等的阵地作用，定期组织乡土人才集中培训，同时有计划地组织乡土人才到外地学习先进经验，开阔他们的视野。其次，鼓励人才创业。

制定各种优惠政策，鼓励、引导优秀乡土人才依托地域特色主导产业创办农业龙头企业和农业合作社，带领群众致富。最后，健全激励机制。对致富能力强、业绩突出的实行重奖，或将其提拔到领导岗位，以此激发他们热爱家乡、报效家乡的热情，让他们为乡村振兴做出更大贡献。

三是大力推进文化振兴。首先，提升民俗文化。注重传承优秀的村落文化、民风习俗，尤其是要注重保护体现人与自然和谐相处的恬静优美、悠然自得的田园风光，增强农村的独特魅力。其次，培育乡贤文化。新时代的乡贤既包括本地的优秀基层干部、道德模范等，也包括从本乡、本土走出去的企业家、知识分子、海外华侨等。要重视发挥这些“新乡贤”的示范引领作用，让他们的善言善行像古代乡贤一样垂范乡邻，培育、涵养新时代的乡贤文化，并让它在推进乡村治理现代化过程中发挥重要作用。

四是大力推进生态振兴。要坚持绿色发展理念，不断提高农业废弃物无害化处理水平，实现整个生产过程的生态化。要继续推进“厕所革命”，加大农村生活污水治理力度，大力整治农村人居环境，把山东农村建设成美丽宜居的美好家园。

五是大力推进组织振兴。加强农村基层党组织建设，进一步完善第一书记和驻村工作队制度，大力实施农村“头雁工程”，把农村基层党组织建成能致富、善管理的战斗堡垒；完善村民民主自治制度，建立健全保障村民民主权利的各项体制机制，形成村民自治、法律法治、社会德治相互结合、相互促进的新型乡村治理模式。

作者单位：中共烟台市牟平区委党校

实施乡村振兴战略　努力打造梨乡样板

闫琪娜

2018年3月8日，习近平总书记在参加十三届全国人大一次会议山东代表团审议时，要求山东充分发挥农业大省优势，打造乡村振兴的齐鲁样板。他指出，要深刻认识实施乡村振兴战略的重要性和必要性，扎扎实实把乡村振兴战略实施好。实施乡村振兴战略，要推动乡村产业振兴、人才振兴、文化振兴、生态振兴和组织振兴，使乡村振兴健康有序地进行。莱阳市围绕习近平总书记作出的“五个振兴”重要指示，结合村庄发展实际，找准工作切入点和发力点，不折不扣地把乡村振兴战略落地、落实、落细，努力打造梨乡样板。

一、实施乡村振兴战略的重要意义

（一）实现“两个一百年”奋斗目标的要求

第一个百年奋斗目标，就是到2020年全面建成小康社会。全面小康，强调的是城市要小康，农村也要小康。目前，农村是全面建成小康社会的短板。习近平总书记曾说：“小康不小康，关键看老乡。”因此，要全面建成小康社会，就必须加快农业、农村发展。加快农业、农村发展，就是要促进农业全面转型、农村全面发展、农民全面进步，这也是乡村振兴的主要内容。从这个意义上看，乡村振兴是全面建成小康社会的要求。第二个百年奋斗目标，就是到2050年全面建成社会主义现代化强国。全面现代化包括工业化、信息化、城镇化、农业现代化，也包括城市现代化、农村现代化等。目前，农业现代化是“四化同步”的短腿，农村现代化是全面现代化的短板。因此，要全面建成社会主义现代化强国，就要伸长短腿、补齐短板，加快发展农业、农村现代化，而加快发展农业、农村现代化，就是要实现农村的全面振兴。由此可见，乡村振兴是全面建成社会主义现代化强国的要求。

(二)新时代我国社会主要矛盾转化提出的新要求

党的十九大报告指出,中国特色社会主义进入新时代,我国社会主要矛盾已经转化为人民日益增长的美好生活需要和不平衡不充分的发展之间的矛盾。我国社会主要矛盾的转化,也就意味着对我国的农业、农村、农民发展提出了新的要求。一方面,人民日益增长的美好生活需要对粮食安全、生态安全、健康养生、休闲旅游等方面提出了要求。如何能达到这些要求呢?就是要让农业强、农村美、农民富。另一方面,我国发展不平衡不充分问题在乡村最为突出,主要表现在:农产品阶段性供过于求和供给不足并存,农业供给质量亟待提高;农民适应生产力发展和市场竞争的能力不足,新型职业农民队伍建设急需加强;农村基础设施和民生领域欠账较多,农村环境和生态问题比较突出,乡村发展整体水平亟待提升;国家支农体系相对薄弱,农村金融改革任务繁重,城乡之间要素合理流动机制亟待健全;农村基层党建存在薄弱环节,乡村治理体系和治理能力亟待强化。

(三)新农村建设取得的成就和积累的经验

乡村振兴战略提出的背景之一,就是多年来新农村建设所取得的成就、所积累的经验为实施乡村振兴战略创造了良好的基础和条件。比如,在基础设施和公共服务方面,通过十几年新农村建设的深入推进,农村基础设施逐步完善,基本公共服务水平不断提升,尤其是交通的通达性和网络的全覆盖为实施乡村振兴战略提供了重要条件。

二、乡村振兴战略是新农村建设的升级版

与新农村建设相比,乡村振兴是一次战略转型和战略升级,它的内容、内涵比过去更加丰富,不仅包括经济转型、社会转型,而且还包括科技、教育和文化的复兴。可以说,这是一次集农业全面转型、农村全面发展、农民全面进步于一体的战略升级,也是一次伟大的文化复兴。

2005 年,党的十六届五中全会提出,要按照“生产发展、生活宽裕、乡风文明、村容整洁、管理民主”的 20 字要求,扎实推进社会主义新农村建设。2018 年中央一号文件提出,实施乡村振兴战略的总要求是“产业兴旺、生态宜居、乡风文明、治理有效、生活富裕”。按照党的十九大提出的决胜全面建成小康社会、分两个阶段实现第二个百年奋斗目标的战略安排,实施乡村振兴战略的目标任务是:到 2020 年,乡村振兴取得重要进展,制度框架和政策体系基本形成;到 2035 年,乡村振兴取得决定性进展,农业、农村现代化基本实现;到 2050 年,乡村全面振兴,农业强、农村美、农民富全面实现。

从社会主义新农村建设到实施乡村振兴战略其实是美丽乡村建设的升级

版，具体体现在以下几个方面：一是从“生产发展”升级为“产业兴旺”，不仅意味着农业产业的健康发展，而且还昭示着由单纯发展农业延伸到农村整个产业体系、生产体系、经营体系；要推进一、二、三产业融合发展，深化农业供给侧结构性改革，保持农业、农村经济发展的旺盛活力。二是从“村容整洁”升级为“生态宜居”，由单纯地追求环境干净到农业走绿色发展道路、农村生态环境明显改善，建设人与自然和谐共生的现代化新农村。绿起来、美起来，发展乡村旅游、休闲农业、观光农业，这不仅意味着农村生态文明的内涵扩大了，而且还体现了以人民为中心这一基本方略的重要性。三是从“管理民主”升级为“治理有效”，由管理到治理，由简单的村民广泛参与村级事务管理，到加强和创新农村社会治理，加强基层民主和法治建设，健全自治、法治、德治相结合的乡村治理体系。这不仅仅强调了治理效果，而且还意味着治理方式的不同，特别是由管理变成了治理。四是从“生活宽裕”升级为“生活富裕”，这是一个更高的、面向未来的要求，实质就是要在实现温饱、稳定脱贫的基础上，有更高收入和更持续稳定的增收来源，要保证衣食无忧，生活便利，共同富裕。“生活富裕”替代“生活宽裕”，意味着随着全面小康社会的建成，广大农村居民的生活水平将向着富裕目标迈进，因此这是一个更全面、更殷实的生活目标。五是“乡风文明”这四个字虽然没有变，但内容却得到了进一步拓展，要求也得到了进一步提升，新时代的“乡风文明”是乡村建设的灵魂之所在。

总之，实施乡村振兴战略的总要求，是在农业、农村发展到新阶段而提出的更高的新要求，由此，我们可以把乡村振兴战略作为社会主义新农村建设的升级版。

三、实施乡村振兴战略，努力打造梨乡样板

莱阳是农业大市，自然资源丰富，尤其是莱阳梨最为有名，莱阳也因此被称为“中国梨乡”。习近平总书记围绕实施乡村振兴战略而作出的“五个振兴”重要指示，明确了莱阳实施乡村振兴战略的主攻方向和实践路径，是莱阳市上下推动乡村振兴的根本遵循。莱阳市认真领会、准确把握“五个振兴”的深刻内涵和内在逻辑，结合村庄发展实际，找准工作切入点和发力点，不折不扣地把乡村振兴战略落地、落实、落细，努力打造梨乡样板。

（一）党建引领，示范带动

乡村振兴战略的实施需要多方共同参与、共同努力，其中党的领导是乡村振兴战略实施的根本保障。只有以提升组织力为重点，打造党建引领乡村振兴的动力引擎，才能确保乡村振兴战略真正在农村落地生根，真正把乡村振兴的美丽蓝图变成新时代农村改革发展的现实图景。当前，一些村庄发展滞后、问题丛生，这往往与党支部“软弱、涣散”，干部能力和作风跟不上有很大关系。因

而，推动乡村组织振兴，最重要的是要加强农村基层党组织建设，打造千千万万个坚强的农村基层党组织，培养千千万万名优秀的农村基层党组织书记，把农村基层党组织建成坚强的战斗堡垒，切实以抓党建促乡村振兴。

比如，莱阳市谭格庄镇将美丽乡村建设与党建示范区建设融合实施，助推乡村振兴战略。谭格庄镇党建示范带主要包含草莓产业带、花生产业区、党建示范林，是一个内涵丰富、特色鲜明的党建示范带。各村党支部立足自身基础、区位优势和特色资源禀赋，以“党建＋合作社＋草莓产业”的模式，在西下河、李家泊子、前施格庄、后施格庄 4 个村庄，积极引导群众发展富硒草莓大棚。目前，产业带内有草莓大棚 500 余个，合作社 10 个。

（二）规划引领，统筹谋划

坚持规划引领，因地制宜、分类施策，统筹谋划产业发展、文化民俗、生态资源，做好“发展定位”的文章。要科学制定乡村振兴规划，以乡村为主体，深入调查研究，摸清、摸实底子，据实绘制村情现状图，合理确定发展规划。要围绕改善农村基础设施，深入推进农村“七改六化”工程，提高农村生产、生活条件；围绕加强农村环境整治，研究乡村治理长效机制，持续改善农村生态环境；围绕提升城乡公共服务，统筹抓好路网、电网、学校、医院等设施建设，大力推动乡村旅游发展。

（三）因地制宜，精准施策

促进乡村全面振兴，要重视产业发展，推动乡村一、二、三产业协调发展。要根据乡村实际情况，因地制宜，发展特色产业，同时要大力挖掘乡村传统文化，发展特色旅游，促进特色旅游与产业协同推进。在深度贫困地区要将精准扶贫与乡村振兴统筹起来，让产业带动贫困户脱贫致富奔小康。莱阳市围绕全面实施乡村振兴战略和农业供给侧结构性改革，充分依托农业、农村的资源优势，大力培育农业、农村发展新动能，深入推进全市一、二、三产业融合发展，完善龙头企业、合作社和农户利益联结机制，推进小农户与现代农业有机衔接，积极利用“互联网＋”“旅游＋”等模式，大力培育智慧农业、农村电商、观光农业等新业态，创新发展“新六产”，有力促进了企业增效和农民增收。

比如，莱阳市吕格庄镇深入挖掘资源禀赋，全面提升旅游档次。在金岗口村，围绕“党建＋美丽乡村＋三产服务业”，以白垩纪恐龙世界公园建设为契机，打造美丽乡村，提升宜居环境，促进村园联合发展。在大梁子口村，围绕“党建＋樱桃产业＋古文化旅游资源”，以两处宋代祠堂和丰富的古树资源为基点，以樱桃产业发展为辅助，修缮还原古村落样貌，真正打造了一处可观赏、可游览、可采摘、可游玩、传统与现代相结合的村落。在刘海寺村，以美丽乡村建设为契机，充分发挥杏花谷资源优势，统筹谋划，成功举办第一届“杏花节”，有效带动了村庄经济发展，

开辟了乡村振兴新道路，同时实现了美丽乡村建设提档升级。再比如，万第镇在土地流转和产业结构转调方面，已经有南薛、高卓、小院、富水庄、石龙沟、前瓦马等村庄，在苹果、西洋参、苗木和田园生态综合体方面已初具规模和成效。

（四）质量兴农，绿色兴农

发力供给侧，围绕市场提质量。抓好品牌农业建设，深入实施品牌引领战略，开展质量兴农、品牌强农、绿色富农“三大行动”，建立品牌农产品评价体系，开展“三品一标”认证，加大莱阳梨、莱阳莱胡参、莱阳芋头等国家地理标志产品培育力度，打造特色农产品品牌集群。

比如，莱阳市城厢街道西林格庄村，积极践行乡村振兴战略，抢抓脱贫攻坚政策实施机遇，充分挖掘村内资源优势，因地制宜地发展特色果蔬，将产业扶贫和特色旅游有机结合，以花为媒、以花会友，全力打造以“桃花”为特色的生态旅游项目。要想脱贫，产业增收致富是治本之策。西林格庄村因地制宜，充分挖掘村内资源优势，成立“蜜桃合作社”，通过青岛农业大学海都学院引进产量高、种植效益好的优质品种。2018 年，西林格庄村积极筹办了首届“桃花节”，吸引了数千名本地游客到访、观光，这个曾经的“穷村子”，人气也随之越来越“旺”。

（五）突出重点，补齐短板

中国的发展离不开城市的繁荣，也离不开乡村的振兴。城乡融合发展，要大力补上农村、农业短板，让更多资源配置向“三农”倾斜，要使脱贫攻坚与乡村振兴有机结合。在市级层面，要结合“大学习、大调研、大改进”活动，协同组织部、农业局等相关部门组织教师对乡村组织振兴进行专题调研。围绕发挥基层党组织作用，突破集体经济发展瓶颈，建设美丽乡村与实现集体增收等层面，深入镇、村开展广泛的走访调研，既要查找农村存在的共性问题，研究适合莱阳市实际的普适办法，又要针对个体村庄挖掘个性特点，培植一批以“党支部＋合作社”模式发展集体经济的示范村。在镇街层面，要深入开展对所辖村集体经济运行情况的调查摸底，把农村的土地、房产、人力、资金、产业等“家底”全部摸上来，把目前集体收入的渠道、数额、用途全部掌握起来，逐步消除集体经济薄弱村，为乡村振兴筑牢经济基础。

【参考文献】

《中共中央 国务院关于实施乡村振兴战略的意见》，2018 年 2 月 5 日《人民日报》。

作者单位：中共莱阳市委党校

平度市精准扶贫助推乡村振兴的路径研究

宿爱梅

习近平总书记于2017年10月18日在党的十九大报告中提出乡村振兴战略。2018年2月4日，中央一号文件即《中共中央 国务院关于实施乡村振兴战略的意见》公布。2018年3月5日，国务院总理李克强在政府工作报告中指出，要大力实施乡村振兴战略。精准扶贫是实施乡村振兴战略的重要内容。平度市按照中央及省、市各级精神和《平度市扶贫精准识别工作方案》的具体要求，在摸清贫困人口底数的基础上，了解致贫原因，找准扶贫的有效路径，助推了平度市的乡村振兴。

一、平度市精准扶贫工作总体情况

按照中央、省、市精准扶贫工作精神，2015年，由平度市识别并经青岛市扶贫办审核，确认平度市有6个经济薄弱镇(旧店镇、云山镇、大泽山镇、蓼兰镇、崔家集镇、田庄镇)，81个省级贫困村、128个青岛市级经济薄弱村，8926个贫困户，23838名贫困人口。

(一)领导重视，充分动员

2016年3月11日，全市脱贫攻坚工作誓师大会顺利召开，会议传达了中央、省、市三级扶贫开发工作会议精神。各级领导对扶贫工作极为重视，讲话掷地有声，态度明确，要求严格，要各级部门务必抓好落实。市政府主要领导与4个镇签订了脱贫攻坚军令状，相关镇、部门、企业和村庄作了表态发言。市委书记张杰同志强调：一要态度坚决、确保完成；二要精准发力、务求实效；三要压实责任、扎实推进；四要齐心协力、一起用劲。

（二）因地制宜，出台一系列帮扶政策

一是根据《青岛市农村精准扶贫的实施意见》的具体要求，结合平度市实际，于2015年6月3日印发了《平度市农村精准扶贫的实施方案》（平办发〔2015〕8号），该方案明确了推进平度市扶贫工作的十大措施；2016年市委下发了《关于率先完成农村精准脱贫任务的实施意见》，该意见内容全面，任务明确，既贯彻了上级要求，又结合了自身实际，具有很强的指导性和操作性。二是制定了精准扶贫第一书记工作方案。在青岛市派驻贫困村和经济薄弱村第一书记的基础上，安排市直部门和驻平单位，对省定贫困村和部分经济薄弱村派驻第一书记。安排规模以上企业对部分经济薄弱村进行一对一帮扶，做到了对全市81个贫困村和128个经济薄弱村派驻第一书记，实现了第一书记帮扶工作的全覆盖。三是制定了《市镇机关干部和“两代表”“一委员”对贫困学生的帮扶工作方案》，对全市8926个贫困户和2271个贫困学生实行“一对一”帮扶。

（三）采取措施，分类帮扶脱贫

按照要求，积极发挥主动性，在工作上早下手，早启动，确保2016年实现市定扶贫标准下建档立卡农村贫困人口全部脱贫，10％的贫困村、经济薄弱村完成摘帽；2017年50％的贫困村、经济薄弱村完成摘帽；2018年6个经济薄弱镇和40％的贫困村、经济薄弱村全部完成摘帽，确保在全面小康中不落一镇一村、不漏一户，不让任何一名贫困群众掉队，使脱贫工作走在山东省和青岛市前列。根据经济薄弱镇、贫困村、贫困户实际情况，分别采取措施进行帮扶。

1.实施经济薄弱镇结对帮扶

一是在青岛市实施强区与经济薄弱镇对口结对帮扶，由市南区帮扶平度市蓼兰、崔家集、田庄3个经济薄弱镇，由崂山区对口帮扶平度市旧店、云山、大泽山3个经济薄弱镇。二是弥补经济薄弱镇进行基础服务设施建设资金投入不足问题。2016年，青岛市对平度市6个经济薄弱镇每年给予200万元扶贫专项补助，对81个省定贫困村每年给予40万元扶贫专项补助，对128个青岛市定经济薄弱村每年给予30万元扶贫专项补助。三是加强对经济薄弱镇、贫困（经济薄弱）村的小型农田水利、节水灌溉、中低产田改造等，建设了一批旱能浇、涝能排、路相通、林成网的高标准农田，大大提高了农业综合生产能力。2017年，完成贫困（经济薄弱）村电网升级改造任务。

2.实施贫困村扶贫开发

一是加强农村服务型党组织建设。为贫困村建设规范的村两委办公房和村民议事场所，对贫困村以第一书记为主体安排驻村帮扶。二是产业开发。由市财政转移支付给予一定资金补助，培育主导产业，发展集体经济。三是基础设施建设。组织行业部门，以道路、供水、农电、小广场、亮化、农田小型水利、办公和服务场所建设为重点，推进镇村基础设施和服务设施建设。四是推进农村环境综合整治。加强危房改造力度，因地制宜地构建农村环卫长效机制。

3. 实施贫困户精准扶贫

根据建档立卡的贫困户和贫困人口，详细分析致贫原因，并概括出以下几种致贫类型：因病致贫型（73.65%）、因残致贫型（10.92%）、缺资金致贫型（4.58%）、缺劳动力致贫型（3.26%）、自身发展力不足致贫型（2.36%）、因学致贫型（1.84%）、因灾致贫型（1.72%）、缺技术致贫型（1.37%）、缺土地致贫型（0.09%）、缺水致贫型（0.05%）、其他原因致贫型（0.16%）。在前期多次调研和精准识别的基础上，针对贫困类型和致贫原因，按照一户一案、一户多策的原则，坚持因人因地施策、因贫困原因施策、因贫困类型施策，不搞一刀切，不搞拉郎配。同时，根据贫困户脱贫需求，适宜、适度地通过发展产业、转移就业、“雨露计划”救助、医疗救助、安排公益岗位、低保兜底、爱心企业认领等方式实现扶贫脱贫。通过采取量体裁衣，个人订制脱贫等举措，给力给利全力脱贫，取得了明显的阶段性成效。经济薄弱镇、省定贫困村、青岛市定经济薄弱村的面貌已发生深刻变化，建档立卡的贫困户和贫困人口已于2016年年底成功脱贫。

二、平度市精准扶贫中存在的突出问题

通过调研发现，平度市在精准扶贫方面还存在以下几个方面的问题：

（一）部分贫困户主观认识偏差，片面理解脱贫政策

在调研中我们发现，部分贫困户不思进取，安于现状，依赖思想严重，争低保，靠救济，缺乏勤劳致富的思想动力，突出强调自己面临的困难以及今年脱贫明年可能又返贫的若干理由，幻想让政府一直扶持下去。主观上的惰性在一定程度上影响了精准脱贫政策的顺利实施。

（二）政策界限难把握，增加了精准识别贫困户的难度

找准“人”是精准扶贫的先决条件，从目前的政策规定来看，对贫困农户的识别主要集中在乡镇、村两个层面。村干部是识别贫困户的关键人物，有的村在识别贫困农户时采用了逐级分配指标的方法，在识别程序上存在偷工减料的现象，缺乏群众的广泛参与和监督。由于村组干部对政策把握得不准，导致在精准识别贫困户方面存在偏差，不能让群众满意。

（三）产业扶贫政策在一些村难以落实

在平度市的部分山区，由于农村贫困户家庭的青壮年劳动力纷纷外出打工就业，留守的都是老、弱、病、残、小，劳动力有限，无法有效参与本村产业发展和基础设施建设，导致贫困农村“造血”功能的梗阻。从调研的情况来看，大部分贫困家庭中都是年龄在60岁左右的中老年人，因子女常年外出打工，祖孙两代人在家留守，劳动力有限，加之文化程度又低，尤其是病残人员更加无法参与到扶贫的产业中去。

（四）帮扶措施针对性不强，影响了精准脱贫的帮扶进度

一是产业扶贫到户实施难度大，帮扶办法不对路，无法形成规模效益。多年来，扶贫工作重心更多的是放在基础设施建设上，但能力培养和可持续发展方面却不到位。同时，在发展产业上存在一定盲目性，要么“一刀切”，要么无所适从，缺乏体现自身优势的好项目。二是驻村工作组和帮扶责任人所在单位的帮扶资源是否雄厚直接影响帮扶成效的好坏。三是有的帮扶干部由于自身能力不足，精力投入也有限，不能达到理想的帮扶效果。另外，由于缺乏必要的考核激励制度，驻村干部的后续管理和保障不到位，存在驻村干部身入而没有心入的现象，影响了工作积极性和扶贫效果。

三、开展好精准扶贫工作的几点建议

习近平总书记指出：“扶贫开发推进到今天这样的程度，贵在精准，重在精准，成败之举在于精准。”①当前，农村精准扶贫工作进入了新的攻坚期，大部分群众已经解决温饱问题，但因病、因灾返贫问题也很突出。提高扶贫工作的精准性、有效性、持续性，需进一步完善扶贫的体制和机制，增强贫困镇村和贫困户的自我发展能力，因此建议如下：

（一）建立大扶贫工作合作机制

一是把所有单位的优惠政策集中起来，按照“渠道不乱、用途不变、各负其责、各计其功”的原则，整合扶贫资金，“打捆”统筹使用，形成资金集聚、技术整合、措施配套、拼盘开发的态势，提高使用效益。二是充分发挥党政机关、工青妇社团组织、企业及驻村等定点对口帮扶单位的优势，开展不同特点的帮扶活

① 刘永富：《以精准发力提高脱贫攻坚成效》，2016年1月11日《人民日报》。

动，推进专项扶贫与行业扶贫、社会扶贫相结合的“三位一体”综合扶贫机制。

(二)建立精准扶贫系统工程和长效机制

贫困分为绝对贫困和相对贫困，其中绝对贫困主要是财政兜底。随着社会发展和物价水平的提高，贫困时刻存在，因此扶贫攻坚是一项系统工程、长期工程。

1.建立健全教育扶贫机制

广泛开展职业技能培训，扶贫坚持先治愚、先开发人的思想，坚持授人以“渔”。从宣传教育入手，帮助群众转变观念，树立主体意识，坚定信心，克服困难，加快发展，尽快实现脱贫致富。

2.建立扶贫资金“阳光运行”机制

通过阳光操作，加大资金监管力度。加强外部监管，建立常态化、多元化的监督机制，让扶贫对象成为维护自己权益、监督资金使用和项目建设的重要力量。

3.加大对贫困镇村低保的转移支付机制

将贫困镇村的低保和扶贫政策相衔接，着眼于消除和预防贫困，使极端贫困、一般贫困和贫困边缘群体都能在低保和各类公共支持项目中受益。

(三)构建贫困退出的激励扶持机制

1.建立贫困户退出奖励制度

主要指标已符合退出条件的贫困户在办理注销登记后，根据扶贫成效给予相应数量的资金奖励，提高其退出的积极性。

2.建立贫困户退出扶持制度

部分发展尚欠稳定的原贫困户在办理注销登记后3～5年内，扶贫部门应继续对其进行跟踪观察，继续支持其稳定发展，防止短时间返贫，真正实现可持续脱贫的目标。

3.建立贫困村退出机制

构建新型精准扶贫的“到人到户”扶贫模式，彻底打破“扶贫—脱贫—返贫—再扶贫”的恶性循环。

(四)构建大信息网络支撑体系，建立动态信息评估机制、管理系统

一是建立精准扶贫信息平台，把精准扶贫直接到村、到户、到人的信息和社会帮扶信息实现点对点对接，让精准扶贫更加精准有效。二是更高标准地精准识别贫困户和贫困村，做到精细化推进、常态化服务、动态化管理。三是建立政

策支持信息体系。凡是由国家、省、市有关部门出台的有关精准扶贫优惠政策及配套政策文件，都应纳入信息网络。

（五）完善精准扶贫搬迁规划

在精准扶贫工作中，平度市积极实施“五个一批”工程，即发展生产脱贫一批、易地搬迁脱贫一批、生态保护脱贫一批、加强教育脱贫一批、社会保障兜底一批。对于“易地搬迁脱贫一批”，可以通过发展小城镇的方式予以落实，对不具生存条件的地方进行整体搬迁，使搬迁的群众享受城镇的基本公共服务。但对于搬迁后的发展问题，应尽快出台有关政策，加大扶持力度，如易地扶贫搬迁扶持政策、光伏产业扶贫扶持政策、特色旅游小镇扶持政策等，切实解决搬迁群众搬迁后的生产、生活等方面的困难和问题，着力培育和发展后续产业，确保搬得出、稳得住、能发展、可致富，从根本上解决群众脱贫问题。

作者单位：中共平度市委党校

日照市宋家岭村实施乡村振兴战略的实践探索

陈　青

一、宋家岭村在乡村振兴中存在的三大难题

（一）村居环境差，村民纠纷不断

宋家岭村地处碑廓镇东北角，是一个典型的山岭村，全村共有 138 户、398 口人。由于地处偏僻区域，加之交通不便，所以村民出行困难，同时山岭地形也增加了村容、村貌的改造难度。村民的住房比较分散，加上地处丘陵地区，所以每逢阴雨，必然会因为积水、雨水流向问题而产生邻里矛盾，长年累月，也不利于构建和谐的村民关系。

（二）村支部领导班子弱，难以发挥带动作用

一是村干部老龄化问题严重，班子缺乏凝聚力。受大环境影响，宋家岭村大量青壮年外出务工，致使村班子队伍老龄化问题严重，出现了青黄不接的现象。村班子内部缺乏凝聚力，难以统一意见，因此群众工作难以开展。二是思想观念保守，缺乏干事创业的激情。村干部思想保守，工作缺乏思路和方法，也不积极采取办法解决问题。三是党支部不能发挥引领作用。党支部缺乏对于党员干部的考核制度，使党员干部不能发挥模范带头作用。

（三）村中劳动力分散，缺乏致富途径

宋家岭村占地面积 128 亩，有 400 亩耕地及 150 亩茶园。因为村民关系不够和谐，对于农作物以及茶园的种植方式，家家户户都选择独立种植，因而经济发展模式没有走向集体经济，而是继续保持个体经济路线。散户经营的缺陷是，机械化程度低，田间种植成本高，收入低。随着城镇化的发展，宋家岭村中

的大部分青壮年并不把种植农作物作为主业，而是选择在附近的城镇务工，将对田地的日常管理等交给家中老人和妇女，只是在农忙时节再回家务农，因而劳动负担重，缺乏致富途径。

二、实施“三步走”战略，破解乡村振兴难题

（一）整顿领导班子，发挥党员带头作用

一个强有力的村支部领导班子是村民走向致富、走向幸福的强有力支撑。为此，乡镇党委首先对宋家岭村的领导班子进行了整顿，根据摸底调查情况，及时将原来“软弱、涣散”的领导班子全部撤换，并大胆启用村里有作为、有能力的年轻人，重新成立新的领导班子，配齐、配强领导班子，积极发挥党员干部的带头作用。新领导班子上任后，逐步化解村民之间的矛盾纠纷，解决村里的难题，同时积极争取上级各部门对村中各项工作的支持。

1. 实施党员发展积分制

从道德品质、政治表现、服务奉献等5个方面考察发展对象，为每名考察对象建立《积分考察表》，每个季度公示积分情况，达到一定分值且排名靠前的，进入下一程序。配套建立入党积极分子备案登记管理制度和发展党员工作责任追究制度等，确保党员发展的严肃性，保障新发展党员的质量。

2. 制定《党员日常行为考核积分细则》

将党员划分为干部党员、在家无职党员、外出流动党员三类，将积分分为日常行为积分、家庭“四德”积分和年度评议积分三部分，这三部分按6：2：2的比例确定，并根据总积分评出一星、二星、三星、四星、五星级党员。党员的星级评定结果是评选优秀党员的主要依据。

3. 扎实开展活动，促使党员从合格向优秀转变

认真开展“三亮一树做表率”活动，以亮身份、亮承诺、亮业绩、树形象、做表率为主要内容，激发广大党员发挥表率作用，树立良好形象。年底时，对优秀党员给予适当的精神鼓励和物质奖励，以促进党员继续发挥先锋模范作用。

（二）对接土地增减挂钩政策，实施整村搬迁

1. 科学选址，统一规划

2014年，上级政府派驻村第一书记到宋家岭村进行包联帮扶工作。面对宋家岭村的实际情况，第一书记积极向上争引，决定利用土地增减挂钩政策，实施宋家岭村整村搬迁计划，以此彻底改变村容、村貌以及从根本上改变村民的居住环境，化解村民因为住房问题而产生的纠纷。在考察了碑廓镇的规划用地之

后，党委、政府决定将离原村址不远的一块田地作为宋家岭村的新村址。新村址地势比较平坦，交通方便，环境优美，适宜村民居住。在村民住宅规划方面，统一规划建设一栋四户的二层独栋楼房，每户总面积177平方米。统筹规划后新村占地60亩，相较于旧村的128亩，搬迁后整村增加了68亩耕地。

2.合理分房，民主选房

为了保证顺利实施搬迁，宋家岭村在征引上级资金的情况下，根据建设年份的不同将村民的房屋划分为建筑年份在30年以上、20年以上、10年以上三个档次，每一档次只需分别交纳5万元、3万元、1万元即可入住新房。在选房阶段，采取公开透明的办法，同时发挥党员的带头作用，让村民先选，而让党员和村干部最后选，这种方式有效调动了村民的积极性。

3.发电脱贫，修坝利农

整体搬迁后，村里的生产、生活环境得到了大幅改善，村民矛盾显著减少。此外，为解决村民尤其是少数贫困群众的增收问题，宋家岭村还充分利用村民的闲置楼顶，向银行贷款购买了光伏发电设施。贫困户只需安装一套3千瓦分布式光伏发电设备，当日均发电量达10～15千瓦时，按照自发自用方式，每千瓦可获0.42元国家补贴，而“余电上网”按每千瓦0.9709元计算，这样每个贫困户每年可收入3000元左右，真正提高了贫困户的造血功能。

此外，宋家岭村借日照市林水会战契机，实施石槽沟小微水源工程，投资30万元，将东西外廓至100米，同时南北各修建1道漫水拦河坝，每道河坝向下挖3～4米，共挖了2万立方米土石，塘坝建成后可蓄水3万立方米，能灌溉农田800亩。

（三）结合村情，走集体经济富强之路

“村支部＋合作社”集体经济由集中种植管理和集体分红两方面组成。

根据青壮年劳动力外出务工，村中缺乏主要劳动力实际，宋家岭村决定实施“村支部＋合作社”的集体经济模式。首先将村民的个人土地经营权流转给村支部，由村支部统一管理，集中种植。其次再向上征引80万元用于购买大型机械设备，实行土地机械化管理。最后将种植、收割等需要机械设备操作的工作外包，而对于田间管理、茶叶采摘等工作则雇用村里年纪较大的劳动力和妇女进行劳作，并由村支部支付劳动工资。这种模式就是集体种植管理模式。

按照年底集体分红的政策，村支部合作社每亩地每年可分得500斤小麦或者与市场价等额的现金。对于收入结余，则采取平均分的方式，按照人头发给每家每户。这就是所谓的“集体分红”。

“村支部＋合作社”的集体经济模式，一方面减轻了村里青壮年劳动力既要

外出务工又要打理家中农田的负担，另一方面也解决了老年人既不能种田又没有其他收入来源的问题。“村支部＋合作社”的集体经济模式使村民的收入水平提高了，没有了后顾之忧，幸福指数也不断攀升。对于老村复垦的地，计划种植樱桃，建设特色采摘园，打造趣味农场，吸引城里人来此体验田园风光，而收民则可以通过收取管理费增加收入，预计每亩收益可达2万元，扣除运营成本后，村民还可进行二次分红。

三、实施乡村振兴与美丽乡村建设“两手抓”战略

（一）积极开展移风易俗建设，塑造文明新风

乡村振兴不仅是经济振兴，而且还体现在精神文明建设上，为此宋家岭村采取多种措施塑造文明新风。一是建设社区服务中心、社区礼堂各一座，用于村中结婚、生孩子等喜事，杜绝闹婚、大操大办等不良风气，引导村民文明办喜宴、节俭办喜宴。二是将红白理事会纳入村组织，定期向理事会会员发放补贴，村中的白事全部集中在村东北角的一处房屋内举行，并且向按规定办理白事的村民、村委会发放500元补贴，以此杜绝攀比之风，避免因办理红白事而引发的村民矛盾。三是在公安、行政执法部门的支持下，筹集10余万元，建立禁毒一条街和扫黄打非一条街，在这两条街悬挂横幅标语，设置文化长廊，成立专门活动室，宣传相关法律知识，提高村民的辨别能力。另外，加强治安巡逻、矛盾隐患排查工作，在村内安装监控设施，实施24小时全方位监控。

（二）建设城乡环卫一体化，构建美丽家园

宋家岭村在新村居建设之初，就将村民的生活需求考虑在内。居民的地下管道铺设完整，村民厕所工程建设完备，同时实施雨污分离，并让家家户户都通上了自来水。借助光伏发电的良好政策，统一采用碳晶板取暖，真正做到了无污染。正是由于在建设之初就考虑到了对环境卫生的保护，所以在后续的发展中也就减轻了平时维护环境卫生的压力。维护日常的环境卫生靠的是“门前三包”制度，另外设立一名专职保洁员，均匀布置20个垃圾桶，每日按时清理生活垃圾。

（三）村民自我组织“春晚”，丰富村民文化生活

乡村振兴靠的是村民，只有村民真正热爱自己的村庄，对村庄的发展有信心，才能振兴乡村。宋家岭村为了增加村民对村庄的感情，丰富村民的文化生活，从2017年起，开始举行春节联欢会。由村民自编、自导、自演，积极展现村

民的风貌，增加村民对村居的自豪感和自信心，丰富村民的文化生活，提升村民致富创业的精气神。

（四）开展多种表彰活动，发挥村民模范带头作用

一是村支部及时公开村务、党务、财务，成立民主理事会和阳光理财小组，实行阳光理财。二是建立孝德基金委员会，村内70岁以上老人的子女均可自愿参与孝德基金建设。孝德基金通过向全体村民募捐，争取周边企业、帮扶单位和上级部门的支持，向村内70岁以上老人的子女收取赡养金，村孝德基金补助等方式筹集。三是每年定期评选文明信誉户、五好家庭、好媳妇、好婆婆，并在四德榜内公布、表彰。

四、宋家岭村实施乡村振兴战略的启示

（一）思想解放、行动有力的班子是实施乡村振兴的保障

乡村振兴的主体是村民，而作为“领头雁”的村委班子建设则至关重要。在村里有能力、有水平、有体力的青壮年大都外出工作的形势下，培养村委班子储备干部存在很大的难度。因此，乡镇党委及上级组织部门一方面加强对村支书的培训，开拓乡村党支部班子的思路，让村支部的发展跟上时代，跟上政策，跟上当前的发展形势；另一方面严格按照上级部门的要求，做好党员发展、培养、学习、培训等工作，让党员敢于亮身份、亮承诺、亮业绩、树形象、做表率，积极发掘有潜力的党员，培养储备干部。加强对领导班子的考核力度，真正让党支部班子发挥带领群众致富谋幸福的作用。

（二）积极争引政策，争取上级部门支持

乡村振兴不仅需要人力支持，而且还需要财力支持。国家对乡村振兴的重视力度不断加深，先后出台了各种扶持乡村振兴的政策。对此，村支部应该发挥带领群众致富的主动性，积极关心国家大事，弄懂、摸透国家出台的各种惠农政策，结合村情寻找适合情况、符合要求的政策，并通过政策争引，寻求上级部门的资金支持和智力支持，从而促进本村的发展。宋家岭村前后的巨大变化正是出于对政策的把握和利用。比如，宋家岭村利用国家对于“软弱、涣散”村组织的倾斜政策，夯实了村支部班子；利用土地增减挂钩政策，顺利实施了整村搬迁；利用日照市林水会战政策，实施了饮水灌溉工程；利用国家对于集体经济的扶持政策，成立了村支部合作社，走上了集体经济发展路线，保证了粮食安全和粮食收成。

（三）结合村情发展经济，调动农民积极性

宋家岭村人口不多，耕地有限，又因为靠近城区，因此大部分青壮年村民选择在城区附近打工。根据村里的实际情况，宋家岭村以入股分红的“村支部＋合作社”集体经济模式对土地实行统一管理，保留耕地，提高收成的基础，既能让外出农民安心务工，年底参与分红，又能使国家、村集体和村民三方受益。

（四）将乡村振兴与美丽乡村相结合

乡村振兴与美丽乡村建设是相辅相成的关系，乡村的发展一方面要发展经济，让农民富起来；另一方面也要加强精神文明建设，让农民热爱自己的村庄，提高农民的素质，丰富农民的生活，让农民在乡村振兴中有精气神，有自信心，有荣誉感，真正让农民把自己的乡村建设成生产发展、生活富裕、生态良好的新农村。

【参考文献】

［1］闫建、张波：《党建引领乡村振兴的实践探索——基于重庆市沙坪坝区回龙坝镇调研》，《重庆行政》（公共论坛）2018 年第 2 期。

［2］《关于贯彻落实乡村振兴战略　有效推进产业兴旺、生态宜居、乡风文明、治理有效、生活富裕的调研报告——赴辽源市调研组》，《吉林农业》2018 年第 2 期。

［3］李绍荣：《振兴乡村经济之路：抚顺县“党建＋”产业发展模式的探索》，《国家治理》2018 年第 15 期。

［4］田存全：《乡村振兴战略的基层实践——以潜山县官庄村为例》，《农村经济与科技》2018 年第 4 期。

［5］人民论坛课题组：《如何引领新时代的乡村全面振兴——辽宁省抚顺县“党建＋N”“622”工作法调研报告》，《国家治理》2018 年第 15 期。

作者单位：中共日照市岚山区委党校

社会主要矛盾转化视域下青州乡村振兴的路径探索与研究

冯树荣

党的十九大报告指出，我国社会主要矛盾已转化为“人民日益增长的美好生活需要和不平衡、不充分的发展之间的矛盾”，这就指明了当前要着力解决好的问题是发展不平衡、不充分。发展的不平衡在很大程度上表现为乡村和城市之间的不平衡，而发展的不充分则更多地表现为乡村发展的不充分。因此，实施乡村振兴战略，既符合时代发展的大逻辑，也回应了亿万农民想过上美好生活的新期盼。

一、社会主要矛盾转化在“三农”领域中的表现

在全面建成小康社会和全面建设社会主义现代化国家的征程中，必须顺应社会主要矛盾的转化趋势，认清农业、农村发展的新形势、新任务、新要求，全力破解“三农”领域中的发展难题。

（一）人民日益增长的美好生活需要是新时代社会主要矛盾的基本面

新时代一切的发展，都要围绕满足人民日益增长的美好生活需要而展开，这就对农业、农村发展提出了比过去内容更丰富、形式更多样的要求。一是农产品供给不仅要确保数量，而且还要提高质量；不仅要让人们吃得饱，而且还要吃得好、吃得健康、吃得舒服。二是农村的产业发展既要立足第一产业，也要发展二、三产业；既要顺应三产融合发展的大趋势，培育新产品、新业态，又要补齐农业、农村产业发展短板。三是改善包括生态环境在内的农村生产、生活条件，不仅要让农民安居乐业，而且还要吸引城里人到农村休闲度假。四是要确保农民收入实现持续增长，不仅是要让农民吃好、住好，而且还要上得了学、看得了病、养得了老。由此可见，如此丰富的城乡居民美好生活需要其实是对拓展农业功能、发展现代农业、搞活农村经济、美化乡村环境、健全乡村治理、传承农耕

文明等方面的新标准与新要求。

(二)不平衡、不充分的发展是新时代社会主要矛盾的聚焦点

发展的最大不平衡是城乡发展的不平衡,发展的最大不充分是农业、农村发展的不充分。城乡发展不平衡,主要表现在城乡居民收入差距大,城乡基础设施建设、社会事业发展差距大。此外,这种发展不平衡还表现为农村内部发展的不平衡与区域间农村发展的不平衡。发展好的乡村不仅环境优美,而且百姓也能安居乐业;而发展落后的乡村,缺乏能实现就业、增收的产业,留不住人,甚至出现人去屋空、见房不见人的凋敝景象。农业、农村发展不充分具体表现为以下三点:一是农业这个国民经济基础产业依然薄弱,不仅在转变发展方式方面大有空间,在产品提质增效、产业做大做强方面也大有可为,而且生态环境整治与农作物秸秆利用、畜禽养殖粪便处理、化肥农药减量、农膜回收等农村面源污染防控的潜力巨大;二是农村资源要素利用不充分,既有已开发和利用的各种资源要素如何提高使用效率的问题,也有土地、房屋、宅基地等资源、资产如何盘活利用的问题;三是农村基础设施建设与公共事业的发展不充分,这方面既需要政府加大财政投入与金融支持力度,也需要吸引社会资本和社会力量到农村投资兴业,拓展农民就业增收的新领域、新产业、新业态,创新农民文化生活的新渠道、新方法、新形式。

二、社会主要矛盾转化视域下乡村振兴战略的历史定位

乡村振兴战略提出的根基是对新时代我国社会主要矛盾的深刻把握,明确乡村振兴战略的历史定位必须立足于社会主要矛盾的转化,既要瞻前也要顾后。

(一)社会主要矛盾转化条件下社会主义新农村建设的升级版——乡村振兴战略

通过社会主义新农村建设,很多方面都取得了明显进展,但城乡二元结构并没有实现根本改变,城乡发展不平衡、乡村发展滞后等问题日渐突出,农村依然是全面建成小康社会的短板。乡村振兴战略提出,要让农业成为有奔头的产业,让农民成为有吸引力的职业,让农村成为安居乐业的美丽家园。乡村振兴战略中的“产业兴旺”涵盖了农村的一、二、三产业,不仅农业产业要提质增效,而且农村二、三产业也要加快发展,特别是要将新产业、新业态、新模式引入农村;“生态宜居”不再局限于村庄生活环境干净、整洁,而且要求做到人与自然和谐共生,体现乡村独有的美感,建设农民幸福生活的美好家园;“乡风文明”也在

原有基础上内涵更丰富、要求更高，不仅要提高农民的文化素质与文明素养，而且还要复兴、繁荣乡村文化，提高农民文化自觉，传承中华民族农耕文明；“治理有效”要求全面加强农村基层建设工作，健全自治、法治、德治相结合的乡村治理体系，更好地维护亿万农民的权利，全面提升广大农民的参与感和幸福感；“生活富裕”不仅是要让农民收入持续稳定增长，确保农民衣食无忧，而且还要不断完善乡村社会保障体系，解除农民的后顾之忧，真正使亿万农民能够在更高水平、更高品质上享有国家繁荣、民族昌盛带来的美好生活。

（二）乡村振兴战略贯穿现代化建设的全过程

乡村振兴战略瞄准的不仅是全面建成小康社会，而且放眼于全面建设社会主义现代化强国，其对农业、农村发展的谋划与构想贯穿于我国现代化建设的全过程。乡村振兴战略包含了全面建成小康社会的目标任务，继续坚持新农村建设、“三农”扶持方针，坚持补农业发展“短板”、接农村事业“短腿”，确保农村地区和农民群众如期、同步、全面实现小康。不能只停留在工业反哺农业、城市带动乡村的阶段。如果到了第二个百年目标节点，城乡之间依然存在较大差距，依然要补农业的“短板”、接农村的“短腿”，那么就不能说农业、农村同步实现了现代化，也不能说全面实现了社会主义现代化的第二个百年目标。因此，乡村振兴战略必然要瞄准全面实现农业、农村现代化，必然要超越工业反哺农业、城市带动乡村的历史阶段，切实缩小城乡之间、工农之间的发展差距，实现城乡融合发展、共同富裕，让乡村成为人民获得幸福美好生活的家园与乐园。

乡村振兴战略不是走一步看一步、遇到问题再解决问题，而是要主动瞄向21世纪中叶，谋划目标与实现路径，实现一张蓝图绘到底。乡村振兴战略将引领农业、农村实现全面现代化，它体现的是党在认识经济社会发展规律基础上的时代担当和在理论自信、制度自信、文化自信基础上对我国农业、农村发展的道路自信。2017年中央农村工作会议指出，实施乡村振兴战略，是解决“人民日益增长的美好生活需要和不平衡不充分发展矛盾”的必然要求，是实现“两个一百年”奋斗目标的必然要求，是实现全体人民共同富裕的必然要求。由此不难发现，乡村振兴战略实现了目标导向与问题导向的统筹兼顾、协调统一，其中，目标导向体现的是登高望远、使命意识、深谋远虑，问题导向体现的是脚踏实地、忧患意识、责任担当。实施乡村振兴战略，充分展示了以习近平同志为核心的党中央的大智大勇、使命担当、爱民情怀、谋国风范。

三、青州市实施乡村振兴的路径探索

(一)加快小城镇建设

小城镇作为沟通农村和大城市的桥梁,在物资流通、人力周转、信息交流等方面扮演着极为重要的角色。加强小城镇建设,充分发挥小城镇在促进区域经济发展中的辐射作用。坚持高起点定位,超前谋划,提升村镇规划,科学布局,形成有利发展、方便生活的合理网络。同时,完善小城镇基础设施配套,逐步消除城乡间基础设施差异,补齐乡村发展短板。

(二)加快农业产业化发展

农业产业化的根本出路在于供给侧结构性改革。一是打造一批龙头企业。坚持"走出去"和大胆"引进来",积极推进农业招商引资和产业化合作开发,要重点引进和培育扶持一批科技含量高、产品竞争力强、经济效益好、带动作用大的农业龙头企业,提高精深加工率,增加农产品附加值。强化龙头企业与农民合作社、家庭农场、种养大户等新型农业经营主体的有机整合,打造农业产业化联合体。二是打响青州农业品牌。大力实施品牌战略,建立品牌培育、保护、发展和评价体系,做强青州花卉、青州蜜桃、青州银瓜、青州敞口山楂、青州柿干、青州有机蔬菜等传统品牌和百纳城红酒、圣登堡山楂饮料、干红等新兴品牌,打造一批在全省、全国叫得响的农产品品牌;发挥好华盛农业、天成农业等的龙头带动作用,建设"育繁推一体化"现代种业体系,打造全国种苗中心;做强青州花卉品牌,推动花卉产业全链条提升,建设中国(国际)花卉苗木技术中心,创建国家级出口花卉苗木质量安全示范区;做优有机蔬菜品牌,推动蔬菜种植向有机方向发展,提高青州蔬菜知名度和竞争力。三是加快发展农村电子商务。加大培育运用互联网开展经营的农民数量和新型农业经营主体数量。发挥中国花卉电子商务交易中心、八喜旅游网、地主网等龙头电商带动作用,加强互联网在农业生产、加工、流通等环节的应用和推广。

(三)实现乡村生态宜居

乡村振兴的关键是生态宜居。"生态宜居"四个字蕴含了人与自然和谐共存的关系。坚决杜绝污染项目,抓好农村环境整治。对农村保洁进行市场化整体运作,健全完善长效监管机制,搞好农村垃圾就地分类减量、资源化利用和无害化处理,探索建立多形式、低成本、高效率的农村生活污水集中处理体系。同时,大力发展循环农业,把畜禽粪便的污染收集处理与发展绿色农业、有机农业结合起来，打造生态宜居新乡村。

（四）培育文明乡风

乡村振兴的保障是乡风文明。运用优秀文化、健康风尚，提振农村精气神。一是强化思想道德建设。采取符合农村特点的有效方式，以社会主义核心价值观为引领，让主流思想入脑入心。实施善行义举四德榜规范提升工程，强化农民的社会责任意识、规则意识、集体意识和主人翁意识。二是大力发展乡村文化。采取“展演＋比赛”“比赛＋巡演”等形式，组织开展特色文化活动，提高群众参与度。搞好农村公益电影放映，丰富文化产品供给。加大乡土文化人才培育，发挥基层文化站的培训功能，对农村文化骨干进行专业辅导。同时，采取“请进来”“走出去”方式，邀请专家举办讲座，搭建平台让乡土文化人才走出去交流学习，提高他们的文艺素质和业务水准。保护、传承优秀传统文化，强化乡村“非遗”保护传承，用好春节、清明等传统节日，讲好乡村故事。创新乡贤文化，以乡情为纽带，吸引各方优秀人才支持家乡建设，传承乡土文化。三是强化乡村社会规范。直面当前乡村仪式文化缺场、乡风民俗衰落等乡村文化建设短板，以“身边人讲身边事，身边人讲自己事，身边事教身边人”的形式，广泛普及社会主义核心价值理念，强化乡村社会规范。

（五）推动乡村善治

乡村振兴的基础是治理有效。一是加强基层党组织建设。重点选好配强村支书，提升村干部素质，充分发挥村党支部的战斗堡垒作用，让农村基层党组织有位有为、充满活力。二是充分尊重农民的主体地位。始终把农民群众的利益放在首位，发展农村协商民主，强化村务公开，尊重农民群众的知情权、参与权、决策权和监督权。三是加快法治乡村建设。持续开展普法教育，健全依法决策机制，健全依法维权和化解矛盾纠纷机制。四是提升乡村德治水平。深入实施爱诚孝仁“四德工程”，强化道德教化作用，发挥“孝德品牌”的典型引领作用，推广“以孝治村”模式，引导村民树新风扬正气。

（六）实现镇村强、农民富

乡村振兴的根本是生活富裕。一要健全农业支撑体系。坚持把农业、农村作为财政支出的优先保障领域，加大财政支持力度，不断创新农村金融服务模式，规范建立土地流转市场，加快土地流转，发展适度规模经营。二要积极推动农民创业、就业。突出能人大户、回乡大学生等重点群体，鼓励、引导他们发挥优势、特长，积极利用新理念、新技术、新模式，大胆走创业致富的路子。重视创业载体建设，优化创业服务，把城区创业的各项优惠政策延伸到农村，引导农民打消顾虑，勇敢迈出创业步伐。三要大力发展镇村经济。据调查，镇村经济比较薄弱，2017 年镇街一般公共预算收入过亿元的只有 1/3，至今仍有 64 个村集体收入为零。必须突破镇域经济，夯实镇域经济发展支撑；引导村集体大力发展特色产业、新兴业态，建立村级集体增收长效机制，全面消除村级集体经济“空壳村”。四要强化人才支撑。乡村振兴，要靠人来振兴。借鉴先进地区经验，完善政策和机制，重点建设好“三农”工作队伍，新型职业农民队伍，农村专业人才队伍，农村教育、医疗、科技等人才队伍和振兴乡村的“共建”队伍。

【参考文献】

[1]唐任伍：《新时代乡村振兴战略的实施路径及策略》，《学术前沿》2018 年第 3 期。

[2]张照新：《以乡村振兴战略引领新时代农业农村优先发展》，《学术前沿》2018 年第 3 期。

[3]朱泽：《大力实施乡村振兴战略》，《中国党政干部论坛》2017 年第 12 期。

[4]刘合光：《激活参与主体积极性，大力实施乡村振兴战略》，《农业经济问题》2018 年第 1 期。

[5]高云才：《新时代乡村如何振兴》，《农村·农业·农民》(B 版)2017 年第 11 期。

作者单位：中共青州市委党校

平阴县乡村振兴战略路径探析

孙真真

一、乡村振兴战略的提出及意义

2017年10月18日，中国共产党第十九次全国代表大会在京举行，习近平总书记向大会作报告。十九大报告首次对乡村振兴战略进行了阐述，习近平总书记指出："农业、农村、农民问题是关系国计民生的根本性问题，必须始终把解决好'三农'问题作为全党的重中之重。"习近平总书记在会议上还提出了乡村振兴的20字总要求，即产业兴旺、生态宜居、乡风文明、治理有效、生活富裕。相较于十六届五中全会上提出的"生产发展、生活宽裕、乡风文明、村容整洁、管理民主"的新农村建设要求，这一要求是关于农村发展的更高层次的要求。

在中央经济工作会议上，乡村振兴战略被确立为2018年的六大重点工作之一，这再一次体现出国家对贯彻实施乡村振兴战略的重大决心。此次会议明确提出：要科学制定乡村振兴战略规划。完善城乡一体化发展的体制和机制，消除阻碍要素下乡的障碍。推进农业供给侧结构性改革，坚持质量兴农、绿色兴农，使农业政策从增产转向提高质量。深化粮食收储制度改革，使收储价格更好地反映市场供需状况，扩大轮作休耕制度试点。

乡村振兴战略为我国农村的未来发展指明了道路与方向，是解决新时代我国人民日益增长的美好生活需要和不平衡不充分发展主要矛盾的关键，是对农民在社会发展中担当的重要角色的尊崇与认可，是确保农村、农民共创、共建、共享发展成果的具体体现。与以往乡村服务于城市，附属于城市相比，乡村振兴战略把农村提高到一个新的高度，要从独立的角度来规划和建设，各省、市、县也都积极响应落实乡村振兴战略。

二、平阴县乡村振兴的具体路径

山东省积极响应乡村振兴战略，提出了“实施乡村振兴战略，打造齐鲁样板”的战略目标，本文着重对山东省平阴县乡村振兴战略进行论述。

(一)平阴县经济发展情况概述

平阴县隶属于山东省济南市，又称“玫城”，位于山东省西部，与东平县、东阿县、长清区等接壤。近年来，平阴县社会经济持续稳步增长。2015 年，平阴县城镇化率已达 55%，比 2010 年的 45.58%提高了近 10 个百分点。平阴县的人均 GDP 已从 2010 年的 39020 元提升到了 2015 年的 60706 元，与全省平均水平相比还有一定差距，与济南市平均水平差距较大。2016 年，经济保持中高速增长。据初步计算，2016 年，平阴全县生产总值达到 245.24 亿元，同比增长 8.2%。其中，第一产业的增加值为 32.89 亿元，同比增长了 3.9%，对经济增长的贡献率为 6.6%，拉动 GDP 增长 0.5 个百分点；第二产业的增加值为 135.95 亿元，同比增长了 8.7%，对经济增长的贡献率为59.3%，拉动 GDP 增长 4.9 个百分点；第三产业的增加值为 76.40 亿元，同比增长了 9.2%，对经济增长的贡献率为 34.1%，拉动 GDP 增长 2.8 个百分点。经济结构调整稳步进行。一、二、三产业比例由上一年的 13.9∶55.7∶30.4 调整为 13.4∶55.4∶31.2。全面落实了各项惠农政策，农业生产稳定发展，现代农业产业日益壮大，近几年还加大了品牌创建力度、三品一标认证监管力度，采用动态管理等方式进行发展。

(二)平阴县实施乡村振兴战略的具体路径

1.产业兴旺是目标，玫瑰芬芳飘四海

乡村振兴的目标是实现产业的提升与兴旺。玫瑰产业是平阴县的一张名片，但一直以来，却面临着产业层次低、规模小的困境。自提出“实施乡村振兴，打造齐鲁样板”这一未来农村发展规划以来，平阴县委、县政府一直在寻找突破口，积极引导玫瑰产业向更完善、更高端的方向发展，并为玫瑰产业发展搭建了一系列种植、生产、加工、销售平台。

为解决平阴玫瑰产业发展困境，平阴政府投资平台公司投资 4.6 亿元，建设了一个 13.7 万平方米的玫瑰高端产业园，各大、小玫瑰企业均可免费入驻，并且对玫瑰加工生产设备、加工工艺进行了改良升级。通过一系列引领、整改策略，2018 年仅芳蕾一家玫瑰企业就可以消化掉 5000 吨玫瑰花。这对于花农来说是一大幸事，既壮大了玫瑰产业，又保证了玫瑰有处可销，对平阴人民实现生活富裕发挥了一定的作用。此外，平阴还设立了 3 亿元的玫瑰投资基金，并成立了“云谷”电商产业园，已有数百家玫瑰企业成功入驻，年交易额达30亿元。

2018年，平阴副县长张军面对记者采访时说：“平阴玫瑰今年的种植面积为6万亩，产量达到了2万吨，总体来说效益向好。我们就是想用三到五年的时间，通过‘玫瑰＋资本’‘玫瑰＋电子商务’‘玫瑰＋旅游’‘玫瑰＋品牌’这一系列组合拳，实现产值为100亿元的目标。”在政府强有力的支持下，在优越的招商引资大背景下，2018年平阴玫瑰花蕾更是走出了国门，实现了巨大的增值。2018年7月，中国功能性化妆品第一品牌——索芙特股份有限公司与济南惠农玫瑰花精油有限公司达成了战略合作关系，随着协议的签订，两家公司必将实现互惠互利、合作共赢，也必将推动平阴玫瑰产业的发展，聚力打造出代表乡村振兴的齐鲁样板。

2.生态宜居是根本，洪范纸坊开先河

生态宜居是根本，实施乡村振兴战略应建立在和谐稳定的生态环境之上，这是必须要遵循的规则。推动乡村振兴，打造齐鲁样板，需要的不仅仅是各级政府筹划、招商引资、派遣第一书记等上级主导式方法，还需要一些有理想、有志气、有热血的知识青年返乡创业，为自己家乡的振兴奉献自己的一份力量和智慧。

平阴县洪范池镇纸坊村，是一个距离平阴县20千米的小山村。在这里，李华、金冬冬这对80后返乡小夫妻就从生态宜居角度出发，为洪范池镇的发展做出了极大贡献。源于李华个人的绿水青山梦，夫妻二人在纸坊村建了一个旅游农场。2000年，求学归来的李华想将家乡打造成青山绿水、生态宜居的旅游小镇。2015年，在与山东农业广播电视学校积极交流、沟通，并接受了新型职业农民培训后，他更加坚定了发展休闲农业的决心，结合妻子家乡浙江的建筑风格特色，斥资亿元建成了一整套徽派风格的江南风情休闲农庄，并在农庄经营项目中加入了传统戏曲、歌剧等元素，推动了传统文化的传承与发展。此外，农庄的经营模式还遵循农业绿色发展的原则，这不仅促进了农庄自身的发展，而且还带动了周边人口的就业，形成了一个以纸坊村为辐射点向外发散的辐射圈。目前，旅游小镇已初具规模。他们也确实吸引了一批像他们一样有知识、有想法的青年回乡创业，为家乡振兴贡献自己的力量。

在生态宜居的基础上推动乡村振兴，符合人民群众的发展需要和生活需求，也使洪范池镇纸坊村人民的认可度、支持度更强，幸福感和获得感也更易体现。

3.乡风文明是基础，讲习堂做示范

乡村振兴的重点是人才振兴。乡村振兴作为一项艰巨而又系统的大工程，离不开对乡村人才的鼓励与支持。2018 年 6 月 29 日，平阴县东阿镇新时代乡村振兴讲习堂揭牌成立。讲习堂的受众包括村支部书记、党员干部、群众骨干、大学生村官、返乡创业人员等。讲习堂以群众喜闻乐见的方式进行科学理论知识的传递与讲习，创办了微信群和微信公众号等网上交流、学习平台，并将理论与实际相结合。讲习堂吸纳了很多有志之士学习科学理论知识，这不仅使他们能及时、高效地了解社会发展的主流思想，紧跟时代发展步伐，而且还增强了个体自身本领和才干，提高了乡村干部队伍整体素质以及为人民群众服务的能力。在讲习堂的教育、引领与指导下，领导干部的自身素质已然过硬，继而能更好地发挥乡村振兴的骨干带动作用，引导人民群众的行为更加规范有序，邻里团结和睦，人人自觉保持乡风文明，这种风气的传扬对乡村振兴、社会发展起到了极大的促进作用。

对东阿镇来说，讲习堂既是一种创新，又是一种机遇，更是一种挑战。乡村振兴离不开人才振兴，但在保证人才振兴的前提下，还要注意协调、平衡高素质人才之间的关系，唯有人才内部心向一处，乡村振兴才可能实现并发展得更好。

4. 治理有效是保障，全县力保生态化

在县领导班子的大力宣传和有力实施下，平阴全县行政村沥青路覆盖率达 100%，行政村照明灯数量已达 5917 个，自来水覆盖率达 98%。此外，在一年内，平阴县政府通过一系列政策顺利改造了农村无害化卫生厕所 13566 个，改造危房、违建建筑 116 处，城乡环卫整合、全县清洁也实现了全覆盖，美丽乡村建设有条不紊地推进，实现了政府获形象、农民获实惠和发展获空间的预期目标。2018 年 6 月，平阴县在孔村镇举办了 2018 年平阴县农产品质量安全事故应急演练，通过此次演练，各级农业部门充分认识到农产品质量安全监管的重要性，也提高了农产品质量事故应急处理能力，确保了在突发重大农产品质量安全事件面前，能够切实做到判断准确、有效组织、快速反应、高效运转、处置得当，争取把损失降到最低，确保农业和农村发展的安全与效率。

三、平阴县乡村振兴的新要求

乡村振兴要落到实处，不仅需要各级政府筹划、招商引资，派遣第一书记等一系列上级主导方式，而且还需要有知识、有理想青年的付出和努力。平阴县乡村振兴尚处于起始阶段，未来还有更多困难需要攻坚克服。推动乡村振兴，打造齐鲁样板，平阴县充分发挥自己的地域优势，在产业发展、旅游带动层面取得了不小进展。但是乡村振兴是一项长期且艰巨的重大任务，时时刻刻在路上，需要付出更多努力。

首先，坚持以农民为中心的发展思想。乡村振兴要真刀真枪地干，不能停留在口头建设上；要坚持问题导向、补足短板，不能盲目地胡乱建设。要给农民一个干净、清新、美丽的生存家园，要继续实施产业强村强县行动，创建一批有利于富民强县的产业，要努力、用心地打好、打赢脱贫攻坚战，彻底解决好农村、农民的贫困问题。

其次，贯彻县委、县政府的正确规划与指导。理论是实践的先导，政府指导工作时不要包揽，要坚持以市场为主导、以企业为主体的原则，按照“五位一体”的总布局，从产业发展、乡村规划、土地使用、基础设施和公共服务等方面进行谋划。

最后，合理分配一、二、三产业比例。做到三产融合发展，打造产业新村、产业庄园。单纯发展农业不会提升土地的附加值，单纯发展旅游业效果也并不显著，要继续发展田园乐园，把农业庄园与旅游有机结合，最大限度地提升产业附加值。

乡村振兴是国计民生大计，必须牢固树立为人民谋福祉的意识，锲而不舍、久久为功地实施乡村振兴战略，不能仅把乡村视作农产品种植地，也不能仅把乡村视作农民的居住之所，更不能仅把乡村视作城镇的附庸地，乡村应该成为城镇的储备所、城镇的后花园、城镇居民退休养老的优选宝地。要鼓励人才回到农村、留在农村、发展农村，倡导乡村恬淡、惬意的生活，将“把酒话桑麻”的乡村新生活发展成为所有农民、城镇居民的共同追求。

【参考文献】

[1]习近平：《中央经济工作会议在北京举行》，2017 年 12 月 25 日《人民日报》。

[2]张新伟、林英华：《县域经济视角下特色小镇建设评估——以平阴玫瑰小镇为例》，《聊城大学学报》（自然科学版）2017 年第 2 期。

作者单位：中共山东省委党校

荣成市实施乡村振兴战略的路径探索

王 青

“农,天下之大业也。”党的十九大报告提出实施乡村振兴战略,并写入党章,在我国“三农”发展进程中具有划时代的里程碑意义。这是以习近平同志为核心的党中央着眼全局,顺应亿万农民对美好生活新期待作出的重大决策部署,是决胜全面建成小康社会、全面建设社会主义现代化国家的重大历史任务,是新时代“三农”工作的新旗帜和总抓手。本文围绕这一主题,结合长兴县经验,针对荣成市发展实际作一探讨。

一、目前荣成市乡村建设中存在的主要问题

(一)农业产业发展方面有短板

一是规模小、竞争力不足。荣成市目前只有现代苹果、无花果、西洋参等个别产业实现了规模化。二是特色不突出、效益不高。整体来看,仅有现代苹果算得上是现代农业的支柱产业,而无花果、草莓、葡萄、茶叶等其他产业面积较小,综合效益不高。三是管理粗放、发展后劲不足。部分私企老板盲目跟风投资,市场预计不足,新技术、新成果转化能力低,加上农业是一项投资回收期长的产业,受资金投入、自然及市场等因素制约,部分企业发展后劲不足。

(二)农村发展方面有短板

一是土地规模化经营程度偏低。目前,荣成市农村土地流转绝大多数为小规模流转。二是农业组织化水平不高。市里农民专业合作社虽然不少,但真正建基地、连市场、带农户的专业化合作社凤毛麟角。三是新型经营主体融资难。投资农业产业存在前期投入大、回报周期长等特点,多数新型规模经营主体因缺少雄厚的产业支撑,存在融资难、无抵押担保等问题。

（三）农民发展方面有短板

一是农村人口老龄化严重。荣成市农村60岁以上劳动力占大多数，特别是沿海地区农户，因无力耕种，土地存在撂荒现象；从事园区疏花疏果、套袋摘袋、采摘分拣等工作的多为家庭妇女和70岁左右的男性劳动力，规模化园区在关键农事季节“用工荒”问题严重。二是农业科技化程度低。农业仍以一家一户的分散小生产为主，科技对农业的贡献率不足，多数农户种地仅仅是满足口粮需要和自给自足，农业基本上是靠天吃饭，对自然灾害和市场风险的抵御能力较弱。三是农民的培育形式单一。课程设置不够灵活，田间教学形式单一，农民的整体积极性还需提升；筛选机制还不完善，跟踪服务的力度不够，不能形成科学的考核体系，影响了农业培训效果。

（四）美丽乡村建设方面有短板

一是村民参与的积极性不强。由于在美丽乡村基础设施的规划、建设等环节村民的参与度不高，不少村民认为美丽乡村建设是政府的事，都不愿主动参与，本应该作为主体的村民成了“观察员”“评论员”。二是工程建设的整体性不足。村庄建设中规划模式单一、整体性和个性化还存在一定问题。完成美丽乡村创建任务的村，多数仍以村口或某一自然村为主，全村铺开的不多，个性特色不明显。三是美丽乡村建设的均衡性不高。美丽乡村建设首先从经济条件较好的村实施，将资金、项目、人力、物资向“示范村”集中。而对经济实力相对较差的村或者贫困村则重视不够，各级政府的支持力度不足。随着创建工作的不断深入，村级经济比较薄弱的村庄被纳入创建范围，而镇街的财力却逐年偏紧，资金配套减少，资金缺口更大，创建难度增大，从而导致基层社区创建的积极性不高，群众的共同参与意识更低。四是管护机制还不健全。大部分美丽乡村由于管护机制不健全、经费紧张、管护责任没有落实，村屯环境管护存在问题突出，配套的垃圾箱存在损坏、丢失、变形、烧毁等现象；有的美丽乡村垃圾清运不及时，垃圾箱周围成为新的污染源，影响了美丽乡村的整体形象。

二、长兴县乡村建设的有益经验

浙江省长兴县的美丽乡村建设，紧紧围绕“村民富、村庄美、村风好”的建设目标，通过一、二、三产业并举，功能与品位并重，精神与物质齐抓，同时注重挖掘历史遗迹、人文风俗，把风情和文化巧妙地融入“山、水、村”中，形成“一村一品、一村一业、一村一景、一村一韵”的新格局。概括来讲，长兴县乡村发展模式主要包括：

（一）注重统筹规划

长兴县在打造美丽乡村、中心村及新农村建设时，结合乡村特色，对各行政村景观建设、环境提升等都进行科学的统筹规划，并通过县级联审。计划利用10年时间，把全县所有行政村分阶段建成“村民富、村庄美、村风好”的美丽乡村。

（二）注重资源整合

长兴县在工作中注重整合各类涉农项目资源，既避免了重复建设，又使有限的项目资源能发挥最大效用。如充分利用农村土地综合整治项目，结合乡村道路联网工程、万里清水河道等项目资源，全面提高农村公共基础设施建设水平。

（三）建立长效机制

为进一步巩固美丽乡村建设成果，避免“建管分离”“一阵风”，长兴县委、县政府专门制定了《长兴县美丽乡村建设长效管理考核办法》，并配套出台一整套考核指标体系，对村容卫生日常保洁和公共基础设施日常维护与保养等工作进行专项督查，年终对村庄长效管理组织保障、设施配套、管理水平以及村民卫生意识等进行重点考核，形成了科学的长效机制。

三、关于荣成市乡村振兴战略的对策思考

（一）注重产业发展

十九大报告提出的实施乡村振兴战略总要求的第一位就是强调产业兴旺，相比建设社会主义新农村强调的生产发展，层次更高，寓意更深，更加突出了农村产业的综合发展，而非单纯的农业发展。一方面是因地制宜多业态发展。发展农村产业，切忌一刀切，应坚持因地制宜，实行一村一策、一村一品，发挥好区位及资源优势，实行错位发展。沿海地区可发挥区位优势，借势发展观光摄影、民宿休闲等新业态；内陆地区可利用资源优势，大力发展休闲采摘、果蔬加工等多功能田园综合体项目。对于有厂房的村居，要在盘活闲置资源上下功夫，走腾笼换鸟的路子。优化农业与旅游、养老等产业相互促进、共同发展的区域布局，建设一批田园综合体，为城乡居民提供“望得见山，看得见水，记得住乡愁”的高品质休闲旅游体验。另一方面是加快农业结构调整。以现代农业产业园区为引领，积极发展无花果、樱桃等农产品加工业，向高端、优质、高效、健康、营

养方向发展。完善放心菜、肉鸡、猪肉、水产品基地建设,扩大农产品生产规模。再一个是以特色小镇为载体,加快乡村振兴进程。乡村振兴需要有一个强有力的龙头和载体,抓住特色小镇创建窗口期,把乡村优美风景、人文风俗、历史文化、特色资源在空间上集中和集聚,推动特色产业发展,承载产业人口,从根本上解决内生动力不足的问题。

(二)注重人居环境提升

乡村振兴战略总要求的第二位就是生态宜居,就是要以建设美丽宜居村庄为导向,以农村垃圾、污水治理、村容村貌提升为主攻方向,加快补齐农村人居环境突出短板。对美丽乡村精品村,坚持高标准规划设计,扎实推进市场化、专业化运作,积极发展滨海旅游、民宿体验、文化创作等旅游业态,进一步叫响知名度。对有特色的村居,按照省级美丽乡村建设标准,列入培育规划,深入挖掘特色资源,以文化体验为切入点,培植一批叫得响的精品美丽乡村。对列入威海市级美丽乡村规划的村,打造一批特色美丽乡村。按照美丽乡村建设全覆盖原则,加大对未整治村的整治力度,坚持环境整治、道路硬化、村庄绿化同步推进,不断改善群众的人居环境。结合开展“绿满齐鲁·美丽山东”的有利机遇,与河长制等工作进行有机结合,开展大面积绿化行动,不断提升村居绿量,让我们的居住环境越来越优。当前,在燃气、上下水、污水、垃圾处理方面,城乡间基础设施存在较大的差异,也限制了乡村生态资源优势的发挥,要主动加快推动城镇基础设施向农村延伸,逐步消除城乡间基础设施的差异,补齐乡村发展短板,让居民在城乡都能享受同等舒适的生活。

(三)注重乡风文明提升

十九大报告提出的乡村振兴战略总要求中的乡风文明是在之前的新农村建设要求的基础上增加的一项,就是要在新时代促进农村文化教育、医疗卫生等事业发展,推进移风易俗、文明进步,弘扬农耕文明和优良传统,使农民的综合素质进一步提升、农村的文明程度进一步提高。实现乡风文明,就要在农村积极培育和践行社会主义核心价值观。大力开展涵育文明乡风工作,运用新媒体、农家书屋、村文化活动室(中心)等各类教育阵地,深化中国特色社会主义和中国梦宣传教育,弘扬民族精神和时代精神,让社会主义核心价值观深入人心。不断完善公共文化服务体系,深入实施文化惠民工程,广泛开展农民健身等主题活动。通过开展创建文明村镇、文明家庭、星级文明户等活动,将移风易俗、遵规守法、建设小康、保护生态等纳入创建内容,让农民在参与中受教育、提素质、树新风。

（四）发挥主体作用，建立健全长效机制

美丽乡村建设的关键在各级领导，重点在村级组织，核心在群众参与。美丽乡村建设要建立健全统一的协调机制，整合各项支农惠农资金和资源，加大环保、交通、水利、农业、扶贫等部门参与建设与管理美丽乡村的力度。要探索建立相应的体制机制，落实建管并举，注重提标扩面，进一步巩固提升建设成果。在坚持县镇村三级联动的基础上，通过健全村民自治机制等形式，全方位调动全体村民积极参与美丽乡村建设的积极性。只有把村民的积极性、主动性调动起来，美丽乡村建设才能有动力、有活力。同时，要保障村民参与建设和日常活动的监督管理，充分发挥村民自治作用，要切实落实投入保障机制，坚持政府主导、群众主体、社会参与的投入机制。加强对美丽乡村建设与长效管理的扶持，在加大财政资金投入的同时，主动引导社会资金和民间资金投入美丽乡村建设工作，鼓励支持本镇、本村企业家投资和农民群众投劳，共同建设美丽乡村。

作者单位：中共荣成市委党校

乡村产业振兴篇

东营市河口区推进休闲农业发展促进乡村振兴研究

张　明

实施乡村振兴战略是党的十九大作出的重大决策部署。其中，产业兴旺是乡村振兴的首要任务，而要实现产业振兴，就必须坚持以农业供给侧结构性改革为主线，不断提高农业产业发展水平，促进农村一、二、三产业融合发展，而休闲农业正是产业融合的典型范例。《山东省乡村振兴战略规划(2018—2022年)》已经颁布，打造"三生三美"的奋斗目标已经明确，发展休闲农业对于强产业、保环境、促民生都具有重要意义，能够为实现乡村振兴，打造齐鲁样板提供有效路径。近年来，河口区休闲农业作为发展现代农业、推进乡村振兴的重要内容，已被提上发展日程。在供给侧结构性改革和新旧动能转化的时代大潮中，研究河口区休闲农业发展路径，对于调整产业结构、促进生态农业发展、吸引旅游客流、增加农民收入等都有重大意义。

一、正确认识休闲农业与乡村振兴的关系

早在1865年，意大利就成立了"农业与旅游全国协会"，该协会的主要职能就是通过介绍农村、农业的优势，引导城市居民去农村旅游，同时还倡导游客与农民同吃、同住、同劳动。最初的休闲农业体现的就是人与自然的和谐，目的就是要为游客提供亲近自然、回归自然的机会。

休闲农业和乡村旅游作为近年来快速崛起的新产业、新业态，在实现产业兴旺中扮演着重要角色，在实现生态宜居上也发挥着重要作用。大量实践表明，在休闲农业发展得好的地方，外出务工人员大量回流，农村的人气和资源要素重新聚集，"三留守""空心村"等问题得到缓解，农村社会治理明显改善；大批工商资本投入农业和农村改造，先进生产技术和管理技术得到广泛应用，乡村的路、电、水、气等公共设施得到较大改善，城市的基础设施和公共服务也正向农村快速延伸，农村的环境面貌得到极大改观。

依托农村绿水青山、田园风光、乡土文化等资源，大力发展生态休闲农业和乡村旅游，拓展农业的多种功能，不仅可以满足城乡居民对美好生活的向往，而且还可以将生态环境优势转化为经济社会发展优势。发展休闲农业和乡村旅游可以作为深化农业供给侧结构性改革的重要方向，不仅能够将农业从单一的生产功能向休闲观光、农事体验、生态保护、文化传承等功能拓展，满足城乡居民走进自然、认识农业、体验农趣、休闲娱乐的需要，而且还能够借助其较高的经济效益，吸引和调动各类经营主体改善农业基础设施、转变经营方式、保护产地环境的积极性。发展休闲农业和乡村旅游已经成为很多地方调整农业结构的重要途径以及加速现代农业发展的强大推动力。

二、东营市河口区发展休闲农业的现状与优势

（一）区位和自然条件良好

河口区地处黄河三角洲的最前沿，是环渤海经济圈与黄河经济带的交汇点，也是京津冀都市圈与山东半岛城市群的结合点。境内有环渤海高等级公路、环渤海高铁、东营港疏港铁路、济东高速相连，逐步形成了3.5小时京津冀、2.5小时山东半岛城市交通圈。河口区是“黄蓝”两大国家战略的叠合区和重要接点，在《黄河三角洲高效生态经济区发展规划》中，河口区被列入生态渔业区、生态畜牧业区和绿色果蔬区。此外，河口区还处于《山东半岛蓝色经济区发展规划》所提的“两极”中的黄河三角洲高效生态海洋产业集聚区，以及“三组团”中的东营—滨州组团。河口区属于温带大陆性季风气候，四季分明，雨水、光照、温度等配合合理，适宜作物生长，属于典型的黄河三角洲地貌，土地和海域资源丰富，未利用土地有161.1万亩，占比为45.4%，耕地、林地、园地有139.64万亩，休闲农业的发展空间巨大。

（二）发展大格局初步形成

河口区属于典型的三角洲地貌，农业用地为146.4万亩，占全部用地的43%。丰富的土地资源和独特的生态系统为河口区发展特色休闲农业提供了良好条件，同时政府的扶持也使生态休闲农业体系获得了持续发展。目前，河口区已初步形成了“两园一区三带三组团”的现代农业发展格局。其中，“三带”是指沿中心轴自西向东布局的西黄河故道特色农业带、河口城郊休闲农业带、神仙沟生态休闲农业带，这三带都涉及河口区休闲农业的发展规划。

西黄河故道特色农业带突出生态高效农业和特色休闲农业，将庄园经济与旅游业联动发展，重点建设一批农业园区，最终形成一条集现代农业、文化溯

源、科普教育、休闲观光为一体的特色农业带。河口城郊休闲农业带突出生态循环农业和特色休闲农业,依托城效区位、交通优势和周边水库、沟渠、林地及特色种植资源,建设"小规模、组团式、微田园、生态化"新村,打造城郊休闲农业带。神仙沟生态休闲农业带依托孤岛镇万亩槐林,以神仙沟为纽带,串联温泉养生、渔乡风情、牧场风光、黄河故道湿地景观等内容,重点建设槐树林温泉度假区、槐林仙境度假村、军马场农博园、妙味工业体验园、澳亚生态牧场、体验中心和海星渔村等。

(三)基地和品牌建设已初具规模

河口区立足资源优势,大力加强休闲观光农业园区建设,实施强农、富民项目,坚持以规划为先导,以项目为龙头,以资源优势为依托,以市场化运作为手段,规划一批包含特色种植、四季采摘、休闲观光、农耕体验等内容的产业园区,推动传统种植业向高质、高效转变。例如,以申丰庄园、孤岛农博园、新户百枣园、河口街道高效生态农业循环经济示范园区为代表的特色鲜明、布局合理、富有地域文化气息的现代休闲观光农业园区,有效推动了农业增效、农民增收。

目前,已建成梁家苹果、小围子地瓜、北大屋葡萄等特色农业示范基地 22 个,获得国家无公害食品认证农产品 8 个,注册"金河口"苹果、"小围子"地瓜、"绿醇"葡萄、"义和庄"杂粮等商标品牌 10 个,获批省级农业标准化生产基地 2000 亩,形成"一村一品"专业村 21 个。据统计,全区来自休闲观光农业园区的年营业收入已达 4000 多万元,年利润达 800 多万元,带动近 1500 户农民增收致富,休闲观光农业园区年接待游客达 9 万多人次。

三、发展休闲农业存在的问题与原因

(一)休闲农业龙头项目少,带动能力不强

目前,全区现有的农业龙头企业与农户多是松散的合作关系,很少从技术、资金上支持农户发展,也就是说带动农民、引领农业的示范作用还没有真正显现。另外,大部分农民专业社等经营主体的组织化程度不高,产业化经营程度较低,与农民的利益联结不紧密,缺乏有拉动力的产业和品牌。虽然申丰、锦绣、年丰等农庄遍地,民宿项目、海上旅游等也在快速崛起,但相互之间竞争多于合作,客流分散,没有统一规划。

(二)休闲农业创意不足,发展层次不高

一是同质化严重,特色不鲜明。例如,类似锦绣庄园、义和庄园、申丰庄园的庄园遍地开花,且内容大同小异,无外乎采摘、观光和餐饮,统一规划比较滞后。二是整体层次低,缺乏专业性。没有专业层次较高的技术、管理、营销实地参与到休闲农业的发展中,导致产业发展整体呈现出站位低、层次低、发展慢的现象,缺乏影响范围广、叫得响、记得住的知名品牌。

(三)农业服务链条不全,产业化水平偏低

休闲农业规模化经营发展对社会化服务的需求不断增加,传统的农业社会化服务侧重于产前、产中环节,现代休闲农业急需的农产品保鲜、储藏、加工、营销、物流及金融、保险、信息等产后服务缺位问题明显,难以适应现代农业生产经营需求,制约了社会化服务能力的提升,影响了河口区休闲农业产业化水平的提升。

(四)土地流转不畅,存在制度思想藩篱

土地是使休闲农业上规模、上档次的重要依托,但土地流转面临不少障碍。部分农民有"恋田"情结,视土地为生存的命根子,不愿流转土地,以致出现了"惜转"现象。土地流转程序很不规范,个别农户之间只有口头约定,未依据法律程序办理规范的流转手续,订立必要的流转合同,因而在流转过程中容易发生矛盾。

四、发展现代休闲农业的建议

(一)保护绿水青山,打造宜居家园

在已有的《河口区现代农业发展规划(2016—2020年)》的基础上,坚持规划理念、管理理念、生态理念并重,立足实际,对河口区休闲农业发展设计高标准、精细化的发展规划。规划理念要坚持超前设计,将同质的项目放到一个农业园区或农业带,避免重复建设、到处开花,规划要具有前瞻性、时效性、科学性和指导性,以实现农业园区的可持续发展。

牢固树立"绿水青山就是金山银山"的理念,以争创国家生态园林城市为契机,不断完善基础设施,持续增强服务功能,打造生态宜居家园。坚持城乡绿色发展理念,将城中村、城郊村和偏远农村的生态环境治理提到重要议程上来,避免出现农村为城市发展承接污染的问题。重点推进庄园经济、民宿旅游、生态采摘、林下种养、浅海养殖等，既能满足城区居民的休闲娱乐需要，又能带动农村经济发展的特色项目。加快培育特色石油小镇、旅游小镇等项目，既能达到促进乡村经济发展的目的，又是绿色环保发展的方向。

（二）转换发展动能，促进产业融合

立足资源禀赋，围绕市场需求，推进休闲农业供给侧结构性改革，推动休闲农业从单纯扩大规模和增长数量转到数量、质量、效益并重上来，由主要依靠土地等物质要素转到依靠科技创新和提高劳动者素质上来，由粗放经营转到可持续发展上来，走资源节约、环境友好、服务优质、综合性强的现代休闲农业发展道路。将休闲农业发展与现代农业紧密结合，建设乡村旅游设施，丰富产品，完善线路，推动乡村旅游提档升级，拓展农业功能。突出“特色农业、生态休闲、乡村旅游”三大主题，分别在西部、东部和中部打造百年黄河故道特色农业带、神仙沟生态休闲农业带、河口城郊休闲农业带三条特色农业与休闲旅游带。

拓展方向，不断延伸农业产业链：将各类庄园中有机种养的农产品和餐饮结合起来，形成“前餐后种”“前餐后养”的格局；兴办农产品加工基地，将各村优质产品进行加工，提升价值。抱团取暖，实现农业产业化集群：以一个或几个农业产业化龙头企业为核心，形成农村一、二、三产业空间叠合，集聚集群，形成几个具有本地特色的、有影响力的农业产业化产业区。通过发展乡村旅游和休闲农业等方式，赋予农业，如乡村文化、环保、农业科技、教育、农事体验等内涵，提升农业的经济价值。

（三）做好宣传营销，植入文化元素

加大农业品牌的营销和宣传力度，鼓励农业经营主体在大中城市建立专卖店或宣传点。积极开展农超对接、电子商务、网络营销，逐步建立实体基地和网上体验相结合的品牌营销体系。积极指导企业、合作社等开展品牌宣传策划，组织参加农产品博览会、农交会等活动，扩大河口农产品的品牌知名度和影响力。制定农业品牌建设扶持政策，对取得无公害、有机、绿色认证和批准确定为地理标志的经营主体给予奖励补贴。休闲农业的发展尤其需要文化的滋养，在发展休闲农业过程中，要将河口区的军垦文化、石油文化、海洋文化、柽柳精神、拓荒精神、包容精神等融入其中，用文化吸引人、引领人，在提高经济效益的同时提升社会效益。

（四）依托龙头企业，打造特色品牌

把优质龙头项目作为发展休闲农业的重中之重，依托黄河故道特色农业

带、河口城郊休闲农业带、神仙沟生态休闲农业带的规划格局，充分发挥土地资源、浅海资源丰富的优势，依托大型龙头企业，建设大园区，稳步推进集约经营、规模经营，为推进现代休闲农业探索经验、创造模式。探索推行“公司+基地+农户”园区发展模式，建设好专业合作社，落实利益联结机制，吸引千家万户的小生产者参与休闲农业发展。积极打造品牌化农业样板区，实施“三品战略”，建立休闲农业品牌目录，突出产品和服务的质量安全和宣传推动，重点打造“黄河口”“渤海”“黄河故道”等一批河口特色农业品牌，增强河口区休闲农业的凝聚力和消费吸引力。

（五）健全三农队伍，实现人才振兴

鉴于农业项目周期长的特点，要着力解决高层次农业人才的后顾之忧，为人才长期扎根河口开展研究提供便利。按照《“十三五”全国新型职业农民培育发展规划》的要求，结合河口区现状，依托新型农民学校，推动农民由身份向职业转变，让务农成为体面的职业。采取措施吸引一批农民工、中高等院校毕业生、退役士兵、科技人员等到农村创新创业，增强农村发展活力，繁荣农村经济。让市场在资源配置中起决定作用，发挥政府的引导作用，分产业、分类型、分层级、分模块地实施精准培育，强化规范管理、政策扶持和跟踪服务，把职业农民培养成建设现代农业的主导力量，不断提升“三农”工作队伍的整体水平。

【参考文献】

[1]朱俊峰:《国外休闲农业发展经验与启示(一)》,《农民科技培训》2018年第3期。

[2]彭水洪:《供给侧结构性改革下的休闲农业发展》,《农村工作通讯》2016年第23期。

[3]黄宇:《西安休闲农业可持续发展能力评价与分析》,《中国农业资源与区划》2015年第6期。

作者单位：中共东营市河口区委党校

临朐县田园综合体建设问题研究

中共临朐县委党校课题组

2017年中央一号文件明确提出:“支持有条件的乡村建设以农民合作社为主要载体、让农民充分参与和受益,集循环农业、创意农业、农事体验于一体的田园综合体。”田园综合体的提出与实践为深化农业供给侧结构性改革,培育农业、农村发展新动能提供了新的思路。一般认为,田园综合体是一种“现代农业＋文化旅游＋新农村社区”的新模式,融合性是其显著特征,它以现代农业为基础,以建立在农耕文化上的旅游开发为核心,以打造多元互动的新型农村社区为目标,实现一、二、三产业的有机融合,以及农工商的一体化发展,政府、企业、村集体(合作社)、农民作为相关责任利益主体要相互配合与协调,共同推动乡村经济社会的可持续发展,为实现乡村振兴搭建新的平台与载体。田园综合体正成为美丽乡村建设的高级形态。

一、临朐县田园综合体建设的基本做法及成效

临朐县人多地少,是一个农业资源匮乏的山区县,但域内旅游资源丰富,如沂山风景区是国家5A级风景区;有机农业发展迅速,如有“中国大棚樱桃第一县”之称;传统文化底蕴深厚,是全国有名的小戏之乡、书法之乡。这些都为建设田园综合体提供了十分有利的条件。在市场需求和政府推动的双重作用下,临朐县将有限的资源集聚起来,加强政策引导,加大资金投入,加快产业融合,大力发展有机农业与生态农庄,把全县田园综合体建设搞得有声有色。

(一)创新土地流转机制,加快土地流转工作

土地问题是田园综合体建设的基础和核心问题。因为传统农业产值低,农民种植意愿不高,所以土地撂荒现象时有发生。随着大量农民进城务工、置业,村居破败、闲置问题也凸显出来。临朐县以土地“三权分置”为突破口,撬动土

地经营权流转这个杠杆，积极开展农村土地承包经营权确权登记工作，有序引导农民进行土地流转，坚决杜绝土地的浪费与闲置，切实解决土地碎片化、收益低和产权不清问题，为田园综合体建设提供有效的生产用地。采取等效置换、集中安置等办法，对村居进行改造开发；对于集体经营性建设用地，根据现状、规模、潜力等，积极探索入市机制，以此解决田园综合体的建设用地问题。现在，临朐县的土地流转速度不断加快，土地流转规模不断扩大，流转主体日趋多元，流转收益不断提高；以田园综合体为载体，土地的集约化、效率化与规模化水平也不断提高。

（二）建设多元投入机制，加大资金支持力度

临朐是经济欠发达的山区县，财政资金薄弱，农民收入较低，村集体积累少。针对这种情况，临朐县建立了政府引导、市场主导、全民参与的多元化投资、融资新体制。政府引导投入主要是指政府拿出一部分资金进行基础设施建设，同时积极向国家及上级部门争取农业综合开发项目、标准化示范项目、农业产业化项目等各类财政支农和扶贫项目资金。市场主导投入主要是指遵循“谁投资、谁受益”的原则，以招商引资的形式吸引工商资本投入，这是目前临朐县田园综合体建设的主要资金来源。例如：潍坊市第一个通过规划的田园综合体——辛寨镇王老五家庭农场，就是由上市公司投资兴建的；柳山幸福村农业创意园、寺头宋香园则是引入台湾民间资本而创建的。全民参与投入主要是指普通农户、种植养殖大户、家庭农场和农民专业合作社，以土地经营权、劳务、资金等入股兴建田园综合体。这类田园综合体主要依托当地已有的规模化特色农业产业，结合秀美的山村风光而建成，嵩山生态产业园、龙山万亩棚桃园即如此。

（三）建立产业支撑机制，加强品牌创建工作

农业供给侧结构性改革迈出新步伐，以“三转三化”为抓手，按照“做大一产、做优二产、做好三产”的总体思路，大力推进农业产业结构调整。2017 年，新认证“三品一标”农产品 6 个。各镇街和县直有关部门充分发挥涉农新型主体培育辅导员的作用，加强对涉农新型主体的指导服务，及时了解和掌握涉农新型主体的运作情况，立足大棚果、奶牛、肉鸭、黄烟四大支柱产业和蜂产品、大樱桃等特色产业，扎实开展无公害农产品、绿色产品和有机食品认证，鼓励申请、注册商标以及进行地理标志认证，申报驰名商标和国家、省、市著名商标，着力打造一批事关全县现代农业发展和农民增收的关键品牌。

(四)建设公共服务机制,加快农村改革进程

农村重点领域改革日益深化,已完成38个试点村的改革任务,农村集体产权制度改革顺利实施,进一步激发了农业、农村活力。农业生产服务能力大幅提升,2017年,投资3.15亿元建设的农田、水利等县级重点工程,全部通过市级验收。支农、惠农改革深入实施,共计发放耕地地力保护补贴2500余万元。农村人居环境持续改善,2017年,全县新建A级美丽乡村60个,完成改厕4.8万户。另外,九山薰衣草小镇入选省级特色小镇,蒋峪镇入选省级美丽宜居小镇,五井镇花园河村被评为“全国文明村”。成功举办第四届乡村旅游节,被评为“山东省千万市民游乡村重点县”“全国暑期避暑度假类目的地”。

二、当前田园综合体建设存在的主要问题

(一)定位不清,模式雷同

只有具有良好的经济效益和社会效益,田园综合体才能得到可持续发展。而具有良好的经济效益和社会效益,必须突出特色优势,根据不同的自然条件与产业优势,进行规划设计和运营管理。由于田园综合体是国家倡导的新生事物,很多人对如何建、怎么建还不明晰。实际上,很多地区的田园综合体建设不是从本地实际出发的,而是盲目跟从一个模式、一张面孔,造成同一地域内或相近地域内出现雷同现象,大大降低了田园综合体的市场吸引力与盈利能力。更有甚者“挂羊头卖狗肉”,骗取国家的扶持资金和优惠政策,进行违法建设。

(二)土地流转中存在“钉子户”问题

建设田园综合体需要流转大片土地,对土地进行统一规划、集中经营。由于涉及农户众多,个别农户不愿流转,由此造成了土地流转中的“钉子户”问题。不论是以企业投资为主兴建的田园综合体,还是以村集体、合作社为主联合兴建的田园综合体,在流转农民土地的过程中或多或少地都会遇到这样的难题。不论是生产用地还是通过村庄整治置换的建设用地,只要有一户不同意,那么整个规划建设便难以实施。再者,在土地流转过程中,个别地区存在违规、违法现象,致使农民的合法权益受到侵害,这进一步加剧了土地流转难问题。

(三)投入不足,缺乏建设资金

农业是一个高投入、高风险的产业,田园综合体建设也不例外,前期需要

大量资金投入，但见效又比较慢，短则五六年，长则十几年，加之市场变化大，风险也比较高。在没有见到成效的情况下，单纯靠政策支持、财政奖励，很难吸引有实力的大企业和大额社会资本进行长期的大规模投资。由于缺乏现代农业技术和人才，难以持续开发适合市场需求的高端农产品，这进一步降低了企业和社会资本的投资意愿。一般农户、种植养殖大户、合作社本身资金力量弱小，投资积极性不高，信贷难、信贷贵，多种因素影响田园综合体建设资金的来源。

（四）运营管理水平不高

我国田园综合体还处于初始阶段，很多地方不顾实际一哄而上，这种行为带有浓厚的行政色彩，同时在运营管理方面往往存在与市场不协调、与市场对接不紧密、管理效率低下等问题，这些因素都影响和降低了生产者和经营者的积极性。在合作社基础上由农民自主发起、自主建设、自主管理的田园综合体在运营管理上问题更加突出。由于农民的文化程度普遍偏低，加上小农意识强，所以在管理方面具有很大的随意性，不仅缺少健全的财务管理、内部监督、收益分配等制度，而且活动比较松散。有的虽有完善的规章制度，但在实际执行时却大打折扣，重盈利轻服务，经营行为混乱，这些都导致田园综合体运营管理效率不高。

（五）产业单一、融合度低

田园综合体的基本特征就体现在“融”字上，例如，一、二、三产业的融合，现代农业技术与传统文化习俗及艺术的融合，现代社区与乡村民居的融合。由于田园综合体兴起的时间不长，各地都处在摸索阶段，难免存在产业发展单一、融合层次低、融合程度不紧密的问题。但特色农产品加工水平不高，流通销售渠道不畅，园区的观光、休闲、康养功能得不到充分发挥，市场效应不佳，外来人流不大，产业发展受影响，现代新型社区建设自然也无从谈起。

（六）设施建设滞后，公共服务不足

便捷的交通运输，完善的供水、供电、供气及通信网络，强大的科技支撑，都是田园综合体建设必不可少的条件。由于城乡二元结构尚未打破，农村基础设施建设仍然滞后，公共服务仍显不足，农村产业融合发展步履维艰。科技力量不足，科技服务体系不健全，会经营、懂管理的人才不多，队伍不稳，也影响着田园综合体的进一步发展。

三、田园综合体建设的对策

（一）注重规划，科学建设

田园综合体相较于以往的乡村建设项目，开发面积更大、项目更多、涉及面更广、影响更为深远。从政府层面来讲，必须对域内的田园综合体建设项目进行通盘考虑，突出特色，合理规划。要根据各地的实际情况，对包括产业基础、自然条件、基础设施状况、交通位置、客源状况在内的情况进行综合分析，科学布局并确定优先发展方向与目标。每个田园综合体都要找准定位，充分展现地域特色、民俗特色和村庄特色，对综合体内的基础设施、发展项目、社区建设、配套服务等要进行科学规划，综合打造，防止出现千园一面、重复或雷同的现象。

（二）依法依规、多措并举做好土地流转工作

建立土地流转服务体系，健全农村产权流转交易市场，积极做好土地确权、合同签订、法律咨询、纠纷调解工作。要重视思想工作，通过政策宣传、算经济账、后续帮扶等人性化服务措施，有序开展土地流转，防止小纠纷酿成大矛盾，影响农村社会的稳定。近年来，因征地拆迁而引发的农民上访事件不断增多，对此必须高度重视。各地在实践探索中总结出的好经验、好做法，如设立土地流转专项资金、组建土地信托投资公司、成立土地流转合作社等可以借鉴学习。同时依法监管，防止出现基本农田非农化以及借开发之名行房地产开发之实或建私人会所等违法现象。

（三）建立多元化投融资机制

政府应加大财政投入，可设立专项资金扶持田园综合体建设。整合农业、国土、水利、工商税务、金融信贷等部门的支农、惠农项目资金，有计划地向田园综合体倾斜。积极做好招商引资工作，按照“谁投资、谁受益”的原则，大力吸引社会资本投入。鼓励有实力的企业投入田园综合体建设，按照投资比例赋予他们更大的经营管理权，进行市场化运作。提高农户、种植养殖大户、合作社及村集体的资金筹措能力和项目承担能力，建设多元化经营主体。总之，积极用好财政、信贷、税收等资金，以独资、合资、承包、股份制等形式引导各类资本参与，建立多渠道、多层次、多形式的田园综合体建设投资、融资机制。

（四）建立现代化运营管理机制

要改变行政思维模式，借鉴现代化企业的管理理念、管理手段、管理模式，

创新管理体制。由于田园综合体涉及不同领域、不同产业,综合性比较强,除需要总的管理章程与规则外,还应根据不同的业务领域,建设专业运营团队,最大限度地提升综合体的运营效率。深入推进农村、社区治理和服务创新,充分发挥当地村民参与管理的积极性、主动性与创造性,打造多元主体参与、多方受益的现代运营管理机制。

(五)促进产业融合发展

根据充分发挥比较优势的原则,制定产业融合规划与举措,延长产业链,提升价值链,催生新业态,不断丰富田园综合体的产品层次。大力引进优秀农业科技人才,不断开发市场对路的品牌新产品。加大科技投入,进行科技攻关,深化农产品加工。加强农村社会化服务建设,搞好信息服务、农资流通、产品进城工作。注重生态开发与文化挖掘,尊重和发扬农耕文明,融合循环农业、创意农业、农事体验等创新形式,促进综合体内部各个产业的充分发展。

(六)完善设施,加强服务

从现实来看,田园综合体规模大小不一,有的规模庞大,面积广阔,被称为“田园小镇”;有的规模较小,仅囊括几座或一座山岭、林地及附近农庄。当地政府、村庄与田园综合体自身应明确责任范围,加强基础设施建设,为田园综合体建设保驾护航。加快农村交通基础设施建设,促进农产品仓储、物流、销售设施发展,互联网、宽带进农村、景区,可建立产权评估和交易平台,为田园综合体的产业链条延伸,多业态复合发展提供方便、快捷的服务。

【参考文献】

[1]曾艾兰:《广东田园综合体的建设现状及发展对策》,《南方农村》2017 年第 6 期。

[2]徐胜、羊杏平:《培育田园综合体宜居宜业特色村镇新路径探讨》,《安徽农业科学》2017 年第 21 期。

[3]杨建利、邢娇阳:《我国农村产业融合发展研究》,《中国农业资源与区划》2017 年第 9 期。

[4]连寒露:《浙江省田园综合体理论研究与规划实践》,浙江农林大学硕士学位论文,2018 年。

作者单位:中共临朐县委党校

发展“新六产” 推动乡村振兴

郭存德

农业“新六产”的本质是一、二、三产业融合发展，它能拉长农业产业链、价值链和农民增收链，是农业产业化的升级版。发展“新六产”能推动城乡要素流动，从而促进乡村振兴。

一、菏泽市农业“新六产”发展现状

习近平总书记视察菏泽时指示：农业这个优势不能丢，要继续巩固加强。菏泽市作为农业大市，近年来市委、市政府认真贯彻落实习近平总书记的重要指示精神，坚持把产业化作为农业融合发展的重中之重，努力推动农业“三链重构”，着力打造“四种业态”，积极构建现代产业体系，加快推动农业新旧动能转换，有力促进了农业增效、农民增收和农村经济发展。

（一）主要做法

1.积极培育新型经营主体，推动农业产业链相加

菏泽市牢牢抓住新型经营主体这个农业产业化发展的“牛鼻子”，充分发挥推进农村一、二、三产业融合发展的主力军作用，有效延长了农业的产业链条。一是依托农业产业园区，培育农民专业合作社、家庭农场和种植大户。通过调研发现，新型农业经营主体主要有家庭农场、专业大户、农业企业和农民专业合作社，一般依托于各类专业农业园区。目前，菏泽市已建成省级现代农业产业园区 15 个，标准化生产基地 420 万亩，孕育出一大批农业专业经营组织，其中农民专业合作社 24275 家、家庭农场 5180 家、种植大户 4609 家、规模以上农副产品加工企业 1720 家。在这些经营主体的带动下，农业园区在土地、资金、技术、人员等方面的产业优势得到了充分释放，农业产业化程度大幅提升。二是依托资源禀赋，发展农业新业态。按照“休闲＋度假＋

旅游＋养生”模式，加快推进农旅结合，使休闲娱乐、观光采摘、旅游产业开发得到稳步发展，生态农业与旅游发展新业态不断涌现。截至目前，菏泽市累计创建全国美丽乡村示范村2个、全国三星级园区3个、全国四星级园区4个、山东省休闲农业和乡村旅游示范点3个、山东省生态休闲农业示范园区3个、山东省美丽休闲乡村2个、齐鲁美丽田园2个。三是依托“一村一品”培养新型农民。农业要走产业融合发展的路子，使农业产业链逐渐延长，产品直接面对终端市场，就需要农业经营者有较强的管理能力、信息获取能力及融资能力等。由此可见，培养新型农民是一项紧迫任务。菏泽市积极推广“龙头企业＋合作社＋基地＋农户”的经营模式，在龙头企业的带动下，通过发展“一村一品”“一乡一业”，提升农民专业化程度。

2.大力发展农产品精深加工业，推动农业价值链相乘

近年来，菏泽市以加强农业龙头企业建设为抓手，以提升农产品品质、培育新型品牌为目标，充分利用特色农产品资源发展农产品加工业，推进生产、加工、储藏、销售融合发展，使一大批农业龙头企业不断发展壮大。比如，成武县天鸿果蔬有限公司的经营范围涵盖了农副产品的种植、收购、深加工、仓储销售等，经营品种包括大蒜、马铃薯、洋葱、生姜、烤蒜等，拥有5座高标准生产车间、1座自备万吨冷库、70多台现代化生产加工机器设备，形成了完整的农产品精深加工产业链条。又如，山东郓城华宝食品有限公司创造了从玉米订单种植到生猪无公害养殖，再到屠宰深加工，最后到全程冷链物流配送的农业产业融合发展模式，涵盖了农业、工业、流通业、商业四大领域，产业价值链得到了最大限度的延伸，产业融合的带动作用十分明显。

3.全力推进“互联网＋”，推动农业供应链相通

一是积极推进电商服务体系化。大力发展县域服务驱动型、特色品牌营销型等多元化农产品电子商务模式，鼓励农产品流通企业依托实体经营网络，探索开展农产品电子商务，通过与大型连锁超市、批发市场以及电子商务企业合作，更好地促进农产品流通。比如，菏泽天华电商产业园拥有目前全国最大的市级农特产品O2O体验馆“淘宝特色中国·菏泽馆”，它通过线上线下合作，有效扩大了特色农产品线上销售渠道。牡丹区通过与田田圈合作，2018年已发展镇级标准店41家、村级体验中心517家，实现网络销售达5000多万元。

二是积极推进物流配送立体化。一方面，积极引导建设跨地区、跨行业的农产品物流配送体系，从同城配送延伸至异地快速配送。例如，位于曹县的山东喜地实业有限公司是一家立足于一、二、三产业融合，重塑农产品供应链的新型供应链服务企业，主要以冷产、冷运、冷储、冷销实现全程不断链供应。它通过标准化、信息化、智慧化运作，实现了生产者、经营者、消费者全产业链供应管

理，现有面积为 20 万平方米的冷链物流园区，10 万立方米的冷库仓容，10 万平方米的农产品批零大厅，3 万平方米的农产品配送中心，另有 175 家加盟会员店，形成了集蔬菜、果品、水产冻品、食品、百货于一体的综合性物流中心，供应链服务半径达到 300 千米，年供应链实现交易量 100 万吨，交易额达 100 亿元。另一方面，在原有物流配送的基础上，将业务拓宽到农村，开展农村物流配送一千米服务。例如，定陶区利用“为村”平台助力产品上行，实现了“为村”平台行政村全覆盖，建成电商村 7 个、村级电商服务站 572 个，其中“千县万村”农村淘宝村级服务站 49 个。2017 年，该区电商交易额达 155 亿元。

（二）业态模式

近年来，菏泽市通过开展农村一、二、三产业融合发展试点，已逐渐形成了以下几种发展模式：

1. 种养大户主导型发展模式

依托种养大户积极开发现有优势资源，逐步由农业生产向农产品加工、营销及乡村旅游等方面拓展。种养大户主导型主要包括农产品“地产地销”模式、农家乐模式、家庭手工艺品产销模式等。这种模式既延伸了产业链条，又开发了农业功能，让产业的增值收益完全留在农村、留给农民，是产业融合的一种典型类型。例如，郓城县杨庄集镇创新实现了“两茬甜玉米＋蔬菜”一年三熟种植模式，使每亩甜玉米净收入达 3200 元，产出的秸秆净收入达 600 元，蔬菜净收入达 1200 元以上，每亩地的净收益比传统“小麦＋玉米”种植模式的收益提高了 5 倍左右。同时，每亩地生产的秸秆实现了一亩地养一头牛，既保证了粮食生产安全，又降低了养牛成本，提高了农业综合效益。

2. 农民合作社主导型发展模式

依托农民合作社兴办加工和流通产业，将产业链条逐步由生产环节延伸至加工和流通环节。农民合作社主导型主要包括合作社办加工厂模式、农超对接模式、农社对接模式等。实际上是以农民合作社为组织载体，建立集农产品生产、加工、销售于一体的产业综合体。农民通过合作社这个载体，实现了产业链条的延伸和产品的增值，并通过合作社的分配机制共享增值收益。如，郓城县侯咽集镇八里湾村富民蔬菜专业合作社，积极发挥合作社的示范引领作用，采取“合作社＋农户”的模式，大力发展无公害蔬菜种植，在产前、产中、产后环节全方位地为菜农提供优质服务，采取统一育苗、统一管理、统一包装、统一价格、统一销售“五统一”的经营模式，实现产品远销河南、河北、安徽等地，使全村农民平均年收入达 4 万元以上。

3.特色产业主导型发展模式

牡丹是菏泽的特色产业，且具有悠久的培育、种植、研发、利用历史。近年来，菏泽市坚持产业化发展思路，加快牡丹产业化和品牌建设，重点培育了尧舜、盛华、冠宇、精品园等龙头企业，带动了牡丹种植、产品研发、牡丹旅游的发展，牡丹产业全链式发展成效明显。从菏泽市牡丹区的情况看，牡丹种植面积达24.8万亩，有牡丹种植专业镇2个、专业村26个、牡丹深加工及出口企业20家，牡丹种苗出口量占到全国的80%以上。成立了牡丹学院、牡丹研究所、院士工作站等牡丹科研机构7家，成功开发出牡丹籽油、牡丹胶囊、牡丹化妆品、牡丹不凋花工艺品等100多种产品，将牡丹籽油企业标准上升为国家行业标准。牡丹籽油、牡丹花茶、牡丹花蕊茶率先取得全国工业产品生产许可证，牡丹籽油被列入国家化妆品原料目录，牡丹花茶代用茶也是全国首家取得全国工业生产许可证的产品。

4.“龙头企业+农民合作社+农户”发展模式

依托农产品加工或流通龙头企业，向前延伸产业链条，将产业链条覆盖农产品生产、加工和销售全过程。同时，通过龙头企业与农民合作社合作，实现了对农户的引领和带动。比如，山东神舟食品集团有限公司通过夯实一产，壮大养殖基地规模，做强二产，实现了可持续发展，直接带动160余个养殖合作社和家庭农场3000余户养殖户，托管养殖棚3600个，实现农民年人均增收1.2万元，产品品种达50余个，年加工能力达5万吨。目前，该公司已与20余家企业签订配送合作协议，60%的产品实现了“农超对接”。

二、农业“新六产”发展中存在的主要问题

目前，菏泽市农业“新六产”发展尚处于培育壮大阶段，在推动农业新旧动能转换中潜力巨大。虽然菏泽市农业产业融合发展已有了一定的成效，但通过调研发现，仍存在一些亟待解决的矛盾和问题。主要有以下几个方面：

(一)农业基础设施薄弱

菏泽经济欠发达，长期以来市县财政对农业投入不足，农业基础设施及相关配套设施滞后，基本农田改造比例不高，设施农业标准和装备水平低，高效节水灌溉覆盖率和渠系水利用率比较低，特别是末级渠系配套设施不完善，农业发展的资源性约束依然较大。

(二)农产品供给体系不健全

农产品的质量、品牌知名度、产品竞争力和安全性还有一定不足，基层监管

和执法力量薄弱，追溯体系不健全，许多农产品供给大而不强、多而不优，农产品市场竞争力不强。农产品现代流通体系还有待完善，物流配套体系还需进一步加强，产品的市场开拓能力不足。

(三)新型农业经营体系亟待完善

农业经营分散、粗放，新型农业经营主体发育不健全，缺乏大型骨干农业龙头企业，大、中、小功能互补的龙头企业体系尚不完善，农村土地流转服务体系不健全，农业社会化服务体系建设滞后。利益联结机制松散，合作方式单一，多数农村地区产业融合采取订单式农业、流转承包式农业，真正采取股份制或股份合作制的比例不高。

(四)科技支撑能力不足

农业的科技发展能力总体不强，科研成果整体不高，科技进步贡献率偏低。对新型职业农民的培训、培育滞后，农业科技人才队伍还不能完全适应调整产业结构和高产、优质、高效、安全、持续农业发展的需要。

三、菏泽市发展“新六产”的对策

当前，迅速发展的农业“新六产”已成为山东省农业、农村经济的一大亮点。从长远看，农村一、二、三产业融合发展，是农业产业化的升级版，是拓宽农民增收渠道、构建现代农业产业体系的重要举措。实践证明，只满足于生产初级农产品是没有出路的，必须转向全产业链谋划，向产业“微笑曲线”的两端延伸，让农民更多地享受技术创新和加工流通带来的增值收益，以此推动农业新旧动能加速转换。

(一)抓好农业产业化，筑牢农业“新六产”发展基础

农业产业化是我国农业经营体制、机制的创新之举，代表了现代农业发展的方向。建议把发展农业产业化作为一项全局性、根本性的大事来抓，加快转变农业发展方式，推进山东省农业资源优势转化为发展优势。鼓励各地依托当地农业、农村发展优势，通过产业联动、要素集聚、技术渗透、体制创新等方式，让农业纵向延伸，实现从田间到餐桌的全覆盖；让农业横向拓展，挖掘其生态旅游和文化传承等非生产功能，并与加工流通、休闲旅游和电子商务等有机整合、协同发展。坚持最严格的耕地保护制度，严禁借发展农业产业化之名违规搞非农建设；鼓励新型农业经营主体推行粮食规模化种植，稳定粮食生产面积，加大粮食生产关键技术和优良品种的推广，牢牢守住粮食安全的底线、红线。

（二）抓好现代农业园区建设，搭建农业“新六产”发展平台

当前，建设现代农业园区是农业发展的大趋势。2018年中央一号文件首次提出，要建设“生产＋加工＋科技”的现代农业产业园；全国农业工作会议明确提出，“十三五”期间，全国要建成300个国家级现代农业产业园。建议按照“发展规划在园区结合，经营主体在园区聚合，生产要素在园区整合，三次产业在园区融合”的原则，从全省层面加强顶层设计、政策引导和服务保障，鼓励各地以产业集群为方向，集聚各类生产要素，逐步形成“生产＋加工＋科技”的经营模式，培育园区新型业态，推动农村一、二、三产业融合发展，创建高标准、高效益、特色鲜明的农业产业园区。注重搭建园区与科研机构、农业院所的技术研发平台，加强对园区企业、农民专业合作社等经营实体的培训、指导，强化农业新品种、新技术、新工艺的引进、研发和转化，推动农业全环节升级、全链条增值。

（三）抓好新产业、新业态培育，激发农业“新六产”发展活力

大力培育新型农业经营主体，加强对新认定农业龙头企业、农民专业合作社、家庭农场的申报工作以及对现有经营主体的规范指导，积极提供政策支持，确保发挥龙头带动作用。进一步扩大农村电商覆盖面，建立符合电商行业及消费需求的农产品供给体系，加快与快递企业、农村物流网络的共享衔接，打造工业品、消费品下乡和农产品、旅游纪念品进城的双向流通渠道。开展“互联网＋农业”行动，探索建立“为农服务中心”，推动互联网、物联网、云计算、大数据与现代农业结合，构建依托互联网的新型农业生产经营体系，积极推广成熟、可复制的农业物联网应用模式，促进智慧农业、精准农业发展，推动形成农村多元化发展的新产业、新业态。

（四）抓好农业、农村综合改革，增强农业“新六产”发展动力

进一步深化农村土地确权登记颁证改革成果，稳妥推进农业经营方式改革，增强农业、农村发展动力。大力推进农村产权制度改革，按照“因村制宜、分类施策、促进发展”的思路，逐步建立起“归属清晰、权责明确、保护严格、流转顺畅”的现代农村产权制度，鼓励村集体土地、农户承包地入股经营，做实所有权、增值承包权、放活经营权，推动“三权”共赢。通过土地流转、入股、托管、代耕代种、联耕联种等多种形式，推进土地适度规模经营，促进新型经营主体与农民群众共享收益。

（五）抓好农业产业项目建设，增强农业“新六产”发展支撑

按一定比例确定年度建设用地计划指标，专项发展农村新产业、新业态，着力解决农业产业项目用地难题。加大金融创新力度，允许农产品加工企业以自有不动产、动产、知识产权、商标等开展抵押贷款，鼓励有条件的龙头企业共同投资设立专业的农业产业化担保公司。严格执行农业项目建设资金专款专用要求，引导各地根据建设内容制订详细的预算方案，实施项目预决算制度，项目建成后按照国家有关规定进行决算，确保资金的用途正确。加大各类涉农项目的资金整合力度，发挥财政资金的杠杆作用，为农业“新六产”的发展提供资金保障。

【参考文献】

[1]郭明亮：《山东省农业主产区“新六产”发展研究》，《新西部》2018年第14期。

[2]黄玉萍：《我国农业企业实施全产业链战略的驱动因素及实现路径》，《农业经济》2017年第3期。

[3]李圣军：《“互联网＋现代农业”全产业链融合架构与模式》，《湖北经济学院学报》2016年第5期。

作者单位：中共菏泽市委党校

加快推进日照市农业特色产业发展路径研究

胡映章

党的十九大提出了乡村振兴战略和“产业兴旺、生态宜居、乡风文明、治理有效、生活富裕”的总要求，其中，产业兴旺是乡村振兴的基础，也是难点和短板。2018 年 6 月 14 日，习近平来山东考察时指出：山东特色产业科技投入低、链条延伸短，特色文化挖掘不深、缺乏融合以及服务业扶持政策不够等。日照市也存在类似的问题和短板。要为打造齐鲁样板贡献日照力量，就必须加快推进日照市农业特色产业发展，探索研究日照市农业特色产业，特别是茶产业的振兴之路。

一、日照市特色产业发展存在的主要问题

目前，日照市已经形成了以茶叶、蓝莓、板栗、蚕茧、烟叶、中药材、蜂产品、林果等为主的优势产业，也形成了相应的优势产业带，围绕优势产业、产业带，也打造了一批精品特色农业示范园区和果、茶、桑、中药材等方面的特色小镇，建成一批规模化、专业化程度较高，特色鲜明的优势农产品专业村，特色种植业面积突破 150 万亩，建成国家级“一村一品”示范村镇 6 个、省级“一村一品”示范村镇 9 个，鼓励发展乡村旅游，加快农业特色产业转型升级、提质增效。

尽管日照市农业特色产业取得了长足发展，个别产业有了较大提升，但仍有一些问题和短板制约着农业特色产业向更高层次、更宽领域发展。一是土地瓶颈制约特色农业的规模化发展；二是融资困难，多数龙头企业在发展扩张阶段资金需求量大，但是涉农企业普遍存在资产无法评估、抵押的现象，难以得到金融部门的信贷支持；三是在农产品质量和品牌上，普通产品多，名优产品少，农产品品牌数量多，精品少，“品牌”没有形成“名牌”；四是产业、产品结构不够优化，生产初级农产品的企业多，精深加工、生产高附加值产品的企业少；五是利益分配不均衡，利益联结机制不够紧密，通过土地、资金、技术、劳动力入股等

方式合作的较少，农民组织化程度低，无法与实力雄厚的大企业达成平等的利益交换，一部分农户依靠“龙头企业＋合作社＋农户”的模式进行“订单式养殖”生产，在龙头企业与农户的利益联结中，农民处于劣势，参与谈判的话语权不够，增值收益不够明显；六是农民合作社的发展势头不够强劲，小、弱、散的问题突出，内部运作机制不规范，缺乏有效的约束监督机制，产权模糊，民主管理机制不完善，运作管理随意性大，经营收益往往被他人占有；七是主体带动能力不强，融合层次不高，休闲旅游创意和内涵不深，农业产业深度融合发展的思想和做法不到位。

二、日照市发展农业特色产业的主要措施与思路

（一）扎实推进集体产权制度改革

党的十九大报告中关于延长土地承包期至 30 年的政策给了农民一粒“定心丸”，农村集体产权制度改革必将释放巨大的发展活力。因而，下一步应扎实推进改革，化解土地制约瓶颈，通过建立完善的产权交易市场，解决融资难题，为特色农业的发展注入新动能。一是针对大量农民进城务工，谁来种地、怎么种地等突出问题，围绕花生、茶叶、小麦、林果、蔬菜等特色产业，以农民专业合作社、家庭农场、种植大户为服务主体，开展良种推广、农田整理、机械深耕、农技推广、统防统治、机播机收、农产品销售等服务，组织“菜单式”“保姆式”土地托管服务，有效解决耕地闲置、经营粗放问题，解放农村劳动力，提高农业综合效益。二是按照“把为农服务中心建在产业链上”的思路，打造“土地托管服务圈”。对建设用地和资金问题，积极协调国土资源、财政和农业部门，加快落实建设用地和资金扶持政策，同时积极争取并整合利用农业设施用地指标，盘活本区域闲置、低效建设用地，保障建设需要。

（二）高起点培育农产品高端品牌

一是以培育壮大农业特色产业，增加绿色优质农产品有效供给为主线，充分挖掘宣传一批产业优势品牌，培育壮大一批企业自主品牌，整合扶强一批区域公用品牌。开展农产品整体形象品牌、区域公用品牌和企业产品品牌“三牌共创”，创建一批叫得响的区域公用品牌，实现品牌高端化。以农业特色产业为重点，打造一批以市级以上龙头企业、市级以上示范社为主体的知名企业产品品牌，发挥品牌的引领作用。

二是加快农村实体流通网络改造，完善农产品冷链物流体系。培育发展电子商务公司，对接全国 e 平台，发展村级电商服务站、社区智慧店铺，对接农产

品生产基地和农产品交易市场，实现优质农产品“上线进城”。例如，莒县夏庄供销社对接“农商1号”农资电商平台，发展电商会员60多名，在线上销售化肥等农资的同时，组织专业合作社社员将花生、茶叶等当地特色优质农产品上线展销，开辟了放心农资下乡、优质农产品进城的双向便捷通道。

（三）推进农业产业结构优化升级

坚持差异化发展思维，发挥特色优势，做足特色文章。着力打造中国北方海岸优质绿茶产区，着力打造中国北方优质茧丝产业区，建设现代新模式林果示范园、高端蔬菜产业区、特色中药材种植基地。加强重点领域的科技创新，利用院士专家工作站推动茶产业和果品产业转型升级。打造一批智慧农业示范点，建成农业物联网和精细农业示范基地，启动建设农业科技服务云平台，探索建立“互联网＋农业科技服务”发展新格局。完善农产品质量安全追溯体系，实现基地检测数据实时上传，农资经营网络化管理，农产品上市二维码追溯。实现农药经营全区域、全程可追溯。

（四）搭建特色农业产业园区和各类合作社

争创国家级、省级产业园，加快推进日照现代农业产业园建设。选择“一区多园”“核心区＋基地”“龙头企业＋特色产业带”等发展模式，鼓励创新发展模式。带动各区县建成一批产业特色鲜明、要素高度聚集、设施装备先进、生产方式绿色、经济效益显著、辐射带动有力的现代农业产业园。做大做强农业专业合作社，实现新旧动能转换，采取典型引路、政策资金奖补、边发展边规范等模式，大力扶持广大农民发展合作经营，促进合作社向专业化、特色化、科学化、现代化方向发展。

（五）加快推动农业“新六产”深度融合

以政策扶持为引导，以利益合作共享为核心，以产业链前后延伸为重点，着力培育专业大户、家庭农场、农民合作社和龙头企业等农业“新六产”发展主体；着力增强新型经营主体素质，加强规范管理，修订完善示范合作社、示范农场创建标准，调整龙头企业认定、监测标准，探索建立龙头企业信用体系。以国家农村一、二、三产业融合试点项目为抓手，以休闲农业为重点，开发建设一批形式多样、特色鲜明、个性突出的休闲农业和乡村旅游产品，构建“农业＋旅游”“农业＋文化”“农业＋互联网”等农业发展新业态。积极引导“新六产”经营主体进行外向型发展。

三、探索以绿茶为代表的农业特色产业发展路径

自1966年"南茶北移"成功以来，日照绿茶得到了较快发展，已有茶园面积26.5万亩，占全省的60%，茶叶产量占全省的75%以上，成为我国秦岭、淮河以北规模最大的绿茶生产基地，成为"中国茶叶北方示范区"。因此，加快以绿茶为代表的农业特色产业发展是日照市实现产业振兴的必然选择。

(一)加快茶园基地提质增效和转型升级

近年来，日照市转变发展理念，在茶业发展上不搞平均分配，不搞村村种茶，不搞散户零星发展，而是遵循"政府引导、市场推动、群众自愿"的原则，坚持提质增效，在茶园基地建设方面走科学化、规模化、良种化、生态化、标准化之路。一是科学规划布局。按照"连线连片、规模集约"的要求，认真做好产业发展规划，走"茶企＋合作社＋基地"集约经营、精细化管理之路。二是推广应用茶树良种。要求新建茶园严格选用抗寒性品种，鼓励、支持有条件的单位和企业建设设施化、无性系茶树良种茶园。三是发展生态标准茶园。强化对茶园生态环境的营造，做好茶园路、渠、林、水、电等配套设施建设。按照淘汰、改造、发展相结合的原则，淘汰劣质、低效茶园，改造低产老茶园，新建高效茶园。

(二)加强产品研发和产业链条上下延伸

一是大力实施科技兴茶战略。加强与国内茶叶科研机构、农业院校的交流与合作，有计划、有组织地引进、培养、留住一支茶叶科技队伍，为茶叶的科技进步提供人才保障。强化技能培训，提高从业人员的整体素质。充分发挥茶科所的科研优势，借助北方茶产业技术创新联盟等平台，组织开展对茶叶的科研攻关及技术培训，加快茶叶新技术、新成果的推广步伐，进一步提高科技对茶叶生产的贡献率。

二是加大新产品的研发力度。强化对茶叶产品的合理定位，鼓励茶企更新设备，提升工艺水平，加大新产品的研发力度，适度生产功夫红茶和清香型乌龙茶，形成以绿茶加工为主导，以功夫红茶和清香型乌龙茶为补充的产业发展新格局。

三是积极延伸、拉长产业链条。鼓励茶企加大对茶食品、茶饮料、茶日用品、茶医药保健品等的研发力度，支持茶包装加工、茶树修剪、茶园耕锄、茶叶采摘、茶叶加工等机械制造业的发展，延伸茶产业链条，全面提高茶资源的利用率，走多元化发展之路。

(三)加快培育壮大龙头企业和专业协会

一是优化产业化模式。在采取联合、参股、租赁等方式以及土地、茶园流转的基础上,巩固提升“茶企＋基地＋茶农”“合作社＋基地＋茶农”“茶企＋合作社＋基地＋茶农”等产业化模式。二是健全运作机制。把企业、合作社、基地、茶农有机地联系在一起,结成“风险共担、利益共享”的经济联合体,增强市场竞争能力。三是培育壮大龙头企业。按照扶强扶优的原则,集中力量扶持一批科技型、外向型、规模型、带动型的茶业龙头企业,使茶业龙头企业上规模、上档次,帮助打造绿茶上市公司。

(四)完善标准化生产及各类监管

一是推行标准化生产。按照《地理标志产品日照绿茶》的要求和技术规范,加强技术培训与指导服务,严禁使用高毒、高残留农药,建立、完善从种植管理到采摘加工、包装储运的档案资料,推行质量追溯管理制度,从源头保证茶叶质量安全。二是积极争创“三品”认证。积极引导茶企进行无公害农产品、绿色食品、有机茶等认证,加快争创茶叶名优品牌。三是加强对无证茶企的监管。及时出台关于小作坊监管的地方法规,强化对无证茶企的监管,确保茶叶产品的质量安全。同时,加强茶叶市场监管,严厉打击以次充优、以南方茶冒充日照茶的行为,维护茶叶市场的正常秩序。

(五)提升品牌意识和营销水平

一是争创品牌。把质量安全作为茶叶生产的“生命线”,严格执行和落实与茶叶安全性相关的“标准”“规程”,严禁农药残留超标,保证茶叶产品达到无公害标准。引导茶叶加工企业积极参加各类产品质量的评比活动,做好有机食品、绿色食品、无公害农产品的申报认证工作。二是保护品牌。“日照绿茶”区域公用品牌具有强大的背书作用,各茶企在经营活动中要自觉使用和维护“日照绿茶”品牌,按照“日照绿茶＋茶企品牌”“日照绿茶＋合作社”“日照绿茶＋茶企品牌＋合作社”等模式运作,依据“日照绿茶”的标准组织生产和加工,以稳定的质量保证品牌声誉。三是品牌增值。通过组织茶企参加国内外各种评比、展销会、博览会、推介会,充分利用各种媒体,广泛宣传、推介日照绿茶,提高其市场占有率,促进日照绿茶实现品牌增值。四是品牌提升。引导和推动茶企、行业组织对“日照绿茶”品牌进行深度开发与利用,加强茶叶价格、品牌和标识管理,集中分散的茶叶资源,改造提升茶企和茶叶品牌,以此形成企业集群和优势品牌。

(六)大力发展休闲旅游

一是推进茶产业与茶文化融合。以茶文化节、茶摄影、茶艺茶道表演等文化活动为载体,传播茶文化,巩固、培养新的茶叶消费群体,努力促进茶经济与茶文化共同繁荣。开展茶文化教育活动,开发茶文化、茶乡游的旅游项目。二是建立休闲旅游茶园。推介一批集旅游、观光茶园、茶艺表演,以及游客自采、自炒、自泡、自品为一体的自娱休闲项目。设立日照绿茶专卖点,让游客买到正宗的日照绿茶,将茶文化与旅游业有机地结合起来,进一步培育日照茶业经济新的增长点。

作者单位:中共日照市委党校

关于“非遗”产业化撬动乳山乡村振兴的思考

刘建忠

以“非遗”为要素，扶持相关产业发展，促进乡村致富，同时在深挖乡村传统文化资源，激活乡村特色“非遗”潜能中下功夫，才能做大乡村振兴这篇文章。近年来，乳山市坚持“保护为主、抢救第一、合理利用、传承发展”的工作方针，不断增强社会公众的文化自觉。但在非物质文化遗产的发展和合理利用等方面还存在诸多问题。为进一步发挥非物质文化遗产的资源优势，生动呈现传统文化的独特魅力，本文在梳理与总结乳山市非物质文化遗产保护与传承的前期工作的基础上，提出要打造独具特色的“非遗”产业品牌，撬动乡村振兴。

一、“非遗”项目发展现状

乳山市拥有丰富的非物质文化遗产，截至目前，适合“非遗”保护的项目共8个大类，229个小项，其中涵盖民间造型艺术、民间表演艺术、民间文学、民间特色活动等方面。各门类主要包括：民间文学155项，民间习俗36项，区域方言5项，民间医药2项，民间舞蹈4项，民间曲艺3项，传统戏剧2项，体育竞技20项，民间制作工艺12项。其中，宁海绸制作工艺、乳山婚俗、乳山平绣等26项被列入乳山市级“非遗”代表性项目名录，乳山大秧歌、牛郎棍、乳山钩织、乳山镂绣4项被列入省级名录，大乳山的传说、乳山大喜饼制作技艺、姜家柳编制作技艺、谭氏烫伤膏等19项被列入威海市级名录。

为推动“非遗”的发展，乳山市成立了“非遗”保护中心，设立了普查保护专项经费，实施了以建一个“非遗”展厅、一个“非遗”档案室、一套普查书籍、一个“非遗”电子数据库为主要内容的“非遗”保护“四个一”工程，出版了《乳山市非物质文化遗产名录》宣传手册。自2016年开始，乳山市每年向“非遗”代表性传承人发放场地扶持资金和收徒传艺补助资金，组织开展“文化遗产日”“非遗宣传月”进校园、进社区等活动，借助各类文博会、展览会平台，组织“非遗”项目参与展览、展演、演出、讲座、培训、特色文化创意产品评选会等交流活动，不断提升乳山市“非遗”的知名度和影响力。

目前，乳山市绝大多数“非遗”项目尚未形成产业规模，可打造的项目主要集中在以钩织、镂绣为代表的纺织服装，以乳山大喜饼、乳山粉条为代表的食品加工，以乳山剪纸、彩绘葫芦、葫芦烙画、姜家柳编为代表的美术工艺，以乳山大秧歌、牛郎棍为代表的舞蹈竞技，以谭氏烫伤膏为代表的医疗卫生，以《大乳山的传说》《木头鱼的传说》为代表的民间文学六大领域。

二、“非遗”产业化存在的问题

（一）传统技艺经济效益低

坚持纯手工制作，生产规模就上不去，同时成本增加也导致利润减少。以镂绣为例，由于纯手工制作，一块 14 寸方巾需要一名工人花 6 天左右时间才能完成，价值在 30 元左右；一件大的工艺制品需要 5～6 名工人花 3 个月时间才能完工，价值不足万元，也就是说，每名工人每天的收入在 10 元左右。经济效益因素使镂绣这种传统技艺逐渐失去竞争优势。更重要的是，乳山是镂绣在胶东地区唯一的出产地，且镂绣产品基本依赖出口，国内市场份额极低，在国际市场不景气的情况下，乳山镂绣面临失传的危机。目前，乳山环宇工艺品有限公司从事镂绣行业的工人已不足 30 人，近年来出口额在 10 万元左右，这与 20 世纪 80 年代形成了鲜明的对比。当时，全市从事镂绣行业的人员在 4 万～5 万人之间，乳山环宇工艺品有限公司对外出口额达 200 万元，全市镂绣制品对外出口额达 5000 万元。

（二）后继乏人成为必须面对的现实

目前，乳山市“非遗”项目传承人大多在 60 岁以上，有的甚至达到八九十岁，而“非遗”项目无法产生经济效益或经济效益极低的现状，让很多年轻人对“非遗”传承望而却步。例如，钩织、镂绣、葫芦烙画、彩绘葫芦、姜家柳编等传统手工行业，虽然能够产生经济收入，但是无法成为家庭主要的经济来源，传承人只是在空闲时间进行创作，所以它也仅仅能够成为一项家庭辅助收入。随着“非遗”传承人年龄的增长，一些“非遗”项目可能出现消亡的危机。

（三）思维局限性成为“非遗”产业化的桎梏

“非遗”传承人学习“非遗”手艺往往是为了养家糊口，加之“非遗”传承大多采用口耳相传的方式，这就导致“非遗”传承人文化层次较低，无法对“非遗”进行理论总结和提升，更谈不上创新和发展。一些"非遗"项目，如葫芦烙画、姜家柳编等工艺制品，受年龄和阅历的限制，有的传承人当了一辈子的手艺人，但却不懂如何运作企业，甚至连如何成立公司也不清楚，这些都制约了"非遗"产品走向市场，实现商业化运行。2016年，乳山市被评为"中国秧歌之乡"，全市的秧歌队伍达300多支，但是迄今为止没有一支拖得出、叫得响的商业化演出队伍。而对于一些适合产业化发展的"非遗"，如乳山大喜饼、乳山粉条、谭氏烫伤膏等，由于经营者或传承人每年能够获得较高的经济收入，所以他们便形成了固化思维，不敢也不愿意承担商业风险。

（四）"非遗"与其他产业的融合度还不够紧密

"非遗"是优秀的传统文化，彰显着城市的底蕴和内涵。但目前，乳山市"非遗"与旅游业、制造业、工业设计、网络动漫、城市建设等的融合度不够紧密，呈现出各自为政、分散发展的局面。例如，乳山剪纸历史悠久，形式多样，已深深融入群众的日常生产和生活，但乳山市在特色小镇建设、制造业生产、旅游纪念品开发等方面，与剪纸艺人缺乏互动合作，从而导致产品缺乏文化内涵，无法形成核心竞争力，同时也在一定程度上减少了剪纸艺人的经济收入，不利于剪纸艺术的持续发展。

（五）政府部门为产业发展搭建平台的作用发挥得还不够好

在资金扶持方面，乳山市财政每年只拨付10万元左右的"非遗"专项经费，这对"非遗"保护传承来说，无疑是杯水车薪，远远不能满足"非遗"保护工作的需要。在培训引导方面，虽然乳山市每年会组织"'非遗'文化月"宣传等活动，但是对"非遗"的宣传力度和广度还不够大、不够广，社会群众参与"非遗"传承的热情还不够高。同时，政府组织"非遗"传承人参加"非遗"文化培训的频率和密度还不够大，"非遗"传承人的思想还不够开阔，这些都在一定程度上影响了"非遗"的传承与发展。在文化融合方面，缺乏"非遗"传承发展协调联动机制，文化、旅游、经信、科技、住建等行业主管部门没有形成工作合力，也没有搭建起"非遗"与产业发展的互动、交流、合作平台，更没有将"非遗"融入生产和生活的各个领域，从而导致"非遗"发展缺乏持久力。

三、推动"非遗"产业化的建议

（一）加强扶持，注重保护，夯实产业化发展的文化根基

一是要加强政策扶持。落实好上级及乳山市在"非遗"发展方面的奖励扶

持政策，严格按照《乳山市人民政府关于扶持文化产业发展的意见》，对入驻文化综合体、景区、文化园区、电子商务平台、产业孵化器的经营者，给予税收奖励、租赁费用补贴。同时，加大财政专项资金扶持力度，建设更多“非遗”传习场所，鼓励“非遗”传承人授徒传艺，开发“非遗”创意产品。二是要注重文化传承。加大对“非遗”的宣传力度，充分利用报纸、电视、网络等媒体进行广泛宣传，邀请“非遗”专家进行专题授课，推动“非遗”进机关、进企业、进学校、进农村、进社区，让更多人了解“非遗”，激发弘扬、传承“非遗”的热情，逐步壮大“非遗”传承人队伍。三是要健全“非遗”档案。继续对乳山市的“非遗”进行全面的调查摸底，利用现代数字媒体技术，全面整理“非遗”项目的影音资料，其中包括传承人口述史、技艺流程、剧目或者节目、仪式规程等，不断完善档案库，确保“非遗”史料清晰、资料完整、档案齐全。

(二)科学规划，分类实施，实行产业化发展重点突破

就目前而言，乳山市“非遗”产业化发展的基础薄弱，因而需要在全面调查、研究的基础上，科学设计“非遗”产业化发展规划。在纺织服装领域，重点突出钩织、镂绣等“非遗”项目，打造高端品牌，实行差异化发展战略，开拓国内外高端消费市场。在食品加工领域，重点突出乳山大喜饼、乳山粉条等“非遗”企业，实现规模化发展，将乳山市喜事多喜饼旗舰店、赤家口绪福粉条厂打造成“非遗”产业化发展的标杆企业。在工艺制品领域，突出乳山剪纸、葫芦烙画、姜家柳编等“非遗”与工业、农业、旅游业融合，提升商品的文化价值，尤其要与乳山市红色文化旅游片区打造、特色小镇建设等方面有效衔接，延伸文化产业链条，提升文化品位。在舞蹈竞技领域，突出乳山大秧歌、牛郎棍的商业化发展，推动秧歌表演、牛郎棍传习进入旅游景区，进入百姓生活，实现“非遗”项目在开业庆典、婚庆喜事、体育健身等方面的商业化运作。在医疗卫生领域，突出谭氏烫伤膏在烫伤领域的特殊疗效，加快商业化、规模化生产，建设烫伤药品生产基地。在民间文学领域，突出对乳山民间文学的研究与阐释，借鉴动画影片《大乳山的传说》公演的成功经验，让民间“非遗”项目成为文化旅游、动漫设计、影视制作的文化源泉。

(三)协调联动，形成合力，撬动产业化发展的激情与活力

一是作为“非遗”产业化发展的主管部门，政府要建立健全领导机构，定期召开联席会议，分析研判产业发展瓶颈，协调解决产业发展过程中的困难和问题。要扶持“非遗”企业进行市场化改革，使企业适应市场经济规律，在激烈的市场竞争中取得一席之地。要鼓励社会资本以合资、合作、投资、参股

等方式参与“非遗”产业化发展，在一定程度上形成浓烈的投资兴建热潮。要为“非遗”资源的开发提供公共技术、人才培训、产品评估咨询、对外宣传、国际交流等服务，推动产业做大做强。二是作为“非遗”产业化发展的核心力量，“非遗”传承人要充分利用各项优惠政策，积极建设“非遗”研习基地，参加“非遗”文化交流展示、“非遗”传承人学习培训、“非遗”产业化运作等相关活动，将“非遗”项目与知识产权保护相结合，参加高层次、大范围的知识产权交易，在提升乳山市“非遗”知名度和影响力的过程中，促进“非遗”项目与其他产业融合发展。三是文化企业也要高度重视乳山市“非遗”资源，将“非遗”元素更多地融入软件开发、电视制作、动漫设计，最大限度地开发“非遗”的经济价值，不断提升企业的核心竞争力，增加产品附加值，使其成为“非遗”产业化发展的强力引擎。

（四）统筹兼顾，注重创新，运用现代科技推动产业化发展

传统技艺与现代科技是“非遗”产业化发展的一对矛盾综合体，需要高度重视“非遗”在传承过程中的恒定性和活态性。恒定性是指要把技艺一招一式、原汁原味地传承下去，而活态性则是指在传承过程中要学会创新，要创新推动“非遗”发展。“非遗”项目要实现产业化运作，就要处理好恒定性和活态性的关系，充分利用现代科技手段，在不改变“非遗”项目核心技术的基础上，增加“非遗”产品的生产量，降低生产成本，创作更多为消费者所喜闻乐见的产品，并以此引领市场。例如，以乳山市省级非物质文化遗产钩织、镂绣为代表的金汇、环宇工艺品生产企业，如果继续依靠纯手工制作，企业发展必将步履维艰，为此企业必须依靠现代科技，不断加大技改力度，想方设法地用科技手段承接传统技艺，增加产量，降低成本，让“非遗”项目在传承中创新，在创新中发展。

（五）结合实际，解放思想，构建产业化发展的商业模式

“非遗”项目要实现产业化发展，就必须进一步解放思想，创新现代化商业模式。例如，“非遗”产业化运作的典型剪纸产业，近年来发展势头非常迅猛，尤其是河北蔚县的剪纸产业，该县在采取“企业＋基地＋农户”的产业化模式后，涌现出了50多家剪纸专业性生产厂家和公司，走上了集设计、生产、研发、销售于一体的集约化经营轨道，吸纳了该县3万多人就业，年产值达2亿多元。乳山市拥有包括乳山剪纸代表性传承人潘周等在内的40余名专业剪纸人才，政府部门可在土地使用、贷款发放、税收优惠、财政支持、基础设施建设等方面加大倾斜力度，鼓励、扶持成立乳山民间剪纸艺术中心，聘请专业文化经营管理人才加盟，按照“公司＋剪纸专业户”的产业经营模式进行生产、营销，将剪纸艺术

融入城市品牌、旅游纪念品、服装、广告、影视动画等各个方面，使剪纸艺术逐渐成为文化商品，真正走进千家万户，推动乳山剪纸向产业化、品牌化方向发展。

【参考文献】

[1]张军军：《论海南非遗文化的市场经济转向》，《海南大学学报》(人文社会科学版)2015年第4期。

[2]余东衍：《洛阳市非物质文化遗产的保护与开发》，《洛阳师范学院学报》2015年第12期。

[3]顾军、苑利：《非物质文化遗产原生态保护三议》，《原生态民族文化学刊》2016年第1期。

[4]刘琳、池志勇：《河北省非物质文化遗产的保护与开发利用》，《产业与科技论坛》2016年第3期。

[5]邓军：《传统手工艺类非物质文化遗产生产性保护的经验与反思——以自贡彩灯制作技艺为例》，《四川理工学院学报》(社会科学版)2016年第1期。

[6]孟春林、乐之乐：《苗族民歌与湘西文化旅游创意开发研究》，《怀化学院学报》2015年第12期。

[7]魏爱霖：《民俗类博物馆与非物质文化遗产展示》，《中原文物》2011年第4期。

作者单位：中共乳山市委党校

深化农业供给侧结构性改革 积极推进青州乡村振兴

韩红霞

党的十九大报告提出，按照“产业兴旺、生态宜居、乡风文明、治理有效、生活富裕”的总要求，实施乡村振兴战略。这五个要求的内涵极其丰富。乡村振兴不仅是乡村产业的振兴，也是乡村社会全方位的振兴。实施乡村振兴战略，就是要在发展农村经济的同时，协调推进农村教育、卫生、科技、文化、治理和生态的全面发展，促进农村全面进步。乡村振兴战略的实施将为我国农业、农村发展注入强大动力，将会促进我国城市和乡村更加协调发展，促进我国实现更高质量、更有效率、更加公平、更可持续的发展。实施乡村振兴战略是一项宏大的任务，深入推进农业供给侧结构性改革是实施乡村振兴战略必须要着力推进的一项重要任务。

一、农业供给侧结构性改革与乡村振兴的关系

农业供给侧结构性改革是乡村振兴战略的重要内容。所谓“供给侧结构性改革”，是指从供给侧入手，针对经济结构性问题而推进的改革。供给侧结构性改革具有三个特点：一是供给侧结构性改革强调发挥企业和创业者作为市场主体的作用，二是供给侧结构性改革强调解决中长期健康和可持续发展问题，三是供给侧结构性改革强调制度的变革与完善。推进农业供给侧结构性改革，要处理好“四大关系”：一是处理好加法和减法的关系。增加绿色、有机安全和特色农产品供给，不断增加销路好、效益高的农产品生产。适当调减滞销、库存多的品种生产，减少一般、过剩农产品供应和无效、低端供给。二是处理好市场和政府的关系。加强对农业的支持与保护，不能因为政策调整而损害农民利益，挫伤农民积极性。三是处理好当前和长远的关系。一方面要坚持问题导向，针对当前农业发展面临的突出矛盾和问题，狠下功夫，加快补齐短板；另一方面要坚持目标导向，紧紧抓住从根本上提高农业质量、效益、竞争力这一长期目标不

动摇，统筹谋划好各项改革。四是处理好力度和节奏的关系。必须循序渐进、有序有力地推进，既不能不作为，温温吞吞、裹足不前，也不能乱作为，一哄而上。

（一）推进农业供给侧结构性改革，保障中国的粮食和食物安全

中国粮食连年丰收，农业综合生产能力不断登上新台阶，国家粮食安全和重要农产品供给得到有效保障。但要看到，从粮食需求增长的几个关键驱动因素来看，中国的人口规模、消费结构、城镇化水平都还没达顶峰。所以，未来20年左右，在全面建设社会主义现代化国家的进程中，我国仍处在食物消费结构持续转变升级的过程中，除了口粮消费会继续下降外，其他农产品消费都还有较大的增长空间。粮食需求增长的大部分将来自对畜产品消费的增长，进而使饲料粮需求、工业用粮都呈继续增加的趋势，粮食供求关系总体仍维持平衡态势。

中国作为世界上最大的发展中国家，必须确保中国人的饭碗在任何时候都牢牢端在自己的手上。我们的饭碗主要装中国粮。推进农业供给侧结构性改革，要调减非优势产区的粮食生产，确保口粮绝对安全、谷物基本自给。要实施藏粮于地、藏粮于技战略，保护并优化粮食产能。在强调谷物基本自给的同时，要树立大农业观、大食物观，面对整个国土，全方位地开发食物资源，更好地满足人民日益增长的更加多元化的食物消费需求。这意味着，在制定政策时，既要强调口粮的安全，又要重视食物的安全。

（二）进一步深化农村改革，更加重视农业的可持续发展

党的十九大报告中最受农民关注的一个亮点是，提出保持土地承包关系稳定并长久不变。这项政策实际上是强调进一步完善产权制度安排，给农民更加稳定、长期的预期。党的十九大报告把生态文明建设摆在一个前所未有的战略高度。过去，为解决农产品总量不足的矛盾，我们拼资源、拼环境，化肥、农药等猛往里投，边际产能过度开发，水、土壤等都存在不同程度的污染，农业生态环境的弦一直绷得很紧。加快推进生态文明建设，农业方面的任务尤其繁重。要推进农业清洁生产，推行农业绿色生产方式，推广高效、生态、循环的种养模式，加快形成资源利用高效、生态系统稳定、产地环境良好、产品质量安全的农业发展新格局。要继续推进化肥、农药减量增效，通过集中治理农业环境的突出问题，切实把过量使用的化学投入品减下来，把超过资源环境承载能力的生产退出来，把农业废弃物进行资源化利用，让透支的资源环境得到休养生息，加快实现我国农业生产从过度依赖资源消耗到更加注重绿色生态可持续发展的转变。

（三）统筹利用国内、国外两种资源和两个市场，构建农业对外开放新格局

中国开放的大门不会关闭，只会越开越大，要推动形成全方位开放的新格局。在这方面，农业领域大有文章可做。农产品贸易发展缓解了国内农业资源环境的压力，保障了国内供给和市场平稳运行，对促进我国对外贸易平衡以及与有关国家的双边贸易关系发挥了重要作用。不可否认的是，一些农产品进口对国内农业造成了不小的冲击，影响了我国小农户的基本生计。下一步，在构建农业对外开放新格局时要处理好以下关系：一要统筹处理好促进农业贸易发展与保护国内产业和农民利益的关系。在优化农产品进口渠道和布局的同时，扩大我国优势农产品的出口，带动农民增收。二要统筹处理好与贸易伙伴国的关系，更好地聚焦“一带一路”。从农业资源禀赋、农业科技、农业装备方面来看，我国与“一带一路”沿线国家在农业发展和贸易方面有很强的互补性，农业合作有很大的空间和发展潜力。

二、加快推进农业供给侧结构性调整的重要性和紧迫性

推进农业供给侧结构性改革，是加快转变农业发展方式的重要途径，也是加快转变农业发展方式在农业供给侧的聚焦和升华。推进农业供给侧结构性改革是一场硬仗，任务重、难度大。

（一）农业产业结构调整跟不上城乡居民消费结构变化的步伐

随着收入和消费水平的提高，城乡居民对农产品的消费需求呈现出优质化、个性化和多样化的趋势，品质消费、品牌消费、安全消费、绿色消费、体验消费等成为农产品消费需求新的重要增长点。但是，现有的农业供给体系总体上缺乏对这些中高端需求的动态适应与反应能力，农业供给结构的调整升级明显慢于消费需求结构升级的步伐。因此，提高农产品质量，增强农业对中高端需求的动态适应和反应能力日趋紧迫。

（二）农产品价格缺乏竞争力，农业产业组织发挥的作用不明显

随着农业对外开放的全面深入，国际竞争国内化、国内竞争国际化的趋势也日益明显，增强农业竞争力日益成为农业发展的必经之路。国外公司具有的核心技术、资本实力、管理经验、经营理念、信息网络、市场营销甚至网络平台等优势，呈现出向农产品或农资批发市场、现代营销体系、农业金融等农业服务业和农产品加工业等农业战略性环节、关键领域加快“走进来”的趋势。另外，农产品过度进口问题日益严重，加剧了农业低端供给、无效供给和

资源错配等问题。

(三)农业可持续发展问题加剧,转变资源利用方式迫在眉睫

近年来,农产品的成本迅速提高,农产品的国内价格高于国际价格,使提高农业经营效益的困难明显增加,严重影响了农业经营主体的生产经营积极性。

农业发展的生态不可持续问题迅速加剧,并开始引起广泛关注。农业面临的突出问题是产能透支,相当一部分农业产能是以牺牲生态环境为代价换取的,这是不健康、不可持续的产能,其中就包括以过量使用化肥、农药等现代投入品,严重超采地下水,侵占湿地,水土严重流失,利用污染土壤和影响食品质量安全为代价换取的产能。

三、推进农业供给侧结构性调整的着力点

政府要发挥好政策的"指挥棒""导航仪"作用,形成支持有力、保障有效的政策体系;要完善农业补贴政策,加快建立与"转方式,调结构"相适应的补贴政策体系,充分发挥补贴对农业供给侧结构性改革的促进作用;要完善农产品价格形成机制,根据市场供求关系,增加政策调整的弹性,分品种施策,渐进式推进,使农产品价格特别是粮食价格回归市场;要完善金融保险政策,进一步推动金融资源向农村倾斜、向优化农业供给倾斜,其核心是破解贷款难、贷款贵、保险少的问题,重点是健全体系、创新产品。

(一)以发展理念引领发展行动,从战略高度推进供给侧改革

当前,我国农业发展的主要矛盾已经由总量矛盾转化为结构性矛盾,推动农业供给侧结构性改革重在用改革的办法推进农业结构调整。如果简单地将农业结构调整与农业供给侧结构性改革画等号,甚至将用行政方式推进农业结构调整当作农业供给侧结构性改革,就会产生很大的局限性。农业结构战略性调整要着眼于需求(结构)的动态变化和供给结构对需求结构的动态适应和反应,这种调整属于超前性调整和长期性调整,需要以体制、机制改革为动力、为依托。

在推进农业供给侧结构性改革的过程中,发展理念居于先导地位,发挥着"管全局、管根本、管方向、管长远"的作用。推进农业供给侧结构性改革的重要目标是,通过解放和发展社会生产力,减少农业供给侧资源错配和无效、低端供给问题,扩大农业有效供给和中高端供给,提高农业供给体系的质量、效益和竞争力,提升农业全要素生产率。

(二)深化体制、机制改革,加快创新驱动能力和价格形成机制

农业供给侧结构性改革贵在改革。推进农业供给侧结构性改革要念好"三字经",即"调整农业生产(产品)结构,农业生产提档升级,促进农村产业融合发展",简称为"调、提、融"。农业供给侧结构性改革不能简单地理解为农业领域的水平式结构性拓展,它其实是农业领域水平式结构性拓展与深化体制、机制改革,增强创新驱动能力融合互动的结果。

(三)科学规划推进供给侧改革,实现当前和长远发展相协调

我国推进农业供给侧结构性改革的重要性和紧迫性,在很大程度上源于农业发展面临的结构性问题。解决这些结构性问题,往往需要在明确方向的前提下,积极审慎地推进,在战略上"打持久战"。推进农业供给侧结构性改革,核心问题是处理好政府与市场的关系,将使市场在农业资源配置中发挥决定性作用和更好地发挥政府作用有机地结合起来。

如何发挥多种形式适度规模经营的引领作用、创新农业经营组织方式、加快构建现代农业经营体系呢?要解决这些问题,需要统筹兼顾,综合权衡,科学拿捏好分寸,将"在战略上坚持持久战"与"在战术上打好歼灭战"有机地结合起来。

四、关于推进青州市农业供给侧结构性调整的几点建议

近年来,青州市加快了农业现代化步伐,建成国家级蔬菜水果标准园 7 处,"三品一标"认证总数达到 199 个,获得国家植物新品种权保护品种 9 个,各类农业合作经济组织发展到 2248 家。花卉生产面积达到12.9万亩,自主知识产权花卉新品种达到 8 个,新花卉苗木交易中心投入使用,并被评为中国花卉苗木产业示范基地。三次产业比重由 2011 年的 9.0∶55.3∶35.7优化为 2016 年的 8.6∶45.8∶45.6。青州的农业总体上形成了平原地区以粮食、蔬菜、花卉为主体,山地、丘陵地区以果树、畜牧为主的大格局,整体发展态势良好,但问题也同样存在。推进农业供给侧结构性改革,加快农产品消费结构升级,提高农业竞争力,既是提高农业效益、增加农民收入的迫切需要,又是改善农业生态环境的迫切需要。

(一)找准主打农业产业,发展复合型农业

青州市的农业生产项目众多,粮食、畜牧、水果、蔬菜、花卉等产业要在适应当地人文、自然环境的条件下扩大经营,重点扶持花卉产业,打造青州花卉品

牌。要引进知名花卉企业，运营好花卉苗木交易中心，发展花卉产业精细加工，延长花卉产业链条。积极发展农业适度规模经营，强化农业社会化服务，创新土地流转模式，鼓励农民创建新型经营主体。

(二)深化农业品牌意识，叫响绿色农业品牌

增加绿色、有机安全和特色农产品供给，不断增加销路好、效益高的农产品生产。适当调减滞销、库存多的品种生产，减少一般、过剩农产品供应和无效、低端供给。青州现有的圣登堡山楂干红、百纳城红酒、贝隆杜仲、华盛生物育种、广通蚕原种等众多品牌农业，要深化品牌意识，力争多创“三品一标”品牌。发展绿色、有机、生态农业，实现青州农业的循环、持续、健康发展。

(三)借助全域旅游优势，做好旅游观光农业

随着青州5A级景区的确立，青州全域旅游正式开启，游客接待量呈逐年上升的趋势。旅游区周边的农业要适应时代要求，发展适合休闲、观光、采摘、亲子等的旅游农业，要通过建立采摘园、休闲菜地等方式，扩大农业收入。

【参考文献】

[1]朱泽:《大力实施乡村振兴战略》,《中国党政干部论坛》2017年第12期。
[2]许经勇:《农业供给侧结构性改革的深层思考》,《学习论坛》2016年第6期。
[3]吴海峰:《推进农业供给侧结构性改革的思考》,《中州学刊》2016年第5期。

作者单位：中共青州市委党校

农村产业振兴的寿光崔西之路

李天波

习近平总书记在参加十三届全国人大一次会议山东代表团审议时指出："要推动乡村产业振兴，紧紧围绕发展现代农业，围绕农村一、二、三产业融合发展，构建乡村产业体系，实现产业兴旺，把产业发展落到促进农民增收上来……推动乡村生活富裕。"产业振兴是乡村振兴的物质基础，只有产业兴旺，农村才能兴旺。近年来，寿光市崔岭西村（下文简称"崔西村"）在以崔玉禄为班长的党支部带领下，紧紧围绕发展现代农业，以产业振兴为基础、以农民增收为核心，充分挖掘自身优势，盘活集体资产资源，促进集体村民双增收，实现了崔西村又好又快发展，走出了一条农村产业振兴的寿光崔西之路。

一、基本情况

寿光市崔西村，共有 226 户 868 口人，其中党员 33 名，耕地面积 1378 亩。2017 年实现村集体收入 310 多万元，年人均纯收入 3 万元，户均存款超过 20 万元，一个富裕、文明、和谐、美丽的社会主义现代化新农村正在崛起。崔西村先后获得"山东省省级文明村""山东省幸福进家活动先进单位""潍坊市先进基层党组织""寿光市先进村镇""寿光市美丽乡村建设示范单位""寿光市先进基层党组织"等荣誉称号。

二、主要做法及取得的成效

（一）以大棚"两改"为契机，推动农业产业结构调整

2016 年年初，崔西村积极响应寿光市委、市政府的大棚"两改"号召，将旧村复垦的 200 亩土地规划建设大棚园区。村两委出台了统一调整土地、统一协商定价、统一招标建设、统一水电配套的农业园区"四统一"办法，集中建设了 40

个第七代高标准“智慧型”蔬菜大棚，每个大棚长100米、宽32米、占地5亩，配备了智能卷帘机、智能放风机、智能监控、智能雾化、智能植物生长灯、以色列智能水肥一体机等一系列现代化智能设备，使菜农足不出户就可以通过手机遥控进行放风、浇水、施肥、补光、闷棚，大大节省了劳动力，提高了劳动效率。每个大棚都成了一座现代化蔬菜工厂，昔日的农民变成了名副其实的“菜老板”。

利用大田改大棚、旧棚改新棚的“两改”工程机会，崔西村两委带领村民成功实现产业整体上档升级，提高了单位土地产出率和附加值，蔬菜大棚亩均收入由原来的2万元提高到了3.4万元，菜农实实在在地尝到了科技进步带来的甜头，在收益提高的同时又解放了劳动力。

（二）领办“众旺”果蔬专业合作社，实施“五统一”标准管理，注重“三品”认证，保证果蔬优质优价

为加强农业园区服务功能和标准化管理，村两委领办了“众旺”果蔬专业合作社，实行统一农资申购、统一种苗、统一种植标准、统一质量检测、统一销售渠道的“五统一”标准管理办法。为提高蔬菜种植的专业化水平，村两委引进了蔬菜之家联合社，提供测土配方施肥、病虫害防治等服务。为保证蔬菜产业的长远健康发展，合作社及时与上级部门对接，积极申请“三品”（无公害产品、绿色产品、有机产品）认证，注册了“途胜”蔬菜商标。通过合作社的统一管理、细致服务，优化了蔬菜品质，保证了优质优价，引领了村民致富。

（三）领办资金互助合作社，解决产业发展初期的资金瓶颈问题

在蔬菜大棚建设初期，部分村民由于无启动资金，只能看着身边的村民挣大钱，只能望“棚”兴叹。为解决这个问题，村两委领办了资金互助合作社。村民建设大棚需要资金时，可以从合作社贷款，只需合作社成员三户连保即符合贷款条件，年利率8%，条件宽松、手续简便、速度快、利息低；村民手里有闲钱时，可以将其存到合作社，年利率6%，能够增加利息收入。合作社所得的存贷款利差收入，用于办公经费。合作社工作人员全由村两委成员兼任，他们立足服务，不计报酬。领办资金互助合作社，从根本上解决了村民在产业发展初期遇到的资金瓶颈问题。

合作社立足服务村民，优化工作机制，为最大限度地服务产业发展，消除不良资产，规定贷款只能用于建设蔬菜大棚。为解决付息压力，合作社平时不接收存款，只为存款户进行预约登记，当出现贷款需求时，合作社通知存款意愿户前来存款，及时交割，这就保证了资金互助合作社的良性运营。

（四）创新营销模式，拉长产业链条

村两委领办了“众旺”果蔬专业合作社以后，又建起了存储面积为700平方米、储存量达300吨的冷库，为果蔬冷藏储存提供了条件。合作社的蔬菜在线下通过村头市场销售，或利用物流配送售卖给深加工企业，或做出口贸易；在线上通过网上下单，与超市对接，实现直销，拓宽了蔬菜的销售渠道，拉长了产业链条。合作社以平均高于市场价每斤3角钱的价格收购社员的蔬菜，直接通过口岸远销俄罗斯，使平均一个大棚一年可以多收入3000元。合作社通过“配送＋冷鲜出口＋内销订单＋电商”的营销模式，既解决了蔬菜的销售问题，又拉长了产业链条，保证了产业的良性发展。也正是有了这条蔬菜营销黄金链条，2017年“众旺”果蔬专业合作社的销售额超过了亿元，户均存款超过20万元，实现了产业链与价值链的统一。

（五）以产业发展为基础，努力提高村民生活水平

崔西村村民原来都住平房，且居住分散，卫生条件差，水、电、暖气、网等基础设施难以上档升级，这些都制约着村民生活水平的提高。因而，改善居住条件、提高生活水平成为广大村民的期盼。村民通过发展现代农业，逐渐富裕起来，这就为改善居住条件提供了可能，楼房村建设的条件已经成熟。村党支部抓住机会，当机立断，首先统一两委干部的意见，然后多次召开全体村民大会和村民代表大会，研究、论证旧村改造方案。在充分征求意见的基础上，党员干部耐心细致地分头做好村民的思想工作，最终使全体村民都同意拆旧建新方案。2014年9月，崔西村借助城乡土地增减挂钩试点政策，开始建设农村社区，到2015年10月，工程完工。最终，崔岭社区建成公寓楼13栋、社区办公楼1栋，小学1处、幼儿园1处、主题文化活动公园1处，工程总投资7000万元。

通过改造农村社区及建设配套设施，改善了村民的居住环境，提高了村民的生活质量，提升了群众的获得感、满意度，让村民体会到了“让农业成为有奔头的产业，让农村成为安居乐业的家园，让农民成为有吸引力的职业”，真正使党的好政策在基层落地生根。

三、经验与启示

（一）乡村振兴必须以产业振兴为基础，以农业供给侧结构性改革为主线，努力推动产业提质增效转型升级

乡村振兴战略的重点在于产业振兴，出路也在于产业振兴；离开了产业振

兴这个基础,其他一切振兴都是无源之水,无本之木。崔西村选准了一个好产业——大棚蔬菜种植产业,扭住了产业兴旺这个“牛鼻子”,抓住了乡村振兴的“金钥匙”;牢牢抓住农业供给侧结构性改革这条主线,以大棚“两改”(大田改大棚、旧棚改新棚)工程为契机,适时推进农业产业结构调整,实现产业整体上档升级,促进了集体村民双增收,实现了产业兴旺、生活富裕。

（二）农村产业振兴必须要健全完善农业产业服务体系

崔西村两委领办了“众旺”果蔬专业合作社,注册了“途胜”蔬菜商标,实行“五统一”标准管理法,及时申请“三品”认证,促进了产业设施智能化、管理一体化、生产标准化、产品高端化、种植规模化、服务系列化。合作社带领村民抱团闯市场,保证了产品质量安全,提高了蔬菜品质,压缩了生产成本,降低了市场风险。村两委还领办了资金互助合作社,解决了村民在产业发展初期的启动资金瓶颈。合作社以简便、高效、务实的运营方式,蹚出了一条产业发展初期的资金支持路子。村两委还引进了蔬菜之家联合社,为村民提供细致服务,解除了村民种菜的后顾之忧。在产业发展过程中,崔西村注重完善服务链条,健全服务体系,实现了一、二、三产业融合发展,集体及村民迅速增收致富。

（三）乡村振兴必须落脚于提高农民的幸福感、获得感,这是农村改革发展的动力和源泉所在

实施乡村振兴战略,农民才是最需要关注的主体。农业转型升级,农村全面进步,农民全面发展,最终的落脚点还是大力提升农民的幸福感、获得感。建设什么样的乡村,如何振兴乡村,村里人最有发言权。遵循群众路线开展工作,才能取得群众满意、经得起实践和历史检验的工作成果。崔西村两委班子顺应时代发展要求,充分征求村民意见,了解村民的所想、所愿、所盼,在产业发展、生活富裕的基础上,抓住旧村改造建设农村社区的机会,用好上级政策,建设了生态、宜居、美丽、和谐的崔岭社区,实现了新居民楼及配套设施工程质量过硬,居民生活方便,大大提升了村民的幸福感、获得感。现在的崔岭社区,居民收入比在城里上班的还高,且生活条件不比上班的差,幸福指数也不输城里,乡村生活越来越有奔头。

作者单位:中共寿光市委党校

青州市实现乡村产业振兴的路径研究

吴全军

乡村振兴战略是党中央长期关注“三农”问题而作出的战略性选择，也是在以往“三农”政策实施，以及小城镇建设、重点镇建设和特色小镇建设等经验升华的基础上而作出的战略选择。乡村振兴战略的核心是产业振兴，乡村要振兴，产业振兴是源头，是基础。只有经济兴盛，才能富裕农民、繁荣乡村，才能吸引资源、留住人才。只有实现新旧动能转换，乡村产业才能更兴旺，生态才能更宜居，这是乡村振兴的关键所在。

一、青州市推动乡村产业振兴的实践成果

（一）现代农业加快发展

1. 品牌农业逐步壮大

青州市委、市政府大力实施“品牌农业”战略，加强名优特产申报，持续推动地方特色生态果蔬品牌化发展。2017 年，新增“三品一标”农产品品牌 45 个，有效期内品牌总数达到 244 个，认证面积 6.5 万亩，认证产品涉及畜产品、小杂粮、蔬菜、水果等品种，农产品品牌认证总数居潍坊市前列；青州绿豆、青州蜜桃等 7 种农产品入选“2017 年度全国名特优新农产品目录”；青州蜜桃和青州柿干入围“2017 中国果品区域公用品牌价值榜”，其中青州蜜桃的品牌价值为 8.83 亿元，青州柿干的品牌价值为 0.69 亿元。

2. 农业产业化整体飞跃

青州市按照“发挥优势，突出重点，集群发展，强化带动”的总方针，研究、制定、落实扶持政策，大力培育有加工、有园区、有基地、有订单、有品牌的“五有”农业龙头企业，在全国率先实施土地经营权入股发展农业产业化经营试点，建立“龙头企业＋基地＋农户”等多种形式的利益联结机制，积极发展订单农业，

加速农业产业化进程。截至2016年年底，青州市规模以上农业龙头企业总量达到355家，其中省级农业龙头企业3家、潍坊市级农业龙头企业83家。近年来，青州市农业龙头企业与农户签订订单总额达43784万元，种植基地16.73万亩，带动农户12.25万户。

3.绿色农业突破发展

2017年，新创建生姜水肥一体化示范园2处，新增水肥一体化面积5万亩，改良土壤1万亩，新建青州金色田园等省级生态循环农业示范园2处。青州市已建成国家级水果标准园3处、国家级蔬菜标准园4处，潍坊市级农产品质量安全示范镇2个、农产品质量安全示范园区26处、生态循环农业示范园5处。有效期内认证有机品牌总数99个，面积达19448.15亩。其中绿色品牌71个，面积达10296亩；无公害品牌5个，面积达1083亩。青州市还先后获得国家绿色农业示范区、国家级出口食品农产品质量安全示范区等荣誉称号。

4.新型经营主体茁壮成长

截至2016年年底，青州市共有493个村庄，2.9万户农户参与土地流转，流转土地面积已达35.15万亩，土地流转率近40%。同时，积极组建的土地股份合作社已发展到73家，入社社员有5000多户，入社土地面积达3万多亩。农民以集体身份参与土地流转，从而使众多入社农民获得了土地财产性收入。青州市各类合作社累计2248家，家庭农场399家，其中国家级示范社7家、省级示范社24家、潍坊市级示范社78家。

（二）乡村产业异军突起

1.乡村旅游蓬勃发展

青州市人民政府印发了《青州市推动乡村旅游发展意见》，按照“一镇一品、板块化培育”的原则，整合开发各村优势资源，打造“青州人家”特色品牌，乡村旅游初具规模，已形成了古村聚落型、农业资源型、文化资源型、美丽山水型、休闲度假型等乡村旅游板块。

古村聚落型。比如，青州市井塘古村、黄鹿井村依托古宅、古道、古井、古树、河水、戏台等资源，对其进行整合开发，打造大自然、古村落、民风民俗和谐共处的生动“乡村记忆”游。

农业资源型。比如，青州市赤涧村大力发展乡村旅游合作社，结合实际，因地制宜地大力发展特色优势产业，采取“企业＋专业合作组织＋基地＋农户”模式，开展有机农业、农活、农趣、农耕、农宿等乡村游。

文化资源型。比如，青州市侯王村，把“孝”作为治村之策，通过倡导讲“孝”话、办“孝”事、做“孝”人，使该村的乡风日渐文明，也因此成为游客感受孝文化的教育基地。

美丽山水型。比如，青州市北崔崖村，以山清、水秀、洞奇、石美而闻名，号称“青州九寨沟”，吸引游客周末、假日消夏休闲游。

休闲度假型。比如，青州市史家店村开发的荷花窑洞旅游度假区，以窑洞住宿酒店为特色，建设荷花池景区、房车宿营区、室外休闲体验区、服务管理中心等6大功能区域。

2. 一、二、三产业加大融合

青州市在实施乡村振兴战略的过程中，加快产业融合发展，推动农业“接二连三”，汇聚转型发展新动能，不断激发农业、农村发展活力。

农产品深加工型。比如，王坟镇围绕丰富的果品资源优势，建起了山楂食品、果品饮料、果蔬原浆、生物化工4个系列50余类产品的工业体系，其中仅山楂加工企业就有350余家，专业村32个，从业人员达1.2万人，年产山楂系列制品5.7万吨，是全国最大的山楂果品加工基地，有“中华山楂果品加工第一镇”的美誉。

主导产业带动型。比如，青州市做大花卉产业，构建集花卉种植、配套深加工、科技研发、商贸物流、观光旅游、电子商务、会展经济等于一体的现代花卉产业新体系，全市花卉年交易额达40多亿元，已成为长江以北最大的花卉生产基地和集散中心。

农业休闲体验型。比如，清风峪天然果蔬采摘园，按照“有机、绿色、生态、循环”的发展要求，以及“有主体、有品牌、有文化”的现代农业观光园建设标准，发展果蔬有机种植和家禽绿色养殖，已建成集休闲观光、水果采摘于一体的大型休闲体验基地。2016年7月，被定为潍坊市休闲农业示范园区，2017年被山东省林业厅评为第三批“山东省十佳观光果园”“齐鲁美丽田园”。

3. 电子商务方兴未艾

青州市作为阿里巴巴农村淘宝农资产业带全国第一家县级市，2017年，全市实现运营农村淘宝村级站点200家，上行农村淘宝企业数量150家，上行农村淘宝O2O服务行业200家，上行农村淘宝交易额达3亿元，阿里巴巴农村淘宝项目带动青州市创业、就业人数近2000人；本土电商平台“地主网”，主要以线上、线下销售相结合的模式，通过聚集最优秀的农业资源，为消费者、农产品批发商和采购商提供绿色、有机的安全优质农产品，同时为农企、合作社、家庭农场、种养大户提供产销对接、金融担保及农资、农机等服务。目前，“地主网”已开设特色省级运营中心8家，山东地区已开设特色地级馆11个，开设特色县级馆56个，产品品类已达1500余种。

二、在新旧动能转换中实现乡村产业振兴的路径思考

虽然青州市在乡村产业振兴中取得了一定的成绩，但也存在诸多问题。比如，农业专业技能人才相对缺乏、农业综合服务体系不够健全、集体经济薄弱产业拉动乏力、三次产业融合整体层次低等。中共山东省委书记刘家义指出，落实好以习近平同志为核心的党中央对山东工作的希望和要求，关键要抓住新旧动能转换这个牛鼻子，在转方式、调结构上下功夫。在乡村产业振兴中，不要走老路，要走新路，充分发挥新动能的作用，要依靠人才、新技术、新模式。针对青州市乡村产业发展存在的主要问题，应明确思路，找准着力点，探索实现乡村产业振兴的新路径。

(一)大力实施乡村产业人才战略

1.培育高素质专业人才队伍

对农业专业人才的培养要注重“走出去”“请进来”。所谓“走出去”，就是政府或相关组织创造条件，组织农村的中青年农民到经济技术发达的地区去工作或学习，在工作中更新知识、更新思维，使其逐步成长为具备管理和经营素质的人才。为了实现更好地“走出去”，政府要加强中青年农民就业技能培训，使之具有一技之长。“请进来”与“走出去”互为补充，就是要积极引进农业专业人才，一方面“筑巢引凤”，采取优惠倾斜政策，吸引大中专毕业生服务农业、农村，另一方面“典型带动”，支持“走出去”的学有所成的人回乡创业，带动产业发展。

2.完善人才评价选拔机制

不断完善、配套相关政策，按照“重培养、重业绩、重能力”的原则，对农村实用人才实行政策倾斜。同时，健全农村实用人才资源库，抓好农村实用人才档案管理。探索建立帮扶激励机制，把技术人才的实绩与政治待遇、职务升迁、考核奖励、职称评定等结合起来，调动农技专家的积极性。

3.强化人才激励保障机制

政府要积极扶持农村实用人才创业，在信息、用地、资金方面给予优惠支持，大力支持各类人才创办农业产业化龙头企业。财政部门要合理测算支农投入，提高技术装备水平，保障良种推广、病虫害测防统治、防护林建设等公益性推广工作的经费，完善服务功能，提高服务质量。

(二)完善综合服务体系

1.建立完善的物资供给服务体系

出台并严格落实促进专业合作组织、行业协会、经纪人发展的相关文件，并

由工商、民政等相关部门加强统一管理、指导；各农口部门要对所建行业协会制定相应措施，促其快速发展，充分发挥作用，从而形成农业生产资料加工、购销、配送等一条龙的经营服务网络。

2.建立完善的运销服务体系

参照青州市蔬菜、花卉等产业运销模式，重点依托农产品批发市场、农产品购销大户、专业合作社等经营主体，对外建立农产品销售服务网络，积极拓展农产品市场空间。

3.完善农业信息服务体系

创建农业产业化信息网，积极推进“互联网＋农业”，实现上下联通、内外相接，全方位地为农民和产业化经营组织提供及时准确的产前、产中和产后信息。

（三）发展壮大村级集体经济

1.因地制宜，多样发展

要依托比较优势，因情制宜，因村制宜，按照“镇抓产业、村抓特色”的思路，突出“一村一品”或“多村一品”，集中发展一批竞争力强的特色产业项目；围绕瓜菜、花卉等支柱产业，优化农业产业结构，壮大升级农业龙头企业，实现农业资源优势经济效益最大化；推行“农业＋电商”“农业＋旅游”“农业＋文化”“农业＋养生”，拉长产业链，提升产业链，让集体和农民有更多的收入；加大旅游开发，突出特色，突出优势，在平原村发展观光农业，在山区村发展生态休闲旅游业，在花卉产区发展花卉旅游业。

2.完善政策，扶植发展

从上而下，统一思想，发展集体经济要坚持“思想上引，政策上扶，工作上帮，方法上教”的原则；要从政策上加大帮扶力度，重点扶持创建“名、优、特、稀”农产品基地，提高比较效益，倾斜扶持那些发展前景好但缺乏资金的项目；积极促进城乡资源互动，大力开展智力支农活动，市直、乡镇各涉农部门要对口帮扶，解决在发展、壮大集体经济中遇到的实际困难，实现集体和农民收入的“双增长”。

3.金融支持，助力发展

对农金融部门，比如农村信用社、农业银行等要转变观念，加大力度扶持农村集体经济发展，扩大资金支持规模，深入搞好信贷服务，着重在发展农产品生产、加工、销售等的企业和经济实体上发力，做到优先支持。

（四）创新三产深度融合模式

1.信息技术渗透型融合

要充分利用“互联网＋”，实现农业在线化、数据化，农业生产经营的网上在线监控管理，农产品线上预订、结算，线下交易、销售；运用“互联网＋农业”思维，采用农资技术下乡和“菜篮子”产品进城两条线管理，让广大种植业者、消费者分享政府的技术资源、信息资源，建立电商发展新模式。

2.农业产业集群型融合

该种融合是指以农产品加工或农产品及农资流通、涉农服务企业集聚区为依托，以农业产业化龙头企业或农业产业链核心企业为主导，以优势、特色农产品种养（示范）基地（产业带）为支撑，而形成的农产品加工企业、农产品及农资流通企业、涉农服务企业等高度分工、密切协作、网络链接、有机融合的农村社会经济空间。这种融合集约化程度较高，经济效益较好，对农产品原料基地建设和农民增收的辐射带动作用强。

3.服务业引领型融合

通过成立市场化的农业生产性服务组织，建设平台型企业，或推动农产品生产及加工企业向农业服务企业甚至农业综合服务商转型，从而引领或更好地辐射、带动农业发展方式转变。例如，推进农机服务、动植物疫病防治服务、农产品流通服务等市场化，积极承接农户的服务外包，有效解决农业劳动力大量转移后“谁来种地”“如何种地”等问题，实现土地撂荒向土地规模化集约利用转变，也为转移农民向新市民或新型产业工人的稳定转型提供便利。

4.文化产业创意型融合

积极推进农业观光游向深度体验游转变，定向培育农事体验、疗养度假等服务形式，丰富休闲娱乐活动内容，培育创意休闲农业精品，彰显农耕文化和民间文化的魅力；对全市的古村落和民居进行全面普查与评估，以发现更多“记住乡愁式”的旅游资源，选取精品进行开发，展现古镇新村的风貌，增强乡村社会的精神凝聚力；农业、文化旅游、环境保护等相关部门要突破条块化管理，加强统筹协调，健全跨部门的联动协调机制，提供休闲农业和文化产业融合发展的政策支持。

【参考文献】

[1]姜长云:《推进农村一二三产业融合发展的路径和着力点》,《中州学刊》2016 年第 5 期。

[2]李传府、林泉、张辉:《山东三产融合实践与困难》,《农村经营管理》2016 年第 7 期。

[3]徐文军:《探讨农村集体经济发展中存在的问题及对策》,《农民致富之友》2015 年第 7 期。

作者单位：中共青州市委党校

对荣成市加快新旧动能转换全面推进乡村振兴的调研与思考

孙君秀

乡村振兴战略是党中央着眼于全面建成小康社会、向社会主义现代化强国迈进而作出的重大战略决策，新旧动能转换是实施乡村振兴战略的内在需求与核心支撑。在乡村振兴的实践中，无论是践行新理念、探索新路径，还是培育新的经济增长极，都迫切需要新旧动能转换来实现质量变革、效率变革和动力变革，来带动乡村一、二、三产业的协同发展及转型升级，通过新技术、新产业、新业态、新模式不断提高农业创新力、竞争力和全要素生产率，实现农业现代化。因此，以新旧动能转换为抓手，推动农业全面升级、农村全面进步、农民持续增收，是今后我们全面贯彻落实乡村振兴战略的重要课题。

一、荣成市以新旧动能转换引领乡村振兴的实践与经验

（一）加快现代产业布局，构建农村经济新体系

一是加快特色化发展。着力培植特色基地，在内陆镇打造一批果蔬特色镇、专业村。2018 年，荣成市启动建设了 20 处特色标准园，升级改造 5 处特色示范园，并引导园区由规模拓展向提质增效转型，由单一采摘向全产业链增收转型；组织有条件的园区推行“生产基地＋酒店餐饮＋超市销售”模式，实现了种植、加工、销售一体化。二是打造智慧农业平台。深度对接智慧城市平台，实现农产品生产全产业链的智能化监管。目前，荣成市已开发出农村“三资管理平台”手机客户端，它能提供总量实时公开、合同到期预警、供求定向查询等服务。三是加大科技成果转移、转化和推广应用力度，积极探索荣成市农业发展新业态、新模式，实现水肥一体化技术、测土配方施肥技术和病虫害防控技术“三项技术全覆盖”。

(二)深化农村体制改革,培育农业经营新模式

近年来,荣成市持续深化农村综合改革,深化农村土地改革,稳妥推进“三权分置”试点工作,深化农村产权改革,围绕解决当前农村存在的资产、资源底数不清,村级集体经济发展受限等一系列问题,稳妥推进农村集体经营性资产股份制改革。一是大力培育新型农业经营主体。积极培育家庭农场、种养大户、合作社、农业企业等新型主体,推行土地入股、土地流转、土地托管、联耕联种等多种经营方式,提高农业适度规模经营水平。二是健全农业社会化服务体系,打造智能化服务平台,目前,已培植了 8 家镇街农业社会化综合服务中心。实行超市化农业服务模式,实现从作物种植规划、选种选肥、播种栽插、田间管护到收割农产品的全程“一站式”服务,切实解决了农业服务“最后一公里”的问题。

(三)加强农村环境治理,建设生态宜居新环境

近年来,荣成市坚持生态环境优先,以绿色发展为引领,践行“绿水青山就是金山银山”的理念,绘就新时代生态宜居新画卷。一是建立环保新机制。从 2017 年开始,荣成市进一步在生态管护的体制机制建设上下功夫,全面落实河长制、湾长制,建立起覆盖城乡、海陆的环保监管网络。二是大力开展环境治污。全面启动实施了 14 个领域的环保整治行动,突出抓好农村环境整治,开展农村面源污染治理,统筹推进大气、水、土壤、海洋污染等防治,各项环境质量指标持续改善。三是全面推进农村道路、厕所、供电、学校、住房、饮水、供暖“七改”工程。到 2020 年,全市农村居民将全部用上卫生达标的自来水,所有镇街驻地将全部通达管道天然气,农村道路硬化“户户通”任务将全面完成,70%的村庄将实现冬季清洁取暖,农村污水处理将实现全覆盖。四是启动实施“绿满荣成·美丽乡村”建设三年行动计划,力争每年创建 1 个省级森林乡镇、8 个省级森林村居,巩固提升全国生态文明建设示范市成果,让全市农村绿树掩映、宜居宜游。

(四)发展乡村旅游,打造乡村经济新引擎

结合乡村振兴战略,荣成市加快推进乡村旅游发展,重点打造休闲渔业游、精品民宿游、生态采摘游等乡村旅游品牌,实施六大行动,进一步做好荣成市乡村旅游大文章,全力打造乡村振兴新引擎。一是开发乡村旅游集聚片区。通过项目带动、整体打造等多种模式,重点打造宁津和港湾两个乡村旅游集聚片区。宁津片区通过整合“十里古乡”6 村 1 庄及东楮岛、马兰耩等村,实现连线布局,

延伸传统文化体验链条。二是加快特色村落培植。重点开发鸡鸣岛,打造东楮岛乡村旅游品牌。对鸡鸣岛整体进行了保护性开发,加快推进旅游深度开发和转型升级,把海岛游做活做强;按5A级标准在东楮岛打造乡村旅游品牌村,加强海草房的保护与利用;打造牧云庵、北车及西车精品民宿、创客基地等旅游新业态。三是实施乡村旅游精品培育工程。全力推动人和靖海渔港小镇、成山天鹅小镇、虎山海参小镇等特色旅游小镇的开发建设工作。人和靖海渔港小镇以远洋渔业及蓝色配套产业为主导,推动海钓、海上养殖采摘、海上休闲运动等旅游项目建设,打造独具海洋特色的生态绿色渔港小镇;成山天鹅小镇充分挖掘天鹅湖历史传说、天鹅摄影、天鹅写生等天鹅文化资源,实现由单一的"天鹅观光"向全面的"旅游文化综合体验"转变。四是实施"乡村旅游后备箱"工程。将农、林、牧、渔等产品纳入特色旅游商品体系,鼓励乡村旅游企业研发具有企业文化和地方特色的乡村旅游商品,已开发出"荣成四宝""海味八鲜""荣成好礼"等旅游商品品牌,以点带面极大地提升了荣成市旅游商品的影响力。

(五)加强文化建设,营造农村文明新气象

荣成市在乡村振兴实践中始终坚持物质文明与精神文明统揽齐抓,把乡土文化与社会主义核心价值观有机结合起来,采取符合农村特点的有效方式,把加强农村思想道德建设作为推进乡村治理创新的重要手段,打造富有时代气息的乡村文化惠民体系,让农村群众在富口袋的同时,富脑袋、提内涵,全面焕发乡村文明新气象。一是创新农村文化服务模式。充分发挥庄户剧团行业党总支的党建优势,精选庄户剧团参与"一村(社区)一年一场戏"活动。荣成市艺术团及50余个庄户剧团常年活跃在田间地头,每年均举办1300余场演出,实现了村民、社区群众看戏全覆盖。二是创新文化培训模式。以群众文化活动中心为集中培训点,以"百姓课堂"公益培训为载体,每年举办舞蹈、剪纸、绘画、京剧以及传统文化等常规培训班20多场次,培训农民3万余人次。三是加强基础文化设施建设。目前,全市已建成22处高标准镇(街)综合文化服务中心,做到了村级(社区)综合文化服务中心和农家书屋实现全覆盖。四是挖掘优秀传统农耕文化,启动"乡村记忆"工程。近年来,荣成市陆续建成了"许氏宗祠""牧云庵画村""西火塘寨民俗馆"等"乡村记忆"展示馆和传统胶东民居保护区,它们不仅成为了老百姓引以为傲的精神高地,而且还让古老的村落散发出独特的气质与性格,在潜移默化中激发农村发展新活力,引领乡风文明新风尚。

(六)加强组织建设,完善农村管理新机制

荣成市以组织振兴为目标,实施三项工程,提高农村党组织能力,完善农村管理新机制，助推乡村振兴。一是支部效能建设工程。以支部书记述职、党建督查反馈问题、乡村振兴规划等为“参数”，设立支部效能建设“一村一目标三清单”，市、镇两级分别按季度、月度对“一目标三清单”台账进行调度，把支部效能建设情况作为基层党建检查、党建述职评议、村干部考评管理的重要依据。二是星级支部创建工程。采取“差异化考核＋评星定级”的方式，由镇街党(工)委负责，按月调整各村中心工作考核项，使支部星级与村干部业绩奖励报酬直接挂钩。三是雁阵驱动助飞工程。从抓“头雁”向育“群雁”延伸，建立市、镇、村“三级党校”，由市委党校专家团、涉农部门讲师团每月送课，为党员、干部提供家门口的高端培训。截止到目前，荣成市已集中培训农村干部3300余人，举办党员生产技能培训53场次。实施包扶村产业支持计划，市直部门的包村扶持计划从一次性给钱转为输送人才、输送项目，2018年已选派了120名第一书记，启动了22个帮扶产业项目。从致富能手、退役军人、返乡大学生、老干部、老党员、老教师中发掘储备干部和乡贤人才，组织“顾问团”，为村级经济、村务监督、矛盾调解、文明教化等出谋划策。

二、荣成市乡村振兴存在的问题

(一)基础设施还有待全面加强

近几年来，荣成市农村的水、电、路、通信、房和环保等基础设施整体上有了很大改善，但不少农村的文化体育、环境卫生、市场建设等供给还存在一定的不足，农村通路、人畜饮水和农田灌溉等困扰农民生活、制约农业发展的问题还不同程度地存在，其中虽然有些方面已取得了覆盖率上的提高，但由于其供给质量较低、养护责任不落实、缺乏后续投入和维护管理等原因，使老化失修现象明显，难以长期发挥效用。

(二)传统产业比重较大，发展后劲不足

目前，荣成市还存在不少发展相对滞后的乡村，这些乡村产业结构单一，基本上以传统动能驱动的农业为主，现代农业成分较少，农业生产科技含量低，主要以初级农产品为主要的销售产品，缺少深度加工的农产品，现代连锁经营、代理制、电子商务等现代经营方式普及程度低，家庭经营性净收入增长乏力。

(三)农民专业合作组织程度不高，制约产业兴旺

很多落后村都缺乏带动力强的合作组织，农民专业合作经济组织总体上处于“散、弱、小”状态。一是农民专业合作经济组织数量偏少，与市场经济的发展

要求以及农民群众的愿望不相适应。二是农民专业合作经济组织覆盖面较小，参与其中的农户占比不高。三是农民专业合作经济组织基本上以自我活动为主，缺乏交流与沟通，跨县、跨市的合作与交流较少，这在一定程度上削弱了合作组织的整体服务功能，影响了农民专业合作经济组织规模的扩大。

（四）农村空心化现象突出，优秀人才缺失

随着人口结构的变化，大量农村劳动力转移，农村老龄化程度较高，老年人比例高于社会平均水平。荣成市60岁以上的农村老人占本村总人口的比例超过一半。伴随着农村人口的空心化，农业从业人员流失、耕地抛荒或利用不足、养老压力大等问题给农村社会治理带来了严峻挑战。尤其是目前农村建设的人才严重缺乏，人才断层与流失现象严重，现有人才知识结构也非常单一，缺乏信息技术、市场经济、法律等方面的专业人才，这使乡村发展缺少活力和后劲。

（五）输血、造血都不足，乡村振兴缺资金

不少村庄集体经济力量薄弱，经济的支撑能力不强，实际可支配的财力明显不足，个别村甚至出现了沉重的债务负担，这些都成为制约乡村发展的重要瓶颈。

三、对荣成市乡村振兴的思考与建议

（一）加强农村基础设施建设

把全面加强农村基础设施建设作为当前及今后一个时期“三农”工作的重中之重，从政策、投入等方面给予强力支持。加强农村基础设施建设方面的立法，确保专项资金的使用安全。建立有效的管理机制，跟踪管理维护，调查、测评农村基础设施的使用及维护情况，确保相关资金、政策产生其应有的效用。

（二）夯实产业基础

农业要强，产业必须强。要紧紧围绕发展现代农业，以及农村一、二、三产业的融合发展，实现产业兴旺，把产业发展落到促进农民增收上来，这是农村脱贫致富、乡村振兴的治本之策。要以深化农业供给侧结构性改革为主线，加快构建现代农业产业体系、生产体系、经营体系，推进农业由增产导向转向提质导向，不断提高农业创新力、竞争力和全要素生产率，打破农产品流通壁垒，积极探索引入

“互联网＋”“共享经济”“共享农场”等新型农业产业发展新模式、新业态，实现产供销一体化的高效农业产业体系，加快实现传统农业向现代农业转变。

(三)创新农村生产经营机制

充分调动村干部的工作积极性，使其担负起领办、创办的指导任务，大力发展农产品行业组织。把发展农资、农产品专业合作社同参与农业生产化经营结合起来，同打造和巩固主导产业结合起来，立足当地实际以及深化农村综合改革的实际需要，积极发展各类单品种专业服务组织以及专业合作社。鼓励龙头企业、农副产品批发市场、村级社区性合作社、基层农业技术服务机构、供销社、农村种养专业大户、购销大户和农民经纪人领办、兴办农民专业合作组织，实现农村生产经营组织的机制和体制创新。

(四)健全投入保障制度，解决资金难题

建立健全实施乡村振兴战略的财政投入保障制度，加快形成财政优先保障、金融重点倾斜、社会积极参与的多元投入格局。抓紧制定金融服务乡村振兴的指导性意见，制定金融机构服务乡村振兴的考核评估办法，落实和完善融资贷款、配套设施建设补助、税费减免、用地等扶持政策，发挥工商资本在乡村振兴中的作用。

(五)加强农村实用人才队伍建设

围绕农业、农村经济发展需求，以种养大户、家庭农场、农民专业合作组织、农业社会化服务体系等骨干成员为重点，开展涉农类学历教育、继续教育和技术技能培训，培育生产经营型、专业技能型和社会服务型的新型职业农民，为农业现代化提供智力支撑。结合产业发展特点，在现代种业、高效种植、健康养殖、农产品精深加工、安全高效农业投入品、高效设施农业等领域引进一批高层次专业人才，提升高效生态农业团队的攻关能力和产业发展的人才实力。同时，充分调动企业家、大学生等社会各界人才的积极性，引才引智，为乡村振兴提供源源不断的智力之源。

(六)进一步加强党组织对乡村振兴工作的领导，真正把农业、农村优先发展落到实处

“给钱给物，不如建个好支部”，打造千千万万个坚强的农村基层党组织，培养千千万万名优秀的农村基层党组织带头人，是实现乡村振兴的重要组织保障。为此，要切实把握实施乡村振兴战略的重大意义，真正把实施乡村振兴战

略摆在优先位置，在干部配备上优先考虑，在要素配置上优先满足，在资金投入上优先保障，在公共服务上优先安排，确保党在农村工作中始终总揽全局、协调各方，真正把党管农村工作的要求落到实处，为乡村振兴提供坚强有力的政治保障。

【参考文献】

[1]《文明是根　文化为魂——探访荣成市乡村振兴战略》，2018 年 6 月 11 日《荣成时讯》。

[2]《推动组织振兴，荣成做了这三件事》，2018 年 5 月 19 日《威海党建》。

作者单位：中共荣成市委党校

牟平区乡村小假日经济助力乡村振兴

刘甜甜

习近平总书记在党的十九大报告中提出实施乡村振兴战略。振兴乡村，要留住乡愁，生态也要发展。在乡村度假和农事采摘盛行的当下，发展乡村小假日经济的无疑是一条干净美丽的路子。

一、小假日经济新物初生

假日经济是指人们利用节假日集中购物、集中消费而引起的一种销售、服务猛增，市场火爆，经济发展的经济模式。小假日经济在经济学上没有固定概念，一般指三天以内的假日经济。在我国，全年一共有 115 天假期，其中小假日有 101 天。因此，假日经济的绝大多数是小假日经济。作为占全年 1/3 时间的小假日，它所创造的社会经济的价值是不容忽视的。小假日经济的形成有其深刻背景。

（一）社会背景

1.时代产物

改革开放 40 多年来，我国城乡居民的生活发生了翻天覆地的变化。一是收入不断提高。仅从烟台市的统计数据看，2017 年烟台市居民人均可支配收入为 32299 元。二是闲暇时间增多。目前，国家法定假日和周末共计 115 天，全年的休息时间至少占 1/3。三是出行便利。据有关资料介绍，截至 2017 年年底，我国机动车保有量为 3.10 亿辆，私家车为 1.7 亿辆，中国俨然已进入汽车社会，这就为自驾游提供了基础工具。四是追求品质。人民对美好生活的向往，催生了一大批美丽乡村和旅游景点。免去长途跋涉带来的辛苦，小假日短途旅游已然成为大众的新选择。

2.战略需要

一是特色小镇建设的需要。在国家批准的特色小镇中，牟平区有 2 个。到

2020 年，国家将培育 1000 多个特色小镇，在住建部公布的首批 200 家特色小镇中，有 70%与旅游业相关。

二是新旧动能转换的需要。山东是全国首个新旧动能转换综合试验区，而牟平发展的小假日经济恰好连接并且融合了新动能十强产业中的四强，即智慧海洋、医养健康、现代高效农业、精品旅游产业。

二是乡村振兴战略的需要。要打造乡村振兴的齐鲁样板，美丽乡村建设是必不可少的，而发展假日经济，更是振兴乡村的一条捷径。牟平在这方面有着得天独厚的资源禀赋。

3. 政策声音

中国的文旅产业消费升级，但休闲度假产品却供给不足。因此，国家也在不断传递好政策的声音。

到 2022 年，将创建 120 个滨海度假、温泉养生等旅游小镇，重点培育 20 个国家级特色景观旅游名镇或国家 5A 级景区精品旅游小镇。《山东省乡村旅游提档升级工作方案》指出，到“十三五”末，初步打造 100 个乡村旅游集群片区、300 个乡村旅游园区和 100 个旅游小镇。《烟台市乡村旅游提档升级工作方案》提出，到 2020 年，全市将打造 10 个乡村旅游集群片区、30 个乡村旅游园区和 10 个旅游小镇，乡村旅游消费总额将突破 240 亿元。2018 年，牟平区将发展全域旅游作为全区六大战略之一，着力打造养马岛国际旅游休闲度假区、龙泉温泉养生小镇、大窑绿色健康小镇、昆龙温泉等重点项目。

（二）现实选择

小假日经济之所以能在短期内创造数以亿计的经济价值，并且能保障长远而且可观的经济效益，正是得益于这种经济模式的特色。这种经济模式有以下三种特点：一是高效。小假日经济可以直接带来巨大的收入。例如，端午假期就给长岛带来 6500 万元的收入，给烟台带来 22.54 亿元的收入。小假日经济的创收不仅体现在消费上，而且还能带动交通运输、宾馆饭店、娱乐设施等产业的发展。二是优质。小假日经济是一种无烟产业，是一种典型的低能、低耗、低碳和低染的绿色发展模式。三是可持续。小假日经济是一次性投入，一经开发和建成就可以重复使用、循环利用，而且运营得当的话，持续的时间越久，价值会越大，收益也会越高。

二、小假日经济在牟平的生动实践

2009 年小假日经济初见端倪时，牟平区便着手编制了《全区乡村旅游发展总体规划》，绘制了六版牟平自由行地图；2017 年又出版了《休闲汇》旅游专刊，并积极营销。自2009年以来，牟平区先后成功打造了多处省级旅游小镇、省级农业旅游示范点、省级旅游特色村、市级乡村旅游示范村等，获得了良好的声誉，也创造了巨大的经济价值。牟平区2007～2016年的旅游接待情况见表1。

表1　牟平区2007～2016年的旅游接待情况

年份	全年旅游总人次	较上年同比增长率(%)	全年旅游总收入(亿元)	较上年同比增长率(%)
2007	150万		5.8	
2008	176万	17	6.7	15
2009	211.5万	20.2	8	19.4
2010	260.7万	31.01	15.61	59.1
2011	326.5万	25.3	21.08	35.1
2012	398.7万	22.1	27.5	30.3
2013	455万	14.1	32.2	17.1
2014	498万	9.5	36.3	12.7
2015	540万	8.4	41	12.9
2016	580万	7.4	44.8	9.3

近年来，牟平区小假日经济推动了乡村的发展与振兴，它的主要发展状况可以归纳为以下几点：

(一)致富“蓝”“土”特色

牟平区依山傍水，“蓝”是海洋，“土”是土地。牟平区充分利用海洋牧场丰富的渔业资源优势，发展了一批集旅游度假、出海垂钓、休闲观光于一体的高品质渔村度假区项目，比如，养马岛海洋牧场和云溪国家垂钓基地。牟平区突出“土”特色，充分利用乡村的天然优势，打造农家乐、农业认领等特色“土”品牌。比如，将村子的闲置土地整合起来向烟威地区发展“农业认领”。打造精品民宿，变废石头房为宝，赢得了城里人的心。用集体土地发展果园、大棚、经济作物等规模化、集约化种植业，并且把种植业成功嫁接到小假日经济中，发展农事采摘、绿色购买等。比如，龙泉镇丁家庄芳华农产品专业合作社，专门做土特产，每年都利用“土”资源为村民人均增收近万元。

（二）招商“绿”“原”特色

招商引资是区域发展的不竭动力。“绿”是绿色开发，“原”是原生态养生行业，医养结合。绿色开发最有代表性的例证是龙泉镇的北方温泉小镇建设。龙泉镇最有优势的绿色资源就是温泉和山泉“双泉”。龙泉镇立足独特的资源，依托政府主导的招商引资，聘请国际知名规划团队进行科学统筹和系统规划，从而将整个小镇建设成为北方温泉度假中心。龙泉镇主打“5＋2”度假休闲模式，即5天在城里，2天在龙泉。就目前的统计数据来看，龙泉镇全年假日旅游收入达1.5亿元。原生态养生是个新兴产业，而烟台是最适宜人类居住的城市，也是很多一线大城市居民养生、度假甚至养老的首选。牟平也因此立足本地优势，迅速发展起养生、度假业态。例如，总投资8亿元的崑龙山温泉项目，是集温泉养生、休闲度假、保健养老等功能于一体的综合性度假养生基地。类似的还有武宁街道的英雄湖康疗度假区、河里庄双百山度假区等。

（三）文化“红”“灰”特色

“红”是红色文化，“灰”是以胡同文化为主的传统民俗文化。牟平区有丰富的红色文化资源，例如，杨子荣纪念馆、胶东抗战第一枪纪念馆。2018年恰逢雷神庙打响胶东抗战第一枪80周年，3月19日，中共山东省委党校党性教育基地也在两地揭牌成功。6月28日，中华老报馆在牟平揭幕，牟平又添一处红色文化资源。牟平区最具代表性的民俗文化就是河北崖的胡同文化。每一条胡同都居住着同一姓氏的家族，层层院墙套院墙，一户套一户，形成了“路不拾遗，夜不闭户”的祥和景象。日瞻公胡同等24条胡同建于明万历四十三年，至今已有400多年的历史。河北崖胡同因其保存完整而被评为“山东省第三批省级传统村落”。

（四）美中不足

一是虚乏、匮乏、缺乏。牟平区关于催动假日经济落到实处的政策相对虚乏，资金也匮乏，政策环境不是很宽松，还有一些项目存在烂尾现象。二是落后、拖后、滞后。地方的总体规划缺乏长久性、科学性，这导致小假日经济因发展同质同类、规模小、地方分散、发展动力不足而出现拖后状况。管理滞后，管理权限模糊不清，缺乏行业标准，从而导致管理失责，缺乏监管。三是断套、断层、断链。现存的农家乐、渔家乐等度假项目，大多缺乏相配套的食宿、消防、安全、交通、应急、医疗、污水处理、垃圾处理、停车场、Wi-Fi等设施，这在一定程度上制约了其发展。另外，这些地方大多只有在采摘季节才能得到利用，往往会出现春夏季节供不应求、秋冬季节门可罗雀的情况，也就是旺季资源不足、淡季资源浪费的季节性问题突出。

三、牟平小假日经济快捷发展的方式

（一）政府到位

从政府层面来看，目前主要应从以下几个方面发力：一是规划到位。将牟平纳入区域经济战略规划当中，尤其是在当下新旧动能转换、乡村振兴和特色小城镇建设等重大国家战略并行的情况下，更应早做规划。二是管理到位。发展小假日经济也应“打通最后一公里”，从宏观管理方面，与工商、农林、建筑等相关部门形成合力。另外，应设立以政府为主导，以市场为主体的小假日经济扶持专项基金，形成持续有力的资金链，有计划、有重点地发展一些有市场、有潜力的大项目。三是考核有为。应增加必要的考核环节，做到“宽进严出”，如果项目考核不合格，应尽快削减相应的扶持资金或者关停不合理的项目，以此保证高质量的、合理的资源利用。四是营销定位。加大营销力度，加强与报社、电台、自媒体、旅游 APP 等媒体的合作。可立足牟平现有的资源禀赋，在开展全域旅游的基础上，打造红线、绿线、蓝线和灰红四条经典路线。其中，红线以第一枪纪念馆、杨子荣纪念馆和胶东革命斗争纪念馆等为主，打造革命传统旅游线；绿线以在姜格庄、文化办事处和大窑、高陵等地的采摘园和体验园为主，打造生态旅游线路；蓝线以养马岛、大窑和姜格庄海岸线为主，打造海洋旅游线路；灰线以龙泉的马家都、河北崖、大窑的万家山、高陵的店村、莒格庄张皮村和水道通海村为主，打造民俗文化旅游线路。五是创新定位。例如，针对特定的服务群体，如儿童、老人，打造一个有儿童乐园的养老场所，让老人享受儿孙绕膝的天伦之乐，也让孩子学会尊老敬老。还可以将民宿与社区融合，尽可能地让来访者体验到原汁原味的生活，也让社区居民切实享受基础设施的实惠。

（二）市场为主

发展小假日经济离不开政府，但政府不能包办代替，更不能大包大揽，而应分清主次，在自身作为的同时，利用好市场的力量，推进小假日经济全面深入发展。一是搭建平台。摸清底数，争取在较短时间内整理、推出若干个旅游休闲开发项目，面向国内外推介招商，并出台一定的优惠政策，吸引企业和社会力量参与小假日经济发展。引导和筹建小假日经济或旅游行业协会,实现优势互补。二是加强引导。在土地供应等方面加以政策、资金等倾斜,鼓励和引导本土企业或外来企业连片建立度假集群区,以实现资源的优化集中。立足各地的资源条件,力争建起有一定影响的房车营地、垂钓休闲基地和沙滩、草原露营地等旅游休闲项目。三是重点激励。把旅游业作为招商引资的重点,优化投资环境,并强化相关的激励政策。因为只要有激励,就有人才、资金、项目、活力,也才有发展。

(三)特色定位

"养马岛马文化""胶东渔海文化""道教文化""民俗胡同文化""红色文化"都是牟平独一无二的特色文化,是让人印象深刻的重点,也是发展小假日经济的亮点。具体来讲,特色定位应从以下几个方面着力:一是打造精品。进一步挖掘当地的文化潜能,筛选独具文化内涵、区域特色、民俗风情的乡村院落,打造精品"文化旅游特色村"和"文化旅游示范点"。二是开发新品。引导其他具有资源优势的村庄,挖掘、开发新的旅游产品,也可围绕当地有关的文化遗产,开展一些恢复和重建工作。

(四)体验品位

发展乡村小假日经济必然要注重营销体验式产品。例如,龙泉镇将军谷,利用让访客体验磨豆腐、拔花生、打井水等项目,挖掘体验型产品,让城里人体验原生态的乡村生活,给他们不一样的生活体验。因此,应加强对传统项目的挖掘力度,加深体验广度,形成与众不同、富有特色的品牌,但是也应避免过犹不及、适得其反。发展深入体验型项目,也要结合本土特色,按照"一村一品,一型一策"的发展思路,形成独一无二的发展个体,避免重复。

【参考文献】

[1]孙明:《中国"假日经济"发展初探》,《湖南财经高等专科学校学报》2009 年第 1 期。

[2]秦雪丽:《2017 年烟台居民人均可支配收入达 32299 元》,2018 年 3 月 19 日《齐鲁晚报》。

作者单位:中共烟台市牟平区委党校

乳山市台依湖葡萄小镇产业融合发展路径的思考

刘伟成

党的十九大报告提出，实施乡村振兴战略，按照产业兴旺、生态宜居、乡风文明、治理有效、生活富裕的总要求，优先发展农业、农村。乳山市积极贯彻落实习近平新时代中国特色社会主义思想，践行新发展理念，积极探索三产融合发展新路径，让区域经济焕发出生产美、生态美、生活美“三生三美”的强大活力。

一、一粒葡萄串起的百亿元产业链

乳山市位于北纬 37°，这是葡萄种植的黄金纬度，有着葡萄种植的最佳自然条件，即光照充足，年均日照数为 2572.7 小时；气候温和，平均气温为11.8℃；雨水丰沛，降水量约 744.4 毫米，无霜期有 206 天，相对湿度为 70%，是我国唯一一个冬季无须覆土的酿酒葡萄产区。

乳山市种植葡萄的历史悠久。自 20 世纪 80 年代开始，就出现了大量产业化酿酒葡萄，仅乳山市下初镇以“三珠”品种为主的酿酒葡萄种植面积就达 7000 多亩，该镇也因此成为胶东地区第二大酿酒葡萄基地。乳山市酿造的葡萄酒具有果香清新、香气浓郁、口感细腻、醇和自然等典型海岸葡萄酒特点，品质处于国内同行业先进水平，屡获国内外大奖。比如，“百事吉”牌白葡萄酒，获第二届中国农业博览会铜奖、第三届中国企业出口商品展览会金奖；1987 年，农牧渔业部授予乳山葡萄酒公司百事吉加强葡萄酒系列产品为部级科学技术进步三等奖。

为打破产业融合过程中的资金瓶颈，乳山市按照“政府引导、市场运作、防范风险、滚动发展”的原则，采用“母＋子基金”的运作模式，充分发挥基金的杠杆作用。由乳山国运主导设立 3.3 亿元作为葡萄酒产业的引导基金，利用政府出资设立的产业基金，按照 1∶9 的比例撬动社会资本，吸引了浦发银行等大银行参与基金投资，用于建设净化物流中心、技术服务中心、营销中心、种植基地等，为发展葡萄酒产业搭建金融服务平台。

在强大的产业发展氛围下，中国绿城理想小镇建设集团有限公司与乳山市台依湖国际酒庄联合开发了12万亩绿城·台依湖酒庄酒产业小镇。依托本地的葡萄资源优势，深耕葡萄产业发展链条，将葡萄种植延伸到葡萄酒生产、葡萄酒庄建设及生态休闲旅游领域，同时发展一、二、三产业深度融合的复合型高效产业，使其成为区域农民增收的“大产业”。目前，规划总占地面积为3万亩的葡萄酒庄300座，流转土地约8000亩，使农民每年可增收550元(亩租金)，工资可达14000～18000元，每年可增加村集体收入260多万元。现已栽植葡萄7500亩，年产量达1200吨，包括赤霞珠、霞多丽、梅乐、小芒森等12个国际知名的酿酒品种和金手指、摩尔多瓦、夏黑、巨玫瑰等15个鲜食葡萄品种。

二、乳山市台依湖葡萄酒产业小镇发展路径的思考

(一)坚持改革创新的发展路径

要实现三产融合，必须释放市场主体、生产要素、产业政策的活力，形成产业发展的合力，这些目标都只有通过深化改革来实现。换言之，乡村振兴战略走产业融合发展之路，必须靠改革来驱动，这是乡村振兴战略最重要的发展路径。

1.充分发挥市场主体在乡村振兴、产业融合中的作用

乳山市台依湖葡萄酒产业小镇的兴起，关键在于乳山市绿城·台依湖酒庄这一行业龙头。在这一龙头的带动下，葡萄小镇涵盖了葡萄种植、葡萄酒酿造、葡萄文化博览、休闲旅游等产业，仅2017年该酒庄就接待游客10万人次左右。这充分说明，产业融合发展的基础是产业兴旺，产业兴旺的关键是市场主体的充分发展。从这一意义上讲，市场主体是产业融合的前提，市场主体不活，产业融合就无从谈起。在产业融合未来的发展过程中，要通过产权制度和经营制度的改革创新，赋予广大市场主体更多的财产权益和经营权利，使其能在市场竞争中发展壮大。

2.大胆释放土地、劳动力、资本、技术等生产要素的作用

乳山市绿城·台依湖酒庄酒产业小镇的总投资超过100亿元，总开发区域达12万亩，将打造“一心一带三板块，一山三环十五区”的特色小镇。2018年，台依湖葡萄酒庄集团借土地“三权分置”相关政策，流转土地1万亩。按照规划，小镇项目全部建成运营后，将带动3万余人在家门口实现就业，同时拉动电子商务、文化、旅游等相关产业的发展，预计带来年经济效益约200亿元，其中，

旅游产业效益约15亿元，能创造约2.8万个就业岗位。在这一巨大收益的背后，是农村产权制度的改革，因为它激活了土地等生产要素，并以此为突破口带动了劳动力、资本等要素的投入，使以互联网科技为支撑的现代农业“接二连三”。

3.发挥产业政策的宏观引领作用

依据乳山市台依湖国际酒庄生态文化区的概念规划，乳山市聘请专业机构根据乳山区域的小气候、特色资源、地理优势和发展潜力进行深入分析，科学规划酿酒葡萄基地建设和酿酒葡萄品种栽培，合理布局基地发展规模，精选优质稳产的葡萄品种，突出风格，避免盲目性，在保证生态资源永续利用和葡萄植株寿命的前提下，纵向调节成熟期结构，横向调整品种多样性，为酒品多样化奠定基础。优先选择具有种植葡萄传统的夏村、下初、育黎等区域，重点考虑河、库、湖等水资源丰富的周边区域，更多地利用荒山、丘陵地带，突出发挥育黎、诸往、午极、冯家等北部山区独特的环境资源优势，从根本上解决葡萄酒的同质化问题，真正做深、做实葡萄酒产业发展之“根”，使产业发展具有科学性、连续性。这一产业发展规划，突出的是政府的服务理念，彰显的是求真务实的工作作风。在产业融合的过衡中，政府要处理好与市场的关系，应该既能在“市场失灵”时替代市场，又能在“市场有效”时充分发挥市场的作用；政府的产业融合与发展政策应该既能及时弥补“市场失灵”，又能有效发挥“市场作用”。

(二)坚持共建共享的融合路径

乳山市台依湖葡萄酒产业小镇的兴起，关键在于乳山市绿城·台依湖酒庄这一行业龙头。在这一龙头的带动下，乳山市人民政府、绿城集团相继投入各种力量，使葡萄小镇涵盖了葡萄种植、葡萄酒酿造、葡萄文化博览、休闲旅游等产业。这充分说明，推进产业融合需要社会多主体、多力量、多机制的介入，这种介入结构应该是企业、政府、社会共同参与的“三位一体”融合路径。

企业要在产业融合中发挥引领作用。“企业引领”是指各类企业，尤其是涉农类企业，应在乡村振兴中发挥龙头引领作用。这种引领作用主要体现在三个方面：一是投资农业的引领。农业不仅是一个投资回报期较长的产业，也是一个集经济再生产和自然再生产于一体的、市场风险和自然风险较高的产业。对于这样的产业，单纯依靠农民的投资热情是远远不够的，必须鼓励和引导企业和工商资本投资农业，使其在农业投资中起引领作用。另外，也要支持企业进入农业的适宜领域，与农民共同推进产业的兴旺发展。二是产业融合的引领。农村一、二、三产业融合发展是农业产业化经营和纵向一体化发展的必然结果，是农业多功能发展的要求。产业的融合程度既取决于产业链相关主体利益机制的建构，又取决于产业链中核心主体的引领作用。尽管中国农业产业的基本主体是农户和以农户为基本成员的农民合作社，但从农村一、二、三产业融合发展和农业产业化经营的现实看，中国农业产业的基本格局却是由企业主导的。因此，在农村产业融合发展的过程中，除了应重视对广大农民主体和合作组织的培育外，更应重视企业在产业融合中的龙头引领作用以及企业与农民之间利益机制的完善，以此形成产业融合的共赢格局。三是带动小农的引领。企业对小农的引领作用不仅体现在发展理念、技术应用、市场开拓这些方面，而且还体现在引领小农融入现代农业这一方面。党的十九大报告提出，实现小农户与现代农业发展的有机衔接，是着眼于“大国小农”这一基本国情的发展要点。实现小农户与现代农业发展的有机衔接，既取决于小农自身能力的提升、小农的组织化以及适合于小农的现代农业模式的选择，又取决于有助于克服小农局限性的体制机制的建构，如面向小农的社会化服务体系的建立与完善，农村土地制度和社保制度的进一步完善，政府产业政策对小农的惠及以及惠及方式的创新等。

要发挥社会参与的聚合作用。这种社会力量既存在于乡村社会，更来自城市社会。社会参与主要包括创业参与、服务参与、援助参与、投资参与等。高校与科研机构具有人才优势和科技优势，是乡村振兴、产业融合的重要力量。具有乡村情怀的能人贤达是乡村振兴、产业融合的积极力量，应予以鼓励和引导。

（三）坚持底线思维的风险防控路径

推进产业融合，还需坚持“底线思维”，防控经营风险，最大限度地降低风险对农民的损伤。

1.坚持一、二、三产业融合发展，是风险防控的经济基础

“产业融合”的本质是延伸农业产业链和价值链。由绿城中国控股有限公司子公司绿城理想小镇建设集团与台依湖集团联合打造的绿城·台依湖酒庄酒产业小镇，打破了台依湖产区此前单一的葡萄酒经济体或产业体，汇集绿城集团最优质的设计、营造、农业、健康、教育、运营等资源，发挥品牌引领优势，从纵横双向打造以高品质葡萄酒产业为基础，以红酒文化为特色的“个性化产区”。从横向方面来说，5 年内开发建设 300 座风格鲜明、独具个性的酒庄，使其具有更丰富的个性化元素，具有从种植到销售服务与管理、体验、传播推广的和谐互补的共享资源平台。从纵向方面来说，具有多种“外链”方式的“三产融合”，以农业种植为产业基础，由此延伸出包括葡萄酒生产酿造、衍生品开发、培训、推广展销、生态旅游、餐饮服务、健康养生、婚庆、文化休闲等在内的经营方式多元化的综合业态，形成集生产制造、葡萄酒博物馆、葡萄酒科普馆、酒窖观

光、葡萄酒俱乐部、葡萄酒美食坊、产区服务中心、葡萄酒研究院、健康养生馆及葡萄园婚礼殿堂等于一体的产业体系链条。

2.正确处理“有形的手与无形的手”的关系是风险防控的制度保障

乳山市聘请专业机构根据台依湖酒庄酒产业小镇的特点，科学规划酿酒葡萄基地建设和酿酒葡萄品种栽培，合理布局基地发展规模，精选优质稳产的葡萄品种，突出风格，避免盲目性，在保证生态资源永续利用和葡萄植株寿命的前提下，纵向调节成熟期结构，横向调整品种多样性，为酒品多样化奠定基础。这一经验启示我们，为避免市场的盲目性给农民带来冲击，在产业融合的过程中，政府要给予应有的服务，担负起引导作用。政府运行机制的主要优势在于通过科层体系的制度安排，降低市场交易中的不确定性和交易成本。市场运行机制的主要优势在于通过竞争体系的制度安排，提高竞争效率，并且降低科层体系下的组织控制成本。在产业融合的过程中，实现政府和市场的合理分工、优势互补，除了要求政府发挥指导和引导作用外，还要政府对非竞争性和非排他性的资源配置以及类似公共产品的供给，提供制度安排，发挥主导性作用。除此之外的资源配置以及产品与物品的供给方面，应充分发挥市场的主导作用，通过市场机制来配置和供给。

3.树立长期投资理念是风险防控的思想保障

要防止产业融合中的风险问题，不容忽视的一个关键问题是急功近利。乡村振兴是一个长期战略，产业融合不可能一蹴而就，因此切忌操之过急，更不能搞形象工程或单纯追求乡村外在形态的变化。要按照中央有关乡村振兴战略的三阶段发展要求，制定短期与长期相结合、内在与外在相结合的规划与行动计划。此外，在产业融合过程中，对于长短期关系的把控，不仅要考虑战略目标和建设项目的长短期结合，而且还要考虑体制机制改革与建构的长短期结合。要突出改革先行和重点，注重配备相应的改革措施，确保改革措施能落地。对于国家已经明确的改革思路和举措，要力求在短期内抓落实，大胆推进，力争取得成效并有所创新；对于国家没有完全明确，但有原则性指导意见的改革，应根据自身发展的实际与条件，积极探索，大胆试验，争取为国家提供经验与思路。

绿城·台依湖酒庄酒产业小镇，符合十九大报告中关于生态文明建设的理念和路径，既能创造更多的物质财富和精神财富以满足人民日益增长的美好生活需要，也可以提供更多优质生态产品以满足人民日益增长的优美生态环境需要，同时兼顾了绿水青山和金山银山的目标。绿城·台依湖酒庄酒产业小镇和海洋牧场示范区，是乳山市在经济发展“棋盘”上走出的两步“先行棋”，并由此拉开了乳山产业振兴的“大格局”。

【参考文献】

[1]王元:《关于我国葡萄酒产业创新发展模式的几点建议》,《中国经贸导刊》2014年第18期。

[2]顾兆帅:《蓬莱葡萄酒产业可持续发展研究》,《中外葡萄与葡萄酒》2014年第2期。

[3]陈强强、窦学诚、王文略、马田:《基于ANT视角的葡萄酒产业链整合机理研究——以甘肃葡萄酒产业为例》,《中国农业资源与区划》2014年第6期。

[4]徐绍荣、徐静、吕蔚、杨晓杰:《基于钻石模型的烟台葡萄酒产业竞争力影响因素研究》,《山东农业科学》2016年第2期。

[5]周颖、郭淑敏、王秀芬、王立刚:《北京市房山区酒庄葡萄酒产业发展优势与模式路径选择》,《安徽农业科学》2015年第26期。

[6]刘世松、韩永奇:《开启中国葡萄酒个性化与性价比的时代——从2015中国葡萄酒论坛看我国葡萄酒业新常态》,《酿酒》2015年第4期。

作者单位:中共乳山市委党校

青州市促进农村一、二、三产业融合发展的实证研究

王海燕

党的十九大报告提出了实施乡村振兴战略的重大决策。乡村振兴战略是一个综合政策体系，在这个系统中，农村一、二、三产业的融合是乡村振兴战略的关键因素。习近平总书记强调，推动乡村产业振兴，要紧紧围绕发展现代农业，围绕农村一、二、三产业融合发展，构建乡村产业体系，实现产业兴旺。

青州市积极响应中央的指示，大力推进农村一、二、三产业融合发展。以农业为基础，在农产品主要产区发展有机农业、高端农业，建立农产品加工厂和农产品直销市场。将有机农产品的生产、加工和销售有机结合，发展绿色农业和旅游农业。提高农民对农村一、二、三产业融合发展的认识，并请有关专家、学者指导，以此提高农业质量，增加农民收入。

一、青州市农村一、二、三产业融合发展的现状

（一）青州市的基本情况

青州是古九州之一，总面积为1569平方千米，属于半平原地形，共有94万多人口，辖4条街道、8个镇和1052个行政村。近年来，青州市根据“发挥优势、突出重点、集群发展、强化带动”的总体方针，研究和落实了一系列优惠政策，培育和扶持了一大批农业产业化龙头企业。在加快农业产业化的进程中，增加农民收入。

（二）青州市农村一、二、三产业融合发展的现状

近年来，青州市委、市政府高度重视一、二、三产业的融合发展，在加强组织领导的同时，加快调整农业结构，改善农业生产条件，促进农业发展，优化投资环境，加大政策扶持力度，使青州市的一、二、三产业得到了提升。另外，还制定了一系列配套的政策，支持主导农产品加工企业的发展。

一是带动第一产业。在许多农业迅速发展的地区，新的农业管理机构取代了原来的农业管理系统已成为一种常态。这些新的农业经营实体在完成农产品的初始加工后，通过电子商务和其他渠道销售农副产品。在城市郊区，青州市利用生态和农村文化资源，大力发展观光农业，建立采摘果蔬园和生态园林，不断探索农业的生态和文化功能。当前，青州市已建立3个省级农业旅游示范点和40多个采摘园，已有近700个经营农户，拥有3万多名员工。2017年，接待游客370万人次，旅游总收入达到33亿元，极大地促进了农村经济的发展，解决了农民在家门口就业的问题。

二是龙头企业的带动。在生产过程中，龙头企业有较大的生产规模和先进的科技支撑，机械工作的支持大大提高了生产效率；在加工过程中，有一个专门的环境卫生监管部门；线上线下相结合，扩大了销售范围。青州市积极支持合作社的发展壮大，引导农民生产，按标准购买社会产品，让农民摆脱农产品的市场风险。目前，全市农业龙头企业已达到85家，注册合作社2248家，其中国家示范区有7个，省级示范区有24个，会员近8万人。

三是工商资本的带动。工业和商业资本与农业的结合为农业注入了新鲜血液。首先，它为农业的生产、加工和营销提供了资金支持，有利于引进先进技术，吸引更多人才。其次，有利于实施系统化、规模化的养殖管理，建立农业产业园区。最后，大力发展乡村旅游、农村金融、休闲农业等经济活动，进一步促进"三农"产业的一体化发展。

四是农业服务型企业的带动。青州市继续发展农业服务业，为"三农"产业的整合和发展提供服务。建立农业服务中心，为农民提供流通和分配等农业服务。同时，建立农民市场和农业特殊物流，为农民带来更多便利。目前，青州市花卉商贸物流综合开发区还包括科技服务区、电子商务功能区等，同时具备电子商务实况、虚拟现实(VR)体验、花卉共享、金融支持、大数据支持等功能，因而也形成了智能农业企业标准体系和产业链服务体系。全市已有100多家千万元级花卉企业进驻花卉商贸物流综合开发区。

二、农业产业融合发展过程中存在的问题

(一)农业生态园区的发展并不完善，农业品牌的普及程度不够高

随着居民生活水平的不断提高，人们对生态农业的认识和参与度也在增加。城市居民下乡体验，对缩小城乡差距具有积极意义。近年来，虽然青州市的观光农业得到了更多人的认可和迅速发展，但生态环境被忽视，自然环境遭到严重破坏。农业观光存在的环境问题，违背了可持续发展的观念，影响了青州市观光农业的经济效益。

近年来，随着青州市服务业的迅速发展，各种问题也逐渐显现。青州作为一个国家历史文化名城，但高级企业品牌却寥寥无几。凭借出色的消费市场优势，只要打造出本地品牌，就能在现代商业战争中占有一席之地。但是，由于缺乏创新思维，竞争意识不强，导致本土品牌无法与国外品牌相媲美。

(二)产业融合深度不高，农业龙头企业较少

这主要表现为农村二、三产业总量小，产业链短，产业集中度低。农产品“种植＋加工”“种植＋销售”“种植＋加工＋销售”的模式相对成熟，但大部分产业链在两次融合后便会终结，三个行业的交叉整合深度较浅，特别是三个行业的发展方向仍然是短板。

青州市农业龙头企业规模小，生产能力不足，缺乏竞争力。同时，加工水平和产品档次较低。由于企业规模小，设备整体水平不高，研发能力不强，大多数公司都侧重于新加工产品，但缺乏深加工产品。

(三)资金支持不够

由于农业企业缺乏抵押品，加之项目投资回收周期长，因此较难取得金融机构的信贷支持。目前，产业集成发展项目融资困难的问题十分突出。

(四)创新意识不够强，难以把握行业的新业态

在发展“互联网＋现代农业”的过程中，“线上＋线下”的整合程度低，农产品、工艺品、农家乐统一管理平台不到位，政策体系不完善，精细农产品较少。

三、加快农村一、二、三产业融合发展的战略探究

从农村一、二、三产业融合发展的基本情况看，当前和今后加快农村产业融合发展的关键在于思维创新、政策创新和机制创新，在于大力推进农村产业一体化，以全新的模式、新的形式、新的动能，全面提高农村产业发展的速度、质量和效益。

(一)提高整合意识和发展意识

一、二、三产业的整合发展是中国农业和农村发展的又一次历史性变革，是农村发展的大好机会。各级政府必须高度重视，尽快将其提到议事日程上。一是利用广播、电视、报刊、新闻网等媒体，加大对“三农”生产的意义、作用和效益的宣传力度，使农民了解其内涵、本质和途径，从而使农民认识到农业生产的内涵、功能和效益，提高三产一体化发展的意识。二是加快农村三产一体化发展规划，进一步明确目标定位、工作重点和政策措施，从而使农民整合三产的过程更合规。三

是研究支持农村三产一体化发展的政策措施，通过三产一体化发展战略，使农民实现经济效益的最大化，形成良好的氛围，共同推动三大产品的生产和发展。

（二）培育产业融合主体

一、二、三产业融合发展首先要注重培育新的管理主体，即开展家庭农场培育，设置农民合作社标准，推广龙头企业，以此解决驾驭能力弱的问题。一是鼓励大学毕业生、农民工回乡建立家庭农场，改造家庭农场，支持家族农场领导合作社，有条件的可向企业发展。二是支持主体积极转变发展管理方式，完善运行机制，建立现代企业制度，走可持续发展之路。三是引导小而散、小而弱的领导机构相互配合，成立财团，扩大覆盖范围，提高标准化生产管理水平，促进集群集约化发展。

（三）完善利益联动机制

在充分调查的基础上，建立和完善新型管理主体和农民利益联动机制，努力在产业整合发展中实现互惠互利。一方面，鼓励农民通过土地、资金和劳动力共享龙头企业，使农民成为企业的股东，真正实现风险分担和利益共享；另一方面，对于工商企业投资农业，不仅要积极引导和支持，而且还要重视企业经营风险的防范。合作社要注重与农民的紧密合作。同时，通过试点示范、项目建设和政策引导，完善利益联动机制，有效增加农民收入。

（四）拓宽融资渠道

各级政府应以拓宽筹资和融资渠道为重点，促进农村一、二、三产业的融合发展，加快建立政府支持、财政跟踪和财政支持的多元化融资体系。一是认真研究国家的投资方向、投资领域和投资重点，掌握手中的资金，找到项目，找到资金，最大限度地为“三农”生产的整合发展提供政策资金。二是综合运用激励、补贴、税收优惠等政策，促进产业链融资模式，引导金融机构扩大农村产业融合发展的各项金融服务特色；加大对农村产业整合发展的信贷支持力度。三是培育农村金融保障机构，稳步推进土地承包经营权和农民住房的抵押贷款工作，积极扩大农民有效抵押贷款的范围。同时，鼓励各级政府建立不同层次的农村产业融合发展基金，加大农村融资环境的优化力度，吸引更多的民间资本参与农村一、二、三产业的融合发展。

（五）深化产权制度改革

着眼于农村一、二、三产业融合发展的需要，深化土地制度和集体资产的改革，确保充足的土地资源。一是加快农村土地承包经营权登记，推进土地规范化管理，做好土地经营权转让、土地流转、土地管理等工作。现代生产应提高农业专业化、标准化和组织化水平。二是扩大农村集体资产改革试点制度的范围，将产权纳入存量，量化存量，确立农民的市场主体地位，释放农村发展活力。三是在深化农村产权制度改革过程中，要特别重视农民的切身利益，农民参与的积极性，农村集体产权制度的改革范围。

（六）建立服务保障体系

农村一、二、三产业融合发展具有全面性、协调性和系统性等特征。为此，要建立全面的、多学科的、多层次的社会保障体系，确保有效推广。一是加强基层农业技术推广、检验检疫和技能培训等服务机构建设，做好病虫害防治、土壤环境监测和农业科技工作，引导农业生产，确保农业实现可持续发展。二是引导国有贸易、交通和科技部门，向农村拓展服务网点和功能，发挥农产品在储藏、储运、销售中的优势和作用。三是支持农业企业在农村建厂，在当地加工农产品，增加农产品附加值，增加农民收入。同时，要制定公共服务的指导目录和服务标准，采取政府采购、资金筹措、奖惩的方式，引导科研机构、行业协会和龙头企业提供公共服务。

（七）优化整合开发环境

由于农业是一个外部的、脆弱的公益行业，所以在面对自然灾害和市场变化的双重风险时，应该努力优化二、三产业一体化的环境。一是充分利用国家政策性资金、金融机构贷款和社会民间资本，建设农村交通、供电、通信网络等基础设施，建设金融、保险等服务设施，完善仓储物流体系，加大科技研发力度，以加快农村三产的融合发展。二是各级政府要把农村产业一体化发展纳入经济社会发展总体规划，充分体现在年度计划中。同时，列出时间表，制定路线图，实行责任制，将目标任务分解到部门和负责人、行业、企业和第三方。建立跟踪评估、监督评估、奖惩激励机制，确保实现农村一、二、三产业的一体化，最终取得良好的经济、社会和生态效益。

【参考文献】

[1]姜长云：《推进农村一二三产业融合发展新题应有新解法》，《中国发展观察》2015年第2期。

[2]马晓河：《推进农村一二三产业深度融合发展》，2015年2月10日《农民日报》。

作者单位：中共青州市委党校

发展"一村一品",推进产业振兴的浮桥实践

王志婷

党的十九大报告提出了乡村振兴战略,要求按照产业兴旺、生态宜居、乡风文明、治理有效、生活富裕的总要求,开启"三农"工作新时代。寿光市洛城街道浮桥村结合实际,在产业振兴方面作了有益探索,并取得了明显成效。

一、浮桥村基本情况

浮桥村共有289户,1050口人,其中党员34人,共有耕地面积1265亩。近年来,该村根据现代农业发展的新形势,积极推进农业规模化、集约化、产业化经营,引导农民发展优势明显、特色鲜明的青萝卜这个主导产业,不断发展壮大集体经济,促进了农业增效、农民增收。2017年,村集体经济收入达到50万元,农民人均纯收入达到21000元。

二、浮桥村产业发展的基本做法

浮桥村是一个典型的农业村,原来的生产效益低下。村党支部立足本村实际,充分传承、创新,培植壮大农业主导产业,实现了强村富民。

(一)调整农业产业结构,壮大主导产业

作为传统的农业村,浮桥村既无资源优势,也无区位优势。随着大棚种植技术的推广,设施蔬菜的发展,很多村尝试种植一些蔬菜新品种,在这种情况下,浮桥村却没有盲目跟风。1997年,村党支部带头试种"反季节萝卜"成功后,浮桥村从此走上了大棚种植青萝卜的新路。2002年,适逢浮桥村土地调整,青萝卜的种植面积翻了一番,当时便达到了800亩。2005年,青萝卜种植面积达到1100亩,占全村耕地面积的95%以上,浮桥村也由此成为名副其实的青萝卜专业村。自2006年以来,该村耕地已不能满足村民扩大种植面积的需求,越来越多的村民选

择向外承包土地，有的到洛城街道其他村庄，有的到上口、侯镇等其他乡镇，还有的到黑龙江、福建、海南承包土地，最多的承包面积达400亩。目前，辐射带动种植户1000余户，种植面积近6000亩。浮桥村充分结合村情，积极调整农业产业结构，引导农民以规模化生产发展壮大特色鲜明的青萝卜主导产业，走上了“一村一品”的特色产业之路。

（二）发展村级合作组织，提高社会化服务水平

多年来，村民们各自为战，分散经营，为了扭转“单打独斗”、独闯市场的状况，2008年在村党支部的引领下，浮桥村采取“支部＋合作社＋农户”的形式，成立了富民蔬菜专业合作社，对社员采取“统一品种、统一技术、统一包装、统一销售”的模式，提供产前、产中、产后的优质服务，开展技术指导、信息传递、物资供应、市场营销等生产经营服务，以有偿、微利的服务方式增加集体经济收入。由此，也构建起了公益性服务和经营性服务相结合、专业服务和综合服务相协调的新型农业社会化服务体系，实现了从单家独户闯市场到抱团合作闯市场的转变，解决了一家一户想办而不能办的问题。

对农户来说，加入合作社后，由合作社统一提供种子、农资、种植技术等，不但可以节省成本，提高质量和产量，增加收入，而且农户自己也省心。浮桥村在合作社的统一管理下，不定期地对青萝卜进行农药残留快速检测，通过现场取样、规范操作，一旦发现农药残留超标现象，就地销毁，这样也保证了青萝卜的品质。合作社架起了农户与市场之间的桥梁，提升了农户的增收空间。

（三）不断整合资源，实现集体增收

以前，村集体收入微薄。但在2001年，该村结合土地结构调整，大力开发废弃洼地、零星地块等土地资源，将村民不愿种植的102亩洼地、零星地进行改造整合，高标准地建设农田，并将种植条件改善后的土地承包给村民，而村集体每年则收取承包费5万多元。2011年，该村还抓住旧村改造机遇，将旧村改造成楼房村，将节省的130亩土地承包给村民，每年又为村集体增加收入9.8万元。

为了破解农业垃圾处理难题，改善群众生活环境，浮桥村先行先试，成立富民肥料服务队，建设沼气设施，并将沼气池产生的沼液和沼渣作为全村菜农的肥料，以此延长产业链。把全村大棚区划成3个单元片区，并配备3辆沼液运输车，在每个片区设立一个沼液、沼渣投放点，使全村的大棚都能用上沼液、沼渣，这沼液、沼渣能够起到改良土壤、改善品质、提高效益的作用，使村集体每年增收5万元。

浮桥村通过整合承包土地资源，延伸农业产业链条，大大提高了村集体收入。

（四）打造特色品牌，大力开拓市场

浮桥村种植青萝卜的历史已经有200多年。该村具备种植优质青萝卜的特殊自然条件，因它位于古丹河流域，地势平坦，土质中性，又富含有机质及微量元素且有适合根茎作物生长的沙质土壤，这种水土条件为浮桥萝卜的生长带来了天然的“生命素”。浮桥萝卜绿如翡翠，落地即碎，甜辣爽口，生食具有通气、化痰、消食功效，熟吃可以补气、顺气。明清时期，胶东一带进京的官员路过浮桥村时，都会停下来喝茶，品尝青萝卜。但因为浮桥萝卜没什么名气，村民们种出来以后，有不少都被拉到潍坊，当潍县青萝卜销售。近年来，随着浮桥萝卜认知度的不断提高，2010年它被认证为“国家地理标志产品”；2011年被国家农业部认证为“绿色食品”。“酒香也怕巷子深”，为了进一步提升浮桥萝卜的知名度和美誉度，2012年，浮桥村打造了“千年浮桥，一品萝卜”品牌。2013年，该村被山东省农业厅评为“山东省一村一品示范村”。

如今，靠着“千年浮桥，一品萝卜”的品牌优势和产品品质，浮桥村通过完善产、供、销服务链条，使产品进入全国大中城市超市，销售模式也由论斤卖变为论个卖，价格翻了几番，甚至还远销韩国、日本、新加坡、马来西亚等国家。经过精美包装后，浮桥萝卜被当作礼品出售，甚至出现了效益更高、供不应求的状况，2017年实现年产值2800多万元。这充分说明，品牌优势给浮桥村民带来了实实在在的实惠。为了让越来越多的消费者了解浮桥萝卜，品尝浮桥萝卜，2018年下半年，浮桥村规划建立面向全国开放的青萝卜示范推广基地，搭建农业与二、三产业交叉融合的现代产业体系，推进浮桥村一、二、三产业融合发展。

三、经验与启示

浮桥村产业发展过程中积累的一些经验，对其他地区农村产业发展具有一定的借鉴意义和启示作用。

（一）发展“一村一品”，提升产业特色优势

产业特色是产业振兴的生命力所在。打造“一村一品”发展新格局，有利于将地域资源优势转化为市场竞争优势，破解农产品同质竞争和增产不增收的困境。浮桥村充分利用地理优势，选准青萝卜这一传统产业，不断打造自己的特色，占据市场的制高点，最终实现了浮桥萝卜经济效益的最大化。所以，要发展“一村一品”，必须要根据自身特色，因地制宜，充分发挥本地优势，选准主导产

业，把当地实际与市场需求结合起来，只有这样才能在激烈的市场竞争中立于不败之地，从而促进农业区域结构、产业结构、品种结构的全面优化。

（二）搭建服务平台，提高农业社会化服务水平

浮桥村构建了公益性服务和经营性服务相结合、专业服务和综合服务相协调的新型农业社会化服务体系，成立了富民蔬菜专业合作社，实现了集体与村民经济效益双丰收。由此可见，要实现农业、农村的可持续发展，必须搭建为民服务的综合性平台，加快建设为农服务中心，构建覆盖全程、综合配套、便捷高效的农业社会化服务体系，提升基本公共服务供给能力，提供产前、产中、产后农业社会化服务，加快农业现代化步伐，促进农业社会化服务不断发展壮大。

（三）抓好质量安全，提供产品品质保证

农产品质量安全是食品安全的前提和基础。浮桥村依托合作社，在种植上，实行品种、技术、包装、销售“四统一”管理模式，在服务上，组织党员开展学习、指导、示范、服务“四带头”活动，最终发展成为寿光市农产品质量安全生产示范区。由此可知，必须大力实施质量兴农战略，建立产品质量安全体系，完善农药等投入品管理、生产档案、产品检测、基地准出、质量追溯等全程质量管理制度；建立生产技术规程标准体系，指导农民切实按照生产技术规程进行管理，推进生产过程的标准化，推动蔬菜发展由“重规模”向“提品质”转变，让绿色、安全、健康成为寿光蔬菜的代名词。

（四）打造农业品牌，提升产业品牌优势

品牌是市场的卖点。浮桥村“千年浮桥，一品萝卜”品牌的声名远播，关键在于树立品牌意识，注重品牌运营。现在，在大众心中，有品牌的产品比没有品牌的好，品牌知名度高的更是备受青睐。特别是近年来，食品安全问题日益严峻，大众在购物时，一般倾向于选择品牌产品。品牌不仅有助于产品销量，而且还能提高附加值，这就是品牌效应。由浮桥萝卜品牌化运作经验可知，应以品牌引领产业优化，鼓励、支持龙头企业或合作社积极开展“三品一标”产品认证，提高品牌知晓率，实现产销对接、订单交易，再次打响“寿光蔬菜”金字招牌。

（五）推进三产融合，提高产业融合度

习近平总书记指出：推动乡村产业振兴，要围绕农村一、二、三产业融合发展，构建乡村产业体系，实现产业兴旺，把产业发展落到促进农民增收上来。浮桥村对废渣、农业废弃物进行综合利用，实现了沼液肥田；利用合作社开拓市

场，建立大型青萝卜示范推广基地，打造乡村休闲观光旅游，带动了该村一、二、三产业融合发展。这说明，农业要发展，乡村要振兴，必须在因地制宜、抓好自己特色亮点的基础上，紧紧围绕现代农业发展，培育农业发展新动能，加快推进农业电子商务、冷链物流配送、农业专业会展、蔬菜特色旅游、体验农业、观光农业等农业“新六产”，发展各产业相融合的新业态。

深入实施乡村振兴战略，产业兴旺是其源头和根本前提。没有经济发展，没有农民增收，一切美好的设想就没有牢固的根基，农民生活富裕和幸福就没有支撑。为此，要把乡村振兴落到实处，就必须把产业兴旺落到实处，让农业成为有奔头的产业，让农民成为有吸引力的职业，让农村成为安居乐业的美丽家园。

作者单位：中共寿光市委党校

日照市岚山区加快农业与旅游业融合助推乡村振兴路径研究

黄建立

当前，城市居民开始亲近自然清新的田园生活，真正具有乡土气息的村落已逐步成为城市人的旅游选择地。党的十九大报告指出，实施乡村振兴战略，要“促进农村一、二、三产业融合发展，支持和鼓励农民就业创业，拓宽增收渠道”。因此，加快推进旅游业与农业以各种方式互相渗透，融合发展，助推农村产业兴旺，拓宽农民增收渠道，是推动实施“乡村振兴战略”的应有之义。

一、农业与旅游业融合发展的意义

旅游业与农业的产业融合是推动农村产业升级、促进农村产业发展和兴旺的主要动力之一。传统农业一直存在效益低的问题，通过与旅游业嫁接，可以提升农业价值。同时，旅游业自身的领域比较窄，通过与农业嫁接，可以扩大范围，实现多元化发展。旅游业与农业的结合，使两个产业都获得了前所未有的发展。旅游业与农业的融合发展，丰富了游客的旅游活动内容，为游客提供了多样的旅游方式。旅游业利用农业景观和农村空间吸引游客前来观赏、游览、品尝、休闲、体验和购物，体现出了一种新型农业经营形态。旅游业与农业的融合发展，为解决“三农”问题提供了出路，给农业带来了新气息，为加快以农业为主地区的经济发展，推动农村产业结构优化，打造独特的田园风光，推动花园式农村建设奠定了基础，为农民增收、就业提供了机会，为推动实施乡村振兴战略，建设“产业兴旺、生态宜居、乡风文明、治理有效、生活富裕”的农村提供了产业转型升级的动力。

二、岚山区农业与旅游业产业融合的发展现状

当前，岚山区拥有 6 个 A 级景区，6 个省级农业旅游示范点，3 处省级旅游强乡镇，7 处省级旅游特色村，9 处省级精品采摘园，5 个省级旅游商品研发基

地。农业与旅游业的产业融合在发展模式上以休闲娱乐型和田园观光型为主，在产品开发上以休闲度假和民俗节庆体验为主，岚山区先后打造了渔文化体验游、茶文化生态游、时令蔬果采摘游、“二月二闹春牛”民俗文化节、圣公山庙会等节事体验游产品以及旅游纪念品销售、乡村特色餐饮、游艺活动等旅游项目。例如，在茶文化生态游方面，巨峰镇百里绿茶长廊作为茶文化生态游线路已初具规模，是一项集生态观光、茶文化体验、茶叶贸易、健身休闲、乡村度假和美食娱乐于一体的特色茶文化休闲旅游项目。此外，还初步形成了后黄埠生态度假村、碧波山庄茶文化风情园、四季茶园休闲会馆、淞晨有机茶文化旅游风景区和点将台茶园观光基地等景区、景点。又如，在时令蔬果采摘方面，黄墩镇的油桃采摘园面积已达 300 余亩，年产量约 100 万斤，日最高接待游客 2000 余人次，实现利润 500 万元，连续两年举办了以“感恩母亲、敬献寿桃”为主题的生态黄墩仙桃采摘节，并取到了较好的经济效益和社会效益。

岚山区农业和旅游业的产业融合，促进了岚山区现代农业旅游的发展，推动了岚山区现代农业转型升级，优化了农村产业结构，增加了农民收入。但由于岚山区旅游业和现代农业起步较晚，基础较为薄弱，两者在产业发展过程中都存在着制约因素，这使得岚山区旅游业与现代农业融合发展的深度不够，融合效应较差。主要体现在以下四个方面：一是产品开发单一。农业旅游项目一般以时令蔬果采摘和“渔家乐、农家乐”餐饮服务为主，特色不明显，缺少对旅游资源的深入挖掘，以及独具特色的项目产品，项目内涵不丰富，不能同时满足不同群体的个性旅游需求。二是开发档次不高。对旅游“六要素”(吃住行游购娱)总体打造水平不高，乡村旅游以个体经营户为主，规模小，档次低，缺乏文化底蕴。三是规划项目跟不上。缺乏科学、全面的规划指导以及明确的产业定位，大多数农家乐是由农民根据市场需求而兴起和经营的，缺乏政府统一规划和区域内项目规划的引领，从而导致发展有很大的盲目性，不能很好地发挥产业融合效应。四是产业投入不足，科技支撑能力不强。这些都使旅游业与现代农业融合发展的项目科技含量不高。

三、加快推进农业与旅游业深度融合的对策

(一)统一规划开发，促进农业与旅游业深度融合

岚山区农业资源丰富，应根据各乡镇的资源禀赋，综合考虑交通条件、市场需求、投资水平和区域竞争环境，制定和完善农业旅游开发的整体规划，按照“因地制宜，合理布局”的原则，依托空间布局，确定全区现代农业旅游优先、重点发展地区，统一部署，突出重点，并依据不同地区的资源特征和优势打造各具

特色的旅游产品和旅游项目,以此实现资源和功能互补。一是要以产业发展规划为指导,结合全区城市建设、土地利用、旅游产业发展、现代农业发展、资源环境保护等相关规划,科学编制全区现代农业旅游发展规划。二是要以当地的资源和农业特色产业为依托,把旅游资源和客源市场分析好,通过科学规划,按照近期、中期、远期相衔接,区、镇(街道)、村(居)相统一的发展模式,整合自然景观、人文资源、特色物产等优质旅游资源,打造自己的"独门"产品,为游客提供符合各自"口味"的旅游产品,设计合理高效的旅游路线,提高乡村旅游产品的落地性,保证乡村旅游发展与当地农村经济社会发展相吻合,促进全区旅游业与现代农业的健康、快速融合。三是要以农业旅游示范点、旅游特色村、A级旅游风景区为中心点,建立不同资源特色的农业旅游发展带,形成辐射带动效应。境内各区域要根据整体规划要求,有序开发农业旅游,形成空间上的资源分布梯度和时间上的季节配合梯度,克服农业旅游发展的季节性障碍,避免雷同现象,避免重复建设,实现景点之间的资源互补,提升农业旅游的整体品牌形象,使乡村旅游真正成为乡村振兴的有力"推手"。

(二)政策扶持,强化投入

一是资金政策扶持。开发、建设现代农业旅游,需要资金政策的大力支持,这样才能保证项目的顺利推进。政府要加大对现代农业旅游开发资金的投入力度,为农旅融合发展提供强有力的资金支持;要建立健全现代农业旅游项目投资机制和经营机制,拓宽投融资渠道,放宽现代农业旅游项目的市场准入条件,向旅游企业提供政策优惠,认真落实税收优惠、金融贷款支持等政策,设立乡村旅游专项发展基金,为岚山区旅游业与现代农业的融合互动提供物质保障。二是项目建设政策扶持。将发展现代农业旅游纳入全区的重要工作议程,强化乡村旅游发展与乡村振兴战略、农村产业结构调整的结合,将农村基础设施建设项目、生态建设项目更多地向乡村旅游发展重点区域倾斜,通过制定一系列的奖励、扶持政策,如项目优先、土地供给、以奖代补、一事一议等方面的优惠政策,为农旅融合项目的落地和建设营造良好氛围。三是基础设施建设政策扶持。抓住全省乡村旅游经营业户"改厕改厨"工作的契机,积极争取财政支持,全力提升全区农家乐业主的基础设施建设。政府及住建、国土、交通等相关部门,要按照乡村振兴战略的总要求,认真落实全国《农村人居环境整治三年行动方案》,在规划布局、资金投入上,优先考虑、优先安排与乡村旅游配套的基础设施。

（三）培养人才，提升质量

现代农业旅游的可持续发展，要以人才政策为保障。一是要加快旅游规划、市场营销、会展旅游、景区管理、导游等相关人才的引进，同时吸引省内外高水平旅游人才，为岚山区旅游业与现代农业的产业融合出谋划策。二是要加强乡村旅游从业人员的培训，按照开发有序、服务有质的理念，强化对乡村旅游经营业主和从业人员的培训，针对乡村旅游的服务质量标准，加强对旅游特色乡镇、街道的分管负责人、村干部以及有积极性、有条件、有资源的农户进行培训，通过联合人社、文化、教育、卫生、农业、科技等部门制订从业人员培训计划，依托党校、职业学校等培训机构，开展与乡村旅游密切相关的经营管理、民俗礼仪、客房服务、民间技艺展示等方面的培训，特别是关于现代农业旅游产品开发、品牌推广、产业经营等技术的培训，不断提高乡村旅游从业人员的服务质量和水平，培养一批高素质、专业化的旅游从业人员。三是要加强与国内旅游院校、农业科研院所的合作，加快打造现代农业旅游实习平台，为岚山区现代农业旅游的科技推广、生态服务等方面提供智力支撑。

（四）创新产品，培育品牌

旅游业与现代农业融合发展的核心是，要真正开发出富有特色、独特新颖的现代农业旅游产品和旅游项目，要丰富旅游活动的内涵，顺应旅游市场的发展趋势，提升旅游的吸引力，满足游客求新求异的需求。一是在推进旅游业与现代农业融合发展的过程中，政府要加大科技支持力度，为当地农民提供现代农业文化知识和职业技术培训，以此提高现代农业旅游的服务水平。二是旅游企业要充分挖掘乡村文化，通过建立农耕文化博览园或农事体验园，开发富有农事文化内涵的体验活动，定期举办民俗活动，以此体现农业旅游产品的趣味性和独特性，提升农业旅游产品的文化内涵。在挖掘乡村文化特色时，要尽量保持乡村文化的原生性，要以通俗易懂的方式带给游客深度的文化体验。同时，还应充分挖掘岚山区现代农业旅游资源，创新思维，积极采用现代农业高新科技，努力提高现代农业旅游的科技含量，为游客提供同时具备科技性、趣味性、体验性的现代农业旅游产品。开发现代农业旅游产品和旅游项目时，还应突出特色，形成亮点，培育精品，充分发挥现代农业旅游的科技创新、新技术推广、科普教育等产业功能，提升岚山区现代农业旅游的吸引力和影响力，充分满足游客多样化、个性化的旅游消费需求。

（五）强化宣传，拓展市场

现代农业旅游的开发建设，不仅要依托富有特色的旅游项目和产品，而且还应通过各种途径，加强旅游宣传推广，扩大客源市场，提升岚山区现代农业旅游的知名度和影响力，提高旅游的经济效益。一是要依靠立体信息媒介力量，充分依托互联网等现代信息技术，以及官方网站、现代农业旅游网站、微博、微信平台，大力宣传推广岚山区现代农业旅游，强化岚山区现代农业旅游形象，让外界游客了解岚山区旅游业，提高旅游人气。二是要结合岚山区现代农业旅游的建设情况，在对现代农业旅游精品线路和旅游项目进行整体规划和建设的基础上，策划有创意的乡村旅游节会，定期举办乡村旅游展示会、促销会、推介会、节庆节事，加大以交通便捷、绿茶海岸、渔家美食、健身慢游、农事农俗、生产体验、田园风光、周末休闲、回归自然等为卖点的对外营销，促进现代农业旅游蓬勃发展，以此吸引市内外及周边省、市的游客。同时，充分利用中国旅游交易会、农博会等大型展览会，积极宣传推介岚山区现代农业旅游品牌形象，提升旅游知名度。三是要加强与旅游企业，包括旅行社、景区（点）、酒店等机构、社团的交流合作以及围绕交通设施进行宣传推介，并大力发挥旅行社的中介作用，利用它们的营销渠道对岚山区现代农业旅游形象和品牌进行宣传推广。

（六）建立现代公司制度，激发现代农业旅游的开发活力

建立旅游企业、社区（村集体）、农户联合开发、经营的模式。培养现代旅游人才与带头人，依托旅游企业、农业合作社、农业旅游行业协会等组织，推动完善现代农业旅游发展组织体系；在社会投资方面，探索政府和社会资本合作（PPP）、公建民营、资源捆绑、购买服务等模式；在建设用地方面，探索长期租赁、先租后让、租让结合等模式；在利益组织方面，探索股份公司、专业合作社等模式，建立科学的现代公司运营管理体制机制，推进现代农业与旅游业产业的深度融合。

（七）健全管理制度，规范行业管理

政府及相关部门要完善农业旅游审核调查制度，实行部门联动、分级管理的方式，对于农家乐要严格执行市场准入制度，对农业旅游接待点的服务设施、资源环境、卫生条件等方面进行规范管理，并加强对农业旅游经营者的农业旅游知识培训和政策宣传力度，提高经营者规范经营的意识。一是要按照“有资源、有条件、有积极性”的标准，对部分乡镇、村居、农户进行重点扶持，鼓励农民参与乡村旅游项目开发。二是要鼓励农户建立各种类型的农业集体合作组织，

通过社区治理的方式对经营行为进行规范，建立并发挥农业旅游行业协会的力量，建立"农户集体组织＋行业协会＋政府部门"的经营管理制度，改变农户自主经营中的"脏、乱、差"状况以及公益性服务供给失衡的局面。通过发挥农村集体合作社的协调作用，转变公益性服务供给主体，弥补政府公益性服务的缺口。三是要发挥农业旅游协会的力量，搭建农户沟通协调平台，强化行业自律，制定、出台乡村旅游服务管理办法，规范乡村旅游服务的基本标准，如服务标准、公共卫生标准、食品卫生标准等。

【参考文献】

[1]王昕坤:《产业融合——农业产业化的新内涵》,《农业现代化研究》2015 年第 3 期。

[2]张莹:《农业与旅游业互动开发模式探析》,《山东农业工程学院学报》2017 年第 6 期。

[3]闫雅君:《农业与旅游业融合发展存在的问题与对策》,《农业科技与信息》2017 年第 22 期。

作者单位：中共日照市岚山区委党校

滕州市乡村旅游在乡村振兴战略中的作用与对策研究

余麟章

党的十九大报告首次提出乡村振兴战略，习近平总书记在参加十三届人大一次会议山东代表团审议时指出：实施乡村振兴战略，是党的十九大作出的重大决策部署，是决胜全面建成小康社会、全面建设社会主义现代化国家的重大历史任务，是新时代做好"三农"工作的总抓手。在这种政策背景下，乡村旅游是支撑性产业中一个相对优化的选择，因而做大乡村旅游产业，有助于促进农业产业结构调整，增加农民收入，缓和农村剩余劳动力，维护农村社会经济可持续发展，这与乡村振兴战略的"产业兴旺、生态宜居、乡风文明、治理有效、生活富裕"20字总要求高度契合。由此可见，乡村旅游必将成为乡村振兴战略实施过程中重要的产业支撑，成为新引擎，实现大担当。

一、乡村旅游在乡村振兴战略中的重要作用

改革开放以来，我国乡村旅游得到了蓬勃发展，成为我国旅游产业的重要组成部分，成为农村发展、农业转型、农民致富的重要渠道。途牛旅游网发布的《2017乡村旅游分析报告》显示，2017年全国乡村旅游实际完成投资约5500亿元，年接待游客超过25亿人次，乡村旅游消费达到1.4万亿元，带动约900万农户受益。

（一）乡村旅游是农业产业转型升级的重要方向——实现"产业兴旺"

乡村旅游利用乡村物质文化景观开展丰富多彩的旅游项目，如农业观光旅游、生态农业旅游、乡村民俗体验旅游等，使自身在不断发展的同时，实现与农业的完美融合，推动农村经济多元化发展和农业可持续发展。乡村旅游作为新兴产业，是推动农村经济发展的生力军，在农村经济发展中扮演着越来越重要的角色，极大地推动了农业及农村相关产业的发展，有效促使农村产业结构实

现优化和调整。可见,发展乡村旅游是实现乡村产业兴旺繁荣的重要途径,只有产业得以蓬勃发展,才能促进农村经济的繁荣。

(二)乡村旅游是增加农民收入的新动能——实现“生活富裕”

乡村旅游属于劳动密集型产业,所以发展乡村旅游需要一整套服务设施,也就是不仅需要导游、管理人员、服务人员,而且还需要发展住宿、饮食、商场、交通、文化等行业。乡村旅游产业能使大量的农村劳动力实现就业,有效缓和农村剩余劳动力,如很多乡村旅游地区农家乐的服务人员,大部分是本地农民,这就有效解决了农民的就业问题。从另一个角度讲,乡村地区虽然生态保护得好,交通却不便利,经济水平低,工商业基础较差,如果不是旅游者,很多东西是不可能走向市场的。同时,相比传统的农业经济来说,乡村旅游业的附加值更高,能为从业者带来很高的收入,使农民找到致富之路。

(三)乡村旅游是改变农村面貌的催化剂——实现“乡风文明”

乡村旅游作为旅游产业的一种,具有文化性的特点,这就要求农民从业人员不断提高自身素质,改变以前的不良习惯,从而在精神文明层面影响农村生活。同时,随着大量城里人进入农村,城市的消费观念、生活观念都会对农民产生重大影响。比如,有的农村居民也开始买书看,有的也开始重视子女的教育问题,愿意投入更多的教育投资,还有的也加入到旅游者行列。乡村旅游是新思想观念的“催化剂”,不但带来了人流、物流、资本流,而且还带来了信息流、意识流、思想流,大大增强了当地居民的文明意识,促进了农村地区的精神文明建设。

(四)乡村旅游是乡村生态环境的可靠保障——实现“生态宜居”

乡村旅游的发展有利于乡村文物的保护与利用,有利于乡土文化遗产的保护与传承。将乡村生态环境优势转化为生态旅游发展优势,有利于促进乡村人居环境的改善,有利于促进乡村地区人与自然的和谐共生,有利于形成节约资源和保护环境的乡村空间格局、产业结构、生产方式和生活方式,对于优化乡村生态环境具有重要意义。同时,乡村旅游的发展很好地促进了广大农民的环境保护意识,这为保持干净、整洁的村容村貌,营造积极向上的生态环境打下了坚实基础。此外,乡村旅游的发展有效促进了农村经济的发展,实现了村集体收益的有效提升,从而使村集体拥有设立环境保护专项资金的能力,从而为乡村生态环境的保护提供了可靠的经济保障,最终达到乡村经济与环境的和谐发展。

(五)发展乡村旅游有助于形成井然有序的良好社会秩序——实现“治理有效”

乡村旅游对农业生产和经营管理提出了更高的要求,既需要掌握农业科技的工程技术人员,也需要高层次的复合型管理人才,这些高素质人才与都市游客在一定程度上可以大大提高农村劳动者的素质,造就一代高素质的新型农民,营造一种井然有序的社会秩序。发展乡村旅游,使很大一部分农民就地勤劳致富,这在很大程度上缓和了因外出打工所导致的留守儿童教育、留守夫妻交流、留守老人养老等深层次社会问题。因此,发展乡村旅游有利于引领农村构建新时代的产业治理模式、生态治理模式、社会治理模式,助力脱贫致富,践行社会主义核心价值观,提升文明素养和文化水平,为广大农民提供生态宜居、和谐美丽的幸福家园。

二、滕州市乡村旅游发展现状及存在的问题

滕州市是一个典型的农业大县,自然景观优美,农业经营类型多样,农业文化丰富,乡村民俗浓厚多彩,同时塑造了“畅享自然 · 情醉滕州”的乡村旅游品牌形象。截至目前,全市共有省级旅游强乡镇 10 个,省级旅游特色村 20 个,好客山东星级农家乐 47 家,山东省精品采摘园 13 个,乡村旅游“千千万万”品牌 9 个,其中张汪镇大宗村获“中国乡村旅游模范村”称号。

然而,与周边地区相比,滕州市的乡村旅游发展仍存在一些不足:一是对乡村旅游的发展缺乏前瞻性认识。部分镇(街)对乡村旅游的功能定位尚处在对乡村经济的扶持作用上,较少考虑到乡村旅游对乡村社会、乡村产业升级、乡村文化的影响,结果往往导致跟风发展,从而出现乡村旅游资源浪费,开发效果不好甚至出现各方利益冲突的情况。二是功能单一,同质化强。目前,滕州市乡村旅游产品大都以服务城市居民的节假日休闲旅游为主,且大多为处于环城游憩带上的近郊型乡村休闲旅游,产品类型单一,功能同质化强,互补性差,同类型乡村旅游产品之间的对立性加剧,难以形成集聚效应和规模效应。三是特色乡村旅游产品开发不足,缺乏标志性产品和项目。目前,滕州市乡村旅游产品类型较丰富,但是对乡村旅游资源的开发深度不够,品牌意识不强。一些乡村旅游活动仍然停留在简单的风光游览、住宿、餐饮和单纯的风俗活动参与上,规模不大,缺乏参与性和体验性,缺乏对乡村旅游资源的创新设计和深度加工,缺乏对内涵文化和地域特色的深度开发,难以让游客感受和体验到乡村旅游地的独特形象,影响了产品的吸引力和游客的重游率。与山东境内的其他乡村旅游相比,滕州市缺少像烟台长岛渔家、竹泉村、寿光三元朱村之类的特色乡村旅游。同时,管理人员和从业人员的知识文化水平较低,素质普遍低下,法律意识

淡薄，这些都使乡村旅游大多处于粗放经营阶段，缺乏有效的监督管理，不利于乡村旅游行业的进一步发展。

三、滕州市乡村旅游在乡村振兴战略中发挥更大作用的有效路径

《山东省乡村旅游提档升级工作方案》指出："充分发挥乡村旅游在新旧动能转换工作中的重要作用，进一步调整优化农业产业结构，扩大农民就业，促进农民增收，传承优秀传统文化，促进新农村建设，满足人民群众日益增长的旅游需求，加快乡村旅游提档升级。"任务目标是："到 2020 年，乡村旅游消费达到 3600 亿元，年均增幅比全省社会消费总额高 5 个百分点，直接和间接吸纳 200 万农民就业。"2018 年 1 月出台的《中共滕州市委 滕州市人民政府关于实施乡村振兴战略的意见》也提出了旅游振兴三年行动计划，并将乡村旅游作为旅游的重点发展方向。在这样的大背景下，就如何推动乡村旅游在乡村振兴战略中发挥更大作用，笔者认为需要从以下几个方面着手。

（一）合理规划、定位，实现科学发展

过去以民俗村、采摘园、观光农园、渔家乐、农家乐等为主的乡村旅游形式，仅仅满足了消费者最基本的感官需求，而现在的乡村旅游正向休闲、参与、康体、娱乐等更高层次的体验消费转型，由此也将带来乡村旅游的一系列转型升级。因此，除考虑乡村旅游的直接经济利益和政治因素外，应立足于滕州市"墨子鲁班故里、湿地红荷之都"的品牌优势，立足于国内乡村旅游转型趋势，进行合理的规划部署。同时，对乡村旅游的规划还应紧密结合滕州市委、市政府关于大力发展精品旅游的决策部署，尤其是要结合"12345"旅游振兴发展三年行动计划，做到统一规划、统一实施，实现资源共享、设施配套、产业联动，形成完整的乡村旅游产业链条。

（二）构建完整的乡村旅游产品体系

针对滕州市乡镇旅游资源的分布特点，结合其独有的特色，创建具有独特旅游价值的乡村旅游产品类型，应包括乡村特色餐馆、林果体验式采摘园、私家菜地、乡村生活、生产体验、乡村文化休闲与观光旅游、乡村度假旅游六大产品，并且游客可根据需要进行自由组合，这样的产品类型才更具人性化。应从单一产品向乡村旅游产品体系发展，形成多样化的旅游产品，以满足不同的消费需求。

（三）大力发展旅游特色小镇

旅游小镇需同时具备观光、休闲、住宿、商业、娱乐、生活六大主体功能。在挖掘小镇的自身肌理和文脉、地脉时，一定要找准定位，使其形成自己独有的特色，避免“千镇一面”。这就需要选准一个核心主题，用以体现整个小镇的文化灵魂。同时，通过梳理文化，并对其进行多元化整合，实现多元文化景观化、建筑化、娱乐化。注重需求的导向功能，以功能导向产品。根据滕州市乡镇旅游资源的分布情况，除打造龙园互联网小镇、龙山龙湖运动休闲小镇、鲍沟工艺玻璃小镇等特色小镇外，还可着力打造河滨度假小镇、避暑度假小镇、温泉小镇、民族风情小镇、创意文化小镇、商贸购物小镇等。

（四）推动现代乡村田园旅游综合体建设

传统农业产业园区的发展思路已经不适合新形势下的产业升级、统筹开发等要求，急需用创新的方式来解决农业增效、农民增收、农村增绿的问题，而田园综合体就是比较好的创新模式之一。“田园综合体”作为乡村新型产业发展的亮点措施被写进了2017年的中央一号文件。滕州市首个田园综合体——鲁班小镇农业旅游田园综合体已于2017年6月正式开工，这也正式开启了滕州市现代乡村田园旅游综合体的建设之路。下一步，应继续整合农业资源、人文资源、旅游资源，分类建设文化区、民俗体验区、特色种植区、健康养生区、休闲娱乐区、蔬果采摘区、设施农业区和生态养殖区等特色街区，全力打造集农业观光、采摘休闲、健康养生、文化旅游于一体的现代农业田园综合体，丰富、拓展现代涉旅农业的多种功能。

（五）建设一支高素质的乡村旅游人才队伍

习近平总书记在视察山东时指出：“乡村振兴，人才是关键。”实现乡村旅游振兴，首先要建设一支高素质的乡村旅游人才队伍。既要通过再培训等方式积极培养本土人才，大力提升现有乡村旅游从业者的专业知识和技能水平；又要采取培（养）招（聘）结合等办法，及时引进开发度假区、主题公园、生态旅游、旅游电子商务等方面的高端人才，尤其是旅游规划方面的专门人才；还要加强政策引导，通过提供各类创业服务，为乡村创客提供学习平台、交流平台、融资对接平台、路演平台、宣传平台等，鼓励外出能人返乡创业，鼓励大学生村官扎根基层，为乡村旅游振兴提供人才保障。

【参考文献】

[1]杜念峰、张雯:《党的十九大文件汇编》,党建读物出版社 2017 年版。

[2]山东省滕州市乡村旅游产品策划课题组:《山东省滕州市乡村旅游产品策划》,四川旅游规划设计研究院,2009 年。

[3]王小军、张双:《乡村旅游对农村经济的影响及发展策略》,《农业经济》2012 年第 11 期。

作者单位:中共滕州市委党校

发展无土栽培　实现产业振兴

——南木桥村产业振兴案例分析

杨全花

2018年3月8日，习近平总书记在参加十三届全国人大一次会议山东代表团审议时强调，推动乡村产业振兴，要紧紧围绕发展现代农业，围绕农村一、二、三产业融合发展，构建乡村产业体系，实现产业兴旺。寿光双王城生态经济园区南木桥村两委组织引导村民，通过发展无土栽培蔬菜产业，带动村民发家致富，实现乡村繁荣振兴，这一做法的本质就是以产业振兴带动乡村全面振兴，这对各地乡村振兴都具有启示意义。

一、南木桥村发展无土栽培蔬菜产业的主要做法

（一）找准发展路子，村干部和党员带头试种，发挥“领头羊”作用

南木桥村位于寿北盐碱地，地下是莱州湾卤水带，土质差，缺淡水，常年风大，自然环境恶劣。受制于自然条件，南木桥村一直以种植棉花为主，但种植方式粗放，加上市场价格波动较大，棉农收益较低。为了解决北部盐碱地不能种植蔬菜的问题，2000年，村两委决定引进无土栽培技术。但是大家对新事物很不认同，思想很难改变，于是，村两委成员和党员带头外出参观、学习无土栽培种植技术。通过对比发现，无土栽培前景广阔。村两委和党员回来后便开会研究，决定带头试种，建设无土栽培蔬菜大棚。刚开始时只有20个大棚，试种成功后，村民看到无土栽培带来的实在收益，很多人便主动加入无土栽培种植队伍。2017年以来，在双王城生态经济园区党工委的引领下，南木桥村推进“大棚两改”，扩大无土栽培大棚规模，发展“订单农业”，提升产品品质。经过19年的探索和实践，南木桥村的无土栽培蔬菜大棚已经发展到200个，面积为800亩，在寿北建起了一片“棚海”，无土栽培大棚产业已成为主导产业，年收入达到2000多万元。大棚菜农一年的收入为20万元左右，而棉农的年收入为2万元

左右，大棚菜农的收入是棉农的10倍，致富带动力显而易见。

(二)村两委领办合作社，实现种植管理“六统一”，彰显党组织优势

为发展无土栽培蔬菜大棚，2009年6月，南木桥村两委干部牵头成立了寿光市双桥无土栽培蔬菜专业合作社。2013年，建立了分拣标准、包装标准，并注册了“双桥兴”商标，迈出了标准化和品牌化的关键一步。2018年，入驻中国建设银行善融商务企业商城，试水互联网销售，首次网络销售西红柿就超过2万斤。在合作社的牵头下，进行了适合大棚种植的大规模土地流转，办起了无土栽培技术培训班，规定了蔬菜生产质量控制措施和生产操作规程，设立蔬菜市场，对接大型农产品销售公司和俄罗斯边贸蔬菜出口代理商。以合作社为依托，实现了蔬菜产业链条的延伸，蹚出了一条统一种苗供应、统一品种规划、统一农资供应、统一技术指导、统一产品回收、统一品牌销售的“六统一”先进模式。

(三)发展“订单农业”，实现优质优价，提升农民收入

凭借产地原生态环境好、盐碱地病虫害少、产品口感优良的特点，南木桥村积极发展“订单农业”。2018年1月，在双王城生态经济园区管委会的牵线搭桥下，合作社与济南沃尔富斯农业科技有限公司签订了40亩的订单西红柿生产协议，借助沃尔富斯的直销渠道，把西红柿销售到北京、上海、广州、深圳、济南、青岛等城市的沃尔玛超市、山姆超市以及7-11高端商超，商超售价能达到每斤10～20元，是普通西红柿的2～3倍。过硬的品质，便利顺畅的销售渠道，使农民的收入大大提高，南木桥村的存款余额已是周边村的数倍。

(四)重视技术投入，打造盐碱地“智慧农业”，实现长效发展

盐碱地无土栽培蔬菜，比普通大棚蔬菜更加需要科技的投入与创新。合作社先后与北京爱土工程肥料有限公司、寿光市西良温室工程有限公司合作，研究生物有机肥在无土栽培中的使用以及无土栽培新基质的更换；与山东省农科所合作，研究如何提高无土栽培管理技术；与山东省富硒协会合作，研究如何提高产品质量。同时，借助园区“大棚两改”的东风，建设了面积为240平方米的大型冬暖式、南北向、无墙式、高温拱棚，提高了土地利用率和集约化生产水平；采用手机遥控智能放风机、双向运输车、自动卷帘机、自动喷药机、夜间补光灯、自动温控系统、智能雾化器等设施，大大提高了生产效率；水肥一体化控制系统的使用，使营养液直达根部，达到科学施肥的效果，保证了优质高产。

二、经验与启示

习近平总书记指出：产业振兴是乡村振兴的物质基础。只有产业振兴了，才能增强乡村吸引力、向心力、凝聚力。南木桥村发展无土栽培最大的成功之处在于，始终坚持以产业为核心，围绕产业链做文章，将蔬菜这一传统产业培育发展成现代化的高效产业，推动农业生产方式变革，实现了乡村产业振兴。

（一）必须推动低效产业向高效产业转变

种地务农给人的印象一般是低效益、低收入，而在寿光南木桥村，无土栽培大棚蔬菜却非常挣钱。以一个普通的长 120 米的无土栽培西红柿大棚为例，这种大棚的面积约为 2.5 亩，两季净收入能达到 10 万元，亩产效益是一般农作物的 20 倍左右。一个家庭一般种 2～3 个大棚，年净收入大约在 20 万元，多的能达到 30 万元。较高的收益极大地增强了蔬菜产业的吸引力，近 5 年南木桥村的外出务工人员大大减少，回村种棚人员大大增多。这说明，在乡村振兴过程中，选准一个产业很重要。一定要紧紧围绕优质高效这个出发点，把大幅增加农民收入，让农民享受到产业发展红利作为产业选择和评价的基本标准，大力发展高效产业，为乡村振兴奠定坚实的物质基础。

（二）必须推动传统农业向现代农业转变

经过多年发展和不断升级，南木桥村的无土栽培蔬菜产业已成为名副其实的现代农业。在生产方面，制定技术标准和生产操作规程，将无土栽培蔬菜生产全部纳入标准化体系。在品牌方面，全面叫响“盐碱地无土栽培大棚蔬菜发源地”品牌，成功申报国家农业部无公害产地认定和“三品”认证，注册“双桥兴”商标。在组织化方面，由村两委领办合作社，实现种植管理“六统一”，让农户进入产业化经营体系。在专业化方面，采取“走出去学”和“请进来教”的方式提高种植技术的专业化水平。在规模化方面，规划建设了 800 亩无土栽培大棚，同时带动周边的北木桥、卧铺、寇家坞等村，羊口镇部分村庄，以及与南木桥村毗邻的广饶县部分村庄，并让其加入蔬菜合作社，发展无土栽培种植，形成规模化生产。

这说明，在推动传统农业向现代农业转变的过程中，必须高度重视标准化生产、品牌化运营、组织化经营、社会化服务、专业化分工、规模化布局，只有这样才能保证农业产品的品质，提高产出效益，进而提高农业的竞争力，推动乡村振兴。

(三)必须推动粗放生产向精致农业转变

针对土壤盐碱化问题,南木桥村发展无土栽培,科学测土配营养液,逐步改变凭经验种地、靠直觉用肥的种植方式。同时,大规模推广智能化设施,应用物联网,大大降低了劳动强度,提高了生产效率。传统生产方式具有粗、累、脏的特点,凭经验、靠力气,而南木桥村的蔬菜生产实现了精细化、精准化、智能化,使种植户成为一种细致、有吸引力的职业。

这说明,利用现代科技和创新手段,大力发展精致农业,才能使乡村产业实现良性循环。

(四)必须把眼光面向更加开放的市场

传统农业是一个地域性很强的产业,资源要素配置薄弱、产业辐射半径小、市场销售半径小,发展到一定阶段就难以持续做大做强。南木桥村的无土栽培蔬菜产业,把眼光投向全国,并逐渐走向国际化。该村的西红柿销售到了各大城市的超市,并对接大型农产品销售公司和俄罗斯边贸蔬菜出口代理商,使每年有1/4的西红柿出口到俄罗斯等国家和地区。近期,该村正在组织材料申请欧盟认证,为将来开拓欧盟市场作准备。

这说明,农业产业要做大做强,就要高点定位,眼光向外,放眼全国乃至世界,以积极的姿态和开阔的眼界来拓展市场。

作者单位:中共寿光市委党校

平度市乡村振兴战略下的乡村旅游发展

隋　晶

农村稳则天下安，农业兴则基础牢，农民富则国家盛。《中共中央 国务院关于实施乡村振兴战略的意见》于2018年正式发布，这是新世纪以来，党中央连续发出的第15个指导“三农”工作的中央一号文件。2018年中央一号文件立足于新时代“三农”发展的新历史方位，对实施乡村振兴作出了顶层设计。其中，有6次直接提及“旅游”二字，关于旅游发展的成段论述有4处、300余字。这是历年中央一号文件中提及“旅游”内容最多、措施最实的一次，这足见党中央、国务院高度重视旅游业在乡村振兴中的作用，并对其寄予厚望。在党中央、国务院的坚强领导下，在各地各部门的高度重视下，全国各级旅游部门积极落实党中央、国务院关于乡村振兴等战略的部署，着力推进乡村旅游和旅游扶贫工作，使旅游日渐成为乡村振兴和扶贫富民的新渠道。自2015年3月17日被批准为山东省唯一一个国家中小城市综合改革试点城市以来，平度市委、市政府确立了山水田园休闲旅游胜地的“1＋4”战略定位，出台了《关于推进旅游突破发展的意见》等相关文件，全力推进“旅游＋三农”工作，实现了深度融合，相辅相成协调发展，成效显著。

一、平度市乡村旅游发展过程中存在的问题

习近平总书记高瞻远瞩地指出，既要鼓励发展乡村农家乐，也要对乡村旅游作分析和预测。笔者对习近平总书记这句话的理解是，既要看到乡村旅游的重要促进作用，鼓励其发展，但也要保持清醒的头脑，看到其在发展过程中的不足之处，并作分析和预测。平度市乡村旅游在快速发展过程中难免存在一些问题和不足，主要表现在以下几个方面：

（一）相关法律法规和政策不完善

针对乡村旅游发展的法律、规范、政策尤其欠缺。比如，土地利用、资金投入、资源开发等都只能参照相关产业标准、行业标准实施。而对破坏乡村旅游发展的行为，也没有专门的惩治依据，这些都在一定程度上影响了乡村旅游的发展。

（二）体制机制不健全

在体制方面，乡村旅游全部集中在村镇，但旅游的行政管理基本只延伸到县一级。在资源管理和产品开发方面，多头管理、各行其是的现象较严重。在运行机制方面，还没有形成一套规范统一的有效措施。

（三）投资渠道不顺畅

一方面，由于长期关注房地产、城市建设等领域而形成的思维惯性，对旅游行业的资本投入，特别是对乡村旅游产业的投资还没有引起足够的重视；另一方面，乡村旅游对资本的投入经验不足、准备不足、条件不充分，如投入条件、抵押担保、合作方式、股权分配等都处于摸索之中，这就造成了资本的观望态度。

（四）标准体系尚未建立

一是缺少标准。许多乡村旅游产品无标准可依，往往是某一投资商随便开发一片农田、一片山林便算旅游产品，某一农户随便开一家餐馆就开门纳客。二是不成体系。由于乡村旅游资源由多部门掌握，乡村旅游产品由各部门自行开发，所以缺乏统一的产品标准，难成体系。三是缺乏层次。不管是旅游部门还是其他部门，建设旅游产品大都采用国家层面的标准，而很少根据实际情况制定相关标准。国家层面的标准大部分都针对层级比较高的产品，而我国农村地域广阔，实际情况千差万别，旅游产品小而多样，只执行一个标准是不够的。

（五）发展质量有待提高

1.经营理念陈旧，缺乏科学的规划

在经营理念上，大部分农家乐因为缺乏引导，还停留在普通餐饮的水平，还未将吸引游客的至关重要因素：特色（农家风味）、环境（绿化环境、卫生环境）、服务（服务水平）放在重要位置。部分农家乐经营者愿意在主体建筑上花钱，而不愿在治理、美化环境方面下功夫；愿意在菜品量上投入，而不愿意在经营特色、服务质量上花钱；主张少投入，多产出；只愿在本地进行比较，而不愿走出去学习别人的先进管理经验;孤立奋战的多,以家庭为单位经营,缺乏集体团结协作,致力于树立景区形象的意识不强。由于规模小,因此大部分乡村旅游产品在开发前均没有进行规划设计,从而导致了盲目开发、重复建设、低质量建设的后果。

2.对旅游资源的利用不够珍惜

乡村旅游环境决定了乡村旅游业的发展,乡村旅游注重的是乡土气息与自然环境。不少农户在开发乡村旅游时,由于资源自有,因此没有资源保护意识。有的不注意节约资源,不根据实际需要,过度开发;有的不进行科学论证,盲目上马,推倒重来;有的不注意生态保护,随意乱砍树木。在平度境内的众多乡村旅游景点中,由于各地的不合理开发,从而导致乡村生态环境严重破坏的例子很多。以大泽山风景区为例,采石场和石材加工厂的长期存在,导致大泽山山区植被覆盖率逐渐降低,这对旅游的后续发展造成了不可估量的影响。

3.营销模式单一,服务质量跟不上

不少乡村旅游产品都以家庭作坊为主,服务人员就是家庭成员,没有经过专业培训,缺乏服务意识和服务技能,常引起游客的不满。现阶段,平度市农户参与乡村旅游的模式多以家庭为单位,各自奋战,缺少集体参与,只有极少数的景点和景区采取合作经营模式,如青岛奥森农产品采摘园采用“公司+农户”经营模式,门村镇乐义生态园采用公司经营模式。经营模式的单一性,对于发展乡村旅游的影响主要体现在以下几方面:一是资金、土地等方面受到制约,发展速度缓慢;二是缺少专门的引导和开发,对市场的发展动向不了解;三是规模普遍偏小,分布不均衡,发展状况呈一盘散沙,易形成恶性竞争。

4.基础服务设施建设亟待加强

近年来,平度市实施的农村“五化工程”已初现效果,“村村通”公路使城乡之间的道路畅通了,但道路的畅通仅便利了当地居民自驾出游,因为很多乡村道路并不具备承载大型旅游客车通行的能力;各乡村旅游景点的指示牌和引导标识还不够完善,这使得很多游客自驾游时不能便捷地到达目的地;公交线路的覆盖面窄,这是无车游客面临的主要困难。另外,角色转换不够到位,没有从商业角度、游客角度、安全角度考虑卫生问题,环境卫生、餐饮卫生、住宿卫生都有很大的提升空间。

5.季节限制明显,旅游淡季景点闲置率高

绝大部分平度市乡村旅游景点都由季节决定。如在大泽山葡萄节、马家沟芹菜节、云山大樱桃节到来之际,周边地区的游客会慕名前来,但在农产品收获季节过后,很少有人会想到这些景点,即便是极负盛名的大泽山葡萄节,持续时间也往往只有2个月左右。节庆过后的景点闲置,是对旅游资源的极度浪费。

二、平度市乡村振兴战略下的乡村旅游发展对策

习近平总书记指出，要对乡村旅游作分析和预测，提前制定措施。分析是为了找出问题，预测和制定措施是为了解决问题，这些措施就是为乡村旅游的可持续发展创造必要条件。

（一）完善乡村旅游可持续发展的政策和法规

党的十九大进一步明确了坚持全面依法治国的方针，所以乡村旅游要实现可持续发展，首先必须要有完善的法规和政策保障。一是在用地方面，要把大旅游用地单独列为一种用地类别，在国家和地方的用地“户口簿”上落下正式的户口。同时，根据大部分乡村旅游产品不能改变资源属性的特点，采取更加灵活、更加宽松的用地政策。二是在资本进入、资金投入方面，要制定相关的鼓励政策，鼓励各级各类银行，特别是国有银行把旅游业作为投资重点，积极探索抵押、质押、担保的新形式和新办法。特别是要根据党的十九大提出的“第二轮土地承包到期后再延长 30 年”的政策，把土地承包权和经营权列入担保范畴。要探索社会资本进入乡村旅游领域的办法，根据农村实际、农民实际，创新合作、合资、股权新模式。三是在法律保护方面，要根据《中华人民共和国旅游法》的总体要求，结合乡村旅游的特点，制定相关的条例。与此同时，各级党委、政府也不能有“等、靠、要”的思想，应在自身的职权范围内，积极制定相关的鼓励政策和措施。

（二）建立科学的体制机制

科学完善的管理体制和运行机制，是乡村旅游实现可持续发展的必要条件。根据乡村旅游快速发展的实际情况，应把旅游的行政管理再向下延伸一级，在乡镇建立乡村旅游管理所，由专门机构、专业人员负责本地旅游业的发展。根据旅游资源管理碎片化以及旅游产品管理多头化的情况，要探索资源和产品所有权、开发权、经营权、行业管理权相分离的办法，由旅游部门统一实施对旅游产品的行政管理。针对乡村旅游缺乏管理抓手的问题，要大胆探索，积极实践，努力完善管理机制。要建立目标责任机制，使乡村旅游发展有目标、有压力、有责任。要建立督查机制，定期对乡村旅游的发展情况、发展质量进行检查督促。要建立激励机制，把完成任务、完成质量等与评优评先挂钩，并在资金扶持、土地利用等方面向优秀者倾斜。

(三)制定完善的标准

标准是乡村旅游发展的依据,是乡村旅游产品的质量保证。因此,完善的标准体系是乡村旅游实现可持续发展必不可少的条件。一是在国家层面上,要制定保证乡村旅游可持续发展的指导性意见,并对高端产品制定统一标准。二是要制定详细的产品标准。乡村旅游资源丰富,旅游产品多样,除有的产品执行国家标准之外,省级、市级应对乡村旅游产品进行归类,并分门别类地制定省级、市级标准,对乡村旅游产品实行统一管理。三是规范服务标准。服务是产品的生命,各级政府应高度重视乡村旅游的服务质量。应根据不同的产品类型,分别制定相应的服务标准,并强化培训,加强督查,使标准落到实处。四是要有严格的卫生标准。卫生问题是游客在乡村旅游中反映较多的问题,而且它关系到游客的健康与安全。因此,要有严格的卫生标准,对村庄卫生、旅游点卫生、旅游区内村民家庭卫生都应有严格而具体的标准,旅游餐饮的卫生更要严格要求,不能有半点马虎。

(四)建设良好的基础设施

良好的基础设施是乡村旅游实现可持续发展的重要保障。在发展乡村旅游中,以下几个方面尤为重要。一是交通条件。通往乡村旅游点的公路要在三级以上,对体量较大或知名度较高的景区,要确保在二级以上,并要开通直达班线或公交。二是旅游厕所。如厕问题是游客最关注的问题之一,也是一个地方人文关怀、旅游形象的重要标志。要把"厕所革命"延伸到农村,延伸到乡村旅游点,凡是乡村旅游点、乡村旅游重要通道、重要节点、旅游餐饮集中区,都应修建标准化的A级厕所。三是停车场。随着自驾游的迅猛发展,旅游区停车难的问题日益凸显。为此,要把对停车场的建设放在重要位置。要有前瞻性地在每一个乡村旅游点修建足够的停车场。四是指示和信息系统。通往乡村旅游点的关键位置都应有明确清晰的指引系统。要把智慧旅游引入乡村旅游,完善线上线下服务体系,使旅游点的无线信号全覆盖。

(五)优化淡旺季是催化剂

以大泽山镇为例,万亩葡萄园在葡萄节期间的游客接待量占全市全年接待量的1/4左右,而非节庆期间,大泽山葡萄长廊等处于闲置阶段,这属于对资源的严重浪费,怎样优化淡旺季的配置是乡村旅游发展的关键。

一是引导当地群众和乡村旅游参与者学习国外葡萄产地经验,兴建酒庄,发展酒庄文化。建设葡萄酒庄,不仅可以带动当地农产品加工业的发展,而且酒庄作为一个长期的旅游项目,具有很大的发展潜力。葡萄酒因其储存时间长、周期长的特点,如果能与旅游业结合,便可以更好地让旅游者在旅游目的地滞留或重复游览。在酒庄内,游客可自酿葡萄酒,由于葡萄酒的酿造过程较长,因此也就延长了游客的旅游时间,这可对景点的后续发展起到可持续的效果。

二是把乡村旅游与民俗结合起来。例如,将葡萄与维吾尔族民俗结合,与世界各地葡萄民俗文化结合,等等。因为作为一般老百姓,能真正亲身体验其他民族文化的机会很少。当然,一定要精心规划,精心设计,做成精品,这样才能达到预期的效果。另外,要使乡村旅游与其他主题景区相衔接,互为依托,共同发展。

(六)人才培训与激励机制是保障

加强对乡村旅游人才的培训,要以从业人员、经营业主、镇村干部为主要培训对象。培训内容应包括国内外先进的乡村旅游发展经验、经营模式等。要以实现乡村旅游快速发展为目的,围绕提升乡村旅游服务质量,培养创新型、应用型人才;要以乡村干部、乡村旅游实用人才带头人、乡村旅游能工巧匠传承人、乡村旅游行政管理人员、经营业主及服务人员为对象,着力打造一支服务乡村旅游事业发展、数量充足的乡村旅游实用人才队伍。要利用乡村旅游经营淡旺季明显的特征,采取“淡季集中培训,旺季分类培训”的方式,选派专业素质过硬的旅游专业教师,通过送教上门、集中授课、结对帮扶、技能巡演、以赛促训等形式,对从业人员开展乡村旅游经营管理知识、乡村旅游服务和政务接待礼仪、农家乐餐饮服务与管理和客房服务与管理、食品卫生安全、消防安全等培训。

作者单位:中共平度市委党校

大力发展农村电商　助推平度乡村振兴

曲春妮

农村电子商务是推动农村地区农产品销售的一种信息化扶贫手段，也是实现乡村振兴的重要抓手。近年来，平度市政府及有关部门依托本市产业优势，抢抓乡村振兴的发展机遇，使农村电子商务得到了较快发展。

一、平度市农村电子商务发展的基本情况

（一）农村电子商务发展的比较优势明显

1. 平度市农产品资源丰富

平度市常年种植粮食300多万亩，花生50万亩，葡萄、苹果、大樱桃、西瓜、草莓等果品40万亩，大蒜、大姜、辣椒、芹菜、圆葱等蔬菜70万亩，是首批农业部认定的国家现代化农业示范区、全国粮食主产县、商品油料生产基地、农业标准化示范县，是全国“花生之乡”“大姜之乡”“葡萄之乡”。

2. 农产品知名度比较高

全市注册农产品商标350多个，“三品一标”农产品140多个，其中17个农产品获得国家地理标志认证，4个农产品商标被认定为中国驰名商标，马家沟芹菜、大泽山葡萄等享誉全国。此外，草编、剪纸、木版年画、泥塑等民俗工艺品也具有较高的知名度。这些都为平度市农村电子商务的发展提供了良好的产品基础。

（二）农村电子商务发展的基础支撑有力

1. 网络方面

移动、联通、电信、广电等网络运营商加大了农村网络铺设和升级改造力度，截至2017年，全市有移动电话用户123万户，互联网用户83万户，有线电视用户23.7万户，已形成以互联网、移动通信、广播电视、电话等为主要形式，

覆盖市、镇、村的信息网络。

2. 交通方面

平度市处在山东半岛的中心位置，是青烟潍三大中心城市的联结枢纽，青银、同三、潍莱等5条高速公路、10条国省道和海青铁路穿境而过，交通十分便利；随着“村村通”和农村“五化”工程的实施，境内道路更是四通八达，形成了覆盖城乡、方便快捷的道路网络。

3. 物流方面

除了企业自行配套的物流运输外，申通、中通、圆通、韵达、顺丰、邮政物流等第三方物流企业纷纷在平度城乡布局设点，且发展势头迅猛，每年物流托运量可达2600余万件。

（三）农村电子商务发展的推进措施扎实

1. 政策引领

平度市政府出台了《关于加快电子商务发展的意见》，明确了平度市电子商务发展的目标、工作重点和保障措施。制定了《促进电子商务发展奖励扶持办法（试行）》，明确了奖励扶持的具体政策及奖补的内容、范围和程序等。

2. 打造平台

在同和、凤台、东阁、南村、蓼兰、白沙河等镇（街）规划建设了8个电子商务聚集区，已建成的国讯高科、农创工坊、金超越、轩尔等电子商务创业园（基地）各具特色，运营良好。同时，引进了阿里巴巴农村淘宝、京东等大型电子商务企业，并分别开设了74个村级服务站、200多个村级服务点，初步构建起了覆盖城乡的电子商务服务网络。

3. 培养农村电子商务人才

平度市先后举办电子商务高峰论坛、“电子商务大讲堂”、农村淘宝合伙人等电子商务培训班60余期，培训9000多人次，组织外出学习10多次200余人次。同时，成立了平度市电子商务协会，目前已有30多家会员企业，在交流经验、示范引领等方面发挥了较好作用。

（四）农村电子商务发展成效初步显现

1. 更多经营主体涉足电子商务领域

越来越多的农业企业、农民合作社、家庭农场和个人进入农村电子商务领域。目前，全市有1000多家企业建立了网站，从事电子商务经营的企业有200多家，利用淘宝、京东、易趣等第三方平台开设网店的有万余家，初步形成了以销售特色农产品、眼睫毛、草编、苗木等为主的农村电子商务模式。

2. 拓宽了农产品销售渠道

2018 年春季，云山镇与电子商务平台合作，销售大樱桃 1000 余万千克，而且价格比传统销售方式每千克高 5 元。以销售苹果为主的青岛源丰润果品公司，2017 年的营业额达 2000 多万元，网络销售占比达 80%。

3. 吸引了一批人员返乡创业

随着农村电子商务的发展，越来越多的农民工、大学毕业生、退伍军人返乡创业。据不完全统计，全市有近万人开设了网店、微店。目前，仅蓼兰镇农创工坊就有 100 多名青年创业者入驻，白沙河街道金超越电子商务创业园已与 20 多名青年创客签订了入驻协议，还有 80 多人正在审核评估。

二、平度市发展农村电子商务存在的主要问题

平度市农村电子商务的发展潜力大，势头足，成效也比较明显，但总体来说，仍处于起步阶段，存在着一些不容忽视的问题，这些问题影响、制约着农村电子商务的发展。

（一）发展氛围不够浓厚

1. 认识不到位

不少人包括部分领导干部对农村电子商务的重大作用，特别是对电子商务对农业、农村的深远影响缺乏认识，有的甚至不清楚电子商务的概念；部分农业企业和农民合作社把电子商务当成一种时尚潮流，虽然建有网站或开了网店，但基本上是一种“摆设”；对多数农户来说，由于缺乏网络知识以及受传统产销观念影响，对农村电子商务的关注度不高，参与性不强。

2. 扶持不到位

平度市虽然出台了加快电子商务发展的意见及奖励扶持办法，但其作用尚未得到充分显现。此外，部门分工不够明确，镇（街）没有具体任务，甚至没有专门人员负责这项工作，从而导致政策落实不到位。

3. 宣传不到位

对农村电子商务的政策、知识等缺乏广泛、持续的宣讲；对涌现出来的农村电子商务典型缺乏挖掘、培养和宣传，一些典型甚至出现“墙内开花墙外香”的现象。

（二）缺乏专业人才和技能

1. 专业人才方面

目前，平度市既缺乏网站维护、数据分析、运营推广、美工设计等方面的专

业人才，更缺乏精通农村电子商务应用的复合型高端人才。一些企业只能高薪聘请外地人员进行网站维护和运营管理。

2. 专业技能方面

目前，平度市从事农村电子商务的人员，多数是从传统生产、经营、销售等领域转岗来的，缺乏系统的电子商务知识和技能，经常对专业的网络销售、网络管理等感到力不从心。此外，一些培训班讲授的理论知识较多，实用知识较少，营销经验、技巧等只能靠从业者自己摸索、总结。

（三）农产品物流制约较大

1. 物流体系不健全

村级站点少，没有完全打通农村网络销售的“最后一公里”。多数快递公司的物流配送只到镇驻地，村级不设收发点；虽然农村淘宝和京东设立了村级服务站点，但目前都只提供网络代购服务，还没有开展农产品网上代销业务，而且这 300 个服务站点对于 1790 多个村庄来说，服务半径仍然过大。

2. 冷链物流建设滞后

由于农产品的特殊性，常规物流条件往往不能满足农产品的储运要求。目前，除顺丰快递有意在云山镇建立冷链物流基地外，平度市的冷链物流建设基本处于空白，这也是生鲜农产品不能更好地参与电子商务的主要原因。

3. 物流成本高

平度市地域广、村庄多、距离远，不少优质农产品又在偏远山区，这在一定程度上推高了物流成本，特别是小批量农产品的物流成本，这也是平度市农产品在零售网站销量普遍偏低的原因之一。

（四）比较优势没有得到有效发挥

1. 电子商务的主体较少，经营规模较小

例如，在淘宝网上销售马家沟芹菜的店铺只有 4 家，销售云山大樱桃的店铺有 38 家，而这些网店中，两年内成交量最多的是 1370 件，少的只有 2 件。

2. 农户参与程度低

淘宝网上马家沟芹菜成交量最大的是潍坊市的一家店铺，但这家店铺的货常年由平度市李园街道的一个种植大户提供。2018 年网络销售火爆的云山大樱桃，主要也由外地电子商务收购销售。从形式上看，这些农产品参与了网络销售环节，但实质上与传统销售的区别并不大，只是销售对象不同而已。

3. 缺乏品牌监管

作为获得中国驰名商标认证、有机食品认证的国家地理标志保护产品，目前，网上销售既无产品标准又缺乏管理认证，加上电商之间各自为政，鱼龙混杂，难免会影响农产品的品牌形象。

三、乡村振兴背景下平度市发展农村电子商务的建议

农村电子商务正成为农村变革的“助推器”，它对推动乡村振兴的意义重大、影响深远。建议充分利用当前国家和省、市重视农村电子商务的有利时机，从全局和战略高度，谋划和推进平度市农村电子商务的发展。

（一）强化政策引领，进一步营造农村电子商务发展氛围

1.科学定位农村电子商务发展方向

结合“十三五”规划、“1+4”目标体系及物流业发展、精准脱贫行动，依托产业优势，研究制定全市农村电子商务发展规划，明确近期、中期和远期的目标任务、发展重点和保障措施，探索创新农村电子商务的发展模式，引领发展方向。

2.进一步完善扶持政策和措施

借鉴先进地区经验，围绕平台建设、物流体系、人才培养等关键环节，研究出台具体的扶持政策。出台的扶持政策既支持规模电子商务企业做大做强，也要向初创期电子商务和小微电子商务倾斜。

3.明确任务，形成推进合力

进一步明确相关部门在发展农村电子商务中的职责，明确各镇（街）具体承担的目标任务，确定分管领导和责任人员，确保工作有人管、有人抓、有目标、有考核。

4.强化舆论宣传导向

充分发挥各类媒体的作用，开辟专题、专栏宣讲有关政策和知识，进一步提高社会各界对农村电子商务的认识，形成发展共识；组织开展示范镇（村）创建、优秀电子商务评选等活动，发现、培养和宣传各类农村电子商务典型，推广成功经验，进行示范引导，以此形成良好的舆论氛围和发展导向。

（二）突出关键环节，进一步优化农村电子商务发展环境

1.重视农村电子商务人才队伍建设

坚持引进和培养并重，对急需和特殊人才可通过引进的方式解决。同时，加强对本土电子商务人才的培养。利用建成并运营的电子商务创业园、产业园等，对返乡农民工、大学毕业生、退役士兵、农村能人进行专业培训和创业辅导。同时，鼓励技工学校、职教中心等职业学校开设电子商务课程，有针对性地培养高素质的电子商务专业人才。此外，充分发挥市电子商务协会的作用，吸引更

多的电子商务人士入会，相互学习，交流经验，抱团发展。

2. 加快完善农村物流体系，降低物流成本

鼓励物流企业进一步增设村级服务站点，投资建设适合农产品储运的冷链物流基地，提升冷链物流能力，为生鲜农产品进入网销平台提供条件。同时，支持邮政、供销和传统商贸企业发挥基层服务站点多的优势，并与物流企业整合资源，发展共同配送模式，降低物流成本。

3. 推进农村电子商务产业园建设

结合平度市物流业发展规划，合理规划和建设一批集商品贸易、展示交易、平台建设、物流配送等功能于一体的电子商务产业园，提升平度市农村电子商务水平。同时，扶持国讯高科、农创工坊、金超越创业园等已建成运营的产业园，进一步完善基础设施和配套服务，以吸引更多的电子商务从业者和服务企业入驻。对花生市场、农机市场、豪德商贸城等传统市场进行升级改造，提升互联网应用水平，促进线上、线下业务融合发展。

(三)依托产业优势，进一步探索农村电子商务发展模式

1. 发挥好平度市新型农业经营主体多的优势，扶持和培养一批农村电子商务"带头人"

通过宣传引导和政策扶持，让更多的农业企业、农民合作社、家庭农场和种植养殖大户"触网""上线"，把更多的分散农户组织起来，把更多的优质农产品推上网络，形成规模效应，实现抱团发展。

2. 发挥好平度市线下农业品牌优势，打造一批线上知名产品，做大销售规模

一方面，加强与淘宝、京东等各大电子商务平台的合作，开设"平度名特优农产品专区"，通过全方位策划来集中展示、推介平度市农产品，使线下品牌优势尽快转化为线上产品的知名度；另一方面，对网上销售的农产品，特别是获得国家地理标志、中国驰名商标认证的名牌农产品，制定严格的网上销售标准，并加强管理，树立和维护品牌形象。同时，鼓励电子商务企业、个人打造产品品牌，促进产品销售。

3. 用足用活政策优势，积极探索、创新平度市农村电子商务发展模式

正在进行的全国中小城市综合改革试点、国家现代农业示范区改革与建设试点、农民合作社信用互助业务试点和首个国家地理标志保护产品示范区创建活动等，都是平度市农村电子商务发展不可多得的政策优势，应充分利用这些优势，在发展过程中积极争取上级对资金、税收、金融、用地等方面的扶持；利用政策赋予的权限，大胆创新；等等。在推进农产品上行的同时，要进一步拓展农

村电子商务的应用领域，使其与乡村旅游、便民服务和精准脱贫等有机结合。

（四）完善要素保障，进一步夯实农村电子商务发展基础

1. 进一步强化信息支撑

引导电信运营企业继续加大对农村信息化基础设施的建设，实施网络升级改造，推进“提速降费”，实现城乡同网、同速、同价，提高网络进村、信息入户的覆盖面，为农村电子商务提供基础保障。

2. 进一步完善交通路网

特别要加大对上争取力度，加快推进青平城际快线、潍莱高铁和海清—大莱龙铁路的连通对接工程，提升物流水平。同时，重视和加强农村公路，特别是“村村通”道路和村内道路的养护工作，为农村物流“最后一公里”提供道路保障。

3. 进一步提高农产品质量安全

大力推广标准化生产，健全农产品质量可追溯体系，为线上产品奠定坚实的线下基础。

作者单位：中共平度市委党校

乡村振兴之实践

——日照市岚山区乡村开发与运营之路

张德艳

2018 年 3 月 8 日，习近平总书记在参加十三届全国人大一次会议山东代表团审议时指出，实施乡村振兴战略，是党的十九大作出的重大决策部署，是决胜全面建成小康社会、全面建设社会主义现代化国家的重大历史任务，是新时代做好“三农”工作的总抓手。此外，习近平总书记还提出，实施乡村振兴战略，要推动五个方面的振兴。落实到具体工作中，就是聚焦农业更强、农村更美、农民更幸福。日照市岚山区抢抓机遇，以民俗文化、历史文化和传统乡土文化为根基，依托独具特色的产业优势，深入挖掘丰富的生态资源潜力，对乡村进行有效的开发、再造和运营，探索出一条乡村振兴的新路。

一、确定核心特色产业，全面推进乡村开发

乡村振兴不仅要拉动旅游业发展，而且还要发展各类乡村产业。一个地方适合发展什么样的产业，取决于它的比较优势，每一个乡村都有其侧重的产业门类，而这正是乡村振兴最重要的基础。没有产业，振兴就是空谈，而产业的选择在于“因地制宜，比较优势”这 8 个字。岚山区遵从这一法则，把中楼镇打造成亚洲最大的太阳能塑胶配件生产基地，鲁东南著名的“塑胶加工之乡”，被山东省轻纺联社确定为山东省塑胶工业配套产品生产研发基地。中楼镇的塑胶产业从零起步，到如今已是知名的特色产业集群，它由最初的家庭作坊发展到今天的现代企业聚集，其中的秘诀就是“创新”。该镇将科研创新作为促进塑胶产业转型升级的重要抓手，在推动企业入园发展的基础上，积极引导企业淘汰落后产能，引进硫化机、精密预成型机、大型注塑机、胶片自动冷却机等新型生产设备，使企业新产品的开发、实验、检测水平明显提高。新建立的塑胶工业配套产品生产研发基地，专门配备专业的技术研发中心，促进了塑胶产业继续向转型升级冲刺。巨峰镇因三面环山一面迎海的自然地理环境，而形成了冬无严

寒夏无酷暑的气候条件，这两者共同孕育了巨峰绿茶独有的香气与汤色。虽然巨峰绿茶品牌优势明显，但产值不高。为解决这一困境，巨峰镇引进了五星级茶苗，加大无性系优良茶树品种的繁育力度，提高茶叶质量档次，专注于生产有机高质量绿茶，同时还从茶园管理、茶叶采摘、茶叶加工和包装等方面入手，狠抓茶叶生产、加工质量，打造质量提升示范基地。目前，茶园面积已达 8 万亩，其中产茶村 62 个，茶叶加工企业 59 家，茶叶专业合作社 185 家，累计获得省级和国家级各种茶叶奖项 86 次。2017 年，全镇茶叶产量达 4600 吨，产值为 12 亿元，有 3 家茶企获“中茶杯”特等奖，7 家企业获“中茶杯”一等奖。凭借茶这一特色产业，2017 年 8 月，巨峰镇成功争创第二批国家级特色小镇。高兴镇是鲁东南的煤炭集散基地，源源不断的“黑金”，让高兴镇的能工巧匠们有了开火生炉的便利条件，曾经的作坊式五金加工在高兴镇遍地开花。如今，高兴镇依据优势条件，“量身打造”发展方针，使小作坊汇聚成大企业，实现了独具特色的五金产业集聚、集约发展，同时对接大项目建设，成功实现了科技创新、技术改造的新旧动能转换。岚山头原本是靠海吃海，然而近几年却由于过度捕捞而使近海渔业资源枯竭，这也是沿海地区所面临的普遍问题。同时，养殖结构单一、技术含量低也是一个大难题。为了破解渔业发展瓶颈，岚山区政府积极引导渔民改变传统养殖方式，实行深水抗风浪网箱养殖、贝藻兼养、立体养殖、生态养殖，在海底建“别墅”，开“牧场”，开发建设鱼礁体。人工鱼礁既改善了海洋生态，又使鱼类、蟹类大量繁殖。岚山头盛产黑头、鲈鱼、马鲛鱼等海产品，随着海洋休闲垂钓风生水起，每年能吸引大批钓鱼爱好者慕名前来。人工鱼礁的建设发展是优化渔业结构、改善近海水域生态环境、加快渔业资源修复能力的一个缩影。传统产业通过创新研发、改造升级而焕发出更持久绚丽的生命力。

二、资源塑造，做足旅游体验

岚山区在保留乡村原生态的自然环境基础上，充分挖掘当地的自然生态资源，并对其进行再造和保护。乡村旅游体验包括农事活动体验、采摘体验、亲子牧场、科普农业、传统民俗、手工作坊、“非遗”文化等，这些体验活动能极大地满足旅游客群乡野旅游的情感诉求，提高乡村旅游口碑。中楼镇做强山水观光旅游，深入推进马亓山、浔河峪等现有旅游项目建设，打造“奇山秀水金中楼”的旅游业发展品牌。其中，日照浔河峪家庭农场入选山东省第 8 批省级休闲农业和乡村旅游示范点。浔河峪农场依托国家 3A 级旅游景点——马亓山风景区和陡山水库这一独具特色的山水优势，积极发展休闲农业，重点打造四季水果采摘、农业观光、水上娱乐、休闲垂钓等乡村旅游景点，这不仅给农民带来了分红实惠，而且还为贫困群众提供了在家门口就业的机会。巨峰不仅卖茶叶，而且还

“卖风景”，将农业发展与文旅体验结合，最大限度地提升游客的体验感。让游客置身于连绵万亩的茶园，体验采茶的乐趣；或在炒茶师的指导下，反复感受扑鼻而来的绿茶鲜香；或在古朴雅致的山庄饭店，品尝独具特色的茶叶宴……这些都是巨峰镇乡村振兴的重点。让茶区变景区，让茶山变金山，是素有“北方绿茶第一镇”之称的岚山区巨峰镇的追求。巨峰镇倾力打造集生态观光、茶文化体验、茶叶贸易、乡村度假、美食娱乐为一体的茶文化休闲旅游景点——“百里绿茶长廊”。如今，在这条涵盖 45000 亩茶园的长廊上，日照绿茶国家农业公园、碧波山庄茶文化风情园、饽饽顶风景区、四季茶园休闲会馆、“日照茶都”等茶文化旅游景点星罗棋布、各有千秋，茶文化生态游串点成线、渐入佳境，每年吸引 80 余万人次前来“绿茶小镇”观光体验。2018 年，为了推动日照绿茶主产区巨峰镇“产、城、人、文”的融合发展，“巨峰茶香慢城”建设也被写进了日照市《政府工作报告》。

三、场景的乡土化和文化的振兴与重塑

乡村场景既包括乡村保留的古树、古桥、古宅、石磨、山脉、篱笆等生态景观，也包括乡民的衣着风格、民间习俗、耕种方式、民族表演等行为模式。岚山区在传承和弘扬优秀地域文化过程中，以“留住乡情、感怀乡愁、品味乡韵”为标准，在古朴的表皮下，引进新兴的文创、餐饮和民宿业态，通过全新的设计、科技、文化手段，全面展示乡村文化。安东卫街道所辖的安东卫居（今岚山区委、区政府所在地），是鲁东南历史最悠久的村落之一。600 年前，由于在防倭战争中具有十分重要的战略地位，因而在这里建起了一座巍峨的卫城。后来，由于丰富的物产和便利的海陆交通条件，这里又成为了鲁南、苏北的商贸重镇。如今，岚山重新打造安东卫古城，不但要重建古城，而且还要再现安东卫八景：笔峰春晓、林阁夕阳、东海汪洋、西湖烟雨、关山耸翠、荻水拖澜、山寺晨钟、渔舟晚钓；既要传承历史人文，又要弘扬商业贸易；不仅要复兴一座城，而且还要全面接续、复兴、弘扬安东卫的山脉、水脉、人脉、文脉、商脉、神脉（庙宇）等。2018 年岚山头渔文化民俗旅游节更是让众多国内外游客齐聚岚山。渔民在漫长的耕海牧渔生活中，创造出一种独具地域特色的渔家文化，将这种渔家文化与旅游结合，深入挖掘“祭海节”，既能让游客感受祭海、敬海、爱海、护海的传统风俗，又能让本地渔民做主角，打造北方最有特色的渔文化民俗旅游节。再就是打造渔村古寨，重现数千年前的渔村风貌。岚山头有渔船码头、鱼市、龙王庙，还有体验型加工厂、土地庙、渔村博物馆、渔船码头等，在利用这些资源的基础上，岚山头继续以当地特色民居为基础进行完善提升，并借当地的山海资源和独特的渔业民俗文化，建设特色渔村；围绕渔文化推介、亲海体验、精品海钓、渔村食宿

等，建成以海洋渔文化为特色的民俗旅游度假村，打造岚山区海洋文化旅游新名片，打造一个集"游、娱、住、行、吃、购"为一体的滨海旅游目的地。

总之，在乡村振兴的大背景下，岚山区走出了自己的发展之路。乡村振兴，离不开乡村"更新"，要使之跟上现代社会的发展步伐，但乡村"更新"不能失掉原有的特色。岚山区在给乡村"输入"新的文化元素时，也有"谨慎"的态度、多元的考虑。立足于自身的特点和资源禀赋，以多元的色彩，联动多方力量，共同打造新时代蓝图下的美丽岚山，正成为岚山区探索"乡村振兴"的共识。

【参考文献】

[1]王景新、支晓娟:《中国乡村振兴及其地域空间重构——特色小镇与美丽乡村同建振兴乡村的案例、经验及未来》,《南京农业大学学报》(社会科学版)2018 年第 2 期。

[2]唐任伍:《新时代乡村振兴战略的实施路径及策略》,《学术前沿》2018 年第 3 期。

[3]段雪珊、黄祥祥:《乡村振兴:战略定位与路径探索——第二届中国县域治理高层论坛会议综述》,《社会主义研究》2018 年第 1 期。

作者单位:中共日照市岚山区委党校

发展特色小镇　助力乡村振兴

孙承廷

实施乡村振兴战略需要一个强有力的龙头和载体，从实践上看，特色小镇是实施乡村振兴战略的重要平台和有效载体。党的十九大报告指出，实施乡村振兴战略的总要求是“产业兴旺、生态宜居、乡风文明、治理有效、生活富裕”，这与特色小镇的主要特征“特色鲜明、产业发展、绿色生态、美丽宜居”高度相似，显而易见的是，乡村振兴的要求恰与特色小镇的发展目标高度契合。实现乡村优美环境、人文风俗、历史文化、特色资源等在空间上的集中和集聚，加快发展一批特而强、聚而合、精而美、活而新的特色小镇，推动特色产业发展，是落实乡村振兴战略的重要着力点与支撑点。

一、特色小镇的内涵分析

所谓特色小镇，就是指凭借某一特色产业和特色环境因素，如地域特色、生态特色、文化特色等，而打造的具有明确产业定位、文化内涵、旅游特征和一定社区功能的综合发展空间平台。我国特色小镇发端于 20 世纪 80 年代的“一村一品”“一镇一品”小城镇建设探索与实践，由浙江、贵州等地先行一步，待其特色小镇的发展模式得到中央的肯定后，再将对特色小镇的培育从地方探索逐渐上升为国家行动。2016 年，中央将特色小镇创建列为农村重点工作之一，各部委、地方政府也陆续出台相应政策，支持特色小镇建设，推动创新性供给与个性化需求有效对接，打造创新、创业的发展平台和新型城镇化的有效载体。2018 年中央一号文件提出，要实施休闲农业和乡村旅游精品工程，建设一批设施完备、功能多样的休闲观光园区、森林人家、康养基地、乡村民宿、特色小镇。这标志着特色小镇在新的历史时期承载着乡村振兴的历史使命。

二、特色小镇在实现乡村振兴中的作用

(一)特色小镇是实现农村就地城镇化的新渠道

特色小镇是供给侧结构性改革在城镇化领域的体现与深化,是我国城镇化的一种新型模式和业态。特色小镇处于城镇化体系的最基层,既是“城尾”又是“乡头”。特色小镇的建设可以带动一大批村镇的经济发展和设施建设,能对周边地区的经济、公共服务起到良好的辐射带动作用。特色小镇在提供就业和增加农民收入方面效果显著,能够承接大量的农村剩余劳动力以及吸引城市回流人口,从物质和精神两方面带动农村人口就地市民化,使原有的农村留守老人和儿童问题、流动人口引发的社会稳定问题等迎刃而解。这在相当程度上解决了农村城镇化问题,不仅有利于缩小城乡差距,促进社会公平,而且还降低了城镇化社会成本,优化了城镇化布局和结构,是新型城镇化的生动实践,可加快实现乡村振兴。

(二)特色小镇是乡村地区产业重塑的关键平台

让身处乡村的老百姓过上富裕的生活,是乡村振兴战略的题中之意。乡村振兴的基础是经济振兴,经济振兴需要产业来带动。特色小镇的“特”主要体现在产业特色上,产业是特色小镇建设的核心,产城融合模式是其最主要的特点。特色小镇一端连着城市,一端连着乡村,处在城乡之间的联结处,按照创新、协调、绿色、开放、共享的发展理念,聚焦新兴特色产业,成为融合产业、文化、旅游等功能的创新创业发展平台。特色小镇以市场为导向而聚集的具有鲜明地域特征的特色产业,能够充分发挥区域的比较优势,带来有效的投资增长,并衍生出各种新的农业发展业态,形成区域化、专业化生产,同时也有利于激发乡村小镇的内生动力,形成与城市大企业分工协作、共享市场的城乡产业融合发展体系,为乡村振兴打造良好的经济基础。

(三)特色小镇是乡村文化延续和创新的重要载体

作为一种精神价值和生活方式,文化在乡村振兴中具有不可替代的作用,实现乡村文化的繁荣与发展是乡村振兴的奋斗目标之一。我国传统乡村有着大量的文化遗产。优秀的历史文化、民俗文化、古代建筑遗迹等是中华民族的宝贵财富,但许多具有潜力的文化符号,仅依托传统的乡村载体,很难得到有效的传播和利用,更谈不上信息技术(IP)打造、国际化表达、产业链延伸。借助特色小镇平台,通过引进资本、技术、人才等高端要素,对美丽乡村中的传统民俗、

古村古居、人文历史等独特的乡村物质文化、乡村制度文化和乡村精神文化进行系统升级、开发，把乡村打造成以文化、产业、文明为特色的，人文气息浓厚的，具有强大生命力和吸引力的栖居场所，为乡村文化振兴提供广阔的发展空间。

（四）特色小镇是建设生态文明、实现绿色发展的有力推手

生态文明、绿色发展是乡村振兴的必由之路。特色小镇强调生活、生产、生态“三生”融合，打造宜居、宜业、宜游的空间。良好的生态环境是特色小镇必备的要素，在特色小镇的规划、建设、发展过程中要切实加强生态环境保护，注重融入山、水、林、田、湖等自然要素，彰显优美的山水格局和高低错落的天际线。因此，特色小镇以生态资源为本底、以绿色低碳循环技术为支撑、以绿色智慧产业为驱动的发展理念，成为治疗“城市病”，改善农村环境质量，推进乡村生态文明建设和绿色发展的有效尝试。

三、关于建设特色小镇、助力乡村振兴的几点思考

（一）规划引导是前提

在实施乡村振兴战略中，要坚持规划先行，高起点地编制发展规划，做好小镇空间布局与项目谋划，让传统与现代、历史与时尚、自然与人文完美结合；要创新体制机制，加快制定符合本地特色小镇发展实际的政策，以点带面，从源头上引导特色小镇健康发展；要加强政策扶持，进一步创新融资机制，加大财税支持力度，通过引入各类基金、债券、政策性银行、保险资金以及政府和社会资本合作（PPP）模式，拓宽融资渠道，打通资金链瓶颈，以市场化机制带动社会资本投资特色小镇建设；还可以定期开展特色小镇银镇、银企对接活动，组织银行、金融机构与小镇进行项目对接，帮助特色小镇拓宽融资渠道，争取金融资金支持。

（二）产业兴旺是核心

特色小镇不是单纯意义上的风景区，也不是行政区域概念上的乡镇，而是某项特色产业的聚集地。建设特色小镇的核心是选好特色产业，因为特色产业决定着特色小镇的发展潜力和未来。在建设特色小镇过程中，要特别注重特色产业这个核心和基础，要走产业兴镇、产业富民、产业支撑发展的路子，利用地方资源优势，发展特色产业，要“以产立镇、以产带镇、以产兴镇”，最终实现“从小镇资源到小镇产业”“从小镇产业到小镇经济”“从小镇经济到小镇发展”的蜕

变，让农民的“钱袋子”鼓起来。

一是产业定位要高。应围绕战略性新兴产业，引进创新能力强的领军型团队和企业，建设高端产业特色小镇。产业定位无须“大而全”，但力求“特而强”，必须紧扣产业升级趋势，锁定产业主攻方向，着力培育各地具有核心竞争力的产业或产业集群，构筑产业创新高地。二是突出产业特色。特色产业要以“特”制胜，无特色，不小镇。每个特色小镇都要紧扣本地特色产业和历史经典产业，主攻最有基础、最有优势的特色产业，坚持“一镇一业”，形成“一镇一风格”的格局，不能“百镇一面”、同质竞争，要差异定位、细分领域、错位发展，使其能够体现独特性、差异性。三是提升产品附加值。推动传统产业优化升级，以研发为核心竞争力，培育品牌，提升产品附加值。

在特色小镇实现产业兴旺的过程中，必须注意一个问题，那就是要严控房地产化倾向，不能让特色小镇成为房企布局的“兴奋点”。特色小镇的产业应当是实体产业，特色小镇不是新一轮跑马圈地盖房子，要防止借特色小镇之名行房地产开发之实。如果没有产业支撑，没有有效连接，仅凭小镇旗号盲目开发房地产，不仅会拉高土地成本，带来不必要的小镇库存，而且还会造成资源浪费和生态破坏。

（三）特色文化是灵魂

特色小镇不只是一个经济名词，更是一个文化名词。有没有文化特色，直接决定着一个特色小镇有没有灵魂、魅力和长久的吸引力。各地在建筑、饮食、服饰、语言等方面都有独特的文化符号，这些文化符号是寄托情感、留住乡愁的宝贵载体，切不可丢掉。每个特色小镇都要有自己的文化标识，要用丰富的文化要素提升特色小镇的含金量，用独特的人文精神塑造特色小镇的灵魂，实现美食、美景和人文的有机结合，体现乡村在价值理念、风俗文化、乡土文明等方面所独有的民族特色和地域特色，不断增强特色小镇发展的内生动力，这些都是小镇的精神价值之所在。

（四）创新发展是根本

一是创新运营机制。特色小镇不是行政区划单元上的“镇”，也不同于产业园区、风景区的“区”，因而需要摒弃行政化的思维定势、路径依赖和体制束缚，做好权力的减法和服务的加法，正确处理好政府和市场的关系，发挥市场在资源配置中的决定性作用。要破除政府大包大揽的思维，坚持企业主体和市场化运作，积极引入有实力的投资建设主体，让专业的人干专业的事，引导各方社会力量参与小镇的规划、建设。二是创新产业导向。特色小镇不是“一镇一品”模式的简单升级，也不是传统产业的简单集聚，所以不能“新瓶装旧酒”，更不能有“捡到篮子里的都是菜”这种观念。特色小镇更注重创新导向，因而要顺应信息化与工业化、制造业与服务业融合发展趋势，聚焦特色优势产业，紧扣产业升级趋势，锁定产业链的主攻方向，集聚相关要素，把特色做成特长，占领产业关键和核心环节制高点。要不断提升网络信息技术产业发展水平，用信息化提高产业发展、民生建设、政务管理和社会治理水平，推动传统产业数字化、智能化、网络化的升级转型，让特色小镇更“智慧”。同时，对于历史经典产业，要传承历史文化精髓，探索和形成“历史经典产业＋”发展路径，引领和创造新的需求，为传统产业注入新活力。三是创新要素集聚。在投资驱动发展模式下，我们比较关注土地、资金、能源等物质性要素供给；而在创新驱动发展模式下，我们更加关注科技创新和劳动者素质等创新型要素供给。特色小镇建设要重点推进投融资、科技创新和人才引育等方面的改革创新，集聚创新企业、风投资本、研发机构等高端要素，促进产业链、创新链、人才链耦合，优化全创新链服务，构建富有吸引力的创业、创新生态系统，通过特色小镇创新“动力源”，实现产业发展从投资驱动向创新驱动转变。

【参考文献】

[1]史云贵：《当前我国特色小镇的功能与路径创新》，《国家治理》2017年第14期。

[2]许伟明：《当特色小镇遇到美丽乡村》，《中国房地产》（市场版）2017年第1期。

[3]范颖华：《园林产业融入特色小镇必将扩增市场边界》，2017年8月22日《中国企业报》。

[4]张文超：《发展特色小镇　助力乡村振兴》，2018年4月11日《中国经济时报》。

[5]李红伟：《把特色小镇打造成引领创新发展的主战场》，2016年6月7日《湖州日报》。

作者单位：中共荣成市委党校

日照市碑廓镇特色小镇建设的现状、问题及对策研究

黄　洁　张丽琴

山东省切实把乡村振兴放到战略高度来认识和推进，注重强化规划引领。党的十九大后，山东省立即开始研究制定实施乡村振兴战略的政策，省领导带头深入基层调研，理优势，找短板，查问题，谋划乡村振兴的路子。目前，山东省已编制完成全省乡村振兴战略规划，并重点围绕乡村产业振兴、人才振兴、文化振兴、生态振兴、组织振兴等 5 个专题，分别出台 5 个工作方案，这 5 个工作方案与省委的 2018 年一号文件配套形成"1＋1＋5"的政策规划体系。这标志着山东省实施乡村振兴战略的大框架已经全面拉开，正在扎实起步。

一、日照市实施乡村振兴战略的总体背景

（一）围绕乡村振兴战略，推动农业、农村优先发展

一是支持美丽乡村建设。目前，日照市共整合各级扶贫资金 4.76 亿元，支持 9211 户 15815 人脱贫；安排资金 2.79 亿元，建设农田水利工程 1680 项，治理河道 200 千米，发展节水灌溉面积 14.1 万亩，保障了 15.66 万农村居民的饮水安全；将"一事一议"、乡村连片治理等涉及村内公益事业的财政奖补资金与美丽乡村标准化建设工作相结合，确保财政奖补政策落地生根。

二是支持现代农业发展。投入 2424 万元支持农业标准化品牌化发展、农机装备研发提升、秸秆综合利用创新示范等项目；计划投入资金 1.68 亿元，用于推进农业产业振兴，规模化开发 5.4 万亩高标准农田，做强茶叶、林果、蔬菜、畜牧优势特色产业。

三是保障村级组织运转。制定《日照市财政补助村级组织运转保障资金管理细则》，确保每村每年的财政补助平均不低于 9 万元；投入资金 300 万元，支持为农服务中心建设；对每个党建带社建、村社共建省级示范点补助 10 万元，

用于村社共建项目提升和建设，不断提升农村基层组织的服务能力。

（二）美丽岚山建设展现新亮点

一是稳步打造精品城市。开工建设城建重点工程24项，完成投资52.63亿元。加快推进城中村和棚户区改造，完成了6个片区规划设计，拆迁房屋7498处，开工建设安置住房9662套。高起点规划通航小镇，建设了岚山通用机场，为开发多岛海片区注入了新动力。实施了中水回用工程，启动了西护城河环境综合治理工程，开展了对长冶河等黑臭水体的整治工程。完成了观海路改造及地下综合管廊建设。新建安东一路、甜园路等5条城区道路，高标准打造厦门路等城市绿道19千米、景观节点16处。城区增绿、更绿面积23.2万平方米，新增企业绿化面积15万平方米。新建公共自行车站点、公交站亭24处，争取并开通了岚山至日照的城乡客运公交。敷设玉泉二路等供热管网10.8千米，改善供热面积150万平方米。全面决胜创城攻坚和全国卫生城市复审，更换、维修道板12万平方米、路沿石10万余米，整治生活小区89个、杂乱线路4万米。创新实施城市管理“街长制”，开展了违法建设、校园周边环境、交通秩序等专项整治，城市形象显著提升。

二是高标准编制了美丽乡村标准化建设总体规划和市级示范片区规划。在全市率先启动“幸福公路”规划建设，新建、改建农村道路181.6千米，获评全省城乡交通运输一体化建设工程示范区。实施了农村饮水安全巩固提升工程，使48个村的4.08万群众受益。完成农村改厕3.5万户，新增省级清洁能源供暖试点面积21.5万平方米。启动了虎山钢铁小镇等规划编制，其中巨峰镇成功入选全国第二批特色小镇。开展了乡镇驻地环境综合整治，顺利推进虎山社区、滨河社区等新型社区的建设，全市最大的土地增减挂钩项目草涧社区全面建成并正式启用。高兴镇争创为全国文明镇。在全省城乡环卫一体化、移风易俗农村群众满意度电话调查中，全年综合成绩位列“双第一”。

美丽乡村，产业先行。乡村要美丽，不仅仅是指山清水秀、路洁房美，更为关键的是要提高农民素质，增加农民收入，以及在此基础上实现公民道德之美、社会建设之美和民主法治之美。因此，美丽乡村的背后，必须坚持产业先行。把产业发展作为建设美丽乡村的着力点，结合地区资源特色，宜工则工，宜农则农，宜游则游，大力发展生态农业、设施农业、休闲农业等各具特色的乡村生态产业，着力打造精品产业，全面提升产业层次。

美丽乡村产业规划的关键在于选择符合乡村实际的主导产业，构建能够支撑乡村可持续、内生发展的产业体系，重点实现产业布局科学合理。主导产业和产业的空间布局均是基于对区域产业现状、资源条件、社会经济等条件的分析而作出的选择和决定。以下就岚山区碑廓镇的发展现状、成就和问题等方面分别进行阐述,并加以分析,提出相应对策。

二、碑廓镇特色小镇发展的现状、成就和问题

碑廓镇地处两省(山东、江苏)三市(日照、临沂、连云港)的交界处,北有圣公山,南有绣针河,坪岚铁路、342 省道横穿镇域中部。现辖 64 个村,5.03 万口人,总面积为 96 平方千米,素有"圣公故里""田园碑廓""石化重镇""木业之都""日照粮仓""蔬菜之乡"等美誉。碑廓镇政通人和,民风淳朴,各项事业均得到了全面发展,先后被授予"省级村镇建设新型乡镇""省级安全文明镇""省级体育工作先进镇""市级社会文化先进乡镇"等称号。2014 年,碑廓镇荣获"全国重点镇"和"全国文明镇"的荣誉称号。

(一)碑廓镇木材产业发展情况

碑廓镇有木材加工企业 286 家,其中重点骨干企业 18 家,常驻贸易客商 40 家。木材货场的一次性堆存能力达 45 万立方米,年加工木材能力达 450 万立方米,可吸纳 5000 多人就业,已形成木材进口贸易、加工、废料综合等产业链条。另外,检验检疫、电子商务、融资等服务平台也在不断完善。岚山 80%的木材产业在碑廓,而碑廓 80%以上的木材项目是木材粗加工项目,中小木材企业"铺天盖地",但真正称得上"顶天立地"的木材项目却不多。2017 年,澳思柏恩装饰材料有限公司 30 万立方米可饰面定向结构刨花板项目一期投资 3.6 亿元,于 2017 年 3 月 9 日正式开工建设,到 10 月 28 日联动试产成功,先后招引 3 个森航木业项目,盘活了海澜木业和宝硕木业 2 处闲置厂房,同时为具禾木业、中兴森工、京华木业、金黄林木业等企业联系外来企业,租用它们的货房、厂房,使闲置厂房资源得到充分利用。镇内的 23 座烘干窑、9 家木炭厂、5 家生物质颗粒厂,全因环保督察而关停,其中拆除烘干窑 2 家。突出园区配套设施建设,完成了黄海路西延工程、冠通路工程、市公交公司天然气长疏管道工程、日照油气管廊项目、钢城大道西延工程等道路的清点、清表工作。

(二)木材特色小镇定位原因

1. 区位优势

碑廓镇距离岚山港仅 18 千米,距离岚山市区 10 千米,342 省道横穿碑廓镇,与岚山港无缝衔接,区位优势明显。《日照市城市总体规划》(2015～2030)提出,建设形成"双城双区多组团"的带状组团城市,其中,碑廓镇是"多组团"打造的三个重点镇之一。因而碑廓镇要依托发展优势,加强与城市发展的统筹规

划与功能衔接。

2.品牌优势

碑廓镇具有“全国文明村镇”“全国重点镇”“山东木业名镇”等荣誉称号，“国家级木材贸易加工示范区”“国家级木材检验检疫除害处理区”两个国家级园区坐落于此。

3.小镇定位

根据《山东省创建特色小镇方案》的要求，加快推进特色小镇的规划建设，促进产城融合，推动新旧动能转换，提高新型城镇化发展水平。碑廓镇将木材特色小镇定位为：依托“国家级木材贸易加工示范区”“国家级木材检验检疫除害处理区”的品牌优势，打造集木材检疫进出口、木材粗加工、木材精细化加工、木业产品展销于一体，物流配套齐全，商业产业链完整的木材特色小镇。

（三）采取的措施及存在问题

1.工作举措

科学规划设计。按照“过得来、住得下、安得下”的新型城镇建设总基调，聘请专业规划设计院搞好规划设计，以木材园区澳思柏恩项目为中心向外辐射，南至342省道，东至冀中能源项目，建设木材粗加工区、木材精深加工区、物流配套区、商务区、配套服务区等功能性区块。建设中小木材产业园，强力推进木材产业入园工作，建设配套设备完善的标准化厂房，规范管理，“筑巢引凤”，切实解决木材加工企业布局分散、生产粗放和“散、乱、污”的现状。

发挥产业的集聚优势。积极引导现有企业转型升级，加快推进新上项目的建设，抓好项目储备，破解要素制约。充分发挥澳思柏恩、冀中能源等项目的引领、带动、辐射作用，带动中小企业加快产业链条延伸、产品更新换代，提高规模效益，力争使更多的中小企业发展成为龙头企业的协作厂，扩大企业规模，提高经济效益。力争在2～3年内，将碑廓镇真正打造成全国木材行业全产业链的企业成长孵化平台，打造千亿元级专业市场集群。利用碑廓镇的产业支撑和就业优势，不断增加就业机会，依靠产业集聚引导人口集聚，促进人口与产业协同集聚、产业发展与城镇建设有机融合，推动形成合理分工、协调发展的城镇化新格局。

提升基础设施的集聚功能。加强基础设施的规划与建设，突出镇驻地开发，积极推进镇直西片区圣书家园和大湖社区安置房项目建设，为园区发展和驻地开发腾出空间，提升驻地基础设施水平，提高人口承载力。大力开展镇驻地提升工程，实施“路镇共建”，积极争取供水、供电、供气、供热管网配套，对镇驻地的4个村进行再改造、再提升。

突出小镇特色。结合现有的自然资源，规划打造工业旅游示范点，进一步调整、提升产业结构，发展二、三产业，助力全域旅游。以绣针河、圣公山为核心，以七和寺、山东军事工作会议旧址、东山部落等历史古迹、民俗风情为依托，精心组织景观要素，打造城镇专属名片。

2.存在问题

园区规划有待完善，发展空间不足的矛盾比较突出。精深加工区配套设施跟不上产业的发展要求，深加工项目一般需要建设独立的标准厂房和相关的配套设施，因而空间布局相对紧张。没有集中安置中小初加工项目的园区，项目与土地之间的供需矛盾大。

招商难度加大。与周边比，岚山区的投资门槛相对较高，招引外部木材精深加工项目落户的竞争激烈。

镇内现有企业的自主创新能力、升级发展能力较弱。大部分企业尚处于初级发展阶段，企业管理、产业科研能力、市场开拓能力、企业运转实力等还比较弱。

环保压力大。由于中小木材企业遍地开花，加之前期发展不规范，木材烘干窑不符合环保标准，因而环保工作压力大。

三、对策

2018 年 1 月 6 日，在政协第十届日照市委员会第二次会议上，政协委员、岚山区司法局副局长王玉鹏建议日照市要加强对特色小镇的规划审批，使之与产业相衔接，因地制宜地建设。要全面分析特色小镇的发展条件，积极推进特色小镇的配套设施建设，保障其基本需求，从长远发展的角度看待问题。在充分享受日照市人才引进的相关政策基础上，为留下人才创造更多有利条件。要抓住投融资模式创新的机会，解决建设资金的来源问题。

（一）进一步完善国家级木材贸易加工示范区总体规划

做到布局相对集中，产业功能分布合理，立足未来，留足空间。提供资金、政策等支持，搞好基础设施配套建设。建立港口、海关、检验检疫、交通、林业等部门联席会议制度，加快港口木材专用泊位建设，提高木材接卸能力。通过政策引导和制度保障，使岚山区继续保持全国木材进口加工基地的重要地位。

（二）抓好木材加工集聚区配套建设

木材产业主要是自发形成的产业，从形成之初就存在无规划、无序发展的特点，对前几年招商的项目也随意摆布，没有形成集中区。已建成区的相当一

部分厂房因为不具备棚房、园区道路、供热等基本条件，从而导致控制性详细规划迟迟未能出台，这影响了功能分区与项目布局。木材园区规划面积为3.1平方千米，除去建成区，可用面积仅有1.5平方千米左右，再预留一定区域集中安置中小初加工项目，所剩的面积便不多。因而需要优化木材产业园区规划，留足产业发展空间，并在项目土地指标等方面予以支持，确保招引项目落得下、留得住。

（三）制定优惠的产业扶持政策

建议从土地供应、税费减免、手续办理、建设资金等方面给予更大的扶持，从而引导木材产业持续健康地发展。

按照创建标准和要求，统筹各方力量，引入市场主体，以木材产业为基础，拉长产业链条，壮大产业集群，以产兴镇，以镇兴业，力争在3～5年内把碑廓镇打造成全国的木材产业聚集区、木材产业新旧动能转换的引领区、宜居宜业宜游的居住区、名副其实的特色小镇，使其为美丽乡村的建设增添活力，为乡村振兴打下坚实基础。

【参考文献】

张天柱、李国新：《美丽乡村规划设计概论与案例分析》，中国建材工业出版社2017年版。

作者单位：中共日照市岚山区委党校

乡村文化振兴篇

乡村振兴战略中乡村传统文化的保护与传承研究

陈文平

党的十九大报告正式提出“乡村振兴战略”，这是党的十九大作出的决胜全面建成小康社会，开启全面建设社会主义现代化国家新征程的新战略，它关乎中国经济发展质量的成色与全面建成小康社会的成败，是一个长期的历史过程，绝非一蹴而就的过程。围绕乡村振兴战略的提出与解读，乡村文化振兴、建设新时代的新农村成为其中一个非常瞩目的研究课题。在乡村振兴战略整体规划中，乡村文化振兴处在一个十分重要的高度。乡村振兴不仅是乡村经济振兴，而且还是乡村文化振兴。乡村是优秀传统文化的发源地，是礼仪文化、农耕文化、民俗文化的重要载体，千百年来，乡村文化作为我国社会文化体系的重要组成部分，凝聚着乡土之美、人文之美。乡村振兴不仅要振兴农业、发展乡村，而且还要重视乡土家园建设，发展乡土文化。《中共中央 国务院关于实施乡村振兴战略的意见》更是明确指出，乡村振兴要繁荣兴盛农村文化，焕发乡风文明新气象。乡村振兴，就是要传承乡村文化，保护好乡村风貌，留住乡村记忆。

一、坚定乡村文化自信，优化乡村文化产业结构

在一个发展良好的社会中，政治是其骨骼，经济是其血肉，文化则是其灵魂。作为一个在农业文明基础上发展起来的、拥有优秀传统文化基因的文明古国，中国的农耕文化是中华文化的根基，中华文化是中华民族的根与魂，是中华民族独立于世界之林的标志。习近平总书记曾在不同的场合提出，要重视中华民族优秀传统文化的重要性，因为“文化是一个国家、一个民族的灵魂。文化兴国运兴，文化强民族强。没有高度的文化自信，没有文化的繁荣兴盛，就没有中华民族的伟大复兴”。中华优秀传统文化是中国特色社会主义文化的重要组成部分，它根植于中国农业社会，而农业社会最典型、最直接的体现则是农村。可以说，农村是中华优秀传统文化最重要的阵地之一，也是最坚实的阵地，中华优

秀传统文化集中体现在农村文化、习俗、道德、传统中。植根于传统乡村文化中的家庭价值观念、亲孝礼仪和社稷家国观念等，正是“修身、齐家、治国、平天下”这一人文理想最具基础性和根本性的文化依托，是我国传统社会乃至现代社会品质、正统文化及政治精神的基本载体和驱动力。在乡村建设中，习近平总书记也强调，一定要继承与发展优秀的传统文化。

农耕文化是中华文化的根基，从世界历史的发展脉络来看，工业文明的发展历程要远远落后于农耕文明。当前，我国农村户籍人口所占比例超过半数，农耕文化仍旧占据着重要地位。我们强调对乡村文化的自信，就是需要传承和弘扬农耕文化中的优秀元素，不能丢掉原有的乡村文化体系，要在继承与发展的基础上合理吸纳现代文化，因为只有保留了文化的“根”，才能让乡村文化更加灿烂、更加长久。

实施乡村振兴战略，必须传承、发展、提升农耕文明，走乡村文化兴盛之路。乡村文化是乡村社会得以延续的核心，如果没有乡村文化，那么乡村也就是“一潭死水”，无从振兴。从某种意义上说，乡村振兴的核心是乡村文化振兴，乡村振兴要紧抓文化灵魂。从中国 10 多年前轰轰烈烈的新农村建设中不难发现，很多贫困村之所以贫困，其关键在于精神层面的贫困，在于内生动力的不足。到今天，一些乡村仍存在环境“脏、乱、差”、自然生态退化等问题，这些问题严重制约了乡村振兴战略的实施。从根本上讲，这些问题的本源都在于精神文明建设的欠缺。那些经济发展水平高的乡村往往都是乡村文化发展好、乡风文明程度高的乡村，由此可见，加强乡村文化建设工作，就必须提高乡村社会文明程度，以文明乡风助力乡村振兴。

培养乡村文化自信，需要科学看待和应用优秀传统乡村文化，对乡村文化给予充分尊重与信任。许多乡村地区都保留着自己丰富、独特的优秀乡村传统文化资源，其中最为普遍的就是孝贤文化、重义轻利、诚实守信、邻里友善等思想观念。这些观念体现着一定区域内村民共同的价值认同和情感归属，比较容易形成情感共鸣。因而在发掘乡村传统文化的过程中，可以利用社会主义核心价值观对村民进行社会公德教育、职业道德教育、家庭美德教育，引领他们崇尚科学，移风易俗，爱岗敬业，树立先进的思想观念，并将其转化为思想道德建设的重要资源和精神财富，从而提高村民的思想道德境界，推动社会主义核心价值观的培育与形成。此外，乡村传统文化还具有重要的道德教育功能，保护与传承乡村优秀传统文化，能够协调人际关系，舒缓压力，化解矛盾等。例如，乡约乡规对维持乡村社会秩序，补充完善乡村治理，教化乡里、劝恶惩善，维护邻里关系等都起到了巨大作用，有助于乡村社会的和谐稳定，有助于形成和谐的新型社会关系。乡村传统文化是非物质文化遗产的重要组成部分，蕴含了丰富的文化资源，因而务必要更好地传承和保护乡村优秀传统文化，使古建筑、古文物、传统手工艺等不可再生的文化资源可以永远地传承下去，同时维护乡村传统文化的多样性，真正实现社会主义文化繁荣。重视优秀乡村传统文化的传承和保护，合理挖掘、利用乡村传统文化资源，将乡村传统文化资源与经济发展结合起来，走市场化、产业化发展道路，走农村经济合作社的集体发展道路，使乡村传统文化资源发挥特色，形成文化产业，开发文旅产业，使其创造应有的经济价值，丰富村民的日常生活，优化农村产业结构，推动社会主义新农村建设，从而推动新型城镇化的进程。

二、挖掘乡村文化遗产，留住乡村文化记忆

我国农村具有丰厚的传统文化资源，因此在乡村文化振兴中，有必要重新审视和挖掘乡村的文化价值，扶持乡村文化发展。中华民族具有浓厚的乡土情怀、故园情怀，留住乡愁、寻找故土是实现文化认同感的一种方式，它能让赤子的精神有所归属。实施乡村振兴战略，重要的是留住乡愁。这个乡愁既包括青山绿水，也包括文化民俗。利用好农村的青山绿水，“号住”乡土家园文化之根的脉搏，因为它们是乡村文化里“活的文化”，所以需要挖掘乡土文化价值，推进中华农耕文化的传承，开发文化创意产品，打造特色品牌。

浙江省作为全国美丽乡村建设的标杆省份，拥有一大批知名度、曝光率很高的“网红村”，在实现村美民富的过程中取得了不错的成绩，也是走了一条摸索前进的道路。例如环溪村，是《爱莲说》作者——北宋理学家周敦颐的后裔聚集地，也是浙江省级历史文化保护区古村落之一。环溪村在杭州天景水生植物园专家的帮助下，充分挖掘“莲文化”，完成了旅游规划设计，“编织”出了一幅布局紧凑、错落有致的“山水画”，最终成为全省乃至全国有名气的文化旅游村落。环溪村的做法，正是充分挖掘历史文化资源而取得成功的重要经验。但是，模式、经验可以借鉴、推广，却并不能一味复制。总结浙江省的美丽乡村经验不难发现，坚持美丽乡村建设与生态文明建设互促共进，坚持美丽乡村建设与文化建设互促共进，利用乡村得天独厚的自然资源和独特的地域文化，发掘随着历史发展而更替但却不会泯灭的共同文化记忆，继承和发展富有地方特色的乡村优秀传统文化，正是当下更好地实施乡村振兴战略的一条出路。当下，全国广大农村地区都遍布着各种特色小镇、历史文化名村和“非遗”项目等，这些都是不可再生的文化资源，在乡村振兴过程中就要充分利用这些独特的文化资源，提升乡村振兴的内在品质和文化气质。继承乡村文化，使之与社会主义核心价值观相融合，并对其进行创造性转化和创新性发展，使风格各异的乡村文化成为美丽乡村的靓丽名片。

让“乡愁”和文化认同成为民众永远守望的精神家园，在政策、信息、资金等方面为农村文化产业提供条件，创造环境。将乡村非物质文化遗产等作为产业加以培育和保护，以此提高乡村社会文明程度，助推农村文化产业的兴起、发展、壮大，助力乡村振兴战略，这也许就是习近平总书记将“文化振兴”作为“五个振兴”的嘱托之所在。

三、强化乡村文化服务，激发群众的内在认同

伴随着城镇化的迅速推进以及城市文明的不断扩张，传统的乡村文化资源不可避免地处于被忽视甚至被破坏的地位。乡村承载着独特的地方文化，与城市同化发展形成鲜明的对比，这种对比也让乡村文化显得弥足珍贵。引导传统乡土文化向现代文明转变，充分发掘乡土传统文化中的优秀成分，这对珍视历史传承，延续乡村文化脉络，守护乡村文化生态，留住美丽乡愁具有重大的现实意义。如何全面塑造文明乡风，激发群众在树立文明乡风、构建乡村文化中“自觉参与”的内生力，是文明乡风建设的关键所在。

复兴乡村文化，需要内外兼修。坚持物质文明和精神文明一起抓，加强农村公共文化建设，开展移风易俗行动，培育文明乡风、良好家风、淳朴民风，提升农民精神风貌。既要开展广泛的宣传教育，培育、提高村民的主体意识，让农民转变观念，使村民真正成为实施乡村振兴战略的主体，成为激发农村发展的内在力量；又要强化农村文化基础设施建设，营造良好的农村文化氛围，创立和开展丰富多彩的文化活动，构建乡村文化服务网络，为农民提供便捷有效的文化服务，充实农民的乡村文化生活。目前，我国县、乡、村文化基础设施相对比较完备，公共文化服务水平相对比较高，这为开展文明乡风建设创造了良好的外部条件。在开展文化活动时，要做好收集群众反馈的工作，注重活动成效，严格把关活动内容，注重用群众喜闻乐见的形式和现代传播手段，融入现代文明理念。

在这方面，作为孔子故里的曲阜市有一些可以借鉴的经验。曲阜的行政村几乎都建有“孔子学堂”，并将社区、乡村建设与传承优秀的儒家思想文化相结合，在全市 10 个试点村推行“乐和模式”，建设“乐和家园”。在这些村落、社区里，除带领村民重拾农耕文化外，社工还在村里的“孔子学堂”教村民特别是孩子们诵读《论语》等经典，练习书法。邀请乡村儒学老师讲解传统道德文化，让传统文化走进村民，但不是照搬经典和课堂，而是将这些文化融入到老百姓日常所用的话语和日常所闻的小故事中。曲阜市正是以“乐和家园”建设为载体，坚守乡村文化阵地，让乡村成为优秀传统文化的保留地，成为优秀传统文化持续发展的滋养地，成为曲阜市建设习近平总书记提出的建设“东方圣城、首善之

区”的重要一环。

乡村是农业文明的载体，乡村文化承载了中华民族浓厚的文化底蕴，认识乡村文化价值，珍视乡村历史文化传承，延续乡村文化脉络，留住美丽乡愁，挖掘中华优秀传统文化蕴含的人文精神、道德规范，并结合时代要求进行继承、创新，构建植根于传统，又兼具新特质的乡村文明，让优秀的农耕文明展现出永久魅力和时代风采，才是中华民族得以屹立世界文化之林的奥秘所在。因此，要辩证、理性地看待乡村传统文化与现代文明的关系，现代文明理念中的科学观念、民主思想、法治精神等主要来自西方，而乡土传统则在中华民族的土壤中生长并传承、延绵了数千年，早已经深深沁入了民族的集体血液中。在全球化的时代，不能厚此薄彼，要充分理解吸收，既要认识到中华民族的文化根基在于乡土传统，同时又要将视野转向全球，真正将社会主义核心价值观落到实处，引导传统乡土文化向现代文明转变，充分发掘乡土传统文化中的优秀基因，对传统乡土文化中的落后成分则需要以科学、文明的精神对其加以引导、改造，使之符合现代乡村社会发展的需要。

【参考文献】

[1]罗建荣:《城镇化推进与古村落保存——现代文明与传统文化的冲突与对接》,《延安大学学报》(社会科学版)2006 年第 1 期。

[2]周祥宝:《用马克思主义文化理论指导当代中国农村文化建设》,辽宁工业大学硕士学位论文,2013 年。

[3]陈宇海:《新型城镇化进程中的传统文化传承与保护机制研究——基于社会学视角的思考》,《学术评论》2017 年第 2 期。

[4]杨智勇、曾贤杰:《新型城镇化进程中传统乡村文化、传承与创新——基于“乡愁”理念的视角》,《中国文化产业评论》2014 年第 2 期。

[5]《中共中央办公厅 国务院办公厅关于进一步加强农村文化建设的意见》,2005 年 12 月 12 日《光明日报》。

[6]《乡村振兴,文化力量不可缺位》,2018 年 4 月 14 日《光明日报》。

作者单位:中共曲阜市委党校

发挥传统家训作用　推进乡村社会治理

翟玉晓

社会治理现代化是社会管理理念和方式的重要升级，是国家治理现代化的重要支撑，是维护社会稳定的有效途径，是增强社会活力的必然选择。党的十九大报告指出："加强社会治理制度建设，完善党委领导、政府负责、社会协同、公众参与、法治保障的社会治理体制，提高社会治理社会化、法治化、智能化、专业化水平。"这是继十八大和十八届三中全会提出将创新社会治理体制作为"五位一体"总布局中社会建设的重要内容后，党中央作出的关于推进社会治理现代化的又一重大部署。目前，我国还有50.32%的人生活、居住在农村，而积极推进广大乡村的社会治理是当前我国实现治理体系和治理能力现代化的基础和重要着力点。只有不断推进广大乡村的社会治理，不断提升乡村治理能力和水平，才能更好地实现乡村治理体系和乡村治理能力的现代化，进而推进国家治理体系和治理能力的现代化。乡村治理的顺利推进需要密切联系和依靠广大村民，有效地整合乡村的各种治理资源。

传统家训文化作为乡村的一种社会意识形态，会潜移默化地影响人们的思想价值观念和行为选择标准，是当下乡村治理的重要文化资源。在传统家训文化的长期影响下，我国广大乡村形成了一套植根于传统文化的内生秩序。虽然这种内生秩序正不断遭受市场经济大潮的冲击，但它作用于人的力量依然巨大。因此，要充分发挥传统家训的积极作用，在农村基层建设过程中，充分调动普通农民参与乡村治理的积极性和主动性，培养农民的主人翁意识，使农村社会达到良治，用乡村治理的现代化来推进国家治理体系和治理能力的现代化。

一、"齐家"文化是乡村治理的重要基点

家庭教育或者说个人所成长的环境——家庭，是社会单位的起点，家庭的

风尚就是家风。家风是传统基层社会中一个很重要的道德典型，它依托中国家族和宗族而诞生，是一个家庭的风气、习俗，是一个家庭代代相传的规矩，是每个家庭成员从小到大都要遵循的祖训，是一种能够影响家庭成员精神、品德及行为的传统风尚。在中国几千年的历史中，不管是大家还是小户，都十分重视遵守和执行这些规矩。

家庭是社会单位里最小的细胞，家庭成员的言行举止都受到家风祖训的熏陶和诫训，代表着一个家庭的整体形象，故家庭成员不敢肆意造次。家风正，则后代正，良好的家风有利于形成良好的社会风气，有利于促进社会的公序良俗。《孟子·离娄上》云："天下之本在国，国之本在家，家之本在身。"《大学》中也提出："物有本末，事有终始，知所先后，则近道矣。古之欲明明德于天下者，先治其国；欲治其国者，先齐其家。"

自古以来，我国就有重视家庭教育，培养家风的传统。家风也称"门风"，是一种由父母(或祖辈)所倡导、用以约束和规范家庭成员的道德准则、处事方法和精神风貌。家风一经形成，就能持久地起到陶冶家庭成员性情的作用。因此，不论时代发生多大变化，不论生活格局发生多大变化，我们都要重视家庭建设，注重家庭、注重家教、注重家风……使千千万万个家庭成为国家发展、民族进步、社会和谐的重要基点"。不仅如此，家风还与社会风气相互关联、相互制约。家风受社会风气影响，反过来也能影响社会风气。好的家风对社会风气有着净化作用，通过家风的浸润，能推动社会风气趋好向善。

在当前乡村治理实践视野下，重视家庭教育和家风建设，具有极其重要的现实意义。受市场经济和乡村社会转型的影响，一些地方出现了伦理失序、价值失落、情感疏离等问题。如何治愈这些"时代病症"，家风建设可谓有效良方。一方面，通过家风建设，培育家庭成员的道德情操和健全人格，提升村民各方面素养，塑造乡村治理的合格主体；另一方面，家风建设中所形成的优良家风向民风辐射，向社会延伸，假以时日，就能在乡村社会形成知荣辱、守伦常、讲正气、促和谐的社会风尚。家风正，则民风淳；民风淳，则社风清。良好的乡风村貌，本身就是理想的治理环境，乡村治理实践从此可以走上良性循环之轨。

二、"耕读"文化有利于提升乡村治理主体素质

"耕"指下田劳作，"读"指学习诗书礼仪。"耕读"就是一边耕作一边读书学习。"耕"可获五谷，满足生存之需；"读"可习知识，获取发展之需。耕读结合，即可求生存，又可谋发展，极其重要。钟氏《祖训十二款》之《耕读为本》款提到：

“人有本务，不外耕读二事。盖勤耕则可以养身，勤读则可以荣身。……凡我子孙耕者成耕，读者成读。此本所当务也。”钟氏将耕读作为本务，以耕养身，以读荣生，很好地阐释了耕与读的关系以及耕读传家思想在古代社会的地位。

面对日新月异的时代变化，“耕读”文化要发挥其应有的功能，就必须推动其实现创造性转化和发展，使其获得时代话语权，能用现代话语体系阐释和表达“耕读”文化精髓，使其成为大众化的选择。在当前的乡村治理实践中，就是要充分挖掘耕读精神所蕴含的这种广义学读理念，指导和鼓励广大村民勤于“耕”，勤于各项治村工作，主动“读”，主动学习乡村治理所需的各种科学文化知识，不断提高自身素质和能力，进而更好地为乡村治理服务。

三、“仁民爱物”文化有利于改善乡村治理风貌

“仁民爱物”出自《孟子·尽心上》：“君子之于物也，爱人而弗仁；于民也，仁之而弗亲，亲亲而仁民，仁民而爱物。”指对人亲善，进而对生物爱护。在中国传统伦理观念中，做一个仁爱之人是为人处世的基本原则和人生追求。受其影响，传统家训也多谆谆告诫子孙明事理，做好人。比如，要和睦乡邻，乡里百姓遇上天灾人祸时，要仗义疏财，救难济贫。《颜氏家训·教子》篇嘱咐子弟兵：“亲友之迫危难也，家财己力，当无所吝。”传统家训还告诫子孙，要热心公益，多行义举。举凡乡里修路造桥，设立义庄、义学等事，都要积极参加，勿辞劳怨。传统文化推崇“天人合一”，主张仁爱不仅施予人，而且还要推人及物，慈爱万物，仁及鸟兽。传统家训也多有此类倡导。《袁氏世范》中有一节专门论及对动物的爱护，认为“物我一理”，皆有“喜聚恶散，贪生畏死”的性情，因此要爱惜物命，每逢寒冬将至，须认真检查牲畜栏圈御寒情况，使其无风寒之患，安全过冬。

传统家训中“仁民爱物”的思想与实践，对搞好当前乡村治理具有重要的启示意义和借鉴意义。随着市场化和现代化的不断冲击，乡村传统家训文化所倡导的各种伦理道德规范正不断为市场经济所吞噬，而市场经济所倡导的法律契约精神又尚未在广大乡村形成，这种前后断层的社会环境导致广大村民的行为选择日趋原子化和利益化，日离公共性和集体性，长此以往，整个乡村社会将沦为伦理道德失范的趋利社会。而当前的乡村治理活动是一个主体共同参与、互相协调、配合的动态过程，其推进过程不仅需要相关法律制度的刚性督促，而且还需要伦理道德文化影响下的柔性助推。这种各自为政的“原子化”和只顾牟取私利的“利益化”乡村风貌会影响治理主体的共同参与性和互相协调配合性，进而影响乡村治理工作的开展。因此，乡村治理实践要针对乡村治理困境与问

题，着眼于优化道德环境、改善世俗风尚、维护社会和谐稳定等治理目标，借“仁民爱物”文化，助推乡村治理。大力倡行和睦邻里、仁爱万物、热心公益、多行善举等道德实践，积极培育新型伦理道德文化，为乡村治理实践找寻新的发力点。

四、“崇廉尚洁”文化有利于廉政中国建设

根据《辞海》对“清廉”的释意，“清”与“污”对应，“廉”与“贪”对应。“清廉”就是为人、为官清白不污，廉洁不贪。只有为人、为官清廉，才能求得更好的仕途发展，因此在我国古代社会形成了大量用于自省自律、严于修身及教育子孙后代廉洁行政的清廉家风家训，这在我国的传统家训文化中能够找到很多的例证。例如，三国时期蜀国的诸葛亮在《诫子书》中告诫子孙：“夫君子之行，静以养身，俭以养德。”南北朝时期的颜之推在《颜氏家训·涉务》篇中曰：“藩屏之臣，取其明练风俗，清白爱民。”北宋司马光所撰《温公家范》中列举了晋朝陶侃之母湛氏责子需清廉的例子。湛氏在与陶侃的信中说：“尔为吏，以官物遗我，非惟不能益吾，乃以增吾忧矣。”意思是陶母告诫儿子要公私分明，不能损公肥私。清朝曾国藩一生以“廉、谦、劳”三字自惕，并训诫子孙要谨遵“居家以不宴起为本，做官以不要钱为本”之治家信条，等等。

在传统中国社会中，上自帝王，下至黎民百姓，都强调律己，且治家严格，他们的家训无不告诫子孙要以忠孝、仁义、谦让、宁静、淡泊、节俭来修养身心，培养品行，抵制诱惑，克服怠惰，陶冶性情。这些谆谆教诲对于为官者培养后代子孙，防止他们仗恃父母的特权、财富、地位、名声凌驾于法律之上，骄横跋扈，有恃无恐，气焰张狂，暴戾乖张，奢靡无耻，为富不仁，危害社会的公序良俗具有重要的意义。

当前，乡村治理是主体共同参与的实践活动。乡村治理的这种共同参与性要求我们，在乡村治理的过程中要整合参与主体的治理资源，要协调和满足参与主体的利益诉求，只有这样才能提高乡村治理的功效。而最为关键的是，需要发挥乡镇和村组干部的统领和指导作用，乡镇和村组干部也因此构成了乡村治理的关键主体。乡镇和村组干部在整合分散资源、协调和满足参与主体的利益诉求时，只有正确利用手中权力，廉洁奉公，执政为民，才能更好地取信于民，进而更好地依靠广大村民推进乡村治理，提高乡村治理功效。因此，在广大乡村传播传统家训所蕴含的这种清廉尚洁文化，引导广大乡镇和村组干部廉洁行政，是提高乡村治理功效的重要手段。

五、"乡贤"文化有利于改善乡村治理的主体结构

关于"乡贤"一词的概念，笔者赞同王泉根教授对乡贤的界定："乡贤系指民间基层本土本乡有德行有才能有声望而深为当地民众所尊重的人。"①这些人在我国古代乡村社会扮演着非常重要的角色。传统村落中的家族训诫、村规民约等，大都由当地乡贤主持制定，并督促家庭成员、乡人遵守，以此促进乡村社会和谐。所谓"训子弟以禁非为、敦孝悌以重人伦、和乡党以息争讼"，说的就是乡贤在当地承担着训诫子弟、敦睦乡邻的教化责任。乡贤群体是传统家训文化、乡村文化的积极倡导者与践行者。随着时代的进步和社会的变迁，"乡贤"一词的内涵也在不断丰富和扩展，范围也在不断扩大，出现了所谓的"新乡贤"。"新乡贤"系指当下社会各界精英名流。"新乡贤"同古代乡贤一样，在社会发展方面起着非常重要的推动作用。

乡村治理是一项复杂的、艰难的系统工程，它的顺利推进离不开乡村精英这一群体的大力参与和支持。然而，受城市化"虹吸效应"的影响，广大乡村精英正在不断外流，这严重影响了乡村治理的主体结构组成。因此，弘扬乡贤文化，积极培育新乡贤与新乡民，有利于减少乡村精英的外流，弥补乡村精英的缺失，进而改善乡村治理的主体结构。

【参考文献】

[1]方勇译注：《孟子》，中华书局2010年版。

[2]王文锦译注：《大学中庸译注》，中华书局2008年版。

[3]陈世松：《大迁徙"湖广填四川"历史解读》，四川人民出版社2010年版。

[4]夏家善：《颜氏家训》，天津古籍出版社1995年版。

[5]陆林：《中华家训》，安徽人民出版社2000年版。

[6]王新龙：《中华家训(二)》，中国戏剧出版社2009年版。

[7]成晓军、唐兆梅：《曾国藩家训》，重庆出版社2006年版。

[8]徐艳芳、仇文静：《我国乡村文化治理研究回顾与展望》，《中国文化产业评论》2015年第2期。

[9]占建青、朱瑾：《乡村治理现代化中的文化困境与调适》，《金华职业技术学院学报》2016年第2期。

---

① 王泉根：《中国乡贤文化研究的当代形态与上虞经验》，《中国文化研究》2011年第4期。

[10]王沪宁:《中国的村落家族文化:状况与前景》,《上海社会科学院学术季刊》1991 年第 1 期。

[11]郑卫东:《"国家与社会"框架下的中国乡村研究综述》,《中国农村观察》2005 年第 2 期。

[12]贺雪峰:《乡村治理研究的三大主题》,《社会科学战线》2005 年第 1 期。

[13]郭正林:《乡村治理及其制度绩效评估:学理性案例分析》,《华中师范大学学报》2004 年第 4 期。

作者单位:中共日照市委党校

艺术改变乡村

——寿光市东头村推动文化振兴的有益探索

左兰国

习近平总书记指出：乡村振兴既要塑形，也要铸魂。为了以文化的力量铸魂化人，促进乡村文化振兴，寿光市东头村探索引贤归乡、用艺术改变乡村的做法，为拓展乡村振兴之路提供了有益借鉴。

一、东头村“艺术改变乡村”的“三步走”计划

东头村位于寿光市中部，有600余户、2000余名居民，以蔬菜种植为主业。东头村此前一直是一个默默无闻的普通村庄，如今却因镇村组织和一群艺术家的艺术实践，而成了超过千万人关注，每天都有游客光顾的“网红村”。镇村组织和艺术家们分三步，走出了一条乡村文化振兴的探索之路。

第一步：成立“先生书院”。2017年5月，一直在外创业的东头村人，艺术家、著名策展人信王军，受乡情感召，回村在自家老宅成立了“先生书院”，这是信王军成立的全国第三家、山东省第一家书院。自此，东头村人有了一处永久免费的，能够进行阅读、交流和怀旧的精神家园。这就是东头村“艺术改变乡村”计划关键的第一步。

第二步：街头艺术涂鸦。“先生书院”成立后，东头村日渐为大众所关注，随着田柳镇、东头村与信王军的沟通越来越多，三方很快在艺术美化乡村、繁荣文化、带动发展上达成共识，决定联合启动以“艺术改变乡村”为主题的“农村涂鸦艺术节”，邀请国内外艺术家来东头村挥笔泼墨，共同见证文化的神奇力量。通过不懈努力，先后共有120多位艺术家莅临东头村挥笔涂鸦。2018年4月23日～5月21日，寿光市首届涂鸦艺术节成功举办，这是山东省内邀请艺术家最多、持续时间最长、涂鸦范围最广的一次涂鸦艺术节。东头村的涂鸦艺术引起了社会的广泛关注，东头村也由此成了“网红村”，甚至美国阳光瑞德国际教育也有位教师来到村庄，与孩子们进行了一次美好的艺术探索之旅。东头村“艺

术改变乡村”计划迈出了影响广泛的第二步。

第三步:纳入镇级规划。镇村组织和信王军并未就此止步,“艺术改变乡村”行动继续进行。接下来,信王军将继续邀请全国各地艺术家来东头村创作,村庄也将变得更加美丽多彩。东头村计划举办以“记忆”为主题的首届乡村电影节,电影节上将精选多部电影露天放映,并邀请导演现场交流。田柳镇及时把东头村“先生书院”和涂鸦艺术纳入全镇文化振兴规划,提出打造“两条长廊”,建设“六处公园”,开展“百场活动”,多措并举创树乡村文化振兴新亮点,其中“先生书院”和涂鸦艺术成为全镇规划的重要内容。东头村“艺术改变乡村”计划正在迈出化零为整、由点到面、由一村到全镇的重要的第三步。

二、东头村“艺术改变乡村”探索的多维效应

一个以水泥灰为主色调的普通村庄,变成了五彩斑斓的梦幻之地,这给村民和游客们带来了一场场视觉盛宴。但这绝不是一场简简单单的“颜色革命”,“先生书院”和涂鸦艺术在美化村容村貌的同时,也用艺术唤醒了乡村记忆,传承了农耕文化,滋养了乡民精神,提升了班子组织力,也带动了村庄发展。

(一)传承农耕文化

千百年来,农耕文明下的乡村文化凝聚着乡土之美、人文之美。随着社会的发展,这种独特的乡土味道和人文意蕴却越来越寡淡。乡村振兴不是乡村城镇化的代名词,乡村文化要振兴,离不开农耕文化的传承、发展和提升。东头村通过古朴传统的“先生书院”和形式新潮而乡韵四溢的涂鸦艺术,为传承农耕文化作了很好的探索。在“先生书院”内,一朵悬置在月亮门上的“云彩”,20 世纪 70 年代的老土坯房体、横梁的“大金鹿”自行车、黑白电视、搪瓷缸、留声机、母亲的嫁妆(一块老镜子、老柜子)……勾起了人们对旧日时光的浓浓回忆。满村的涂鸦同样充满了浓郁的传统底蕴和乡土特色:400 多年高龄、已移出村外的老槐树,手拿着本村产业象征的黄瓜和西红柿的财神,翻红绳的老母亲,由全村的老照片而组成的“全家福”屋墙……这些无不触动着村民和游人的心。翻红绳的老母亲成了真正的名人,发出“你缺席全家福多久了”之问的“全家福”屋墙让外乡游子尤其挂心。书院建成后,在外工作的东头村人自发成立了“东南西北东头人”微信群,他们比以往任何时候都更加关注自己的家乡,都更加想回家看看,都更加想为家乡做点什么。

艺术改变了乡村,艺术也唤起了人们淡忘已久的留恋家乡、热爱故土、回报桑梓、相守相望等农耕文化记忆。农耕文化是中华文化的根,东头村人正用艺术把根留住。

(二)滋养乡民精神

在东头村,一幅幅美丽的涂鸦,就是一场场视觉盛宴和心灵盛宴,它不仅让村容村貌大变模样,而且还让乡民的精神风貌焕然一新。由涂鸦艺术家们刚进村时有人丢手机,到如今村里的年轻人为艺术家们赋词写诗;从农户开始的不理解、抗拒在自家墙体涂鸦,到满心欢喜地邀请艺术家们到自家画画;从以往农闲时三五成群四处玩乐到现在聚集在"先生书院"看书聊天……东头村村民的精神世界发生了很大变化。以前村子普普通通、默默无闻时,老老少少都多少有些自不如人的失落感,自从书院落成后,乡亲们越来越以自己是东头村人而自豪。提升农民精神风貌是乡村文化振兴的重要内容,东头村现在越来越像以前的古朴村落,而东头村人自信从容的精神气质却越来越像城里人。

(三)提升班子组织力

在东头村村民对书院和涂鸦态度改变的背后,村两委做了大量工作。当120多位艺术家涌入村庄,要在村民房屋和墙体涂鸦时,大部分村民非常抵触,为此村两委一次次地开会商讨对策。对成见深的村民,村两委成员分头做工作,耐心细致地沟通、劝说。这是考验班子团结的过程,是历练班子组织力的过程。在此过程中,村两委成员精诚团结,高效工作,保证了艺术家们顺利完成创作。之后,游客来得越来越多,他们不免对村容村貌、基础设施、干部作风、村民言行有一番指点、评价,这无形中给村两委带来了更大压力,但也使他们的使命感和责任感更强了:班子必须加倍努力,必须对得起艺术家们的辛勤付出,必须对得起老少爷们的信任,必须让游客们有更好的观感和收获。由此可见,干部作风有了很大转变,班子组织力有了很大提升。文化的力量大而长久,文化振兴和组织振兴总是相得益彰、相辅相成。

(四)带动全面发展

艺术对乡村的改变是全方位的,其中也包括对经济的带动。信王军在自己的微信公众号"前线"随时发布"先生书院"和涂鸦艺术的信息,120多位艺术家以及东头村人也不断地把这一艺术盛举的相关资料发布到网上。一时间,东头村成了真正的"网红村",有超过180家媒体对此进行了报道,引发了1000多万网民的持续关注,越来越多的游客选择到东头村观光,这自然也带动了村子的经济发展,村里各类店铺的营业额都得到了不同程度的上升。得益于乡村记忆和留住乡愁主题的广泛传播,一栋闲置多年的老宅,被改造成一家独具特色的"公社饭店",并且生意日渐兴隆;村里其他闲置多年的老宅也相继被开发,这些闲置资源都得到了充分利用；东头村决定以“一塔一树一书院”加涂鸦艺术为主题打造东头村特色旅游链条。东头村还打算对蔬菜进行艺术包装，打造品牌，提升价值；和哈罗单车合作，发展骑行游览、旅游采摘等旅游项目；利用闲置房屋搞民俗展览，做特产销售……艺术改变乡村的效应是多维的，改变是全方位的，东头村的发展未来可期。

三、东头村文化振兴探索的有益启示

东头村的实践为乡村全面振兴尤其是乡村文化振兴作出了有益探索，为有效落实乡村振兴战略提供了有益启示。

（一）重视发挥各类人才和社会组织的积极作用

推动乡村振兴，必须强化人才支撑。年轻艺术家信王军以一颗赤子之心，与120多位艺术家集聚东头村，以独特的方式为乡村振兴贡献力量。这些富有创造力的艺术人才来自不同的社会组织，他们在东头村的实践彰显了社会组织的力量。社会组织是社会建设的主体之一，往往能够很好地弥补政府的公共服务功能，在配合政府部门开展社会活动，推动社会进步等方面发挥着越来越重要的作用。东头村的“艺术改变乡村”实践，就是发挥各类人才和社会组织作用的成功范例。

（二）注重特色，因地制宜地促进乡村振兴

百里不同风，十里不同俗。因此，在乡村文化振兴过程中，要科学把握各地差异和特点，注重地域特色，体现乡土风情。不搞一刀切，不搞统一模式，打造各具特色的“富春山居图”。东头村文化振兴探索实践的成功，正是因为很好地坚持了这一原则。作为一个各方面并不突出的村庄，田柳镇党委和东头村两委没有盲目照搬其他村庄的成功模式，而是立足实际，根据东头村一塔、一树的固有文化元素以及东头村较多老宅老屋的现实，合理添加“先生书院”和街头涂鸦艺术，为东头村设计了完整的旅游链和合理的发展路径，为“艺术改变乡村”的成功推进，为东头村将来的健康发展打下了良好的基础。

（三）镇村组织积极作为是乡村振兴的关键

习近平总书记指出：把实施乡村振兴战略摆在优先位置，让乡村振兴成为全党、全社会的共同行动。全党、全社会的共同参与，乡村振兴的全面推进，关键在于各级组织尤其是镇村组织的认识和作为。对于信王军用艺术改变东头村，回报家乡的意愿，田柳镇党委给予了高度重视，他们与信王军主动洽谈，最

终促成了这一盛举。对东头村“先生书院”的建设，120多位艺术家的吃住行，艺术创作所需材料及其他需要，镇村两级组织都给予了全方位的支持。东头村的成功，是贤才意愿、社会组织的公益心、村民的认同和配合、镇村两级组织的全力支持等因素综合作用的结果，其中镇村组织对落实乡村振兴战略的高度自觉和积极作为是关键。

作者单位：中共寿光市委党校

乡村振兴背景下乳山传统村落保护与开发的研究

杨绍平

实施乡村振兴战略，是党的十九大作出的重大决策部署，是决胜全面建成小康社会、全面建设社会主义现代化国家的重大历史任务，是新时代“三农”工作的总抓手。2018 年中央一号文件也提到：划定乡村建设的历史文化保护线，保护好文物古迹、传统村落、民族村寨、传统建筑、农业遗迹、灌溉工程遗产。习近平总书记在参加 2018 年两会山东代表团审议时提出：要保护好传统村落、民族村寨、传统建筑，不搞一刀切，不搞统一模式，不搞层层加码，杜绝“形象工程”，对保护传统村落提出了新的要求。在此背景下，更应加大对传统村落的保护力度，注重对传统村落物质文化遗产和非物质文化遗产的保护。

一、乡村振兴背景下传统村落保护与开发的意义

作为一个拥有悠久农耕文明的国家，中国广袤的土地上遍布着众多形态各异、风情各具、历史悠久的传统村落。传统村落是在农耕文明长期的传承过程中逐步形成的，凝结着历史的记忆，反映着文明的进步。传统村落不仅具有历史文化传承功能，而且对于推进农业现代化进程、推进生态文明建设等具有重要价值。

（一）保护历史文化遗产，发扬传统文化

古村落是巨大的文化“包裹”，是中华民族的伟大瑰宝。在我国，传统村落具有分布广泛、数量庞大、参差不齐等特点，具有独特的地方特色和民族文化。通过保护传统村落文化，可合理保护历史文化遗产，延续当地淳朴的风土人情，并可使物质文化遗产与非物质文化遗产保护齐头并进，从而将传统村落引上良性发展道路，进而促进文化的可持续发展。随着城镇一体化的不断实施与开展，我国的传统村落已渐渐失去了独有的村庄特色。通过保护传统村落，可有

效地挖掘传统村落的文化特色，并不断地延续其独有的精神个性，进而可有效避免在城镇一体化进程中，因失去其独有的乡村特色而出现千村一面的情形。

(二)引导传统村落的可持续发展，解决保护与发展的矛盾

由于经济的快速发展以及社会的不断进步，保护传统村落与发展传统村落之间往往存在一定的矛盾。对此，可采取发展乡村旅游的方法，有效协调传统村落保护与发展之间的关系。保护传统村落也是对村落历史整体进程的保护，可以避免发展过程中对传统村落的整体风貌、历史文化等的破坏，同时也可有效增进传统村落的发展动力，提高传统村落的活力，进而促进传统村落文化的可持续发展。

(三)传统村落是发展乡村旅游，创新农村、农业发展道路的基础

国际经验表明，城镇化中期必然伴随着旅游潮的兴起。从发达国家的经验看，乡村旅游是旅游的重要内容，而发展乡村旅游就要保护好传统村落。根据中国实践，无论是四川还是浙江、福建，凡是坚持保护传统村落、发展农家乐的农村，农民的收入增长都快于其他地区。这些致富新道路都必须基于传统村落，没有对传统村落的保护与利用，创新发展道路就无从谈起。

二、乳山市传统村落的主要特点

(一)传统村落数量较多

除已认定为省级传统村落的乳山寨镇南司马庄村、诸往镇东尚山村、大孤山镇东林家村外，目前乳山市至少还有海阳所镇赵家庄村，城区街道腾甲庄村，崖子镇田家村、大崮头村等20个村庄符合省级传统村落标准。其中，以崖子镇田家村等为代表的传统村落，具有典型的普通民居特点；以海阳所镇赵家庄村、城区街道腾甲庄村等为代表的传统村落，是典型的地主庄园式建筑风格。

(二)建筑年代久远

乳山市传统村落历史悠久，大多形成于明代，历史环境要素完备，有古河道、商业街、公共建筑、特色公共活动场地、堡寨、楼阁、古树等。其中，大孤山镇东林家村留有雍正手迹的“贞节牌坊”、石磨盘铺成的街道及约400年树龄的小叶朴树，具有较高的开发价值。

（三）风貌保存完好

崖子镇大崮头村李培桓故居是一座木框架结构的二层小楼，两栋墙体属于上砖下石，是典型的清代复式民居建筑。海阳所镇赵家庄村保留的大规模清代地主庄园建筑群，融合了北京四合院的胡同风格和南方建筑风格，造型美观，结构完整。

（四）文化价值较高

诸往镇东尚山村现存的清朝建筑王氏家庙遗址，明朝建筑古戏楼旧址、祥云寺旧址，明朝古石碾房，千年古槐树等，与近百座明代民居组成了古建筑群，这在胶东地区十分稀有。这一古建筑群曾作为电影《山菊花》的拍摄基地以及《热血的土地》的取景地。以婚庆大喜饼、胶东大饽饽等为代表的市级及其以上的非物质文化遗产，是“中国秧歌之乡”乳山的“非遗”资源。此外，可利用的资源还有马石山十勇士英雄群体等红色文化资源，八路军胶东兵工厂诞生地、胶东行政主任公署旧址、胶东公学旧址、济南军区总医院旧址等全国爱国主义教育基地、国家国防教育示范基地。

三、乳山市传统村落保护与开发中存在的问题

尽管乳山市传统村落资源丰富，但在保护与发展传统村落方面也存在诸多的问题。

（一）保护不够，导致传统村落资源损毁严重

传统村落是极其珍贵的文化遗产，需要全民保护。由于对传统村落的保护与开发政策理解、掌握不准，乳山市没有出台关于传统村落保护与规范的政策和措施，从而导致基层管理乏力。加上南北部经济发展不平衡以及城镇化的快速推进，85％以上的农村青壮年劳动力转移到城市，致使大批传统村落成为空巢，或因年久失修而破败不堪。例如，崖子镇下石棚村的居住率长期不足30％，崖子镇东尚山村、冯家镇孔家村不足40％。由于没有规范性文件，基层房屋批建无序，导致有的镇村保护意识不强，传统建筑坍塌损毁的情况较为普遍，许多传统村落的格局风貌、生态环境也不断遭到毁坏，因而错失了被认定为省级村落的机遇。比如，乳山寨镇南司马庄村于相宸故第，它的前三排房屋为村委所用，因而保存良好，但后四排为村民自住，屋瓦和门窗均遭到不同程度的“以旧换新”，导致整体风格不伦不类。有的群众对祖上留传下来的传统建筑缺乏保护观念，对传统乡土文化拯救不及时，对传统乡土文化的重要性认识不到位，一

些民间、民俗文化因得不到传承而濒临消亡，大批传统技能和民间技艺，如木工技艺、泥瓦技艺、傩技、傩戏、搬土地、送春贴等，后继乏人，即将失传。

（二）申报不力，极具文化价值的民族特色村落层次级别低

传统村落是全域旅游的重要平台和重要载体，乳山市拥有众多历史价值丰厚、研究价值极高的传统村落，但由于保护工作起步较晚，与周边县市差距较大（荣成市目前已有 4 个村庄入选国家级传统村落，省级传统村落接近 20 个），加之担心无力规划和实施等原因，导致自国家启动传统村落保护以来，只入选了 3 个省级传统村落，且无国家级传统村落。

（三）规划欠缺，传统村落改造和利用缺乏统筹与引领

因尚未编制保护开发整体规划，有些部门只能从自身职能出发，分别出台相应的政策。在城镇化过程中，拆旧建新，破坏文物旧址、遗址等现象时有发生。例如，腾甲庄村是形成于清朝初年的规模较大且比较有名的地主式传统建筑群，但如今已被拆迁改造。一些乡镇、群众未经实地调查研究，便盲目地对传统村落进行自主性规划与破坏式实施，或自主邀请外地设计单位对传统村落进行“抄袭式”规划。

（四）经费不足，导致传统村落保护利用缺乏保障

目前，除 3 个省级传统村落之外，乳山市传统村落的建筑产权基本都在村民手中。除省级村落能享受少量的政府资金补助外，多数房主无力对其进行修缮、保护，只能任其日益破败、毁灭。此外，因政策不明，从而导致群众思想不统一，怨气大，且严重缺乏主体意识，普遍存在“等、靠、要”思想，参与保护改造以及自主发展的能动性极弱。

四、乳山市传统村落保护与开发的对策

鉴于目前乳山市传统村落保护与开发工作的现状，建议加大工作力度，通过规划引领、部门分工、协作联动，改变目前的散乱无序状态，为后续开发利用创造条件。

（一）加强引导，转变观念，增强传统村落保护与开发意识

对传统村落的保护、开发是“一把手”工程，因而既要高度重视村落的文化传承价值，也要充分认识村落开发的经济价值，不能将古村落视为落后与贫穷的代名词，不能将其除之而后快，不应将原来特色鲜明的古村落变得千篇一律，

千村一面。广大群众也不应有自卑心态，不应将世代居住的民居视为改善居住条件的累赘。新闻媒体应开设专栏，正面宣传传统村落的历史价值和保护意义，让干部群众产生自豪感。要放长发展眼光，树立保护优先的观念，对于开发时机、开发技术尚不成熟的村落，要划定“核心保护区”，加大保护力度。要克服“等、靠”思想。荣成市烟墩角社区在10年前就将海草房保护利用写入了村规民约，并制定了相应的制约措施，使其与村民的经济利益挂钩，实现了传统村落保护与开发的双赢。所以，要借鉴这一做法，让镇村干部充分认识保护传统村落的意义，创新措施，自主做好保护工作。

（二）政策先导，统筹联动，形成传统村落保护与开发合力

要坚持政府主导、政策推动，形成保护与开发传统村落的明确导向。比如，青州市政府成立了古村落项目建设指挥部，争取资金用于设施建设、宣传等工作，将井塘村打造成国内知名的国家级传统村落；栖霞市苏家店镇政府将传统村落后寨村纳入风景区整体规划，成功打造了烟台市著名的红色文化教育基地；淄博市博山区制定了“整体搬迁”和“劳动力转移”政策，对传统村落劳动力进行转移，将空置房屋部分出卖，余下的则进行统一保护与开发。这些都是值得借鉴的做法，可以成立专门领导小组，通过政策引导，统筹全市古村落保护利用工作，积极发挥政府的指导、助推和监督作用。

（三）摸清底数，依法保护，创造传统村落保护与开发条件

可成立专家普查小组，对传统村落进行彻底的摸底排查，对现存的古村、古树、古遗址、古建筑、青砖灰瓦等进行详细备案，并录入信息管理系统，明确各类文化遗产的数量、分布、现状等情况。在此基础上，可制定传统村落保护地方法规，对有关资源进行立法保护。此外，还可制定市级传统村落认定办法，对今后凡涉及传统村落建设、改造的，必须提前向有关部门报备，经审批拆除的旧房建筑材料必须由相关部门统一收购、保存，未经备案而擅自破坏传统建筑的，要依法追责。

（四）科学规划，有序开发，放大传统村落保护与开发价值

需对传统村落保护与开发进行顶层设计，统筹规划和整合利用各类资源。例如，青州市制定了《青州市古村落群生态文化景区总体规划》，并依据规划成功将井塘村打造成国家级传统村落。同样地，乳山也可以结合城市总体规划和旅游总体规划，聘请专业机构就保护模式、发展定位、空间布局、开发方向等进行全面策划，统筹考虑周边环境、生态及农田水利基本建设等。对于连点成片

的，则可以进行规模化开发；对于资源零散的，要先进行保护，逐步慎重开发，防止出现项目雷同、同质竞争和形不成规模等现象。

（五）创新机制，多元筹资，破除传统村落保护与开发瓶颈

缺乏资金是当前制约乳山市传统村落保护与开发工作的主要瓶颈。围绕这一难题，建议拓宽思路、多元筹资，为保护与开发提供资金保障。一是财政投入。借鉴青州市政府投入3000万元整体打造井塘村以及乳山市财政投资胶东育儿所复建改造工程的做法，对部分开发利用价值较大的古建筑和传统村落，在处理好政府与市场关系的基础上，通过国运公司进行先期投入，后续则通过成立村级旅游合作社或民资介入的方式向市场化过渡。二是争取资金。《传统村落保护办法》规定，被认定为国家级、省级传统村落的可分别享受300万元、20万元的资金补贴。例如，荣成市东楮岛村被认定为国家级传统村落、国家级文物保护单位，国家分别下拨300万元、800万元资金补贴，同时山东省还给予160万元配套资金。因而，有关部门应增强机遇意识，抓紧材料申报，积极争取上级资金补助。三是利用民资。加大传统村落开发项目的招商力度，搞好优质资源的宣传推介，提高该类项目的考核赋分比重，引入更多社会资本参与其中，以提高传统村落保护与开发的速度。四是自筹资金。近年来，乳山市一些村庄通过多种方式自主筹资，在传统村落保护与开发方面也进行了有益探索。例如，大崮头村清代宫殿式建筑李氏宗祠保存完好，正得益于村民自筹资金进行保护；乳山寨镇政府与正华集团协商，以公司先垫资修复，后从开发收益中收款的方式，解决了南司马庄保护与开发资金缺乏的难题。这些都是非常成功的经验。由此，也可根据村庄的实际情况，灵活选定资金募集方式，为保护与开发找到最为适合的路子。

【参考文献】

《牢记总书记嘱托　开创现代化强省建设新局面》，2018年3月10日《大众日报》。

作者单位：中共乳山市委党校

以文化振兴引领乡村振兴的调查与思考

冀剑蕾

党的十九大报告首次提出“实施乡村振兴战略”，这是新的历史时期做好“三农”工作的重要遵循。乡村振兴不仅仅是一个单纯的经济议题，它已经超越了产业发展和经济范畴，涵盖了经济、社会、生态、文化多个领域。大力实施乡村振兴战略，建设美丽乡村，就是要让人们过上一种延续着历史与传统、记得住乡愁、看得见希望、握得住幸福的现代生活。因此，乡村振兴是产业振兴、文化振兴、生态振兴、人才振兴、组织振兴的统一，其中文化振兴是乡村振兴的关键。如何让乡土文化回归并为乡村振兴提供动力，如何让农耕文化的优秀精华成为建构生态文明的指南，如何让优秀乡贤文化成为文明乡风的重要引领，如何让美丽乡村既有“面子”又有“里子”，就成为破题的关键所在。

一、推动乡村文化繁荣发展的重要意义

乡村文化作为我国社会文化体系的重要组成部分，凝聚着乡土之美、人文之美，是乡村社会得以延续的核心，是乡村振兴战略顺利实施的精神引领和道德滋养。

(一)推动乡村文化繁荣发展是全面建成小康社会的必然选择

文化是一个国家、一个民族的灵魂。农村文化建设投入不足、发展滞后，一直是制约农村社会文明发展的瓶颈。推动乡村文化繁荣兴盛，直接关系到文化强国建设和全面建成小康社会的进程。因此，实现城乡之间、区域之间、群体之间的文化协调发展，提高贫困地区、边远地区农村的文化生活，着力保障农民工、留守儿童、留守妇女、孤寡老人等特殊群体的文化权益尤为重要。

（二）推动乡村文化繁荣发展是实施乡村振兴战略的现实要求

长久以来，相较于城市而言，乡村文化发展存在明显滞后。城乡二元结构导致的城乡发展差距，不仅仅体现在乡村居民收入上，更体现在公共文化服务和社会福利保障上。这些发展差距严重制约了农村社会的和谐发展和文明进步。把振兴乡村文化与发展乡村经济、构建社区公共服务体系和保护生态环境有机结合，不仅是“抓重点、补短板、强弱项”的重要举措，而且还是解决城乡文化“不平衡、不充分发展”矛盾的重要抓手。

（三）推动乡村文化繁荣发展是顺应广大农民美好生活需要的新选择

文化兴国运兴，文化强乡村强。进入新时代，随着社会主要矛盾的历史性转变，乡村居民对美好生活的需求也日益广泛，不仅对物质文化生活提出了更高要求，而且对文化产品和文化服务方面的需求也日益增长。这就需要按照乡村振兴战略的总部署，坚持农业、农村优先发展，着力解决城乡发展不平衡、不充分问题，大力提升发展质量和效益，更好地满足农民群众的新期待，更好地推动人的全面发展、社会的全面进步。

二、乡村文化发展的现状及原因分析

乡村文化是中华优秀传统文化的源头，是中华文化的重要组成部分，是广大村民共同的精神资源。乡村文化不仅仅是一种文化形式，它更多地代表了一种内涵——淳朴善良、勤劳节俭、尊老爱幼、邻里互助的核心价值理念。但是，随着城镇化的改造，大量农村剩余劳动力转移到城市。在很多乡村，一些原本独有的历史印记、文化注脚正逐渐减少甚至消失，曾经孕育了农耕文明的乡村文化正面临着重大危机。比如，一些传统的乡村文化载体遭到了破坏或遗失，许多民间艺术、乡村习俗已经失传或者被遗弃，封建迷信、传销、邪教等不良风气仍然存在且有蔓延趋势，赌博、打架斗殴、涉农刑事案件高发，农村文化产品缺乏，群众喜欢并主动参与的文化活动不多，乡村文化发展动力、活力明显不足等。乡村文化的这种发展趋势，已成为乡村振兴的主要短板。导致村庄“空心化”、文化“荒漠化”的原因主要有以下几个方面：

（一）思想重视不够

在基层，一些领导干部“重经济发展，轻文化建设”的思想观念严重，不少地方热心农业产业发展、村庄改造或新建等经济活动，而对农村文化建设的重视程度不够。有一些地方干部对乡村文化建设缺乏全面认识，为了应付上级检查，只将乡村文化停留在物质层面的“硬建设”上，而没有跟上精神层面的“软应用”，这样物质设施也很难发挥其应有的功效。

（二）文化建设滞后

由于缺乏先进文化的积极引领，村民普遍缺乏归属感和认同感，在一定程度上存在着精神家园“荒漠化”的现象。部分村民尤其是贫困人员认识落后，“等、靠、要”的思想严重，不争致富争贫困，脱贫致富的内生动力不足，与社会发展形势脱节。这种现象不仅阻碍了脱贫攻坚的进展，而且还显示出加强农村文化建设的必要性，尤其要改变农民的思想观念。只有这样，乡村振兴战略才能收到良好的效果。

（三）城镇化的不利影响

在城镇化过程中，由于缺乏科学保护，再加上商业的过度开发，一些村庄的物质文化遗产、非物质文化遗产与古村落都受到了严重破坏，甚至消失。尤其是农村青壮年的过度外流，不仅制约了农村经济的发展，而且削减了农村文化的发展后劲，造成许多农村文化传统出现断裂现象以及无人传承的尴尬局面。

（四）城市文化的强势入侵

随着现代化进程的加快，城市文化对乡村文化的侵袭，不仅使乡村文化日益边缘化并处于弱势地位，而且使子孝妻贤、邻里和睦、团结互助、以和为贵的乡村文化遭到不同程度的改变和瓦解。不管是新生代农民还是返乡农民，他们的价值观念、生活方式、行为方式已经带有城市文化的深刻烙印，他们对乡村的风俗民情丧失了敬重感，对传统仪式失去了敬畏感。可以说，乡村文化失去了认同基础和生存空间。

三、繁荣乡村文化、引领乡村振兴的路径思考

习近平总书记指出，农村精神文明建设很重要，物质变精神、精神变物质是辩证法的观点，实施乡村振兴战略要物质文明和精神文明一起抓，特别要注重提升农民的精神风貌。乡村文化建设是一个包括村民思想观念、道德风尚、知识素养、精神品格以及公共文化服务和乡风文明水准等在内的系统工程。因此，要坚定文化自信，推动乡村文化振兴，为实现乡村振兴、建设美丽乡村提供文化支撑和精神引领。

（一）立足新发展，科学制定乡村文化振兴发展规划

乡村振兴离不开文化的引领，文化振兴是乡村振兴的题中之意。因此，实施乡村振兴战略，首先，要因地制宜地制定乡村文化振兴发展规划，以乡村文化的繁荣兴盛来激发农村发展的内生动力和活力。其次，要着眼于新发展理念，重视地方差异和历史变迁，重新定位新时代乡村文化对引领社会风尚、融合产业发展等方面的作用。再次，要实施乡村文化引领战略，把乡村文化建设摆在更加重要的位置，建立健全乡村文化建设“四纳入”工作机制，健全农村文化建设目标考核体系，并且把农民对文化需求的满意度作为一个重要的考核指标，以此不断提高对农村文化建设的重视程度。最后，要实施乡村文化活化战略，坚持开发与保护并重、活化与传承并行、除旧与革新并举，促进文化传承创新。另外，还要实施乡村文化基础战略，促进功能完善配套；实施乡村文化人才战略，促进人才聚集创新；实施乡村文化发展战略，促进三产融合发展。

（二）传承优秀传统文化，培育文明乡风

文明乡风是乡村振兴的重要内容和有力保障，而文明乡风建设离不开传统文化的传承创新。要充分发挥优秀传统文化润物细无声的功能，让孝老敬亲、睦邻友善、自强不息、崇德向善等传统美德得以继承，并以此增加乡村的内涵美。要通过家风教育、乡规民约教育，破除陈规陋习，弘扬文明新风。通过开展“好媳妇”“好公婆”“道德模范”“星级文明农户”“五好文明家庭”等评选活动，让传统的美德文化精华得到继承。坚决整治黄赌毒、封建迷信等突出问题，打击黑恶势力和涉农犯罪。健全乡风评议活动的长效机制，建立道德激励约束机制。以农村垃圾治理、污水治理和村容村貌提升为重点，加大农村人居环境的整治力度，补齐农村人居环境短板，培育与社会主义核心价值观相契合、与社会主义美丽乡村建设相适应的文明乡风、良好家风、淳朴民风。

（三）挖掘时代价值，构建新时代的乡贤文化

乡贤文化是一种软实力，有着很好的引领作用和教化功能，对于形成良好乡风、提升村民素养、促进农村德治等都具有重要作用。因此，在乡村振兴过程中，必须重视乡贤文化，要用乡贤文化所蕴含的文化道德力量来推动乡村文明和乡村发展，为乡村振兴注入文化活力。乡村基层管理部门要充分认识乡贤的重要作用，通过媒体宣传、专题讲座等方式倡树先进典型，在乡村中形成尊崇乡贤、学做乡贤的浓厚氛围。要广泛发掘、壮大新时代乡贤队伍，建立乡贤管理活动机制，统一思想，增强责任感，提升他们为乡村振兴献策出力的主动性、自觉

性。要搭建乡贤文化活动平台，建立乡贤联系机制，实现乡贤与乡村的互联互通，激发乡贤参与乡村治理和乡村建设的积极性，引导乡贤成为社会稳定的维护者和乡村文化的弘扬者。

（四）加强公共文化建设，丰富农民的精神文化生活

城乡文化发展不平衡、不充分的客观现实，极大地制约了村民对美好生活的需求。推进乡村振兴，建设美丽乡村，既需要物质奔小康，又需要文化奔小康、精神奔小康，让“人的现代化”目标早日落实。为此，要加大资金投入力度，完善乡村公共文化基础设施，尤其要重视乡村文化站、农家书屋、农民体育健身工程等惠民工程建设，打通公共文化服务的“最后一公里”，丰富农民的精神生活。要立足本地实际，组织开展丰富多彩的文艺体育活动，引导村民树立健康文明的休闲娱乐方式。整合各类文化组织，实现城乡联动、上下呼应、文农结合，经常组织流动演出车、流动图书馆、电影、地方戏下乡，培育扎根本土的文化队伍，让农民群众的精神生活丰富起来、热闹起来，让农村生活的文化味浓起来，让农民群众远离低俗、媚俗文化，培养高格调的情趣素养。

（五）强化教育引导，培养现代化的新型农民

农民是农村现代化建设的主体，培育“新农民”是实现乡村振兴战略的源头活水。因此，只有大力加强农村文化建设，提高农民的综合素质，培养新型农民，才能为农村现代化建设提供内在动力，推动乡村振兴目标早日实现。一方面，扶贫首先要“扶志”。要通过媒体宣传，深化广大农民对乡村振兴战略的认识，使其明确自身在乡村振兴战略中的主体地位，增强农民自身的身份认同感和决策归属感。以践行社会主义核心价值观为主题，加强对农民的精神文明教育，引导农民自立自强，积极进取，向上向善，培育健康的生活方式，提高现代文明素养。另一方面，扶贫更要“扶智”。加大对农民的教育培训力度，定期组织农业科技人员下乡指导服务，鼓励、吸引大学生、企业家、退伍军人、农民工回乡创业，培养造就一支懂技术、会经营、善管理的新型职业农民，使其给乡村发展带来新理念、新技术和新思路，为乡村发展注入活力。

（六）创新体制机制，培育壮大乡村文化人才队伍

推动乡村文化振兴，人才是决定性因素。大力实施乡村文化人才战略，促进人才聚集创新，为振兴乡村文化提供重要的人才支撑。理顺管理体制，改革现行乡村文化部门的组织管理，提高乡村文化建设在乡村经济社会发展中的地位。探索、建立科学有效的用人机制和管理办法，鼓励城市的农业、科技、文艺、

教育工作者到农村基层文化机构任职或挂职。注重培育、挖掘乡土文化骨干。积极完善非物质文化遗产传承机制，充分发挥民间文化艺人、文化能人在活跃农村文化生活，传承民族民间文化方面的作用，并为其制定个性化的培养方案，通过定向培养、进修培训、实践参与等途径使其真正成为农村文化振兴的主力军。

【参考文献】

[1]王磊:《乡村文化振兴是乡村振兴铸魂工程》,2018 年 7 月 5 日《大众日报》。

[2]许思文:《以文化振兴推动乡村振兴》,《群众》2018 年第 9 期。

作者单位：中共青州市委党校

繁荣乡村文化　助推乡村振兴

杨万花

“看得见青山绿水，记得住乡愁”，这是习近平总书记对乡村建设提出的要求，也表明了保护乡村文化的重要性。保护好青山绿水就是留住了乡村的“根”，而经营好乡村文化就是守住了乡村的“魂”。实现乡村振兴，绝不仅仅是追求物质上的充裕，更需要精神上的富足。寿光市深入贯彻习近平总书记视察山东时的重要讲话精神，大力实施乡村振兴战略，统筹做好产业振兴、人才振兴、文化振兴、生态振兴、组织振兴5篇文章，聚力推进农业强、农村美、农民富，努力打造乡村振兴的齐鲁样板。

一、乡村文化的内涵

要充分认识经营乡村文化的重要性，就要先了解什么是乡村文化。

（一）乡村文化的内涵

乡村文化是指在一定的社会经济条件下形成的以农民为主体的文化，是农民文化水平、思想观念以及在农耕实践中积淀而成的认知方式、思维模式、价值观念、情感状态、处世态度、人生追求、生活方式等深层心理结构的反映，表达的是农民的心灵世界、人格特征，展现的是农民的文明开化程度。

1.隐藏在由历史积淀而成的人文内涵中

村名的背后，藏着一个人或一件事；村庄的建筑格局，体现的是千百年择优而居的生存状态；聚落的形态，来源于一个望族或一段历史；村庄风水，包含着先祖生存的智慧。

2.反映在乡村村民独特的生活方式里

传统节庆、集体娱乐、庙会祭祀、红白喜事、地方戏曲等民风民俗，蕴含着生动丰富的文化内容。因南北环境差异、民族风俗差异而形成了不同的饮食习惯。劳作方式的差异具体表现为居草原则游牧、居水边则捕捞、居平原则耕作、居深山则捕猎。

（二）挖掘乡村文化

1.了解乡村文化的基本构成

地域环境和自然资源决定了村民所需的生存材料，决定了村民的生活方式，决定了乡村的景观。正是由于地域根基的不同，因此造成了乡村间生产方式、生活方式以及乡村景观的差异，体现在文化上就是乡村文化的原真性和独特性。因此，挖掘乡村文化首先应该从村民的生产方式、生活方式和乡村景观三个方面入手，了解乡村文化所处的地域环境。

2.吃透隐藏在乡村背后的历史

每个村落背后都有其独特的历史传说。这些村庄，或因为重大事件，或由于重要人物，从一个单纯的地理名词转而成为拥有独特意义、承载时代变迁的标志。有因朝廷动荡而形成的隐居深山的村落，也有因战事所迫才保留的军事要塞，还有因某个政客、英雄豪杰或者文人墨客的传奇身世才形成的乡村聚落。提炼乡村文化，需要吃透这些隐藏在乡村背后的历史或人物，只有这样才能更好地选择合适且独特的文化属性，打造乡村的文化品牌。

3.选择认同性强的文化符号

对于当地居民来讲，乡村是一种生活环境，也是一种生命印记。而对于游客来说，乡村更多的是一种文化认知。要想了解一个村落的故事，需要对本土文化有一种认同感，只有这样才能真正融入乡村，感知乡村文化。因此，重新塑造本土文化，需要提炼一种让村民认同、让游客感知的文化符号，这种符号应该是一种“来自生活而又高于生活”的东西，它可能是本地的建筑材料，也可能是民族图腾，还可能是生活素材。可以将这种文化符号应用于村落的景观环境、交通指引、建筑形态、文化演艺、产品包装等，使其成为一个村落的标记或者形象。

二、繁荣乡村历史文化的重要性

乡村潜藏着丰富的文化资源，具有开发不尽的文化宝藏。乡村文化资源是乡村文化建设的重要基础和依托，只有充分、合理、科学地挖掘、开发、利用乡村文化资源，才能实现乡村文化产业的大发展、大繁荣，进而促进乡村政治、经济、社会、文化的协调发展。

（一）乡村历史文化是乡村振兴的重要资源

资源是人类从事生产经营活动的客观基础，能为它的所有者带来相应的利益或权能，能够给乡村建设带来巨大的影响，可以说它在很大程度上决定了乡村建设和乡村发展的风格、方向和经济结构。特别是那些全国性的乡村文化品牌，能够对乡村经济、产业及其市场定位产生决定性影响。乡村历史文化资源是在漫长的历史进程中逐渐积累起来的，是人们在潜移默化中逐渐形成的心理定势和心理认同。确立以乡村历史文化为核心的无形资产战略，继承和发展自己的历史文化，提高乡村的知名度和经济活力，以乡土文化发展带动农村、农民的发展，以乡土文化提升农村的文化软实力，只有这样才能真正让农村变成新农村，进而顺利推动城镇化建设。

寿光是一座历史悠久、文化灿烂的城市，是中国古老文化的发祥地之一。寿光境内的文物、文化遗址数量众多，有北辛文化遗址、大汶口文化遗址、龙山文化边线王遗址，还有夏王朝的少康中兴、纪国故城、寿光八景等 156 处古遗址、古墓葬。寿光市博物馆现有国家一级文物 11 件、二级文物 105 件，省级重点文物保护单位 4 处。

许多历史文化名人也在寿光留下了光辉的印迹。比如，汉字鼻祖仓颉曾在这里创造了象形文字，秦始皇嬴政曾在此筑台观海，汉武帝曾躬耕于巨淀湖畔，伯益、少康在此建都立业，姜尚在此建齐立都。另外，寿光的历史文化名人也在历史上留下了美名美谈。比如，北魏贾思勰写下了世界第一部农学巨著《齐民要术》；前秦丞相王猛扪虱谈兵，辅佐苻坚称雄一时；西汉布衣丞相公孙弘，开创了开科取士之先河；建安七子之一徐干，诗词典雅为“三曹”所推崇；南北朝才子任日方，才华横溢标盛东齐。

寿光的民间文学艺术更是丰富多彩，既有世代相传的民间手工艺，如泥人、剪纸、鸟笼等，又有口传心授方式传承下来的民间歌谣、戏曲、故事、谚语等，还有民众喜闻乐见的民间艺术，如月宫图、闹海、狮包、高跷、秧歌、旱船等。

由此可见，寿光具有丰厚的历史文化资源，这些无形资产就是乡村振兴的宝贵财富。因而，在发展寿光经济的过程中，要积极稳妥地利用这些资源，经营好这些资源，要有意识地打造文化、创建特色，以此塑造寿光的乡村文化品牌。

（二）乡村历史文化具有创造新价值的功能

进入知识经济时代，乡村的农田、水渠、建筑、美食、民俗风情这类充满地域文化气息，代表乡村形象的历史文化资源，不仅是乡村的无形资产，而且还可以通过市场化运作转化为知识资本。知识资本同其他形态的资本一样，可以在市场条件下经营。但文化作为一种资本，具有创造新价值的功能，增值性远远超过其他资本。经济学界常有这样的说法：有形资产只能带来有限的利润，而无形资产才能带来超额利润。文化正是这样一种无形资产。比如，法国葡萄酒的高昂价格中，既包括葡萄酒的工艺和成本，又包括法国葡萄酒悠久的历史和文化；可口可乐卖的不单是饮料，更是其独具魅力的“可乐文化”。在这些经久不衰、收益巨大的品牌中，都凝聚着深厚的历史渊源和文化背景。

（三）繁荣乡村文化，有利于增强乡村竞争力

历史是乡村的根，文化是乡村的魂，历史文化资源既是乡村发展之本，也是乡村个性和品位之所在。乡村发展应该以乡村文化产业为龙头和主线，用文化穿起乡村的各种资源，走“经营＋品牌＋竞争”之路，整合乡村的各种优势，塑造乡村的比较优势，增强乡村的整体竞争力。

1.繁荣乡村文化，有利于实现乡村的可持续发展

文化具有传承性，只有善于保存、创新历史文化的乡村才能经久不衰，才能生生不息。以文化为核心经营乡村，有利于乡村资源的整体包装、有序开发，可以避免重复建设和资源浪费。要充分经营好土地这一重要的乡村资产，最好是根据乡村的历史背景，挖掘乡村的文化内涵，围绕乡村的历史文化特点对其进行整体包装、提升和推广。通过经营历史文化资源来提升乡村形象，树立乡村品牌，增加文化价值，就是把历史文化和现代文明很好地结合起来，通过无形资产的增值带动有形资产的增值，从而提高乡村的整体价值，这才是推动乡村土地增值的可持续之道。

2.繁荣乡村文化，有利于发掘、保护历史文化资源

古村落和传统民居是中华文化的重要组成部分，每一处村落文化景观，都有一段属于自己的历史。这种发展历史经过长时间的沉淀和积累，已成了一种独特的村落文化景观，并成了人们的共同记忆。这种历史记忆，不但能增进彼此间的情感，促进族群内部的认同感和包容性，而且还能增强成员的历史认同感、自豪感和归属感。

乡村传统文化包含的风俗、礼仪、伙食、建筑、服饰等，构成了独具魅力的地方人文风景，是乡土情感、亲和力和自豪感的凭证，具有很强的生命力。乡村传统文化既有教育后人、了解历史、凝聚国民、陶冶情操、净化灵魂的功能，又有重要的经济价值。所以，在乡村建设中，建筑设计首先要体现本地的文化风格。如果没有文化作为精髓，乡村的建设和发展将会失去方向和个性，走入死胡同。但是，文化很难核算成本，其价格的主要根据是消费者的接受程度，认同度越高，附加值就越高。很多艺术品之所以能卖到天价，其中一个原因就是文化元素。

三、繁荣乡村文化的建议

（一）专门编制乡土文化保护规划

不论是不是历史文化名村，在编制新农村规划时都应有对乡土文化保护的专项规划，对未有效进行此项工作的新农村规划，可实行“一票否决制”。对于历史文化名村，除了要保护传统建筑风貌外，还应挖掘其精神文化内涵。

（二）广泛开展能吸引群众参与的文化活动

举办特色文化活动，激发群众活力，提高市民参与文化活动的积极性，形成乡村特色文化建设的凝聚力。例如，寿光每年都开展以“绿色之春、文明之夏、丰硕之秋、欢乐之冬”为主要内容的“和谐四季”系列群众文化活动。其中，历时一个月的“文明之夏”广场文化活动，年参与人数在50万人次以上，是全市的品牌性群众文化活动。

（三）加强宣传，注重乡村文化包装

注重乡村文化包装，敢于策划、善于宣传。要注重资金投入，运用传媒方式，宣传寿光市创建现代文化名城的理念、目标、任务、措施，努力塑造优秀的乡村文化形象。例如，中央电视台播出的各地乡村形象，无不体现着各地乡村最鲜明的文化特征。

（四）突出打造本地的蔬菜文化

乡村的特色文化是在长期的历史积淀中以及乡村人文精神培育的基础上逐渐形成的。要以本地特色文化为依托，进一步挖掘、培育和打造乡村特色文化。例如，寿光的蔬菜历史文化资源非常丰富，应围绕以蔬菜为主的农业观光旅游做文章，使其体现寿光特色，展现蔬菜品牌，加大农业观光旅游的包装、宣传力度，努力提升乡村的文化软实力。

立足文化资源大力发展文化产业，建设区域文化高地，可以用特色文化来提升自己的软实力。因此，在实施乡村振兴战略的过程中，文化的引领和注入，会使乡村振兴具有更加强大的驱动力、品质提升力和造血功能。

作者单位：中共寿光市委党校

乡愁助力乡村振兴

田冠华

2013年12月的中央城镇化工作会议，曾对需要什么样的城镇化，有过这样一段极富诗意的表述："要体现尊重自然、顺应自然、天人合一的理念，依托现有山水脉络等独特风光，让城市融入大自然，让居民望得见山、看得见水、记得住乡愁。"这是中央层面首次提出"乡愁"这一概念。如此表述，既"高大上"，又"接地气"。

2015年1月，习近平总书记在视察大理白族自治州大理市湾桥镇古生村时专门强调，新农村建设一定要走符合农村实际的路子，遵循乡村自身发展规律，充分体现农村特点，注意乡土味道，保留乡村风貌，留得住青山绿水，记得住乡愁。这既是党中央对乡村建设的要求与期望，也充分表明了"乡愁"在城乡规划建设中的重要性。党的十九大报告提出要实施乡村振兴战略，并对"三农"工作作出了系统论述和纲领部署，同时还提出了很多新判断、新思想和新要求。

一、聚力乡村振兴，留住美丽乡愁

（一）民族复兴的短板在农村

2012年2月16日，习近平在中美农业高层研讨会上明确提出："中国始终高度重视国家粮食安全，把发展农业、造福农村、富裕农民、稳定地解决13亿人口的吃饭问题作为治国安邦重中之重的大事。"

人口多、底子薄、发展不平衡仍是我国的基本国情，而农村就是这一基本国情的最大实际；因为中国还有1.28亿人生活在贫困线以下，而其中绝大部分就在农村。这就是为什么以习近平同志为核心的党中央强调坚持把解决好"三农"问题作为全党工作的重中之重，始终把"三农"工作牢牢抓住、紧紧抓好的原因所在。农业基础稳固，农村和谐稳定，农民安居乐业，是国家大局稳定发展不能突破的底线。在一定时期内，在资源约束的背景下，可以集中力量、集中资源发展工业，推进城市发展，但不能忘记“中国要富，农民必须富”是中国发展必须坚守的底线。习近平总书记在十九大报告中提出的乡村振兴战略可谓振奋人心，这是顺应世情人心的卓见，是对继承传统文化的呼唤，为新时代乡村发展指明了方向，避免了乡间村落、故乡风貌遭到破坏，让更多游子留住了乡愁。

(二)乡村具有城市不能替代的功能和地位

针对中国城镇化过程中遇到的问题，以及以狭隘的经济主义思维判断乡村价值的认识，习近平总书记从中华民族历史与文化的高度，明确了乡村在中国城镇化中不能缺失和不可替代的地位。2013 年 12 月召开的中央城镇化工作会议明确提出，中国的城镇化要成为“让居民望得见山、看得见水、记得住乡愁的城镇化”。乡村具有城市不能替代的功能和地位，主要体现在以下三个方面：第一，乡村是中国 5000 年文明传承之载体，是中国文化传承与发展之根。作为乡村社会主导的文明模式，中国文明之根不在城市而在乡村。第二，中国农村不仅为城市发展提供粮食、劳动力，而且还在稳定经济社会发展、规避风险上具有不可替代的功能。第三，中国的城市文明和文化发展，也离不开乡村。乡村是中国人的精神归属，是记住乡愁的家园。特别是在中国初步完成工业化、实现温饱的时代背景下，中华民族的精神追求、文化传承会越来越重要，而要回答与解决这些问题，源头不在城市而在乡村。

二、传承文化记忆，推动乡村振兴

(一)唤醒乡愁振兴乡村

在乡村旅游和乡村规划中，乡愁极具吸引力。乡愁对居住在村里的人来说，是对乡土的眷恋；对有过农村生活经历的人来说，是对农村的思考和回忆；对从未到过乡村的人来说，则是对乡村天人合一理念的回归。乡愁的载体是传统村落、传统文化，应当从更高的维度去思考。乡村文化在稳定社会、凝聚人心、和谐社会方面有很大作用。“加强古城、古镇、古村保护”，将城里的人吸引到乡村，将当地人留在乡村。文化传承是乡村文化振兴的必然要求，乡村振兴要厚植乡土文化，守望乡土情结，留住美丽乡愁。保护历史文化是乡村振兴的重要使命。在实践中，要深入挖掘太阳文化、海洋文化、莒文化内涵，深化实施“乡村记忆”工程，发挥农民画、沂蒙画派、黑陶、剪纸等特色文化的品牌效应，增强文化影响力。

（二）树立“绿水青山就是金山银山”的理念

“绿水青山就是金山银山”的“两山理论”，不仅是引导中国走绿色发展的生态文明之路的重要理论，而且还是破解“三农”问题的新理论和新出路。“两山理论”之所以能释放出如此巨大的能量，其生命力在于顺应了时代、农村、农民的需要，找到了乡村的发展优势。“两山理论”让农村自己拥有的青山绿水变成了财富，让农民熟悉的乡土文化变成了乡村旅游资源，把农村传统农业办成了休闲旅游农业，这都源于充分发挥了农村的禀赋优势。

（三）重构传统乡村文化，让乡愁得以安放

振兴乡村发展，重构传统乡村文化，让乡愁得以安放。首先，要把保护传统村落作为“留住乡愁”的首要任务，突出独特的村居风貌、文化景观、传统的风土人情和田园风光，尊重农耕文明，推进传统村落的保护与发展，让人们感受“乡风、乡俗、乡情、乡声、乡味”，感悟“乡恋、乡思、乡念”。其次，要把保护自然生态作为“留住乡愁”的要领，突出地域特色，体现差异性和多元化。在建设过程中，坚持不推山，不填塘，不砍树，多依山傍水，多用乡土材料，保留地方特色建筑，保护好乡村千百年来传承的自然景观、生产方式、民风民俗等“乡愁”。最后，把弘扬传统文化作为“留住乡愁”的统领。好山好水的美丽生态是乡愁，地方文化、风土人情也是乡愁。美丽乡村需要有文化作为基础，而并非只是改善物质条件，最重要的是使人们的心灵“脱胎换骨”。

（四）经济发展是乡村文化振兴的重要基础

1. 乡愁经济助推乡村振兴

乡愁文化包含山水乡愁、情感乡愁、精神乡愁和灵魂乡愁等不同类型的乡愁元素或文化资源，是一种“文化财”，是一定范围内群体对乡村文化的高度认同，可以成为一种知识产权。这些乡愁文化资源包括自然山水资源、物质文化资源、历史传统资源。通过开发和利用这些乡愁文化资源，寻找乡土文化的精神价值，凝练在文化价值的基础上产生的乡土认同感和集体记忆。这些认同和记忆既包括对自然环境的山水认同，又包括对故事情感的精神认同。乡愁“文化财”既可以通过乡愁文化得到认同、表达，又可以营造所谓的“超级乡愁 IP”。

从乡愁文化资源中提取乡愁文化价值，通过乡愁文化商品实现乡愁文化产业，最终促进乡愁经济的发展，在此过程中需要创新旧有的发展模式，打造全产业链的乡愁经济生态，积极发展六级产业。在这里，所谓的一级产业是指乡村农产品和原材料的生产与销售，二级产业是指乡村食材加工业，三级产业是指乡村农产品物流服务业，四级产业是指乡村观光旅游服务业，五级产业是指乡村文创产业，而六级产业就是传统一、二、三产业的融合发展，是以乡村创意生活产业为核心，辐射社会生产和服务的相关产业。我们所说的乡愁经济，就是打造这种具有六级产业特征的全产业链生态经济体。

2.大力发展特色产业

“深入推进农业供给侧结构性改革，强化茶叶……中药材在全省的优势地位，特色种植业面积突破160万亩。”日照绿茶产业，积淀了南茶北移的文化情结，也是最受现代人青睐的健康饮品。好山好水出好茶，因而需要弘扬茶文化，发展茶产业，持续推进茶叶种植生态化、加工清洁化改造。百里绿茶长廊已成为日照乡村旅游的新亮点，它有力带动了农村经济的发展和农民增收。中华瑞草园是一项极具特色的大健康产业，它实现了中药材和大健康产业的整合发展。

【参考文献】

[1]张孝德:《习近平总书记的乡村本位新论》,《人民论坛》2015年4月刊。

[2]程正龙:《留住乡愁　振兴乡村》,2017年12月4日《重庆日报》。

[3]刘沛林:《新型城镇化建设中“留住乡愁”的理论与实践探索》,《地理研究》2015年第7期。

[4]向勇:《乡村振兴战略下的文化创新与创意营造》,2018年7月30日《中国社会科学报》。

作者单位:中共日照市岚山区委党校

兴盛乡村文化　助推乡村振兴

王晓帆

党的十九大提出的乡村振兴战略是一个全领域、整体性的系统工程，乡风文明作为总要求之一体现了文化向度的重要性。我国已经进入了新时代，实施乡村振兴战略必须传承、发展、提升农耕文明，走乡村文化兴盛之路。加快乡村文化建设步伐，推动乡村文化振兴不仅仅是一项战略选择，而且已经成为国家战略发展的重大议题。山东省作为我国的农村人口大省，实施乡村振兴战略应发挥农业大省优势，打造乡村文化振兴的齐鲁样板。当前，在山东省推进乡村文化振兴的过程中，也面临着乡村文化生态变迁，乡村文化运行机制不畅，农民主体意识缺失等现实困境。为此，必须紧密结合乡村振兴战略，谋划乡村文化振兴之策，为乡村振兴提供内在保障与精神动力，从而推动乡村美好目标的实现。

一、乡村文化振兴的现实意义

（一）乡村文化是乡村发展的突出优势

文化是一个民族、一个国家的精神魂魄。乡村文化作为一种发源于广袤土地、在劳动社会生活中不断积累而成的精神载体，有着浓郁的乡土气息和人文气息，其中承载的生活经验、价值观念、道德意识、思维方式已沉淀为中华传统文化，并培育了中华民族的优良品质。

目前，乡村正处于社会结构的转型时期，直面城乡融合发展过程中出现的文化建设短缺问题，并在这一过程中重新发现乡村文化的现实价值，对于传承优秀传统文化、增强文化自信有着重要的现实意义。作为有着悠久农耕文明的农业大国，加之我国当前的农村户籍人口仍超半数，所以农耕文化仍占据着重要地位，由此延伸而成的传统村落文化也成为中华传统文化的重要组成部分，我国道德品质、价值观念的基本载体。优秀的乡村文化既有着随时代变迁而积淀的地方文化气息，又与当代优秀精神理念相互融合。继承农耕文化中的优秀因子，发展具有地方特色的乡土文化，捍卫乡村记忆，就是延续中华民族的文化根脉，从而使其成为农村振兴过程中的指导力量，这也是乡村发展的优势所在。

（二）乡村文化建设是实现乡村振兴的内在保障

乡村振兴是一个涵盖经济、生态、文明、科技与社会多方面的系统战略工程，乡风文明是其关键。作为其合理内核，乡村文化建设是展现乡村整体形象的重要部分，更是推动乡村发展的内在保障和持续动力。

乡村文化建设是展现乡村精神文明的重要表征，也是乡村形象的具体展现。乡村文化在城镇化、工业化的进程中出现了不同程度的衰落，由此也使大量农村劳动力外流，造成了严重的人才流失，以及农村老龄化问题，这些都会影响农村发展。将乡村文化建设与乡村经济发展、生态环境保护、社会公共服务统筹结合，不仅是解决“三农”问题的重大举措，而且还是处理城乡一体化发展问题的重要抓手。只有深刻理解、认识乡村文化，肯定乡村文化内容价值，才能使乡村焕发文明新气象，增强本土文化自信，为乡村振兴提供精神支撑与内在保障。

（三）乡村文化振兴是全面建成小康社会的必然选择

习近平总书记在2018年两会期间会见山东代表团时强调：“把广大农民对美好生活的向往化为推动乡村振兴的动力，把维护广大农民根本利益、促进广大农民共同富裕作为出发点和落脚点。”乡村文化振兴与乡村振兴的目标一致，都是实现广大农民对美好生活的向往，这也是我国社会主义现代化建设的终极目标。加强乡村文化建设，是实现农业、农村现代化，促进农民自身发展的重大举措，它让农民在精神上站稳脚跟，能为全面建设小康社会凝聚精神力量。因此，归根结底，乡村文化振兴有助于推进我国的现代化进程，使人民的生活更加美好。

党的十九大报告指出：“没有高度的文化自信，没有文化的繁荣兴盛，就没有中华民族伟大复兴。”这一判断也同样适用于乡村振兴。继承、弘扬优秀乡村文化，推动乡村文化建设，实现乡村文化振兴，延续文化根脉，塑造文明乡风，满足农民对精神文化的需求，提高农民的文化自觉与文化自信，由乡村文化的兴盛延伸至中华文化的繁荣兴盛，就能最终实现由乡村振兴到中华民族的伟大复兴！

二、乡村文化振兴的现实困境

（一）乡村文化生态变迁

关于乡村城市化，马克思曾在《政治经济学批判》中指出："近代的历史是乡村城市化的历史。"在推动现代化的进程中，世界各个国家都经历了乡村城市化的阶段，中国也不例外。在实现城镇现代化的进程中，文化生态会随之发生剧烈变迁，乡村文化自然也会随之发生变异。城市发展与乡村发展一直呈现出此消彼长的态势，伴随着新型城镇化的快速推进，传统农村的衰落成为必然趋势。农村劳动力外涌，农村老龄化问题严重，滋养乡村文化的土壤骤减，乡村文化振兴的内生动力不断弱化。

（二）乡村文化运行机制不畅

自党的十八大以来，为了推动文化振兴，加强公共文化服务体系建设，我国颁布了《公共文化服务保障法》《"十三五"时期文化扶贫工作实施方案》，针对乡村文化建设实施了众多惠民工程，乡村公共文化建设取得了阶段性进步，但是供给与满足需求之间的矛盾仍处于不充分、不平衡状态。随着现代化的不断推进，农民对精神文化生活的需求也随之增长，但是地方政府往往没有将提供公共文化产品与满足农民的文化需求相结合。

（三）农民主体意识缺失

作为乡村文化振兴的主体，农民的主体意识逐渐衰减，这使得乡村文化认同与文化建设工作难以推动。一是由于农村教育水平较为落后，农民的受教育程度相对不高，在工业文明与城市文明的影响下容易降低对乡村文化的认同度，这对培育农民的主体意识产生了消极作用。二是由于地方政府对乡村文化建设主体的作用认识不够充分，对文化资源的管理不力，这间接降低了村民参与乡村文化建设的积极性。

三、推进乡村文化振兴的对策

习近平总书记在 2018 年全国两会期间会见山东代表团时指出，要推进乡村文化振兴，加强农村思想道德建设和公共文化建设，以文明乡风、良好家风、淳朴民风来提高社会文明程度，创造美好生活。这一论述深刻体现了乡村文化的重要作用，并且为乡村振兴指引了方向与道路。山东省作为我国的农村人口大省，实施乡村振兴战略应发挥农业大省优势，打造乡村文化振兴的齐鲁样板，要对发展乡村文化事业有独特的思考与对策。

(一)发挥优秀乡村文化的引导力

齐鲁文化植根于悠久的历史土壤,有着丰厚的历史底蕴,也塑造了齐鲁民众所特有的精神品格。文化兴则乡村兴,文化强则乡村强,乡村振兴需要文化的引领,因而必须将复兴优秀乡村文化、提升文化软实力置于核心地位。自古以来,中华民族就注重传统文化的传承,坚持以文化人、以文育人的精神理念,由此形成了以文化底蕴为核心的中华文明,而这种文明也包括以乡村文化为核心的农耕文明。乡村振兴必须加强乡村文化建设,坚定乡村文化自信,甄别、吸收优秀传统文化,重拾乡村文化价值,凝聚人心,共谋发展,塑造良好的乡村精神与形象。

(二)加强社会主义核心价值观教育

乡村振兴必须铸造"灵魂"。创建乡村精神价值文化应以社会主义核心价值观为总揽,始终坚持习近平新时代中国特色社会主义思想的指导地位,不断增强社会主义先进思想文化对人民群众的吸引力、感召力和凝聚力,并在观念引导中满足广大农民群众的精神需求。要依托中华传统文化,挖掘乡村德育观念与规范,重建以社会主义核心价值观为核心的乡村文化体系,采取符合农村特点的有效方式,充分发挥良好家风、淳朴民风、文明乡风的纽带作用,重塑乡村文化生态,凝聚正能量。

(三)提高文化资源供给质量

1. 以百姓的文化需求为导向

农民是乡村文化建设的主体,因而推行乡村文化振兴应以农民的生活实践和实际需求为立足点,配套实施文化惠民工程。作为齐文化的发源地,近年来淄博深入探索和传承优秀传统地域文化,结合本土特色,探索创造了一系列符合当地生态文化、富有本土特色的乡村文化品牌,不断满足农民群众对文化生活的新期待。"淄川文化云"、沂源县"乡村文化理事会"等基层农村文化工作的创新服务受到广大群众的欢迎,并在全省乃至全国推广。加强公共文化服务体系建设,满足群众的不同层次需求,使农民享受到真真正正的文化发展成果。

2. 让文化资源"活起来"

乡村文化资源丰厚,正是这些形态各异的传统乡村文化资源才使乡村文化具备城市文化所没有的独特韵味。文化资源供给需要在有效利用乡土文化资源的基础上,重视内涵,提高品质,弘扬文化之魂,使其在新时代焕发新的生机与光彩。山东省人文历史悠久,文化底蕴深厚,突出表现在乡村至今仍有大量非物质文化遗产,这些非物质文化遗产是关于百姓生产、生活的"活化石"。近年来,潍坊从传承优秀传统文化的角度出发,通过留存史料、建立档案、培训传承人等方式对许多有价值的"非遗"项目进行了针对性保护,同时注重农村"非遗"项目的生产性保护,通过对一些项目进行现代化转化,使其更好地融入人民生活,并取得了良好的经济效益和社会效益。在今后的文化工作中,山东省应进一步推动优质文化资源向基层倾斜,填补乡村文化建设的空缺;加大对乡村优秀文化资源的挖掘、阐发力度,更好地丰富乡村文化生活,发挥文化对乡村振兴的助力作用。

(四)增强农民的主体意识

中央农村工作会议指出,实施乡村振兴战略,必须举全党、全国、全社会之力,促进农业综合升级、农村全面进步、农民全面发展。农民群众是乡村振兴的主体,乡村振兴归根结底是为广大农民服务的,在文化主体意识上要确保农民的主体地位,让广大农民主体在建设精神文明家园的过程中有发言权和决定权。只有依靠乡村、依靠农民的自觉行动,才能为乡村文化建设积累精神力量,激发农民对乡土文化的认同感及自信心,塑造乡村文化的尊严,力挽乡村文化的衰败之势,为乡村文化振兴增强内在动力。

(五)培育乡村文化人才队伍

人才是乡村文化振兴成功的根本保障。一支有理想、有文化、爱农村的队伍,是乡村发展的人力基础,也是乡村文化振兴的力量所在。要留住乡村优秀人才,同时欢迎各方人才加入乡村文化建设队伍,进一步提高基层组织的战斗力、凝聚力,充分发挥优秀人才在文化建设中的带头作用,引领文化队伍向着高水平、高质量标准迈进。挖掘、培养优秀的本土文化人才,提升农民的文化自觉与意识,使农民焕发参与文化建设的热情,为农村文化事业增添新鲜血液,带动乡村文化繁荣发展。

进入新时代以来,农业、农村现代化进程逐步加快,农民对于精神文化的需求也日益增加。乡村振兴,文化先行,振兴乡村文化对于繁荣乡村文化、推进乡村振兴战略以及实现中国梦都有重要的现实意义。在实现乡村文化振兴的进程中，要增强农民的主体意识，增强他们的文化自觉和文化自信，引导他们走向新生活、形成新风尚，进而使乡村振兴的工作有序进行，为实现中华民族伟大复兴的中国梦储备精神力量。

【参考文献】

[1]刘睿、王越：《振兴乡村文化探析》，《文化软实力研究》2018年第3期。

[2]《马克思恩格斯全集》第25卷，人民出版社1995年版。

作者单位：中共山东省委党校研究生院

乡村振兴战略下的文化振兴

张要功

农业是我国的第一产业，也是我国的基础产业。我国历来重视农业、农村的发展，党的十九大提出全面建成小康社会已经进入决胜期，而农业、农村建设任务是全面建成小康社会的重要内容。党中央观大势、谋全局、干实事，提出了乡村振兴战略，而文化振兴是乡村振兴战略中尤为重要的部分。只有以文化振兴为抓手，才能从根本上解决“三农”问题，从而更高效、更长远地实现和保持乡村振兴。

一、文化振兴的必要性

（一）坚定文化自信

习近平总书记强调，文化是一个国家、一个民族的灵魂。只有文化兴盛了，国家才能兴盛；只有文化强盛了，国家才能强盛。在实施乡村振兴战略的过程中，文化自信是动力源泉。历史上的无数事实表明，如果一个国家、一个民族抛弃或者背叛自己的文化，不仅得不到发展，而且还会上演一幕幕历史悲剧。没有文化自信，乡村振兴战略就难以实施，更不用说让乡村得到发展。

（二）文化振兴是重要的战略举措

一个国家、一个民族只有实现了文化的繁荣兴盛，才能算真正意义上的发展自己。比如，美国在文化繁荣发展的同时，经济、政治、社会、军事、科技、卫生、影视、医疗及体育等方面也得到了飞速发展。美国文化对整个世界都产生了重大影响，好莱坞电影进军世界各个国家，美国音乐在世界各地广为流传，美国的科技产品出口各个国家。又比如，法国政府十分重视文化建设，通过制定一些政策来发展、保护文化，其中包括对广播、电视和网络等大众媒体的控制。

文化振兴、国家复兴和乡村振兴三者相辅相成、密不可分，实现这三者的共同振兴是我国的重要战略之一。

(三)文化振兴是乡村振兴的重要内容

乡村振兴战略是十九大重点提出的国家重大战略之一，它的目的是加速农村各方面的发展，使落后的农村、农民实现转型，同时建设出千万个新时代、新景象、新面貌的新型农村。目前，我国的现代化建设依然任重而道远，全面建成小康社会现已进入决胜期，因而十九大提出的乡村振兴战略是正确的、伟大的，而文化振兴又是必不可少的内容，在其中占据着非常重要的地位，所以积极推进文化振兴，有利于乡村振兴战略的实施。

二、我国乡村文化建设的现状分析

(一)文化意识观念较弱，文化基础匮乏，文化认知单一

在现代中国，农村及农民群体已经发生了明显变化，现在的农村可以划分成三种不同类型的农民居住地：一种是经济比较发达的沿海农村，这类农村已经被工业化、城市化了，如珠三角和长三角地区的农村，它们大约占全国农村总数的10%；另外一种是以农业生产劳动为主的农村，它们大约占80%；还有一种是自然资源比较丰富的农村，像云南、贵州等地的农村，它们往往依靠自然资源发展休闲旅游业，但这类农村数量很少，只占5%。由此可知，我国大部分农村仍在发展传统农业，但这类农村中的绝大部分青壮年又选择了外出务工，因此，在广大农业型农村地区，从事生产劳动的主体力量是中老年人。这类主体绝大多数文化水平都不高，甚至有些还是文盲，思想保守、固化、滞后，缺乏对文化的认知，仅简单地认为从事农业生产劳动靠的是体力、劳力，文化知识对于农村来说没有什么意义。因而，文化意识观念比较弱，缺乏对文化价值的认同感，更缺乏对文化的渴望和追求。

(二)文化创造原动力弱

在乡村，人们获取文化、了解文化、学习文化的途径十分有限，不像城市中有科学院、研究所、讲座、研讨会、学习班等。农村经济水平有限，农民也没有足够的经济实力支持自身的学习活动。农村中绝大部分具有一定文化水平的人都流入了城市，对于农村来说，人才的流失无疑是雪上加霜，因为失去了文化学习的引领者和指导者。农村与城市相比，社会关注度不够，容易被忽略。城市对文化资源的吸引力更大，绝大多数文化资源会为城市所吸纳、利用，而由于农

民的文化意识不强，自然也很难意识到文化资源的流失，这就会导致文化资源日益匮乏，最终形成恶性循环。农村在文化建设方面没有形成稳定化、程序化的长效机制，存在制度盲区，长此以往，便会弱化农村、农民，甚至使农民失去文化意识。综合来看，内部因素和外部因素共同导致文化创造原动力的疲弱，导致与文化相关的活动无法盛行，也致使人们的文化意识观念越来越淡薄，文化自然也就无法发挥它应有的价值。

三、文化振兴的路径分析

（一）增强文化意识

正所谓“治病要治根，打蛇打七寸”，实现文化振兴就要从主观上改变农村、农民的旧思想，因为这些思想束缚了农村、农民，也使农民的思想僵化。因此，要着力增强农村、农民的文化意识，使他们认识到文化的重要性，增强主观意识，主动学习。只有强化农村、农民这个主体的主观文化意识，文化才能在农村、农民中流行开来，才会使文化繁荣兴盛。

（二）拓宽文化发展渠道

当农民认识到文化的重要性时，便有了主观获取文化的渴望，因而，文化要走进农村，走进农民。一方面，农村、农民要自己开发一些学习的途径、学习场所；有一定文化水平的农民要自觉带领大家学习，要成为学习文化风潮的引领者。此外，还可以广泛开展文化乡村、文化单位、文化家庭等文化创建活动，促进乡村文化程度的提升。另一方面，国家要尽可能地满足农村、农民对文化的需求，做到用文化发展促进乡村繁荣兴盛。实际上，国家也在为之而努力。1995～2017年，全国城乡文教消费总量由1986.62亿元增至28995.4亿元，22年间的总增长率达1124.56％，年均增长率达12.96％。据资料统计，截至2017年，我国文化产业增加值已达到3.08万亿元，GDP占比提升到4.14％。这都是值得肯定的成绩。此外，还可在农村建立文化基地，举办各种文化活动，也可以创立各种学习小组，方便村民相互交流、学习。

（三）加强文化教育，培育人才

教育是文化振兴的一部分，教育强国，教育强村，百年大计，教育为本。乡村振兴离不开文化振兴，文化振兴离不开教育。教育是一切的基础，只有发展教育，才能培育出更多各个领域的人才，才能带领乡村更好、更快地建设，有了专业型技术人才，才能从本质上发展乡村。教育是一切的根本，只有持续不断地加强教育,推动文化振兴、乡村振兴的步伐才能更快、更稳,才能彻底使乡村的面貌焕然一新。

(四)增强文化引导

文化引导入人心。农民的思想得不到解放,就需要文化来打破、来引导。在扶贫攻坚过程中,“扶志”和“扶智”都要靠文化、舆论引导。要正确利用社会舆论,引进一些精神文化产品,以此促进农村、农民的发展;开发农村文化市场,增加文化在农村、农民中的比例,使文化成为农村、农民生活的一部分;充分运用微博、微信、微视频、微电影等“微时代”传播方式,制作、刊播具有感染力的文化公益广告,让人们在潜移默化中受到熏陶,使文化深深植入农民意识,从而达到引导农民积极发展、建设农村的目的。

(五)创建文化制度,加强文化保障

制度是管根本、管长远的。制度的完善是文化繁荣发展的前提和保证,更是文化振兴的保障。要在农村建立起文化制度,使之彻底改变农村旧面貌,规范农村、农民的各项文化生活,就必须着眼于实际问题,不能脱离实际,搞来一座“飞来峰”。文化制度可以使农村、农民的各项文化活动、文化产品保持有序性、规范化,还可以调节文化关系,建立文化秩序,推动文化发展,维护文化稳定。但文化制度建设不可千篇一律,归于一尊。在看到城市有某些文化制度而农村没有时,就简单地认为要搬过来;在看到农村有某些文化制度而城市没有时,就简单地认为是多余的,要去掉。这两种观点都是片面化的,不正确的。建立、完善文化制度的最终目的是保证文化在农村的稳定发展,实现文化的振兴,进而连同其他领域共促乡村振兴。

(六)加速文化创新

在这个世界上,实践没有止境,同样理论创新也没有尽头。整个世界时时刻刻都在发生各种各样的变化,中国也在时时刻刻地发生不同的变化,因而要随着时代的变化不断创新。创新是发展的不竭动力和源泉,在农村,文化创新的范围不仅局限于理论创新,而且还包括创业创新、科技创新等。要加快文化创新,促进文化产业的迅速发展,完善农村文化生产关系,提升农村文化生产力,加速乡村发展,实现乡村的振兴。

乡村振兴战略是党中央顺应时代发展潮流,根据中国的实际而作出的伟大的、正确的决定,这是时代的需要,也是国家的需要。让农民过上好日子,使农业实现现代化,让农村加速发展,这是国家的奋斗目标。文化振兴是一项系统

性的工程,它涉及社会建设的方方面面,与各方面建设都有着极为密切的关系,它既是一种灵魂,又是各项建设的基础。要将文化与乡村建设编织在一起,要编好,编漂亮。同时,文化振兴是一项长期工程,不是在短时间内就能够完成的,更不是一蹴而就的,而是要慢慢渗透到人们的意识观念中,以一种潜移默化的方式代代相传,最终使文化在乡村中繁荣兴盛起来,并带动经济、科技等的发展,真正实现乡村振兴,国家富强,民族复兴。

作者单位:中共山东省委党校研究生院

乡村组织振兴篇

济宁市实施乡村振兴战略加强农村基层党组织带头人队伍建设的探索

杨宪福

2018年两会期间，习近平总书记在参加山东代表团审议时提出：“要推动乡村组织振兴，打造千千万万个坚强的农村基层党组织，培养千千万万名优秀的农村基层党组织书记，为乡村振兴提供坚强的政治保证和组织保证。”推动乡村振兴，首要任务是振兴农村基层党组织。基层党组织带头人队伍是基层党组织的火车头，在实施乡村振兴战略中必须发挥应有作用。在对济宁市范围内各个不同类型的基层党组织充分调研的基础上，形成了这份调研报告。

一、农村基层党组织带头人队伍建设的现状

从2012年起，济宁市率先实施“基层党组织服务能力提升工程”，采取以“增加投入，增加力量，强化帮扶”为主要内容的“两增一扶”活动，让村党支部吃上“低保”，为基层党组织带头人队伍建设奠定了基础。

（一）农村基层党组织带头人结构趋于合理

自2017年村级换届选举以来，济宁市共选举产生支部委员20024名，支部书记6223名。其中：有184名女书记，占2.96%；有730名退伍军人当选支部书记，占11.73%；35周岁以下的有360名，占5.78%；60周岁以上的有828名，占13.31%；高中及以上文化程度的有4127名，占66.32%；大专以上文化程度的有1141名，占18.34%。从上述情况可以看出，农村基层党组织带头人呈现出以下特点：一是学历层次较高，还有研究生学历的村干部；二是支部书记的平均年龄为42.5岁，年龄结构趋于合理；三是退伍军人在带头人队伍中发挥着重要作用；四是性别比例趋于正常。

(二)建立了完善的激励保障机制

济宁市研究出台了《关于提高农村干部补贴待遇的实施方案》《关于加强村级组织运转经费保障工作的通知》等政策,规定村级党组织运转经费最低标准为行政村每人每年不低于30元,超过5万元的按5万元计,少于1万元的按1万元计。千人以上的村,村支部书记每月按1200元的标准发放工资;千人以下的村,村支部书记每月按1000元的标准发放工资。同时,按照工作实效,进行绩效考核,将结果分为三个档次,分别给予12000元、10000元、8000元的绩效工资,确保了村级工作的正常运转,保障了村支部书记的工资待遇。

(三)带头人能够积极落实各级党委的决策部署

绝大多数村级党组织带头人能够严格按照上级党委的要求,安排好各项工作,不折不扣地抓好落实。有的还立足各村的实际,创造性地开展工作,创造出很多可复制、可推广的典型经验,打造出多个各具特色的名牌村、专业村。

(四)带头人监督管理机制逐步建立

完善了对村级党组织带头人的监督管理,建立了以"定岗位、定目标、定奖惩和年终考评"为主要内容的村干部"三定一考"目标考核管理机制,不断加大村党支部书记绩效补贴比重。实施"三议两管一评"工作法,规范村干部权力运行。在村级重大事务上,必须按照"村党支部提议,村两委商议,村民会议或村民代表会议决议"的决策程序,对村级"三资"(资金、资产、资源)和印章,进行严格管理,并定期组织召开党员大会、村民会议或村民代表会议,对村干部进行民主评议。

二、农村基层党组织带头人队伍建设存在的问题与原因

近年来,中共济宁市委对农村基层党组织带头人队伍建设采取了一些强有力的措施,并取得了良好效果。大部分村级党组织带头人默默无闻、无私奉献,在落实各级党委、政府的工作部署上发挥了重要作用。总体来看,农村基层党组织带头人队伍是好的,但是通过调研的情况看,农村基层党组织带头人队伍建设还存在一些问题。

(一)带头人队伍结构需进一步优化

农村基层党组织带头人队伍普遍存在着文化素质结构偏低、年龄结构偏大、性别结构失调等问题。一是有的年龄偏大,难以保证工作精力。二是有的

学历偏低、知识老化。有的尽管通过学历教育拿到了文凭，但是学历和文化修养不成正比，整体素质还是不高。三是跟不上形势。有的致富能力差，不能带头致富，有的对带领群众致富感到无从下手、力不从心。现在已有很多工作实现了网上办理，特别是新农保、新农合、党建等工作，但因有的干部年龄偏大，文化素质低，所以不能适应新形势的工作要求。

（二）带头人选拔机制不完善

在当前农村实行的村两委换届选举中，村委会由全体村民直接选举，村支部书记经过“两推一选”产生，这是民主政治建设的巨大进步。但选举过程中存在“只保程序不保人”的问题，可能不能把真正优秀的人才选进来。主要原因体现在以下几点：一是群众的实用主义无原则心态。认为谁当选都无所谓，谁给好处就选谁，这在一定程度上助推了贿选、骗选等现象的发生。二是宗族派系影响严重。这使民主选举实质上成为了“宗族、亲情选举”。三是选任资源不足。农村工作错综复杂，加上群众的要求越来越高，有的人不愿蹚浑水，使参选的总是那么几张“熟面孔”，导致当选者工作积极性不高，易产生“非他不能”的“土霸王”心态。

（三）部分带头人的服务意识不强

通过调研发现，有的村干部因个人琐事、家庭琐事，不能专心干好本职工作。一是轮流坐班制度不到位，群众经常找不到人办事；二是处理村级事务不到位，遇到矛盾时便上交镇党委、政府；三是部分干部作风不正，发展党员时有排斥异己的行为。

（四）对带头人的监督管理机制不完善

乡镇（街道）纪工委、村监委会的监督作用没有得到充分发挥，对有违法、违纪苗头的村干部未能及时提醒和批评教育，这是出现村干部违纪、违法现象的一个重要原因。一是管理有漏洞，村干部比较强势，群众不敢监督；二是有的村级财务管理混乱、很不规范；三是村集体资产底数不清、情况不明。

（五）干部储备不足

一是村级年轻的后备干部人选匮乏；二是少部分村干部存在私心；三是后备干部备而不用的现象突出。一旦出现党支部书记因某些原因不愿继续任职的情况，便一时难以找出合适的替代人选，只能由镇党委下派机关干部担任村党组织书记，这会影响村级工作的正常开展。

（六）教育培训机制不够完善

一是村干部的教育需求或教育层次参差不齐。一些村干部，特别是新当选的部分村干部，对村两委工作接触不多，对村干部应当做的工作并不完全清楚；还有一些村干部，政策水平和理论水平偏低，组织纪律观念不强，对有关法律法规、规章制度也不太了解。如果教育培训跟不上，他们就很难适应工作要求。二是对村干部的教育培训不能与时俱进，忽视了必要的理论学习。三是部分村支部书记不注重学习。一些“老书记”往往凭经验办事；有些年轻书记往往“被动学”“推着干”，工作方式、方法单一。

（七）激励保障机制不够

农村工作千头万绪，村党组织带头人的工作范围广、责任大、任务重，虽然近几年村干部的工资待遇在不断提高，但仅靠每月1000元左右的工资和年底的绩效（干得不好还没有）不足以养家糊口。因而，他们必须发展自己的产业，但既要做大家的事，又要做自己的事，就常常会出现顾此失彼的情况。村党组织带头人转任乡镇工作人员的机会太少，没有固定的社会养老保障，村干部退休后待遇由村级承担，但由于大部分村级集体收入较少，也没法兑现。

三、加强农村基层党组织带头人队伍建设的建议

为了在实施乡村振兴战略中更好地发挥作用，针对在调研中了解的当前农村基层党组织带头人队伍建设中存在的问题，提出以下建议：

（一）健全选拔任用机制

选好配强农村基层党组织带头人。一要严格选任标准。要坚持“德才兼备、以德为先”的用人标准，把那些立场坚定、爱岗敬业、尊老爱幼、乐于奉献，既能带领村民发展致富，又能不折不扣地执行上级决策部署的人选出来。二要拓宽选人渠道。根据各村实际，采取不同的选人、用人方式，对现有村干部数量较多、后备干部充足的村，可以从现职中“提”，从后备中“找”，从各类拔尖人才中“选”；对本村没有合适人选的，采取请能人回村、选派县乡机关干部到村任第一书记等形式，培养、物色合适人选。三要严把入口关。换届前，逐村进行研判、分析，广泛听取党员、群众意见，全面掌握村两委班子的情况、思想动态，对谁能胜任工作、谁有发展潜力、谁换届时可能当选，逐一进行分析、预判，对现有班子无合适人选的，提前谋划、培养、锻炼后备人选。换届中，发挥党委的主体职责，进一步完善村党支部换届选举“两推一选”制度，把德才兼备、实绩明显、群众公

认的专业大户、民营企业家、致富能手、大专院校毕业生、退伍军人、返乡优秀青年、提前离岗党员干部选拔到基层党组织带头人队伍中来，给基层组织建设增添新活力。

（二）完善教育培训机制

加强教育培训，使基层党组织带头人外树党的形象，内修个人涵养，提高管理能力。一要强党性。在严格落实“三会一课”“主题党日”“党员活动日”等制度的基础上，结合“两学一做”学习教育和党员冬训，让党委班子成员坚持到村上党课，定期召开支部书记业务交流汇报会，聘请市、县党校优秀教师为村支部书记进行专题辅导，进一步提高村党支部书记的政治意识、大局意识、核心意识、看齐意识。二要提素质。拓宽教育培训途径和方式，从理论培训到实际操作，从线上培训到线下参观，从走出去学到请进来教，多形式、多渠道地对村支部书记进行综合培训，不断提高他们的工作能力和水平。三要转作风。主要是结合“八项规定”实施后从严管党治党的新形势，邀请纪委、检察院、法院以及律师、法律工作者解疑释惑，教育引导村党组织带头人从严、律己、勤政，树立良好形象。

（三）健全激励保障机制

除加强思想教育、培养奉献精神外，还要关注农村基层党组织带头人的切身利益。建立健全激励保障机制，解决他们的后顾之忧。一要提高工资待遇。不但要提高村支部书记的待遇，而且还要提高其他两委成员的待遇。二要在政治上关爱。要加大从优秀农村基层党组织带头人队伍中招录公务员或选拔乡镇领导班子成员的力度，疏通他们进入公务员队伍的渠道。三要建立社会保障机制。要考虑到他们离职后的生活保障问题，落实其养老保险和意外保险等，解决他们的后顾之忧。

（四）完善监督管理机制

一要制定严格、规范的监管机制。重点抓好对制度落实情况的督促检查，确保各种制度贯彻落实到位，坚决杜绝各种管理制度“讲在会上，挂在墙上”的不良现象。重点监督与群众利益密切相关、群众普遍关心、容易发生矛盾和可能滋生腐败现象的领域。二要大力推行村务公开。对群众最关心的重点、热点问题，如财务收支、政府补贴、惠民项目、危房改造指标、低保等，要做到事前、事中、事后“三公开”，保障村民的知情权、决策权、参与权和监督权，防范村干部滋生消极腐败心理。三要强化镇纪委职能。加大诫勉纠错力度，拉好“高压线”，

常敲“警示钟”，提前预警村干部，保护村干部。

(五)加强后备干部培养

用人必先育人，要采取多方位的培养模式，完善村级后备干部队伍，经过多岗位、多层次、多领域的培养锻炼，提高后备干部素质，使他们增长才干，促使他们早成熟、早上岗、早接班。一要拓宽选人视野。要真正地把全村大中专毕业生、转业退伍军人、企业骨干、致富能手、外出经商者等人才资源纳入视野，拉出单子建立人才台账。二要多渠道培养。要积极为后备干部提供“成长平台”，主动为其交任务、压担子，采取结对帮、师带徒等方式进行培养，也可以让他们到镇直部门挂职学习，使他们高起点成长。三要备用结合。要把握人才时效，通过多种途径和措施，加大选拔任用力度，创造机遇，促使村级后备干部早日走上领导岗位。

(六)建立“红线”管理和辞职机制

当前，在村干部管理过程中，部分村干部虽然有各种违规行为但并未违法、违纪，特别是村委会成员，虽不称职，但因为罢免程序复杂，操作性不强，往往对其行为束手无策。针对这种现象，建议创新管理办法，建立村干部“红线”管理和辞职机制。为了让辞职程序有据可依，要将村干部辞职承诺制度与村干部“红线”管理结合起来。凡村两委成员，在上任之初都要签订辞职承诺书，其中列明“红线”管理的各种表现，并明确“本人如有上述情形之一的，本承诺书即作为辞职申请书”，及时将其清退出村干部队伍。

作者单位：中共济宁市委党校

加强农村基层组织建设　助推乡村振兴战略实施

徐新军

农村基层党组织是实施乡村振兴战略的“主心骨”和“领头雁”，是党在农村全部工作和战斗力的基础，是落实和完成党在农村各项政策的终端和末梢，更是推进乡村振兴战略的核心力量。在党中央提出全面实施乡村振兴战略的大背景下，广大农村基层党组织能否切实担负起、实现好乡村振兴战略的任务与职责，就显得意义重大。

一、乡村振兴战略赋予农村基层党组织新的目标任务

实施乡村振兴战略，是党的十九大作出的重大决策部署，是决胜全面建成小康社会、全面建设社会主义现代化国家的重大历史任务，是实现全体人民共同富裕的必然要求。这一战略的提出，赋予具有战斗堡垒作用的基层党组织以更加重要的责任和目标，也必然给农村基层党组织建设的目标、理念、方法和路径等方面带来更加深刻的影响和变化，提出更高的要求和期望。

一是实施乡村振兴战略，要求农村基层党组织必须发挥领导核心作用。党的十九大报告指出，要坚持党对一切工作的领导。“党政军民学，东南西北中，党是领导一切的。”这就要求农村基层党组织要在农村改革发展中起到引领定向作用，要把党的农村基层党组织建设成宣传党的主张、贯彻党的决定、领导基层治理、团结带领群众、推动改革发展的坚强堡垒，坚决防止村级党组织在农村社会领域缺位、错位、失位和被弱化、虚化、边缘化等现象，从而确保党的路线、方针、政策在乡村的贯彻落实。

二是实施乡村振兴战略，要求农村基层党组织必须具备引领经济发展的能力。“村民富不富关键看支部，支部强不强关键看头羊。”对于农村基层党组织而言，是否具有发展经济的能力，事关能否全面建成小康社会和全面实现乡村振兴的全局，因而非常重要。新时代农村基层党组织必须明确所在乡村的定

位、当前产业发展的优势和劣势以及未来发展的方向和规划。要立足实际，大力发展适应所在乡村的新产业、新业态，促进产业融合，壮大集体经济，提高农民收入，推动农村经济发展。

三是实施乡村振兴战略，要求农村基层党组织必须具备引领文化建设的能力。文化是乡村之魂，乡村振兴既要塑形，更要铸魂。党的十九大报告把文化发展作为实现中华民族复兴的重要内容，把乡风文明作为乡村振兴战略的基本要求。这为乡村未来的发展指明了方向，也明确了农村基层党组织引领乡村文化建设的责任。因而，农村基层党组织不仅要做好宣传和执行党的路线、方针、政策工作，而且还要做好移风易俗、倡导积极健康且具有新时代特色的乡村文化工作。

四是实施乡村振兴战略，要求农村基层党组织必须具备乡村有效治理的能力。乡村治理是国家治理的基础，乡村治理水平关系到党和国家的政策能否得到有效落实，也关系着农民的切实利益能否得到保障。新时代农村发展伴随各种新、旧问题交错产生，这就需要农村基层党组织既要懂发展，又要会治理，更要善治理；要坚持自治、德治、法治协调统一，不断创新现代农村治理方式，不断提高服务管理能力，实现治理能力现代化。

五是实施乡村振兴战略，要求农村基层党组织必须培养造就一支懂农业、爱农村、爱农民的人才队伍。人才是打开乡村振兴之门的金钥匙，是“硬支撑”。但长期以来，农村大量人才外流，很多乡村也随之衰落，所以迫切需要培养、造就一支懂农业、爱农村、爱农民的人才队伍。农村基层党组织要借助中央政策，搭建人才政策平台，通过产业、政策等多种办法招才引智，注重培养本土人才，加强对本土人才的技能培训，为新型职业农民营造良好的发展环境，把“输血”变“造血”，为农村振兴战略贡献才智。

二、乡村振兴战略视角下农村基层党组织建设面临的困境

在乡村振兴的背景下，带领广大农村群众发展乡村经济，实现乡村文明、生态宜居，已经成为新时代农村基层党组织的历史使命。乡村振兴战略给农村基层党组织建设提出了更新、更高的目标要求，但随着全面深化改革的不断推进，农村基层党组织面临着许多新问题、新矛盾和新困惑。

一是农村基层党组织的战斗堡垒作用面临新挑战。在城镇化过程中，伴随土地收益的减少以及市场经济的刺激、带动，具有一定文化水平和技能、懂得经营而又头脑灵活的中青年农民和农民党员开始离开农村，纷纷进城务工、经商或另谋出路，这使农村的人口急速减少，只剩下老弱病残独守农村，甚至还出现了“空壳村”。很多耕地被弃耕，生态环境堪忧，农村发展面临诸多挑战，尤其是

在农村基层党组织建设方面，出现了较为严重的“青黄不接”，现有农村党员趋于老龄化，且受教育程度偏低，服务群众能力偏弱，在带领群众共同致富方面有心无力。青年人又不想扎根农村创业，致使农村党员队伍后继无人。有的村级党组织存在“三难”现象，即难选、难干、难管，一些农村党员的党性觉悟不高，缺乏宗旨意识，不关心集体的大小事务，不积极参加组织生活，无法有效发挥其先锋模范作用。有些地方的村两委班子存在不调整不行、调整又没有合适人选的困境，这一困境影响着农村基层党组织整体功能和作用的发挥。

二是农村基层党组织在带领群众发展经济方面面临新困难。随着改革开放的不断深入，计划经济条件下习惯于行政命令的集权式管理模式已经很不适合现实。在城乡二元化结构中，大量的人、财、物涌进城镇，使很多农村经济尤其是农村集体经济进一步退化，让农村基层党组织可支配的物质资源变得少而又少，即使想服务群众也捉襟见肘、有心无力。可以说，农村人、财、物的大量转移，进一步削弱了农村基层党组织的经济基础、动员能力和组织权威，制约了农村基层党组织的领导力、话语权和组织力。随着市场经济的不断发展，农民群众发财致富的愿望极为迫切，这更加需要一批能带领农民群众致富的好干部、能干部。但事实上，目前农村普遍缺乏懂市场、会经营、肯奉献的带头人，而且越是贫困落后的地方，这种情况越突出。因此，如何发展农村经济，壮大农村集体经济，实现产业兴旺和农民富裕，是一个摆在农村基层党组织面前不可逾越的难题。

三是农村基层党组织在引领农村文化建设方面面临新压力。文化振兴是乡村振兴战略的灵魂工程，在“五大振兴”中起引领作用，能够指引乡村振兴前进的方向。2018 年 3 月 8 日，习近平总书记在参加山东代表团审议时强调：“要推动乡村文化振兴，加强农村思想道德建设和公共文化建设，以社会主义核心价值观为引领，深入挖掘优秀传统农耕文化蕴含的思想观念、人文精神、道德规范，培育挖掘乡土文化人才，弘扬主旋律和社会正气，培育文明乡风、良好家风、淳朴民风，改善农民精神风貌，提高乡村社会文明程度，焕发乡村文明新气象。”优秀乡村文化有其独特的价值体系，在一定程度上延续和彰显着经久不衰的优秀文化基因，它植根在中国广大农村群众的内心，潜移默化地影响着广大农民群众的思想方式和行为方式，也有利于农村基层党组织建设进一步开拓资源，激发自身活力。然而，伴随着城市经济的快速发展以及村落的持续衰落，一些基层党组织忽视了农民精神文化层面的需求，导致一些优质的传统文化资源被遗忘或遗失，有些传统伦理道德观念、传统文化价值、优良传统家风纷纷被质疑、被抛弃。很多村民在市场经济的冲击下，人生观、世界观和价值观迷失、转向，导致很多封建迷信在农村沉渣泛起，使很多农民信仰迷失、理想缺失。在这种背景下，农村基层党组织在引领农村文化新风向时，面临的困惑与问题交错存在，压力不小。

四是农村基层党组织在创新社会管理方面面临新问题。随着农业税费的取消，各项惠农政策的落实，以及新型工业化、信息化、城镇化、农业现代化和乡村振兴战略的推进，加上农村社会的衰落，农村社会治理形势发生了很大变化。农村基层党组织的公共权威不断退化，对村民的号召力、影响力和组织力都有了不同程度的下降，加上农村居民公民意识和个性意识的不断增强，对农村公共事务大多表现出“事不关己高高挂起”的态度，这就导致了乡村管理混乱，宗族宗教势力和封建迷信此起彼伏，部分农村社会治理甚至呈现出失序混乱的状态。这种变化既有对旧问题的解决，也包含着新问题带来的挑战，若不妥善解决，势必会削弱农村基层党组织的权威，影响党在农村的凝聚力和号召力。

三、新时代加强农村基层党组织建设的建议

在我国进入新时代的大背景下，农村基层党组织作为我党密切联系广大农民群众的桥梁和纽带，必须坚持问题导向，准确把握当今农村社会变化的趋势和特点，紧紧围绕乡村振兴这一核心目标，采取多项措施，有效提高农村基层党建水平，不断夯实乡村振兴的组织力量。

一是抓好组织振兴这个根本，夯实基层党组织建设的组织基础。新时代要“按照有利于加强党的领导、有利于开展党的组织生活、有利于党员教育管理监督、有利于密切联系群众的原则”，积极探索农村基层党组织的设置方式。把党的基础组织建在村居、社区，建在产业企业，建在各类合作社和各类协会，确保实现党组织对农村的全覆盖，确保实现“党是领导一切”的目标，为决胜全面建成小康社会、实施乡村振兴战略提供坚强的组织保障和政治保障。在基层党员队伍建设方面，要更加突出政治标准，严把党员入口，做到宁缺毋滥。“群雁高飞头雁带”，农村党组织的成色、支部班子的组织力量、支部书记的素质，直接关系着乡村战略实施的结果。因此，上级党委和组织等部门在选任农村基层组织负责人时，必须要经过统筹安排、精心谋划、细致摸排，把真正想干事、会干事、能干事、干成事的人员选进乡村组织班子，组织、纪检等部门更要做好乡村组织成员的指导、培训、监督等工作，切实做到“扶上马，送一路，查全程”，担负好直接教育党员、管理党员、监督党员的职责，并按照十九大的新要求，稳妥有序地开展对不合格党员的组织处置工作，引导广大农村党员发挥模范作用和带动作用。

二是实施农村产业振兴，夯实农村基层党组织建设的经济基础。随着城镇化进程的加快，在很长一段时间内，乡村的人、财、物大量涌向城镇，造成乡

村经济基础日趋薄弱，使乡村成了落后的象征。在实施乡村振兴战略的背景下，各级党委、政府必须按照党的十九大精神，从体制机制和政策上积极予以乡村发展扶持，统筹城乡融合发展规划，坚持农业、农村优先发展，按照“产业兴旺、生态宜居、乡风文明、治理有效、生活富裕”的总要求，建立健全城乡融合发展的体制机制和政策体系，破除进一步扩大城乡差距的障碍，完善城乡要素自由流动的市场机制，引导更多的人、财、物回流乡村，激发农村发展活力，寻找乡村集体经济新的增长点，加快推进农业、农村现代化，优化农村产业结构，推进传统农业向现代高效农业、特色农业、旅游农业转型发展，从根本上增强农村经济发展的造血功能，实现民富村强的目标，从而夯实农村基层党组织建设的经济基础。

三是传承和发扬好优秀传统文化，夯实农村基层党组织建设的文化基础。乡村振兴，文化为魂。乡村振兴是一场艰苦而漫长的跋涉，不仅需要资金、政策、人才，而且还离不开代代相传的乡土文化灵魂。当尊老爱幼、邻里相帮、积极向善等传统美德被大力弘扬时，更多人将重新认识乡村文明的价值和使命，这不仅有助于推动乡村振兴，而且还有助于城镇化成为记得住乡愁的城镇化，让现代化成为有“根”的现代化。传统文化是中华民族的瑰宝，在历史上和现在都发挥着不可替代的重要作用。因此，聚焦乡村振兴战略，在农村基层党组织的建设过程中，必须重新重视和传承好优秀传统文化，吸收、借鉴其中的精华，拓展、加强农村党员品德修养和作风建设的文化资源，坚持一手抓村容村貌，一手抓精神文明建设，提升农民的精神风貌，培育文明乡风、良好家风、淳朴民风，不断提高乡村社会的文明程度，夯实农村基层党组织建设的文化基础。

四是提升基层组织治理能力，夯实农村基层党组织建设的社会基础。加快完善适应新时代、符合乡村振兴战略需要的基层党建模式和乡村治理体系，推进乡村民主法治建设，发挥各类人才、新乡贤在乡村治理中的作用，密切党群干群关系，最大限度地维护和实现农民的各种利益，不断增加农民的获得感，打牢党在农村的群众基础，维护好农村社会稳定。加强农村法治和精神文明建设，规划建设好乡村文教、卫生、文化、娱乐和文体等设施，大力弘扬优秀传统文化，推行家风、村风、党风教育，以好家风带村风、促党风。制定村规民约，大力移风易俗，改变农村传统落后的宗族、宗派观念，抵制、消除封建迷信等不良思想对农村社会的影响，最大限度地用先进文化占领农村阵地，带动广大群众树立文明新风，提高文明程度，为农村基层党组织的建设和发展构建良好的社会基础。立足传统乡村的社会功能，借助乡村“熟人”优势，积极培育具有共同归属感的乡村政治共同体、经济共同体、伦理共同体和精神共同体，提高乡村凝聚力。坚持党组织在农村社会治理中的领导地位，牢牢把握党对农村社会治理的领导权、主动权，综合运用各种方式进行经济、政治、意识形态等方面的整合，引导村民自治组织、农村社会组织和农民等各类主体力量在乡村社会治理中发挥好各自的功能和作用，推进农村社会治理转型。

【参考文献】

[1]刘茜:《现代市场经济下的农村文化建设困境以及改善思路》,《知识经济》2017年第12期。

[2]韩长赋:《大力实施乡村振兴战略》,本书编写组:《党的十九大报告辅导读本》,人民出版社2017年版。

[3]霍军亮、吴春梅:《乡村振兴战略背景下农村基层党组织建设的困境与出路》,《华中农业大学学报》(社会科学版)2018年第3期。

[4]李小新:《全面提升基层党组织组织力》,本书编写组:《党的十九大报告辅导读本》,人民出版社2017年版。

作者单位：中共泰安市岱岳区委党校

加强农村党组织书记队伍建设
夯实乡村振兴的组织基础

傅　翔

党的十九大把实施乡村振兴战略作为决胜全面建成小康社会和建设社会主义现代化强国的一项战略任务。2018 年中央一号文件指出:“扎实推进抓党建促乡村振兴,突出政治功能,提升组织力,抓乡促村,把农村基层党组织建成坚强战斗堡垒。”从这层意义上说,农村基层党组织是党在社会基层组织中的战斗堡垒,是实现乡村振兴的组织基础。“火车跑得快,全靠车头带”,因此,加强农村基层党组织书记队伍建设就显得尤为重要。

一、充分认识农村党组织书记队伍对实施乡村振兴战略的意义

《中国共产党农村基层组织工作条例》指出,农村党支部是党在农村的基层组织,是党在农村全部工作和战斗力的基础,是农村各种组织和各项工作的领导核心。农村党组织书记是农村基层党组织发挥作用的关键,是村级各项工作的领导者和组织者,是党和政府联系群众的桥梁和纽带,是乡村振兴的“领头雁”。

当前,我国城乡居民收入差距仍然较大,农业基础仍不稳固,农村社会事业发展相对滞后,这些问题不仅制约着农业、农村的发展,而且还严重制约着城镇化的进程。同时,加强农村基层治理、维护农村稳定也是关系农村发展的大计,这都需要通过加强农村基层组织建设,强化政治引领,提升基层农村党组织的凝聚力、向心力和战斗力。正如习近平总书记所指出的,党的工作最坚实的力量支撑在基层,经济社会发展和民生最突出的矛盾和问题也在基层,必须把抓基层、打基础作为长远之计和固本之策,丝毫不能放松。

面对乡村振兴的艰巨任务,基层党组织书记最有发言权。比如,山东寿光市三元朱村党支部书记王乐义说:“作为最基层的党组织,我们要抢抓乡村振兴战略机遇,不断整合农村发展资源,把支部建到产业链上,和村民撸起袖子加油干,争取打造出美丽乡村的升级版。”从这层意义上说,抓好农村党组织书记队

伍建设对于推进乡村振兴具有重要的现实意义和深远的历史意义。

二、创新选拔培养方式，构建相对稳定的农村党组织书记队伍

随着农村基层民主法治建设的稳步推进以及农业现代化建设的深入开展，对农村党组织书记队伍的要求也将进一步提高。因此，在农村党组织书记队伍建设方面，必须牢固树立正确的用人导向，真正把能干事、会干事、干成事、不出事的人选为村党组织书记。

（一）畅通“入口”

要打破地域、身份界限，积极提倡业主兼任、机关下派等办法，更多地起用创业型、创新型“能人”担任村党组织书记。在把好政治关的基础上，进一步加大“推”的力度，更多地选拔那些在群众中有较高公信力和支持度的同志担任村党组织书记。有条件的村级党组织，还可以推行村党组织书记和村主任“一肩挑”的任职模式。

近年来，寿光市坚持把选准、育强村级党组织带头人作为实施乡村振兴战略的突破口，大力实施“头雁工程”，选优配强“红色经理人”，已吸引272名在外经商人员、企业管理人员、退休公职人员等参选村两委成员，实现新任村两委班子成员年龄结构、学历水平和素质能力“三优化”。设立1000万元的红色基金，用于鼓励优秀党员回乡竞选任职，带领群众创业发展，当好乡村振兴排头兵。

（二）疏通“出口”

进一步完善村党组织书记队伍管理办法，市（县）乡（镇）要明确村党组织书记最高任职年龄，研究正常离任的补偿办法，加大对不称职村党组织书记的调整力度，切实解决“下”的问题，使村党组织书记队伍的更迭轮替制度化、有序化。至于个别超龄，但特别优秀的村党组织书记，经党委集体研究后，可以适当放宽任职年龄。

（三）重视“储备”，解决大学生党员“回”的问题

要公开考选部分优秀大学毕业生到村（社区）任职，特别是要调整无单位大学毕业生的党员组织关系，使其能够顺畅转回本村（社区），要对他们进行观察、培养，坚持在推动工作中培养他们的党性意识、党性觉悟，在党性锻炼中提升他们为民服务的能力和创新思维，对特别优秀的人选进行重点培养；建立以现任村干部、致富能手、退伍军人、优秀外出务工党员为主的农村党组织书记后备人才库，实行动态管理，进行重点培养，保证农村党组织书记队伍后继有人。

三、创新培训教育方式，提高农村党组织书记队伍素质和能力

随着城乡一体化、农村城镇化进程的不断加快，农村工作面临的新情况、新问题层出不穷，提高村党组织书记整体素质这一任务迫在眉睫。必须完善培训教育方式，加大对农村党组织书记的教育培训力度，切实提高他们推动乡村振兴的工作能力。

（一）要解决“学什么”的问题

要组织农村党组织书记深入学习党的基本理论、方针政策和重大决策部署，不断提高他们的理论素养和政策水平。在当前和今后一段相当长的时间里，尤其要学懂、弄通习近平新时代中国特色社会主义思想，并结合实际予以贯彻落实。在抓好理论教育的同时，也要注重抓好农村党组织书记的知识培训、技能培训和实用技术培训。党的十八大以来，河南、安徽、四川、云南、甘肃、内蒙古、新疆、上海、天津、贵州等十几个省（市、自治区）的相关部门依托寿光市委党校，先后组织1万余人到山东寿光学习现代农业知识，学习先进的蔬菜种植、管理技术和发展理念。这些农村党组织书记不仅用知识、技能武装了自己，而且还推动了当地的乡村振兴。要定期邀请有关部门的领导及专家、教授就领导艺术、市场经济知识、法律法规、村务管理等方面开展有针对性的专题讲座，解决好乡村有效治理问题。

（二）要解决“怎样学”的问题

坚持“工作学习化、学习工作化”，将学习作为农村党组织书记工作和生活必不可少的部分，建立经常化、制度化学习机制，营造良好的学习氛围，构建以农村党组织书记为核心的学习型农村党组织。抓紧构筑农村党组织书记终身教育体系，健全和完善以党校培训为主体、以个人自学为基础的农村党组织书记教育培训制度，鼓励农村党组织书记通过学历教育、专业进修、网络教育、远程教育等搞好学习。比如，2017年年底换届后，寿光市及时启动并实施农村干部“雁阵”工程，突出“书记讲给书记听，书记跟着书记学”，分30期对新一届村两委干部进行集中轮训。

针对农村干部人才培训渠道窄、机会少，“接地气”的专业化基地不足等问题，寿光市积极组织农村优秀党组织书记、实用技能人才到长沙等地学习，通过寻标对标，开阔他们的视野，提高他们的素质能力。充分利用自身的产业优势，建设山东（寿光）农村干部学院，提高培训实效，增强农村干部人才的综合素质。以本地为主、以周边县市为辅，寿光市高标准打造了三元朱村、东斟灌村、农产

品物流园等 56 个“立足寿光、辐射周边”的实践培训点，设计了 8 大类 16 条现场教学线路，初步形成了辐射整个潍坊地区的现场教学体系。

（三）要解决“怎么用”的问题

要大力弘扬理论联系实际的学风，把发展的新课题、改革的新命题、稳定的新难题、群众反映的新问题作为学习、应用的主题，做到学以致用、用有所成，善于用所学的知识创造性地解决农村城镇化、农业现代化、乡村振兴、村（社区）和谐稳定等方面的实际问题。从寿光来看，学以致用的效果已经初步显现，洛城街道东斟灌村的“三自”治理工作法闻名全国，稻田镇崔岭西村的大棚智慧农业、双王城南木桥村的“盐碱地无土栽培”、羊口镇宅科村的农村淘宝、侯镇草碾村的电商等都成为本地农村基层党组织充分发挥作用，提升农村发展力的先进典型。

四、创新管理模式，提高农村党组织书记的担当意识、廉政意识

加强对农村党组织书记的监督管理是实现农村管理民主的重要前提，要着眼于“想干事、能干事、干成事、不出事”，立足于“能操作”，强化民主决策、述职评议、定期审计、诫勉谈话等制度，建立健全对农村党组织书记队伍的考评机制和监管机制，提高他们的责任意识、服务意识。

（一）全面推行农村党组织书记工作目标管理责任制

根据农村党组织书记的工作职责、任务，合理确定岗位目标，签订任期及年度目标承诺书，对农村党组织书记工作实行目标管理。为加强对党组织书记的目标管理，寿光市实行“四诺履职”管理办法，让村级党组织书记年初对岗定诺、月度依标践诺、季度按绩点诺和年度述职评诺。

（二）明确导向，弘扬先进

鲜明的工作导向是农村党组织书记队伍发挥作用的重要抓手，也是新时代农村党的建设的重要内容，要为敢于担当者、昂扬奋进者鼓掌。为激发村级党组织书记干事创业的内生动力，寿光市对集体增收明显的村，按增长额 10%的标准直接奖补村干部。开展“咱们的好支书”系列报道，每年评选 50 名“富民强村好支书”，激励村党组织书记真正成为乡村振兴的“领头雁”。

（三）进一步完善监督管理制度

信任不能代替监督。要进一步规范村务、党务、财务公开的时间、内容、程序，试行村级重大事项听证会制度，真正对农村党组织书记实施有效监督，不断

提升农村治理水平。要制定农村党组织书记定期研判制度，对其表现进行集中“会诊”，对精神状态较差、不适应工作岗位的，及时约谈，对仍无改观的，坚决予以调整，时刻为他们“上紧弦”。

寿光市结合实际制定的农村党组织书记廉洁自律“十不准”规定，对其日常行为进行严格规范，保证其小事不出格、大事不出错。探索履职行为负面清单制度，推进村级审计督查常态化，定期让群众当“裁判”，对村级治理情况进行满意度评价，督促村党组织书记把事干到老百姓的心坎上。每月委托第三方机构进行电话满意度调查，及时掌握各镇、街区工作的落实成效，督促村党组织书记讲规矩、守纪律，履职尽责、干事创业，做到既严格管理又提前预防。

五、创新保障机制，为农村党组织书记提供坚强后盾

习近平总书记强调，基层干部是加强基层基础工作的关键。要关心和爱护广大基层干部，为他们创造良好的工作和成长条件，保障他们的合理待遇。建立合理的激励保障制度是充分调动农村党组织书记工作积极性的重要保证。

（一）生活待遇要倾斜

要对农村党组织书记基本报酬的基数、财政补贴比例以及养老金统筹标准进行适时、适度的调整。对于长期担任农村党组织书记，退职后生活确有困难的，要根据实际情况给予一定的生活补助。

（二）政治待遇要关心

对优秀的农村党组织书记，除了在评选和提名劳动模范、党代表、人大代表时实行倾斜外，还可以借鉴好的做法，制定有关政策，开辟特殊通道，解决一定数量的农村党组织书记进入事业编制问题，使他们录用后仍在原岗位工作，但享受事业编待遇。要解放思想，革新用人制度，提拔符合条件的优秀农村党组织书记进入镇级领导班子。近年来，寿光市从优秀农村党组织书记中考录公务员的做法受到了广大农村党组织书记的欢迎。

总之，农村党组织书记是农村基层党组织的领头人，是农村全面建成小康社会的“领头雁”，对贯彻执行党在农村的各项方针政策，巩固党在农村的执政地位，实施乡村振兴战略起着关键作用。建设一支忠诚、干净、有担当的高素质农村党组织书记队伍，就相当于抓住了农村基层党组织建设的“牛鼻子”，也使乡村振兴有了更加坚实的组织基础。

作者单位：中共寿光市委党校

寿光市发展壮大村级集体经济推动乡村全面振兴的实践与思考

丁荣耀

实施乡村振兴战略，加快推进农业现代化是习近平新时代中国特色社会主义思想的重要内容。2018年中央一号文件以及2018年5月颁发的《乡村振兴战略规划(2018—2022年)》都对乡村振兴战略进行了具体部署。乡村振兴的落脚点在于解决"三农"问题，发展壮大农村集体经济是乡村振兴的基础，是实现全面建设小康社会的坚强支柱。当前，农村集体经济薄弱已成为制约农村发展的短板，直接影响农业、农村现代化建设和乡村治理体系的构建。

寿光是全国蔬菜之乡，各项工作一直走在全国前列，也一直在努力打造乡村振兴的寿光模式。几年来，紧紧围绕"建设品质寿光，创造美好生活"的总目标，以供给侧结构性改革为动力，以深化农村产权制度改革为引领，聚焦农村集体经济这块硬骨头，积极培育新型农业经营主体，充分挖掘资源，制订具体方案，做到一村一策，使村集体经济变"输血"为"造血"，形成了一批可复制、可推广、可持续的好模式、好典型。

一、寿光市发展村级集体经济，推动乡村全面振兴战略的实践

近年来，寿光市一直把发展壮大村集体经济作为乡村振兴的重点来抓。截止到2017年年底，寿光市村集体经济年收入20万元以上的村有376个，占39%，5万元以上的村有775个，占80%，并已率先消除了村集体经济收入在3万元以下的村。

(一)积极引导土地流转，实现土地集约经营

通过土地承包、挂钩试点、农田复垦、盘活闲置地块等方式流转土地，用于建设高标准大棚、发展农业园区、对外租赁、联合开发等，以此提高土地经营效益。例如，台头镇北洋头、大坨、南兵、连城等村采取"以地入股、按人分红"模

式，将全村土地整体打包、集约经营，土地收益按村内人口变化一年一调整，彻底解决了人地矛盾。其中，北洋头村借助区位优势和城镇规划调整，对全村4200亩土地进行集约经营，大力推进农业规模化、农村社区化、工业园区化发展，集体收入连续7年超过1000万元。

（二）盘活集体闲置资产，增加村集体收入

将村集体废旧塘湾、老旧院落、学校、厂房等闲置资产，以承包租赁的方式进行开发、经营，以收取租赁费等方式增加集体经济收入。比如，文家街道桑家营子村把废弃多年的砖厂、沙厂的场地整平后，租赁给寿光市政公司、源菩提混凝土等公司，实现集体经济年收入110多万元。营里镇南单后村对废旧窑坑进行改造，一期开发7亩鱼塘用于养鱼、虾，年增收20万元。牟营村对村内窑厂的120亩土地通过流转的方式转包给鑫源水产养殖公司，建设大棚20个，混养鳎米鱼和沙蚕，每年增加收入150万元。

（三）实行产业转型升级，充分挖掘资源

充分挖掘村庄优势资源，对本村原有的企业进行升级改造，借鉴现代企业管理制度，通过与企业合作、承租等方式，每年由村委收取承包费、土地补偿费，既保证了村集体收益，又让村民得到了实惠。比如，营里镇北陈村集体经济收入主要依靠盐田承包费，由于盐业市场疲软，承包费难以收回，该村拓展发展思路，积极推进盐田“两改”（盐改菜、盐改虾）工作，建设了1200余亩蔬菜种植基地。同时，该村积极改造原有盐田，新上30亩用于发展水产养殖项目，建设2个南美对虾虾棚，每个虾棚收益达150万元。

（四）实施资本商业运作，壮大村集体经济

科学、合理地定位，依托区位优势，将村集体富余资金用于发展经营性固定资产，建设或购买沿街商铺、标准厂房，投资学校、农贸市场，开发房地产等，使流动资金转化为固定资产，大力发展租赁经济、楼宇经济，“以钱生钱”，壮大村级集体经济，让村集体获得长期性稳定收入。例如，台头镇引导村集体投资建设沿街商铺、车间厂房，通过对外出资、发包经营、管理服务等，增加集体收入。又如，北洋头村集体投资建设了加油站、沿街商铺、工业变压器等，年出租收入达130多万元。

（五）提供特色服务，促进集体增收

村集体通过牵头领办农民专业合作社，创建品牌，发展休闲观光农业，促进农民致富、集体增收。例如，洛城街道东斟灌村组建了果蔬专业合作社、土地股份合作社、资金互助合作社，为农民提供服务，实现村集体年收入110多万元。洛城街道浮桥村将特色产品萝卜申请为国家地理标志产品，通过规模化生产、高端品牌打造，村集体以指导服务的方式实现年收入30多万元。

（六）实施企业项目，增加集体收入

解读好国家政策，依托本村优势，加大招商引资力度，积极引入产业资本与农业结合，兴办工业企业。采取村集体与企业合资等方式，通过税收返还、利润分成等形式，增加集体收入。例如，营里镇西浊北村通过经营加油站、胶合板厂、物资站、劳务队、盐场等集体企业，年增加收入近50万元。营里社村在村前规划了30亩小项目区，通过引进塑料加工、信泰瓦业、恒鑫建材、伟达化工、国华钢结构等多家企业，既解决了村里70多人的就业问题，又增加了20多万元村集体收入。

（七）通过占地补偿，增加村集体收入

通过企业占地、经济园区建设、公路铁路占地等补贴收入，壮大农村集体收入。例如，羊口镇北部以曹辛村为代表的6个村，通过清河油田占地补贴、油田污染补贴等壮大农村集体收入，其中曹辛村在2016年实现村集体收入101.8万元。羊口镇中西部以齐家村、菜央子村、王庄村为代表的3个村，以园区占地补偿等壮大村集体收入，其中齐家村在2016年的村集体收入为1145.3万元。羊口镇南宅科等9个村，以铁路占地补偿等壮大集体收入。

二、关于寿光市发展壮大村级集体经济，推动乡村全面振兴的思考

（一）存在的问题

1.村级集体经济增收渠道单一，增收后劲不足

从调研情况来看，村级集体经济收入结构不合理，经营性收入比重不高，增收渠道单一，同质化现象明显且趋于紧缩。很多村级集体经济较好的村，主要的收入来源是各种形式的占地补偿，没有发展经营性固定资产或形成特色产业，可持续发展性不强。在调研中发现了“两个90%”现象，即90%的村90%的收入要靠土地、利息及地下矿产资源。随着地下矿产资源的日益减少以及土地效益增长的瓶颈制约，集体经济增长乏力，仅能维持基本运转，增收后劲不足。

2.区位优势、资源优势等不同导致村庄发展不平衡

临近镇区及交通便利、自然资源丰富的村，集体经济发展好；而位置偏远、

交通不便、资源缺乏的村，集体经济发展滞后。受水分条件、土壤状况等因素制约，相较于南部镇街发展蔬菜大棚、成立合作社，北部镇村的土地多用于大面积种植粮食作物，产业层次不高，承包费偏低，土地经济效益差。寿光的城中村因本身的区位优势和地理优势，村集体经济发展较好，有的村一年的集体收入能过千万元，而南部地区那些单纯种植蔬菜的村，因土地全部分给了农民，所以没有收入来源，每年的村集体收入几乎为零。

3.刚性支出逐年攀升，部分村压力很大

随着经济社会的发展和美丽乡村的建设，近年来，农村基础设施建设、环卫保洁、治安联防、农田设施、合作医疗、农村干部工资及各项创建活动等的刚性支出逐年攀升，村级组织面临着巨大的经济压力，甚至部分经济薄弱村债务沉重。由于土地承包政策的延续，多数村的土地多年没有得到调整，出现了“增人不增地，减人不减地”的现象，人地矛盾突出。特别是放开二孩政策后，村里新增人口多、死亡人口少，每年村里需要大量找补新增人口口粮款，但有些薄弱村却无力承担。

4.经济薄弱村的班子力量普遍较弱，发展缺乏动力

通过调研发现，有些村干部年龄偏大，文化程度较低，思想观念陈旧、保守，缺乏开拓创新精神，常把村集体经济薄弱的原因归于地理位置偏僻，没有资源、资金和好政策，怨天尤人，得过且过。有些村干部只顾忙个人事务，而把村委工作视为打短工，没有真正扑下身子发展村级集体经济，在发展上缺少思路和办法，“等、靠、要”思想严重。

5.集体资产管理不规范，存在透支资源现象

过去，有些村集体只顾眼前利益，不考虑长远利益，在出租部分集体土地时，合同时间往往是20年、30年甚至更长，价格过低而且是一次性收入。比如，圣城街道范家村北的30亩地，一签就是40年，总收入才30多万元。农村电费差价是村级集体收入的重要组成部分，甚至是一些薄弱村的唯一收入来源，但是部分村用电管理不规范，电损较高，收入较少。

6.管理水平不高，缺少“能人”带动

一是村干部队伍不稳定，任期为三年一届，任期短也使部分干部存在“一年看、二年干、三年等着换”的心态，没有充足的时间干实事，这不利于村集体经济的发展。二是班子内耗问题依然存在。有的村班子内部不团结，调和难度大，在发展村级集体经济过程中，意见相左，这也阻碍了集体经济的发展。三是人才外流。很多年富力强、懂经济、有头脑、有闯劲的人，纷纷外出务工或创业，多数村干部年龄偏大，思想保守、观念落后，缺乏经营和发展能力。四是部分村干部求稳意识重，缺少“三敢两不怕”精神，不敢纠正不合理或“显失公平”的承包

合同,致使集体经济得不到发展壮大。

(二)意见及建议

1.选好配强村级班子,以能人治村、以强班子带强村

一是配强、配好村级班子。乡村振兴,重要的是组织振兴,而组织振兴就需要配齐、配好村级班子。借村级组织换届之机,配齐、配强村级班子,特别是要选好、配好村党支部书记、村主任,不拘一格地把年轻有为、懂农业、懂科技、敢担当、有经营管理能力的高素质人才选配到村级领导岗位。

二是加强对村两委班子成员的培养和教育。加强对村干部经营管理能力的培训,有计划、有目的地到集体经济发展较快的典型地方考察、学习,借鉴经验,因势利导,强身固本。通过举办各种形式的培训班,提高村干部的经营管理水平和科技素质。

三是进一步完善激励机制。要把发展村级集体经济作为村干部目标责任制的主要内容,作为考核村干部的重要依据。对在一定时期内村级班子建设和村级经济发展成效显著的,给予精神和物质奖励。适当提高村干部工作待遇,建立和完善干部工作业绩与收益挂钩的制度,充分调动农村干部发展村级集体经济的积极性。

四是全面加强村级党的领导。采取得力措施整治好"软弱、涣散"村级班子,着力解决好个别村党的领导弱化问题,加强对农村党员的培训,通过党员进党校培训的方式,提升党员的素质和能力,提高他们的致富、带富能力,提升党在基层的凝聚力、战斗力。

2.搞好土地流转,盘活土地资源

土地是农村最基本、最重要的资源。要正确理解、科学把握土地延包30年的政策。土地延包30年是指家庭联产承包责任制政策30年不变,合理科学的土地流转是国家大力提倡的,也是提高土地收益、增加农民收入和村集体收入的必由之路。要搞好土地流转,理顺土地关系,明晰产权归属。可以借鉴洛城街道东斟灌村、文家街道桑家营子村等的经验做法,鼓励村集体领办土地股份合作社,通过反租倒包、土地入股等方式流转土地,充分利用宅基地、闲置地块等节余土地,增加村集体收入。

3.管理、经营好村级资产,实现保值增值

加强对村级存量资产的挖掘、管理、经营,对现有集体资产进行更新、改造、承包、租赁,提高存量资产利用率。城中村等村级集体经济发展较好的村,可以

学习、借鉴洛城街道屯西村、文家街道仉家村等的资产经营、资本运作经验，在符合规划和用途管制的前提下，投资建设学校、专业市场、商业门面、标准厂房、停车场等经济实体，或者采取合作、联营、入股等方式，联合创办或投资参股经济实体，增加村集体的资本经营性收益，实现村级资产的保值增值。

4.积极推进资本运作，获得长期性稳定收入

对于临近工业园区的村，可以把村内富余的资金或土地入股企业，以此获得分红，或用村内闲置的建设用地招商引资，增加集体收入。有一定集体资金积累的村，可以多渠道地推进资金运作。比如，可以通过兴建工业园区、标准厂房、专业市场、仓储基地等，获得长期性稳定收入。强化村集体资产改制，对村集体原有的市场、企业等经营性资产，经专业机构评估后，整体进行股份制改革，成立运营公司，村集体按股分红。引导村集体大力发展第三产业，探索“互联网＋”发展模式，依托农村淘宝等电商平台，将零散土特产、特色手工艺品等乡土资源进行集中销售，让村集体在组织协调、资源整合、品牌打造等有偿服务中实现增收。

5.大力发展特色产业，积极培育村级主导产业

立足区位、资源、人文等优势，有针对性地发展“城郊型”“种养型”“资源型”“服务型”等集体经济。一是发挥地理优势，引导城郊、镇郊、镇区、园区村，借助城镇化、园区化建设快速推进的有利时机，大力发展房地产开发、商贸三产等增加集体收入。二是发挥交通优势，鼓励位于交通干道周边的村，对沿街黄金地段进行招标开发，通过收取租金增加集体收入。三是发挥社区优势，采取“一村一社区”或“多村一社区”模式，加快建设新型农村社区，配套建设商业服务设施，拓宽村集体经济发展空间。四是发挥资源优势，发展彩椒、西红柿、葡萄等特色种植和鱼、虾、猪、鸭等传统养殖，积极培育村级特色主导产业，形成“一村一品”“一镇一业”格局。大力培植农产品加工、储运、销售等经营实体，通过资产入股、管理服务等方式，参与农业产业化经营，延长产业链条，增加村级集体收入。以休闲采摘等为重点，引导村集体发展高效生态农业园、休闲观光体验区、农家乐餐饮等，发展壮大村级集体经济。

6.建立财政兜底机制，加大对经济薄弱村的扶持力度

受历史原因、地理位置、人文环境等因素影响，一些经济薄弱村的发展空间狭小，单靠自身很难脱困。政府应该完善扶持政策，明确薄弱村的扶持标准，对年收入少、不能维持运转的村，由市财政按标准对其基本运转费用、农村干部工资等进行兜底。可以由市财政拿出一部分资金，强村、强企业扶持一部分资金

成立帮扶基金，帮扶基金由市财政融资平台进行运作，争取把基金做活，实现以钱生钱，改市财政年年拿钱帮扶为一次性投入、基金年年出资帮扶。

发展壮大村集体经济是一个系统工程。每个村村情不一样，需要进行合理定位，因地制宜，一村一策，找到增加村集体收入的切入点，增加村集体收入，提升农村基层党组织的凝聚力、号召力、战斗力，加快推进乡村全面振兴。

作者单位：中共寿光市委党校

发挥党支部的核心作用
以组织振兴带动乡村振兴

李树章

寿光市洛城街道东斟灌村共有590户,2155口人,55名党员,4486亩耕地。近年来,东斟灌村按照“产业兴旺、生态宜居、乡风文明、治理有效、生活富裕”的总要求,积极发挥党支部的核心作用,以党员积分制管理为抓手,带领村民自治组织、监督组织、经济组织、群团组织和社会组织,创办实施“三位一体”合作社运作模式,探索创新“三自”工作法村务管理模式,先后获得“全国创新社会治理最佳案例”和“全国基层党建创新典型案例”等荣誉称号。

一、以党员积分制管理为抓手,打造乡村振兴的“排头兵”

打铁还需自身硬。作为农村各项工作和各种组织的领导核心,农村基层党组织是乡村振兴的具体组织者、实施者,担负着重要职责与使命。只有农村基层党组织坚强有力、党员队伍合格过硬,乡村振兴才有根本保证。要实施好乡村振兴战略,基层党组织必须坚强有力,起战斗堡垒作用;党员队伍必须过硬,起模范带头作用。为打造过硬的党员队伍,东斟灌村实行党员积分制。把受村党支部管理的47名正式党员和预备党员纳入党员积分制管理(8名党员因年老体衰或卧病在床,不参与考核),并制定详细的计分标准。计分标准分为基础积分、民主评议积分和贡献加分三个一级指标,每个一级指标下包含若干个二级指标。通过积分制管理,党员的党性意识进一步增强,纪律规矩意识进一步强化,先锋模范作用进一步发挥。东斟灌村以党员积分制管理为抓手,把党支部打造成为乡村振兴的坚强堡垒,党员也因此成为乡村振兴的“排头兵”,党员既做给群众看,又领着群众干,真正实现了“支部是乡村振兴的灯塔,党员是乡村振兴的旗帜”。

二、带领自治组织和监督组织，创新村级事务管理“三自”工作法

在东斟灌村，“群众的事群众说了算”，群众代表不点头，村支书、村主任也不能拍板通过，干部成了村民的“服务员”。这就是东斟灌村自主议事、自治管理、自我服务的“三自”乡村治理模式。

自主议事，群众的事群众说了算。一是群众提事。让群众自己提出需要党支部研究办理的事项，把村级事务的动议权直接交给群众。二是群众议事。党支部对群众提议的事项，拿出初步办法或方案，再由群众充分酝酿、讨论，提出修改意见。三是群众定事。在决策村级事务时，坚持行权于民，实行重大事项票决制，把举手表决的权利留给群众。

自治管理，群众的事群众办。一是共同参与办。对需要办理的事项，让群众共同参与，全程管理，让群众去说服群众，让群众去做群众的工作，充分发挥群众的能力与智慧，激发群众“参政议政”的积极性。二是全程监督办。让群众全程监督村级事务，凡修桥筑路、设施配套等村内建设工程，全部实行公开招投标制度，由村务监督委员会进行监督和运作，党支部不参与、不插手，只负责最后的把关、签字。三是依法依规办。党支部结合上级的政策法规，制定具体、全面的村规民约，并将其与相关涉农政策法规一起编制成《村级事务制度汇编》，让群众依法依规、明明白白地参与管理和监督。

自我服务，群众的事群众相互帮。党支部本着利民惠民、实际实效的原则，组织、带领和支持党员群众通过创办合作社，成立社区物业公司，组建红白理事会和庄户剧团、文体队以及开展党员联户结对等方式，开展自我服务，解决群众生产、生活难题，带领群众共同致富，满足群众精神文化需求。

三、带领经济组织，成立“三个合作社”，发展壮大主导产业

从1993年开始，东斟灌村开始发展蔬菜大棚。1998年，李新生被选举为东斟灌村党支部书记后，东斟灌村大力发展彩椒产业，逐渐形成了以五彩椒为主导的“一村一品”发展模式。为发展壮大彩椒产业，东斟灌村由党支部领办了“三个合作社”，发展壮大彩椒产业。一是成立果菜专业合作社，为菜农提供全程服务。2008年10月，东斟灌村成立果菜专业合作社，围绕彩椒产业，建立专门销售市场，打造“市场＋合作社＋基地＋农户”的标准化生产模式。规模发展之后，合作社又通过国家绿色食品检测中心认证了绿色基地，通过国家工商总局注册“斟都”商标，面向全国征集广告语，叫响了“斟灌彩椒中国‘椒’傲”的口号。这一系列工作，解决了菜农的后顾之忧，使菜农的收入越来越高。东斟灌村的彩椒甚至出口到俄罗斯、新加坡等国家，带动发展彩椒种植5000多亩。二

是成立土地股份合作社，解决群众规模化种植需求。为解决人地矛盾，2012 年 5 月，党支部根据群众意愿，领办了土地股份合作社，让村民以土地经营权入股，人均 1 亩，1 亩占 1 股，每股每年保底收入 600 元。剩余土地作为集体股，收益按集体 60%、社员 40%的比例分红，并根据人口、地价变动情况，一年一调股，三年一调承包费，实现了集体、村民双受益。三是成立资金互助合作社，解决群众大棚建设资金问题。土地流转后，农业规模化经营程度得到提升，菜农们的资金流动速度变快，信贷需求也逐渐增多。2013 年 10 月，针对老百姓建棚需要资金的情况，村里又成立资金互助合作社，解决了群众发展农业资金不足的问题。

四、带领群团组织和社会组织，移风易俗树新风

一是思想道德建设实现新跨越。东斟灌村党支部紧抓全村村民的思想教育不放，围绕“发展经济，做高尚新型村民”主题，充分利用网络、电影、讲座等平台，提升村民的思想道德水平。二是民风淳朴家庭和谐呈现新气象。在东斟灌村，家庭和睦、孝老敬亲蔚然成风。村民王秀珍与儿媳董世娜，相处得就像亲娘俩，有活儿抢着干，有好吃的让着吃，一个被评为“好婆婆”，一个被评为“好媳妇”。村民李梅芹无微不至地照顾年迈又体弱多病的公婆，并且时常照顾邻里老人，被潍坊市妇联授予“三八红旗手”“百佳敬老好儿女”称号。三是乡风文明村容整洁展新姿。村民的文化生活丰富多彩。有 3000 余册图书、200 余张影碟的农家书屋，经常座无虚席。每到晚上，文化广场上有几百人在唱歌、跳舞、扭秧歌。文明行为更是随处可见。村前大街上，一个过往车辆的司机扔下一个烟盒，正骑电动车去干活的村民陈丰连看见了，立即下车捡起，放到垃圾箱里。伴随着物质生活水平提高的是乡风文明的提升，东斟灌村村民精神面貌发生了根本的转变。打架闹事、迷信赌博等陋习已在这个村绝迹，全村连续 19 年无打架闹事、信访上访、刑事案件发生，形成了干群和谐、村情稳定、齐心干事的良好局面。

从最初的彩椒大棚试点，到“三自”模式的推行和三个合作社的建立，东斟灌村的产业发展，是在组织振兴的基础上，一步一步地发展起来的，在摸索实践中也涌现出了李新生、李春祥等优秀基层村干部。2017 年，东斟灌村人均收入超过 21000 元，村集体经济收入突破 115 万元，真正成为了一个产业兴旺、生态宜居、乡风文明、治理有效、生活富裕的美丽乡村。

作者单位：中共寿光市委党校

关于青州市助推乡村振兴，全面提升农村基层党组织组织力的探索研究

张红英

党的力量来自组织，组织力是组织生命力的体现。提升组织力，是中国共产党基层组织建设的核心与关键。农村基层党组织是党在农村全部工作和战斗力的基础，是党联系广大农民群众的桥梁和纽带。正如习近平总书记在参加十三届全国人大一次会议山东代表团审议时所强调的，实施乡村振兴战略，要推动乡村组织振兴，打造千千万万个坚强的农村基层党组织，培养千千万万名优秀的农村基层党组织书记。所以，实现乡村振兴，必须全面提升基层党组织的组织力。

一、准确把握提升基层党组织组织力的基本要求

党的十九大报告指出："要以提升组织力为重点，突出政治功能，把企业、农村、机关、学校、科研院所、街道社区、社会组织等基层党组织建设成为宣传党的主张、贯彻党的决定、领导基层治理、团结动员群众、推动改革发展的坚强战斗堡垒。"所以，提升基层党组织组织力的出发点和落脚点，就是把基层党组织建设成为坚强战斗堡垒。有力、有效地"宣传党的主张、贯彻党的决定、领导基层治理、团结动员群众、推动改革发展"，是基层党组织组织力的具体体现，是提升基层党组织组织力的基本要求。

（一）组织力是凝聚力、引领力

党的基层组织是党的全部工作的基础，是广大党员群众的主心骨，是党和人民群众密切联系的基本纽带。提升基层组织组织力必须增强基层党组织的凝聚力、引领力，广泛深入地宣传习近平新时代中国特色社会主义思想，广泛深入地动员群众、组织群众，增强广大群众的政治认同、思想认同、理论认同、情感认同，使全党、全国人民的思想和行动高度统一，使全党、全国人民的力量和智

慧凝聚到党的旗帜下，共创幸福生活和美好未来。

（二）组织力是贯彻力、执行力

党的基层组织是确保党的路线、方针、政策和决策部署得以贯彻落实的基础，是党成就事业的关键，也是党实现理想和目标的关键。没有贯彻力、执行力，就没有竞争力，也就没有发展力。只有政令畅通、执行到位，才能把党的各项决策和工作部署付诸实践、落到实处。提升基层党组织组织力必须增强基层党组织的贯彻力和执行力，在贯彻上级部署、推动工作落实上下功夫、见实效。

（三）组织力是动员力、号召力

党来自人民，依靠人民，以为人民服务为宗旨，以密切联系群众为最大政治优势。党有没有与人民保持血肉联系，最直接的检验标准就是基层党组织的动员力、号召力。基层党组织的动员力、号召力强，党的动员力、号召力就强。提升基层党组织组织力必须增强基层党组织的动员力、号召力，强化基层党组织的组织优势、动员能力，使党的目标、党的意志、党的要求及时传达到基层，最大限度地把群众动员起来、组织起来，为完成新时代历史使命而共同奋斗。

（四）组织力是革新力、锻造力

党的十九大报告强调“打铁必须自身硬”，当前一些基层党组织普遍存在着弱化、虚化、边缘化等问题。提升基层党组织组织力必须推进基层党组织的自我革新、自我锻造。提升基层党组织组织力，必须有敢于自我革新的主动性，必须以自我革命的勇气、以改革创新的精神，充分发挥组织生活的“熔炉”作用，解决自身存在的突出问题，在持续用力、不断磨砺中完善提升，在革故鼎新、守正出新中永葆生机活力。

二、当前青州市农村基层党组织组织力建设的现状

党的十八大以来，青州市农村基层党建工作坚持在创新中发展，使农村基层党组织组织力得到了有力提升。

（一）取得成功的实践经验

取得成功的实践经验主要体现在以下几方面：一是创新书记选任方式，着力配强班子，这使农村基层党组织的政治引领能力得到进一步增强。二是校准共同富裕方向，着力以党建促脱贫，这使农村基层党组织推动发展的能力得到进一步增强。三是坚持以人民为中心的发展思想，着力拓展服务方式，这使农村基层党

组织凝聚群众、服务群众的本领得到进一步增强。四是发挥组织动员优势，着力推进机制创新，这使农村基层党组织的利益整合功能得到进一步增强。五是创新群众工作理念，着力领导制度创新，这使农村基层党组织领导基层社会治理能力得到进一步增强。六是强化基层教育培训，着力创建特色鲜明的农村党员干部教育基地，这使农村基层党员干部队伍的整体素质得到进一步增强。

（二）存在的问题

必须看到，青州市农村基层党组织的总体状况与实施乡村振兴战略的新使命、农村经济社会发展的新任务、人民群众的新期待相比，还存在一些不相符合、不相适应的问题，这些问题影响着乡村振兴战略的实施。截至 2017 年年底，青州市村级党组织有 995 个，“软弱、涣散”村有 50 个左右，所占比例大约为 5%。

1. 主要表现

一是在政治引领上，有的农村基层党组织的政治引领力不够强，在群众中威望不高，缺乏凝聚力和战斗力，发挥不了战斗堡垒核心作用。二是在推动发展上，有的农村基层党组织不善于引领农村改革发展，在带领群众发展经济上思路不广、办法不多。三是在领导农村治理上，有的农村基层党组织法治思维和法治意识淡薄，不善于运用法治思维和法治方式防范和化解矛盾。四是在自我提高上，有的农村基层党组织书记队伍整体素质不高、组织生活不够健全、农村党员作用发挥不够。

2. 主要原因

一是站位不高，政治意识不强，组织观念淡薄，宗旨意识退化。二是班子不强，受市场经济冲击，优秀人才流失，后备干部缺乏，出现村干部难选、难找的现象。三是疏于学习，对一些新问题、新情况掌握不够，工作本领恐慌，工作能力与岗位不适应。四是精神懈怠，责任感、使命感不强，推力不足，压力层层递减，工作被动。

三、关于青州市全面提升农村基层党组织组织力的路径分析

对农村基层党组织来说，提升自身组织力是一个系统工程。要坚持问题导向，创新方式方法，持续用力，久久为功，推动农村基层党建全面进步、全面过硬。

（一）突出政治功能，提升政治引领力

强化农村基层党组织的价值引导作用，打牢中国特色社会主义事业发展的

信仰定力。发挥党的政治优势，把党的全面领导落实到农村基层组织，增强党对各种政治现象的正向影响力。

一是增强“四个自信”，带动广大党员坚定政治信仰。引导广大党员干部自觉运用习近平新时代中国特色社会主义思想武装头脑，切实增强中国特色社会主义道路自信、理论自信、制度自信、文化自信，以坚定的政治立场、鲜明的政治态度，为身边党员干部坚定马克思主义政治信仰立标打样。

二是强化“四个意识”，带动广大党员共同维护党中央权威。强化“四个意识”，严格遵守党的政治纪律和政治规矩，坚定执行党的政治路线，自觉维护党中央权威和集中统一领导，发挥好党内组织、沟通、协调和正面积极引导作用，在维护、促进和保证全党的团结统一和行动一致上做表率。

三是强化责任担当，带动基层党组织发挥政治功能。强化责任担当，探索有效途径，突出政治引领，严格组织生活，严明组织纪律，引导农村基层党组织发挥好固有的政治功能，努力把农村基层党组织建设成为宣传党的主张，贯彻落实党的路线、方针、政策和各项工作任务的战斗堡垒，使其在基层生根、开花、结果。

（二）夯实组织基础，提升组织覆盖力

适应农村社会结构、生产方式和组织形态的深刻变化，不断创新农村基层党组织的设置方式，推动党的组织有效嵌入农村各类基层组织，夯实组织基础。

一是推进党组织建设。在农村社会组织、电子商务等新兴领域着力推进党组织建设，对于符合组建党组织条件的，要做到应建尽建，以组织覆盖推动工作覆盖。

二是创新设置方式。按照有利于党员教育管理、有利于党员作用发挥、有利于推动脱贫攻坚的原则，在农民专业合作社、专业协会、产业链、街区和流动党员集中点探索建立党组织，确保每一名党员都处在党组织的有效管理之中。

三是加强支部建设。加强支部标准化、规范化建设，牢固树立一切工作到支部的鲜明导向，不断扩大先进支部数量，提升中间支部水平，整顿后进支部，使每个支部都得到巩固提高。

（三）坚持根本宗旨，提升群众凝聚力

坚持党的根本宗旨不动摇，把党的正确主张变成群众的行动自觉，组织、引领群众听党话、跟党走。

一是健全服务体系。建立健全为民服务体系，落实村干部挂牌坐班值班、为民服务代理、限时办结反馈等制度；坚持支部引领，发挥好红白理事会、老年

协会、关工委等群团组织服务群众的作用;充分发挥便民服务中心的作用,不断简化办事程序,实现公共服务事项一站式办理。

二是联系、服务群众。深化党员设岗定责、依岗承诺和党员责任区、党员示范岗、党员志愿者等活动,推动农村基层党组织和党员干部直接联系、服务群众。改进联系、服务群众的方式方法,引导党员干部充分运用民主协商、耐心说服和典型示范等方法做群众工作,切实维护好改革发展稳定的大局。

三是改进干部作风。持续深入地整治发生在身边的不正之风和腐败问题,集中整治农村基层的“微腐败”和“村霸”问题;开展“为官不为”专项整治,树立“有为者有位”良好用人导向,完善绩效考核办法,把抓落实作为干部考核管理的重要内容。

(四)完善基层治理,提升社会号召力

发挥农村基层党组织的组织优势、组织力量、组织功能,做好组织群众、宣传群众、凝聚群众、服务群众工作,最大限度地动员群众。

一是健全机制。健全党组织领导下的居民自治、民主协商、群团带动、社会参与等机制,充分调动群众的积极性,持续完善以党组织为核心的新型基层社会治理体系。

二是有效引领群众。做好群众思想政治工作,强化价值引领,通过村民小组会议、公告栏、宣传栏、社区新媒体等方式推动习近平新时代中国特色社会主义思想扎根基层,为群众在思想方面答疑解惑。

三是推进基层民主。在建立健全基层民主选举、民主协商、民主决策、民主管理、民主监督机制的基础上,增强群众参与管理,让群众在参与过程中监督村级事务,畅通意愿表达渠道,协调利益关系,化解社会矛盾。

(五)服务改革发展,提升发展推动力

在改革发展稳定大局中谋划和推进基层党建,确保改革发展推进到哪里,党的基层组织就跟进到哪里,使组织优势转化为推动发展的优势。

一要在脱贫攻坚中做砥柱。深入推进抓党建促脱贫攻坚的战略任务,提高农村基层党组织带领群众脱贫致富的能力,把党组织建设成为带领群众脱贫致富的坚强堡垒。

二要在全面深化改革中当先锋。农村基层党组织要充分发挥示范引领、政治引领、宣传动员的作用,推动改革全面发展。广大党员干部要带头谋发展、着力促改革,争做改革的执行者、先行者、引领者,调动一切积极因素,形成改革合力。

三要在全面依法治国中做表率。要围绕推进基层治理法治化，教育、引导基层党员干部增强法治观念、法治意识，自觉运用法治思维和法治方式深化改革、推动发展、化解矛盾、维护稳定，把党的正确主张变成群众的自觉行动。

(六)加强自身建设，提升自我革新力

推动农村基层党组织和党员干部实现自我净化、自我完善、自我革新、自我提高，着力解决自身建设中的突出问题。

一是加强党员队伍管理。坚持基层党员的来源多元化，引导广大党员发挥先锋模范作用，稳妥有序地开展不合格党员组织处置工作。

二是严格执行党的组织生活基本制度。规范党组织生活内容、程序、记录、形式，各农村基层党支部要严格坚持“三会一课”组织生活会、谈心谈话等制度。

三是不断创新基层党组织生活方式。结合农村各行业、各领域的实际，按照扩大党员参与面、提高实效性的原则，推动基层党组织活动载体、工作方式、运行机制等方面的工作创新、制度创新，满足党员的多样化需求。

四是整顿“软弱、涣散”基层党组织。严要求、高标准地查摆问题，采取符合实际的措施，坚持长效性，持续做、反复抓，一个阵地一个阵地地巩固。

【参考文献】

袁建伟:《坚持全面从严治党　强化农村基层党组织整体功能》,2018 年 4 月 2 日《光明日报》。

作者单位:中共青州市委党校

乡村振兴视域下的乡村治理体系研究

迟云福

党的十九大报告提出，实施乡村振兴战略，健全乡村治理体系。新时代的乡村治理是一项由自上而下单一的传统治理方式转变为多元主体合作共治的现代治理方式。由于乡村治理具有既独立于其他社会治理领域，又与它们保持紧密联系的特点，同时又与加强乡村基层政权建设、完善党组织领导的村民自治、实施乡村振兴战略等目标任务关系密切，所以建立健全乡村治理体系，必须确保政府、村民、社会组织等主体在乡村治理中均能充分、合理、科学地享有各自应有的地位，发挥各自的优势作用，优化乡村基层政治生态。在此基础上，同步跟进村级民主治理机制、乡村利益协调机制，这是构建新时代乡村治理体系的必然路径选择。

一、理顺三大主体关系，优化乡村基层政治生态，是建立健全新时代乡村治理体系的前提

乡村基层政治生态是乡村基层政治权力运行状态以及政治发展环境的集中反映。乡村基层治理处于国家政权系统的末端和社会治理的最低层次，直接面对的服务管理对象是广大农民群众。根据我国乡村基层政权运行状况和乡村社会的发育程度，乡村基层的治理结构是由乡镇党委及政府、村党组织、村民委员会、乡村各类经济社会组织、村民等主体构成的。乡村基层治理作为一种具有公共管理基本特征的政治行为，各类主体对现行乡村基层治理模式的充分认同以及各种权力的规范运行，是乡村基层政治生态优化的必要条件。因此，在一定的制度框架内，优化乡村基层政治生态，需要对乡村基层组织领导体制和乡村社会治理体制进行必要的创新，通过理顺乡镇政府组织、村级政权组织、农民自组织等三大乡村基层治理主体的关系，营造一个有利于实现良性乡村基层治理的政治生态环境。

（一）乡镇政府与村民委员会的关系

乡镇政府与村民委员会是两个不同性质和功能的组织。乡镇政府的权力和权威由上级政府授权，而村民委员会的权力和权威由村民授权。长期以来，乡镇政府往往凭借乡镇党委与村党组织之间领导与被领导的关系，对村委会工作有超出“指导、支持和帮助”的干预，这无疑会影响乡村基层民主建设。从法律规定的村委会功能和村委会实际运行的状况看，村委会实际上是一个集村政、自治和经济三大职能于一身的群众自治组织。村委会要有效履行这三大职能，就要在“乡（镇）政村治”的总体框架中调适乡镇政府与村民委员会的关系。

首先，注重建立村委会与乡镇人大的有效衔接机制，实现“乡（镇）政”与“村治”的有机统一。面对“乡（镇）政村治”在制度方面存在的不对接问题，建立乡镇村一体化行政自治体制就成为一个必然的选择，也是一个优化的选择。乡镇人大作为乡镇政权组织和权力机关，是联系乡镇政府与村委会的重要环节，应鼓励村主任、村民小组长通过选举成为乡镇人大代表，使之在乡镇人大代表组成结构中占较大比例，让他们能够在“体制内”表达村民的愿望和要求，同时对乡镇政府行政权力实行有效监督，以化解“乡（镇）政”与“村治”之间的矛盾。其次，通过法律法规明确乡镇政府与村委会的不同权责，在乡村基层实行“政社互动”。由于国家法律对乡镇政府和村委会的权限、职责缺乏明确具体的规定，行使乡镇行政权力的随意性较大。为了明晰和规范乡镇政府与村委会之间的关系，可以从法律上对村委会协助乡镇政府的工作事项进行界定。同时，确定村委会依法履职事项，从制度上遏制不符合规定的行政事项擅入村居。

（二）村党组织与村民委员会的关系

在现行体制和法律制度下，需要将《中国共产党乡村基层党组织工作条例》和《村民委员会组织法》有机结合起来，协调两者关系，根据条文的原则和精神，灵活处置村级事务。

一是在村党组织换届选举中实行“两票制”，增强作为领导核心的村党组织权威的民意基础。“两票制”是在村党组织换届选举中，先由全体村民对本村党员投信任票，从中产生村党组织组成人员候选人，然后召开党员大会，直接选举出村书记和其他组成人员。“两票制”让全体村民都参与了村党组织的换届选举，既解决了村党组织的权力来源问题，又推动了乡村基层民主建设，为村两委建立和谐关系奠定了基础。二是建立健全两委联席会议制度，构建科学高效的村民自治领导体制。两委联席会议由村书记召集并主持，议题由村委会主任协商确定。两委集体研究的议题要先提交党员大会讨论通过，再由村民大会或村

民代表会议表决，最后由村书记负责检查、监督落实情况。两委联席会议制度有利于理顺村级领导体制，能较好地体现党的领导与村民自治的有机结合。三是加强村民代表会议和村务监督委员会制度建设，形成村党组织领导下的民主管理、民主监督有效运行机制。在目前农民外出务工较为普遍的情况下，召集人员召开村民大会比较困难，因此，要推选好村民代表，以村民代表会议制度保障村民有效行使民主管理权利。

（三）协同村级政权组织与农民自组织的发展

在乡村基层的政治空间里，乡镇政权属于制度化的乡村基层政权组成部分，而由村党组织和村委会组成的村级政权实质上是国家权力延伸到乡村基层的依附载体，属于组织化的乡村基层政权组成部分。农民自组织是指分散的农民为了实现某一利益目标而按一定组织程序自下而上联络起来的综合性组织。这一参与乡村基层公共管理的非政府公共组织，不但具备自有、自治和自享的特征，而且还符合社会性和公共性条件。目前，随着“村改居”以及乡村社区的发展，农民自组织主要有经济合作组织、社区自治组织、农民维权组织、传统民间组织和社会文化组织等形式。乡村自组织的发展与乡村基层政权建设的取向密切相关，随着乡村基层公共空间的拓展，农民自组织的发育及其参与公共管理的机会也随之产生。目前，农民自组织已经在一些地方的乡村基层公共领域发挥了重要作用，其基本功能主要体现在充当利益表达工具，协调农民个体与国家、市场的关系等方面，但非制度化组织的参与对乡村基层政权建设和乡村社会秩序也造成了一定的冲击。协同村级政权组织与农民自组织的发展，保持两者在乡村基层公共治理中的互补互助关系，一是要在提高经济自组织程度的基础上，积极拓展社会自主性空间，二是拓展社会自主性空间要注重依法治理，三是乡村基层党建工作网络要与拓展社会自主性空间同步推进。

二、落实四项权利，健全村级民主治理机制，是建立健全新时代乡村治理体系的保障

选举权、知情权、参与权、监督权是法律赋予村民的“四项权利”，而民主选举、民主决策、民主管理、民主监督等“四个民主”是乡村基层民主建设的主要内容。健全村级民主治理机制就是通过加强对党组织领导的“四个民主”建设来落实农民的“四项权利”，从制度上促进乡村基层治理机制的完善，保障乡村基层治理目标的实现。

（一）依法规范村委会换届选举，使村民能够通过民主选举渠道参与村务治理

村委会是村民行使主体权利的执行机构。村民的选举权利主要体现在村委会的换届选举上。根据《村民委员会组织法》和各地制定的有关规定，要严格按照法定程序进行选举。一是对上届村委会进行届满审计，在公开审计的基础上进行民主测评和民主评议，为选出新一届村主任打好基础。二是在村党组织的主持下，通过村民大会、村民代表会议或村民小组会议推选村民选举委员会，确保换届选举有序进行。三是确立以户籍所在地为基础，同时结合居住地的实际情况，逐户、逐人进行登记，保证村民参与选举的广泛性。四是依法合规地产生候选人，并通过竞职演说、公开承诺等形式，把素质好、能力强、威信高的候选人选进村委会班子。

（二）提升村民代表会议在村级治理格局中的决策地位，建立村级事务决策权、执行权、监督权既相互制约又相互协调的民主治理机制

《村民委员会组织法》规定，村民会议是村民自治的最高权力组织，由于村民会议在制度设计上较难操作，需要有代议机构为其行使决策权。因此，要通过法律将村民代表会议设计成村民会议闭会期间的常任机构，从权力地位和权利功能上代行村民自治最高权力组织的职能，使村民代表会议、村民委员会、村务监督委员会成为行使村级事务决策权、执行权、监督权的权力主体，形成“三位一体”的村级民主治理机制。乡村社区民生问题主要涉及公共安全、公共卫生、教育、交通、通信等基础设施，它既位于公共服务体系的末端，又处于公共管理的前沿，它的具体性和事务性决定了民主参与的草根性。这更需要广大农民的积极参与，以此提升村民代表会议的地位。一是丰富民主决策形式，将村民议事作为扩大村民参与村级重大事务决策的有效途径。二是规范民主决策程序，对村级重大事务的决策，严格按照村党组织提议、村两委会商议、党员大会审议、村民会议或村民代表会议决议等步骤进行。三是实行决策执行公开，将决议结果、实施过程、实施结果“三公开”。

（三）健全村务公开、民主理财和民主听证制度，完善村务管理的监督制约机制

第一，健全村务公开、民主理财制度。一是要规范村务公开的内容、形式、程序和时间。根据公开内容的重要性和时效性，确定公开时间，确保公开及时有效；确定包括财务收支、资产承包、宅基地使用等在内的大小事项，力求公开内容全面真实；根据乡村不同人群的特点、不同的公开事项，运用专栏、书面资料、流动公开栏、会议、网络等不同的公开形式，拓展村务公开的广度和深度。

二是要规范公开事项的程序。规定所有公开事项都要先由村委会提方案，经村务公开监督小组审查、村两委联席会议讨论、镇驻村干部确认后，再行公布，以减少随意性，增强规范性。三是要规范村集体财务收支审批程序。推行“先理财、后审批、再记账”制度，原始凭证经民主理财人员理财、签字、盖章后，方可批报、入账，切实保障农民群众对村级事务的监督权。第二，推行重大事务民主听证制度。对产业结构调整、重点项目建设、集中居住点建设等涉及群众切身利益的重大事项，召开由党员代表、群众代表、人大代表等参加的民主听证会，增加工作透明度，提高群众参与度。将村务公开监督小组、村民主理财小组等监督职能进行整合，建立集党务、村务、财务监督于一体的村务监督委员会，由不担任村委会主任的村书记兼任主任，构建村级事务决策、执行、监督既相互制约又相互协调的运行机制。

三、注重三种需求，构建乡村利益协调机制，是建立健全新时代乡村治理体系的基础

乡村振兴要以农民为本位，以满足农民不断增长的经济、文化和生态等方面的利益需求为目标，以建设乡村社区利益共同体为载体，通过调整城乡利益格局，协调乡村利益关系，推动乡村经济社会的全面发展。

（一）构建城市反哺乡村的利益输入机制，满足农民的经济利益需求

作为乡村建设和乡村经济社会全面发展的推动者和主导力量，政府是促进城乡经济资源优化配置的最重要主体。要改变长期形成的财政资金向城市倾斜的投入格局，以政府为主导加大城市反哺乡村的力度，协调城市与乡村的利益关系。一是建立乡村基础设施的投入机制。以国家和地方财政预算内的资金和国债资金为主，并吸引一定比例的社会资金，每年按不低于同期财政收入的增长率投向乡村基础设施，主要包括农田水利、农业资源保护、电力供应等农业生产基础设施，以及农产品加工、储运、流通等综合配套设施等。二是建立农民增收减负的长效机制。根据农副产品需求弹性弱的特点，对重要的农副产品进行财政补贴，同时以市场机制为导向，对具有较高附加值的现代农业在科技、财税、金融、流通、质检、储运等方面给予政策性扶持。三是建立乡村集体土地征用补偿机制。乡村集体土地征用程序必须公开、透明，让利益相关的村民广泛参与其中，强制拆迁必须通过司法程序。

（二）构建乡村社区公共文化发展机制，满足农民的文化利益需求

乡村振兴离不开文化。农民的文化需求不容忽视，农民要与市民享有均等

化的公共服务，文化建设是村党组织的一项重要任务。满足新型农民的文化需求，需要把握乡村社区文化建设的规律，注重文化传播的实效性；加强乡村社区公共文化设施建设，为乡村社区居民提供基本的文化活动场所和设施，满足农民群众自身发展所需要的多种文化需求；优化配置文化资源，注重发掘和开发乡村乡土文化宝库，激发乡村自身的文化活力；加强乡村科技普及队伍、文化传播队伍的建设，发展乡村科技文化事业，提高农民的科技文化素质。

（三）构建乡村发展生态保护机制，满足农民的生态利益需求

维护农民的生态利益，需要构建生产、生活、生态相协调的利益调节机制，调适乡村发展与生态环境的紧张关系，在生产发展的背景下不降低农民生活环境的质量。因此，要把分散的乡村工业企业集中落户到工业园区，形成专业化分工、社会化协作的企业集群和特色产业集聚区，由具有环保设施运营资质的专业公司对污染进行集中治理；建立生态农业的标准体系，采用补贴、示范等多种方式促进生态农业的发展，防治高效农业对生态、土壤和农产品造成污染；对乡村集中居住区进行环境综合整治，整治所需经费应纳入县、乡两级财政预算，同时，引导社会力量参与整治行动。

作者单位：中共青州市委党校

乡村振兴战略下农村集体产权制度改革的路径探索

段　黎

党的十九大报告提出要实施乡村振兴战略，其中最重要的一点就是深化农村集体产权制度改革。报告指出，深化农村集体产权制度改革，保障农民财产权益，壮大集体经济。这为地方政府认真落实报告精神、深化农村集体产权制度改革、实施乡村振兴战略提供了有效的制度保障。

改革实践证明，农村集体产权制度改革具有重大的时代意义。第一，有利于打破、取消农村户籍制度，使农民变股民；第二，有利于明晰农村资源的产权归属，便于农村资源参与市场竞争，最大限度地激活闲置资源、资产，确保集体资产保值增值；第三，有利于提高农业生产的技术水平，促进现代农业的发展。通过农村集体产权制度改革，可以提高农业生产的规模化、现代化水平，提高农业应对市场风险的能力，也有利于提高农业产出效率，增加农民收入。

一、农村集体产权内涵

产权是指人们对财产所享有的权利的总称，其中包括所有权、使用权、收益权、处置权等。集体产权是具有中国特色的一种产权形式，是一种不完整的共有产权，集体所有权主体模糊，是一个特定共同体对共有财产的对外排他性分享。农村集体资产是构建集体产权的客体，集体产权结构决定了集体资产的构成、分配、处置等。农村集体资产包括土地、林地等资源性资产，农田水利、道路等非经营性资产，以及集体所有的企业、现金、股权等经营性资产。农村集体产权制度反映了农村集体经济关系，制度本身是政府出于对国家未来发展规划的设计，针对当时基层社会经济发展存在的问题而作出的一种制度安排，其实质是社会管理的一种政治技术工具。

二、农村集体产权制度改革中存在的问题

全国各地响应党的十九大号召，推进农村集体产权制度改革，在改革的实践过程中发现，因受本土体制机制、发展程度、地理位置等因素的影响，改革面临诸多困难和问题：

一是宣传力度不够。很多地区的市场交易中心处于萌芽状态，中介人员业务水平有限，宣传力度不够，宣传推广能力不强，导致农民对集体产权制度改革的认识不足，搞不清集体产权制度的相关概念，比如股金分配、股权收益等，对改革存在误解，增加了集体经济与农民之间的矛盾，增加了改革的负担。一些地区的农民虽然拿到了确权证书，但因为对改革不了解、不理解，进而阻碍了改革的进程。

二是农村产权交易体系不完善。农村产权交易进程的有序性、有效性是保障农村产权改革顺利推进的重要条件，而产权交易平台是实现城乡要素自由流动的主要载体，尽管一些乡(镇)单独设立了农村土地流转服务中心，但农村产权交易平台建设滞后，职能非常有限，加之土地抵押、资产评估和市场交易整个链条不完善，导致交易不能顺利完成。

三是农村产权交易配套政策不健全。目前，政府对农村产权交易的帮扶政策还不能得到完全落实，与之相关的保障制度不够完善，金融支持政策力度不够。同时在交易操作中，产权交易主导部门多头，交易平台混杂，操作流程、交易范畴不同，加之多数农民对交易流程缺乏认识，因此扩大了交易业务的服务需求空间，诸如咨询、代办、评估等，而交易配套政策的不健全直接降低了产权交易的效率。

四是法人地位不明确。目前，全国有 20 多万个村建立了农村集体经济组织以及村民委员会，但组织的法人地位并不明确。虽然在宪法等相关法律法规以及涉及该问题的行政性文件中对农村集体经济组织都有明确要求，但缺少规范性概念，也没有明确法人地位。法人地位不明确，农村集体经济组织就难以在工商部门登记，无法获取经营资格，不能作为独立的市场主体参与经济活动。

五是成员资格不易界定。农村产权制度改革遭遇的主要难题还包括集体经济组织成员资格缺少明确的界定标准，这也阻碍了改革的顺利推进。随着农村户籍制度的改革，农民移居城市成为居民，集体产权改制时成员资格更加不好界定。近年来，大量外来务工人员流入城市，在城区居住，但对集体经济没有做出任何贡献，将其界定为集体经济组织成员本身也缺乏依据，参与利益分配势必会与原组织成员发生矛盾纠纷。

六是组织管理主体混乱。农村集体经济组织普遍存在管理关系没理顺的

问题。部分集体经济组织由组织成员之外的人负责经营管理，如果管理者责任意识弱，敷衍塞责，那么就不利于组织的良性运作；很多地方由于村集体经济不发达，在由原来政社合一的生产大队向集体经济组织转变的过程中，村民委员会仍保留了原来的功能，政社不分，造成两者长期职责不明，关系不清。村干部一方面要办好村的事情，另一方面还要管好集体经济组织，而村民委员会自身的管理水平和业务能力也制约了它的发展，加之上级的激励机制不能落到实处，导致制度管理流于形式。

七是改革经费匮乏。在农村集体产权改革过程中，需要投入大量的人力、物力和财力，但目前大部分集体经济实力相对比较薄弱，改革经费严重不足，这严重阻碍了改革的发展进程。

三、深化农村集体产权制度改革的路径探索

农村集体产权制度改革是全面深化农村改革的重要任务，是实现乡村振兴战略的核心内容，涉及广大农民的切身利益，所面临的问题比较复杂，是农村改革的"深水区"和"硬骨头"。习近平总书记多次强调，农村集体产权制度改革是对农村生产关系的进一步调整和完善，要着力推进农村集体资产确权到户和股份合作制改革。按照《中共中央　国务院关于稳步推进农村集体产权制度改革的意见》，改革的目标就是要逐步构建"归属清晰、权能完整、流转顺畅、保护严格"的中国特色社会主义农村集体产权制度。推进农村集体产权制度改革，需要我们在改革的道路上胆子大，步子稳，还要不断创新，确保各项改革措施落实到位。

一是加强宣传，提高思想认识。以政府为主导，以农民为核心，积极宣传农村集体产权制度改革的各项政策，号召社会各界关注农村集体产权制度改革，让群众全面了解产权制度改革的目的和意义，克服分光吃净的思想，引导群众正确处理眼前利益和长远利益的关系，因地制宜，分类实施，开拓创新，积极稳步地推进改革的顺利进行，确保从思想上、行动上与党中央保持一致。

二是完善农村产权交易配套体系。建立健全农村集体产权交易体系，完善交易平台，强化对服务人员的培训；建立健全农村公共服务体系，促进城乡公共服务均等化；加强农村产权管理和交易立法工作；对符合条件的集体经济组织落实小微企业等相关税收优惠政策；各级财政要加大对改革工作的支持力度，完善财政金融支持体系，安排专门资金予以帮扶。

三是认真完成集体资产清查核资。首先，清理、废除妨碍统一市场和公平竞争的各种规定和做法，按照山东省出台的《农村集体资产清产核资办法》，全面开展农村集体资产清查。其次，搞清楚集体经济组织成员拥有的财产情况，

对资源性资产和非经营性资产进行分类清查，要让资源性资产清查与现有土地、林地、草原、不动产登记，自然资源确权登记相衔接，利用现有的核查成果，做好数据衔接；对于非经营性资产，主要明确归属，将集体资产确权到乡镇、村、组集体经济组织成员集体，不能打乱原集体所有的界限，将政府拨款、减免税费、扶贫投入等资产确权到集体成员，以完善产权制度和要素市场化配置为重点，实现产权有效激励、要素自由流动、竞争公平有序。

四是加强农村集体资产管理。出台集体资产管理办法，防止集体资产流失。对村集体“三资”（资金、资产、资源）实行台账管理制度，对集体资产资源、固定资产、债权债务、往来经济合同建立台账，分门别类地进行管理，有效保障集体资产不流失，对存在违规操作的集体“三资”要及时纠正、制止，制定“三资”管理民主公开制度，确保集体成员的知情权、参与权，加强对集体经济的有效监督。

五是明确农村集体经济组织的法人地位。要突出农村集体经济组织的“经济”的职能，很多地区的乡镇、街道在实践中依然存在集体土地所有权“虚置”现象，明确集体经济组织的法人地位已成为推进农村集体经济改革和发展不可回避的问题或基本条件。明确农村集体经济组织的法人地位，一定要在基层党组织的领导下，探索、明晰农村集体经济组织与村民委员会的职能关系，形成独立的法人治理结构，实现行政与经济分类管理，将集体经济组织的管理主体逐步从支委、村委职能中剥离出来。

六是科学确认组织成员身份。如何科学确认组织成员身份呢？这直接关系到农村集体经济组织的健康发展。多数专家、学者一致认为，必须以相关法律法规为根据，将在集体经济组织所在地生产、生活并依法登记为常住户口作为确认组织成员身份的基本原则，同时还应当考虑各种相关因素，比如成员对集体经济的贡献值，农村土地承包关系，但该因素可以不作为必要条件加以规定，确认标准要得到群众的普遍认可。

七是加大农村宅基地改革工作力度。在农村人口变迁的过程中，山东宅基地现状和其他省份的情况基本类似，就是“人走了，地退不出，钱进不来”。鼓励盘活闲置农房及宅基地，从辖区范围内作出农村宅基地有偿退出部署，制定具体改革方案。结合试点地区的经验成果，积极探索农村宅基地“三权分置”改革，将其作为盘活农村建设用地资源的重要举措。完善所有权、承包权、经营权“三权”分置制度，着力推进资产确权到户，发展多种形式的股份合作。通过盘活农村闲置的农房和宅基地资源，鼓励社会多种资本采用开发合作、租赁等方式投资农村，发展民宿旅游，变农房为客房；加盟农业产业化，变农房为厂房；投资养老产业，变农房为养老院等。

八是推进集体经营性资产股份合作制改革。这是农村集体产权制度改革的重头戏。将集体资产发展成多种形式的股份合作,科学设置股权,集体成员按照所占权益折算股权,让农民真正成为集体资产的主人,有利于增强农民的主人翁意识,实现集体资产的有效管理。改革过程中切忌"一刀切",要先易后难,先试点、后推广,稳步推进。

九是提高村级班子发展集体经济的实力。首先要认真强化对村两委班子人选的配备,尤其是村党支部书记,选配人员要求有能力、有担当,可以从农业能人、致富能手中挑选村干部,提高村级班子发展集体经济的实力。其次要坚持不懈地抓好农村干部的培养和教育,充分利用好每年农村干部轮训、农村党员进党校、农村干部专业知识培训等机会,促使其转变思想观念,增强他们发展集体经济的恒心和本领,在集体经济组织的发展过程中积极献计献策。在集体经济组织法人地位、管理主体不断明确,村两委职能不断理顺的情形下,村干部依然在集体经济组织发展过程中起着不可替代的指导和帮扶作用。

四、结语

深化农村集体产权制度改革,是乡村振兴战略的重要组成部分,关乎着农民增收的迫切需要,也是全面建成小康社会的重大举措。必须紧紧围绕充分发挥市场在资源配置中的决定性作用和更好地发挥政府的主导作用来进行,把实现好、维护好、发展好广大农民的根本利益作为改革的出发点和落脚点。

【参考文献】

[1]刘燕:《深化农村集体产权制度改革的路径分析》,《经贸实践》2018 年第 13 期。

[2]马翠玲:《农村集体产权制度改革若干问题的思考》,《农民致富之友》2018 年第 4 期。

[3]周妍:《推进农村集体产权制度改革　壮大农村集体经济》,《吉林农业》2017 年第 21 期。

作者单位:中共青州市委党校

关于烟台市芝罘区涉农党组织经费保障问题的调查与思考

葛润霞

芝罘区作为烟台市的中心区、老城区，自从2001年所有的农村集体经济组织实行“村改居”和“集体资产股份制改革”等城郊综合配套改革之后，现已无行政管理意义上的农民身份，但是仍旧存在农业产业，涉农的党组织有26个。芝罘区的农业产业以“股份制公司”作为主要经营形式，以合作社为主要发展模式，以生态农业、休闲农业和精准农业为产业特色。大力发展农业产业，实施乡村振兴战略是芝罘区经济社会发展的一项重要举措。

实施乡村振兴战略，要靠党建来引领。要切实加强基层党组织建设，开展服务群众、党员学习等活动。提高基层党员素质和服务群众本领，必须要有充足的运转经费作保障。笔者对芝罘区所辖的7个涉农街道、园区中的3个街道9个居民区，就党组织运转经费保障问题进行了实地调研，由点到面、系统地总结了当前芝罘区涉农党组织运转经费的现实情况，并对发现的问题提出了思考与建议。

一、近年来居民区运转经费情况

(一)集体经济发展方面

近年来，芝罘区认真贯彻落实省、市关于农村(居民区)集体经济发展的相关精神，在继承传统集体经济增收模式的基础上，结合芝罘区居民区实际情况，积极探讨促进农村(居民区)集体经济发展的新做法，使农村(居民区)集体经济不断发展，群众满意度不断提升。

一是总体概况。芝罘区现有26个居民区(村)，包含近4.6万户籍人口，耕地面积约2500亩。芝罘区农村集体经济组织经历了“村改居”“集体资产股份制改革”等城郊综合配套改革，全区城郊村民已全部转化为城市居民。在全区原有的69个居民区(村)中,已有43个进行了集体资产股份制改革,“股份制公司”成为芝罘区农村集体经济组织的主要形式,目前运行状况总体较好。

二是发展模式。芝罘区地处市中心,第一产业已逐渐边缘化,土地资源匮乏,缺乏发展空间和资源。在这种形势下,芝罘区创新合作社发展形势,探索建立以绿色农产品为抓手,大力发展特色农业、设施农业的道路。目前,芝罘区投资2500多万元,建成了占地100多亩的烟台东方华茂果蔬农民专业合作社;投资400多万元,建成了占地2400多平方米的室内生态植物观光园。为解决人多地少的矛盾,创新土地确权形式,因地制宜地采用“确权与确股相结合”的方式,将7个居民区确地到户,2个居民区确股到户,确权面积共计5597.49亩,全面完成农村土地承包经营权确权登记颁证工作。2015年,全区26个居民区集体经营性收入全部在5万元以上,无经济空壳村,其中,50万元以上居民区有15个,约占居民区总数的60%。

(二)运转经费保障方面

居民区运转经费保障实行财政统筹与居民区自筹相结合,以居民区自筹为主的方式,目前26个居民区的办公服务经费全部被纳入区级财政预算,按照每个居民区5万元的标准进行专项列支,主要用于居级组织办公、开展居级公益设施维修保养、报纸杂志订阅、处理突发性事件等。在此基础上,积极建立健全“一事一议”财政奖补机制,保障居民区经费的正常运转。2015年,省、市、区财政共安排资金183万元,居民区自筹资金1600余万元,用于社会养老保险、办公和公共服务运行维护的费用为1026余万元。

(三)居民区干部工资方面

26个居民区中两委干部有161人,离任的有31人。街道依据经济发展水平、居民收入情况、居民区规模以及居民区干部工作量、任职时间等因素确定基本报酬,按月发放;根据居民区全年发展、考核等次等因素确定绩效工资,年底兑现,发放的报酬来源以居民区自筹为主,街居两级统筹支付。对于经济压力较大的街道,区财政将给予适当补助,确保相关报酬应发尽发。同时,指导有条件的居民区根据实际为正常离任的干部发放生活补贴。2015年,各居民区党组织书记工资均达到4.3万元,两委成员平均工资为3.4万元,8个居民区为离任村干部发放报酬16.12万元。

二、目前存在的主要问题

（一）具体标准界定困难

一是对两委班子主要成员的界定相对困难。这26个居民区中有大型居民区18个、中型居民区7个、小型居民区1个，平均每个居民区有两委成员6～7人，按照3～5人标准确定困难较大。二是工资标准界定困难。自2014年起，芝罘区不再统计“农村人均可支配收入”指标，所以“书记基本报酬参照不低于全区上年度农村居民人均可支配收入2倍核定”这一要求缺少科学的参考标准。三是正常离任干部生活补贴发放范围和标准界定困难。目前居民区在离任干部生活补贴发放方面缺少统一标准。

（二）居级自身经费相对吃紧

一是居民区支付负担较重。居民对居级公共服务的需求日益增长，居民区要承担社会保险、防火防汛、公共卫生等项目支出，负担较重。二是居民区发展后劲不足。芝罘区居民区经济结构比较单一，多偏重房地产，受人才不足、老龄化问题显现、管理体制机制和理念经验弱化等因素制约，产业转型困难较大，发展出现疲态。三是补贴来源渠道有限。虽然芝罘区居级组织运转经费财政补助标准在逐年提高，但与实际需求相比仍然偏低。

（三）经费管理监督还不够严密

一是配套组织作用发挥不明显。各居民区普遍建立了监督委员会、理财小组等配套组织，但履职能力明显偏弱，相关工作推进力度较小。二是管理决策不够规范。“四议两公开”等制度落实不到位，财务收支制度不健全，重大事项开支程序不完善、不规范。三是监督力度还不够强。财务公开工作大打折扣，存在不公开、半公开的问题，审计结果在具体开支事项方面不够具体。

（四）考核评价机制还不够完善

一是考核评价体系还未完全形成。区级已将运转经费保障纳入考核范围，但对考核指标、评价标准等方面缺少科学、统一的标准和办法。二是督导落实还未落到实处。各职能部门和街道园区督导机制和措施还不完善，专项督导检查较少。三是奖励机制还不够完善。目前，考核奖励办法的区分度不够，导致出现干多干少一个样的现象，居民区调动居民积极性的效果不理想。

三、思考建议

(一)科学界定保障范围,明确保障标准

一是明确居民区干部补贴范围。制定居民区干部工资报酬发放管理办法,参考工作实绩、工作年限和群众满意度测评结果,按照申请、登记、初核、民意测评、公示、备案等规定程序确定享受补贴人员,并立档备案。结合实际情况,街道确定居民区干部基础工资、绩效工资等级标准,各居民区结合实际确定津贴补贴后,报街道研究审批。探索建立正常增长机制,逐步缩小不同居民区之间的收入差距。二是探索离任居民区干部待遇补贴发放制度。建立健全正常离任居民区干部待遇补贴发放制度,对连续任居民区党组织书记或居委会主任满2届或6年、累计任职满3届或9年的离任居民区干部,由街道报组织部、民政局备案,建立完善审批手续,按月发放生活补贴。三是规范居民区集体开支。完善重点项目和一般项目界定办法和支付额度,减轻居级组织运转负担,探索将防汛防火等经费支出纳入街道管理范畴,降低居级组织运转成本。规范居级运转经费拨付发放工作,将经费拨付数额及使用范围书面告知居民区两委,严禁截留、挪用。

(二)提升干事创业能力,发展壮大集体经济

一是强化政策扶持。加大财政投入,研究制定居级组织运转经费保障办法,逐步提高居级办公服务经费和党组织书记待遇报酬,确保达到上级要求。积极争取省、市财政专项资金补助,注重整合各种渠道的财政惠农资金,鼓励居民区拓宽资金筹措渠道。二是提升干事创业能力。逐居制定集体经济发展规划和措施,采取政策扶持、部门帮扶等方式,鼓励通过资源开发、盘活资产、土地流转、商贸带动、提供服务、招商引资等形式,不断发展集体经济,增强居级组织服务能力,保证居民区党组织有能力、有实力为群众服务。三是加大帮扶力度。扎实做好“第一书记”“3+1”联手共建工作,督促各帮包部门、单位、第一书记加大扶持力度,深入开展居企联姻、强弱互联等活动,发挥有实力企业和经济强居优势,通过资金技术帮扶、特色产业带动、共同合作开发等方式,盘活现有资产资源,增加居民区集体收益。

(三)从严规范管理,确保经费运转有序

一是理顺居务监督管理机制。建立居务监督委员会,全面理顺“四议两公开”制度,制定居务、财务管理细则,完善手续和审批流程,结合换届选举将知识

水平较高、热心居务事业的人选为居民代表,加强教育培训,提高主动监督的意识和善于监督的能力。二是全面规范"三资管理"。全面成立委托代理服务中心,规范居级"三资"委托代理服务。严格落实居民区两委印章管理、居级经济合同管理、控制居级新增不良债务等配套制度,堵住集体财务收支、资产处置、资源开发等环节的管理漏洞。对居民区集体"三资"管理及运行情况实时查询、分析、预警,把握"三资"监管主动权。三是强化财务监督管理。细化居民区财务监督和动态管理,强化审批程序和招投标程序监督,规范居民区财务开支。居级组织运转经费安排及支出详细情况全部纳入公开内容,定期张榜公布。完善居民区干部离任和任中审计制度,建立健全年度审计、专项审计、结果公示等制度,定期在由全区财政统一招标确定的 7 家会计事务所中选择其中一家对居民区财务进行审计。

(四)建立健全考核评价机制,提高工作成效

一是细化督导考核办法。研究制定居民区运转经费保障考核管理办法、实施细则,明确目标任务,细化考核条目,完善测评体系和考核方式,坚持推行年初承诺、年中点评、年终考核机制,督促居民区干部出实招、办实事、促发展。二是加强督导落实。发挥区直部门作用,加强指导检查,摸排实际情况,解决实际问题,总结、推广经验做法。建立日常调度督导机制,强化街道党工委领导责任,选配熟悉业务和政策的同志组成工作小组,采取定期检查、随机抽查和中期自查等方式随时了解工作开展情况,发现问题及时督促整改。严肃工作纪律和财经纪律,坚决打击、严肃处理违纪、违法行为。三是完善激励机制。增加街道组织运转经费保障的统筹力度,强化考核结果的运用,适当对工作成效明显、群众认可度高的居民区加大政策、资金倾斜力度和财政补助力度,给予居民区干部一定的生活补助,对在其中发挥突出作用的主要负责人、带头人,由街道在年度考核中给予单独加分,提高绩效报酬,并报区委组织部审核备案。

作者单位:中共烟台市芝罘区委党校

乳山市翁家埠村创新集体经济振兴乡村产业的探索与启示

丛众华

山东省乳山市翁家埠村地处南部沿海，共有424户，1124口人，党员58人，拥有村办水泥厂、乐普肥业、苗圃等经济实体，属于经济实力较强村。自2013年以来，通过集体资产股权量化、注册股份合作组织，让村民做股东，把集体变实体，为新时代壮大集体经济、实施乡村振兴战略提供了可借鉴的经验。

一、壮大集体经济，走市场化路子

农村集体经济亦称"农村集体所有制经济"，是社会主义市场经济的重要组成部分。发展集体经济是实现共同富裕的重要保证，是振兴贫困地区农业的必由之路，是促进农村商品经济发展的推动力，对于解决"三农"问题、巩固党在农村的执政地位、全面推进中国特色社会主义事业具有重大意义。

（一）农村集体经济的作用

在物质文明建设中，村级集体经济发挥着重要作用，它能有效地增加农民收入，减轻农民经济负担，促进农村各项事业持续稳定发展。

1.巩固基层政权的重要基础

乡村是党执政的基石。集体经济的状况，直接影响着党群、干群关系，影响着党组织的威信和作用的发挥。集体经济发展比较好的村，村级组织经济有实力，党组织一呼百应，显示出了强大的凝聚力、号召力和战斗力，干群关系融洽。相反，一些集体经济薄弱的村集体，公共服务能力较差，工作举步维艰，村干部威信低，群众意见大，对集体经济发展缺乏信心。

2.壮大村级财力的重要途径

实践证明，只有发展壮大村级集体经济，村级组织才有掌握得住、运用得了的雄厚资金，才能增强集体的服务功能，为发展农村经济、促进农民增收创造良好的条件；才能加快农村基础设施建设，改善村容村貌，优化农民生产、生活环境，推进农村现代化建设。

3.实现共同富裕的重要举措

实现共同富裕是社会主义的本质要求。抓好了村级集体经济，农民收入必然会得到大幅度的增加。不少富裕村从本地实际出发，坚持发展村级集体经济，最终实现了村民共同富裕。

4.维护农村稳定的重要保障

基层稳，则社会稳；基层安，则社会安。农村基层稳定是国家稳定的重要基础。发展村级集体经济不仅是一个经济问题，而且还是一个政治问题。只有集体经济发展了，各类公益事业才能得到发展，社会保障体系才能不断完善，农村社会各种不安定因素、矛盾纠纷才能从根本上得到消除。也只有村级集体经济变强了，村民变富了，村庄的文化娱乐活动增多了，村民的精神生活才会越来越丰富，尊老爱幼、遵守公德、助人为乐的良好风气也就会慢慢形成，农村社会治安就会越来越好，社会也就更加和谐稳定。

（二）翁家埠村市场化改革的具体做法

翁家埠村党支部对集体经济组织进行了市场化改革，成立了法人制企业单位，并让其接管村域全部资产，实行专业化运营管理。公司成立之初，按照“资产变股权、农民当股东”的要求，使村民能在集体经济组织的统一带领下，实现共同富裕。

为增强改革的透明度，最大限度地保证群众的知情权、参与权和决策权，翁家埠村坚持公平、公正、公开原则，逐一解决群众关心的焦点问题，并得到了大多数群众的理解和支持。一是清理核算村级资产。成立以镇干部、党员代表、村民代表为主的清产核资工作小组，对村内账目和资产逐一进行核实、登记，分类张榜公示。共核实净资产1816.7万元，其中，实业公司800万元，居民楼396万元，苗圃137万元，固定资产125万元，在建工程156万元，货币资金185万元。二是明确资产收益分配资格。成立以村干部和村民代表为主的股份改革领导小组，分别召开党员代表大会和村民代表大会，对外来户、出嫁女、回村落户大学生等群体是否享有配股权逐一研究，最终分别明确了6种享有股权对象和4种不享有股权对象，并对结果进行了入户征求意见和为期7天的公示。三是规范集体资产运行模式。注册成立山东省首家农村经济股份合作社，选举32名股东代表，召开股东大会，通过了合作社章程，选举了理事会、监事会。同时，由全体村民表决通过股权分配方案，明确按照40%和60%的比例分设集体股和个人股。

为不断壮大村集体经济这块“蛋糕”，让群众长期有收益、见红利，将村集体资产全部并入合作社，实行市场化经营，推动“村委领导、干部拍板”向“民主理财、股东决策”转变。一是决策上依靠股东。由全体股东选举产生了由4名村委成员、1名会计和2名股东代表组成的合作社董事会，确保股东的声音能在领导层中得到充分表达。董事会拟订的合作社发展目标、投资计划、人事任免、财务管理等事项，须经股东大会表决通过后方可执行，这就使决策权牢牢掌握在股东手中。二是管理上取信股东。按照《公司法》和合作组织管理规定，经全体股东选举产生只由股东代表参加的监事会，负责审查合作社账目，每一笔账目经确认签字后才能正式入账。三是利益上惠及股东。在全力抓好经济实体经营的基础上，按章程规定结算分红，2013年村每人分红600元，2014年每人分红900元，2015年每人分红1200元，2016年每人分红1200元。

实现好、维护好、发展好广大农民的根本利益是改革的出发点和落脚点。在这个问题上，决不能有偏离。翁家埠村的做法表明，坚持以人民为中心，通过体制机制创新把全体村民组织起来，因地制宜地成立“农村经济股份合作社”性质的集体企业，实现群众权益同集体经济共发展，从体制上充分保障全体村民与集体的利益，在集体资产保值增值上发展产业，为确保百姓长期安居乐业奠定了坚实的基础。

二、科学统筹规划，走特色发展路子

发展集体经济，重点在于规划。翁家埠村坚持“定一个好规划，找一条好路子，壮大一个经济实体，造富一方群众”的发展思路，以市场为导向，因村制宜，突出特色，发挥优势，走特色发展路子。在各级党组织的领导下，翁家埠村聘请知名专家，联手科研院校，为村域发展制定了详细规划，创新提出“文体”强村产业发展战略，改变村域建设没有规划、没有品牌的问题。

第一，以创新理念为引领、以体现团队精神为宗旨、以各项体育比赛为载体，将园林、绿地赋予产业动力与生命，通过全国帆船文化活动交流与全民健康休闲运动相结合，建设翁家埠村田园综合体，成为山东运动与文化基地的新地标。研发创新“世界首创、中国首发”的文化体育娱乐综合体，集合上百种室内体育休闲运动与文娱创新服务，为国内外友人与乳山市民打造了一处能在室内进行体育运动、休闲的场所。

第二，以“共建共享”发展理念为抓手、以强烈的责任感和使命感为担当，积极稳妥地开展翁家埠旧村改造项目规划工作。通过大量走访，对比国内外村镇的发展模式，经过多次专家论证，翁家埠村成功编制了包括文化、产业、金融与建设一体化在内的科学规划。将文化体育、教育、商业金融等产业因地制宜地融入“生产、生活、生态”三生共赢的美丽翁家埠发展规划中。例如,正在建设的全省首创的“创新体育商业综合体”,将文体休闲与生活消费创新结合,使其有利于孵化优秀体育企业,为翁家埠村未来的经济和社会发展奠定了坚实的基础。

为了保全集体财产,实现集体财产的利益最大化,翁家埠村创造性地总结出了集体经济轻资产的发展思路。在政府的支持下,以三权分置的经营模式,在确保集体财产保值增值的基础上,让经营权进入市场,并进行商业合作与金融合作,顺利实现了整个翁家埠村的集体资产证券化、产业金融化。

三、资产保值增值,走产业发展路子

集体资产保值增值管理是事关农村经济发展和社会稳定的大事。翁家埠村党支部通过反复学习、多地考察,经党组织决议,大胆创新,在集体土地的经营权上做文章,运用乳山市政府提供的“绿通”扶植政策,抓紧时机,积极实践。

建立增值考核的激励机制,对集体经济发展中以安全投资、招商引资等方式实现保值增值的农村干部,给予相应的奖励。尝试股份制改革,鼓励优秀人才以知识产权入股等方式,增强集体资产经营发展后劲,促进村级经济的快速健康发展。借助国家政策力量,抓住国家实施县域规划的有利契机;借助部门力量,加强与相关部门之间的沟通协商,积极争取各级财政以及农业、林业、水利等涉农部门的项目资金支持,发展壮大村级集体经济。

党支部顶住各种难以想象的质疑与压力,带领党员群众连续苦干数十个月,终于实现了上任之初对人民群众的庄严承诺,为村集体取得了可持续发展的百亿元财富积累。在新的企业管理机制下,在对外运营与合作方式上,与专业经营管理团队强强结合;将集体资产进行委托经营,实行保底分红;开展村级集体资产委托管理工作,进一步转变村级集体资产自行管理模式;通过民主决策程序,将村级集体资产委托给镇级集体公司或第三方专业机构进行经营管理,进一步规范村级集体资产的出租、出借,严格项目准入,优化产业结构,确保安全生产,保护生态环境,切实保障农村集体经济组织及其成员的利益,促进了农村集体经济的健康发展。

村集体经济组织充分发挥地区优势,拓展产业渠道,夯实了集体经济组织的发展实力。目前,已经发展了以下五大代表性产业项目:一是一亩泉文化传媒项目。乳山市白沙滩镇依托潮汐湖投资成立乳山一亩泉文化传播有限公司,主要负责潮汐湖湿地公园的运营管理。规划项目位于白沙滩翁家埠村,南侧紧邻银滩潮汐湖水域,整体规划面积为27.24公顷。二是新兴产业投资项目。翁家埠村依托海洋资源优势,打好财政资金、金融、社会资本、基金、担保、保险组

合拳，成立新兴产业投资公司，采用母子基金模式，组建了总规模为60亿元的清科母基金及全域旅游、海洋牧场、中国北茶、大健康等领域的产业子基金，通过政府搭建平台，发挥产业基金的放大杠杆作用，深耕旅游、海洋牧场、茶叶、大健康等本地优势产业，实现资源变资本、资本撬实体，释放经济发展新动能。三是海洋牧场项目。依托乳山牡蛎资源优势，与大连獐子岛集团合作开发海洋牧场，双方通过共同组建海洋产业投资基金，吸引了浦发银行等大银行参与建设，通过市场化的资源调配模式，实现了多层次的融资通道。重点围绕海洋牧场建设、牡蛎品牌运营、苗种研发等，建设现代化、可循环的海洋牧场产业。四是温喜生物有限公司。以牡蛎壳为原料，生产土壤调理剂和饲料添加剂，“变废为宝”，实现年销售额27亿元，解决了当地100多个就业岗位。五是田园综合体项目。田园综合体项目围绕销售旅游产品和特色农产品搭建电商平台。目前，牡蛎等产品已开始线上销售，线下展馆正在装修，VR技术正在调试。

翁家埠村集体经济轻资产的发展模式，是城乡一体化开发过程中推进供给侧结构性改革的成功范例。在不需要政府投入大量的征地补偿款和基础设施建设资金的基础之上，通过完全市场化的运作，充分挖掘农用地和农村集体用地的价值，成功吸引社会资本，既确保了农民的长期利益，又解决了长期困扰国家在农村土地政策实施方面的问题，为国家城镇化建设提供了农用地开发供给侧改革的创新样板。

翁家埠村创造性地提出了“资源变资产，资产变资本，实现产业化、金融化、证券化”的“二变三化”改革：从推进农村产权制度改革入手，采取存量折股、增量配股等形式，推动农村资产股份化、土地股权化，使资源变股权，让沉睡的资源活起来；采取集中投入、产业带动、农民受益等方式，实现资金使用效益的最大化，使资金变股金，让分散的资金聚起来；通过规模化、产业化、市场化发展，让资金在市场中流动起来，提高村民在土地增值收益中的分配比例，实现增收致富，让村民富起来。

翁家埠村的做法表明，壮大集体经济要建立符合市场经济要求的农村集体经济运行新机制，促进集体资产保值增值。集体经济运行的新机制，新就新在要坚持市场导向，赋予农村集体经济组织市场主体地位，盘活集体资产，创新集体资产运营管护机制。全面激发农业生产要素的活力，唤醒农村沉睡的资产，有效推进了产业发展和新村建设，有效增加了农民收入。

【参考文献】

[1]朱守银：《创新农业经营体制机制的几点思考》，《农村工作通讯》2018年第6期。

[2]陈锡文:《从农村改革四十年看乡村振兴战略的提出》,《农村工作通讯》2018 年第 9 期。

[3]涂胜华:《深化农村改革　促进共同富裕》,《农村经营管理》2018 年第 4 期。

[4]苑体强:《实施乡村振兴战略中村民自治的空间和作用》,《农村经营管理》2017 年第 12 期。

[5]徐刚:《为乡村振兴奠定坚实的制度基础——全国农村集体产权制度改革综述》,《农村经营管理》2018 年第 2 期。

[6]郭晓鸣:《乡村振兴,有哪些突破点》,《农村经营管理》2018 年第 3 期。

[7]张红宇、王刚:《关于农村集体产权制度改革相关问题的思考》,《农村工作通讯》2014 年第 15 期。

作者单位:中共乳山市委党校

汇聚乡村振兴的组织力量

高　娜

习近平总书记在参加十三届全国人大一次会议山东代表团审议时，就实施乡村振兴战略作出重要指示，要求山东充分发挥农业大省优势，打造乡村振兴的齐鲁样板，明确指出了乡村“产业振兴、人才振兴、文化振兴、生态振兴、组织振兴”五个战略抓手，尤其“要推动乡村组织振兴，打造千千万万个坚强的农村基层党组织，培养千千万万名优秀的农村基层党组织书记，深化村民自治实践，发展农民合作经济组织……”。这一系列论述深刻阐发了“组织振兴”在“乡村振兴”中的重要作用。

一、从“组织”经验追溯“组织振兴”的基本逻辑

所谓组织，是指按照一定的目的、任务和系统加以结合的有机整体，分为政治组织、社会组织、经济组织、文化组织，等等。追溯历史，对其皆有系统论述和清晰的逻辑展现。

(一)组织革命党层面

无产阶级政党自创建开始，就高度重视党的组织建设。马克思、恩格斯在《共产主义者同盟章程》《共产党宣言》中初步阐述了党的组织建设的基本思想。他们提出，在反对资产阶级的斗争中要完成其历史使命，实现由分散的力量变成统一的力量，由自发的力量变成自觉的力量这一过程，需要有代表自己利益的政党，这为党的组织建设奠定了基础。《进一步，退两步》是列宁阐述党的组织建设基本原理的经典名著，他强调，“党应当是组织的总和”，并认为党的力量来自组织，“组织能使力量增加十倍”。他还指出，无产阶级在反对资产阶级的斗争中，除了组织，没有其他的武器。

以毛泽东同志为代表的中国共产党人继承了马克思、列宁等革命导师的立

场、观点、方法，一直将组织视为革命成功不可或缺的手段，创造性地提出将“（党）支部建在连上”这一建党、建军的基本原则，促进了党组织的壮大和人民军队的发展。1937年，在延安召开的党的全国代表会议上，毛泽东进一步提出：“无产阶级、农民、城市小资产阶级的广大群众，有待于我们宣传、鼓动和组织的工作。”十八大以来，习近平总书记进一步强调“党的力量来自组织，组织能使力量倍增”。十九大报告指出，加强基层组织建设，“要以提升组织力为重点”。由此可见，中国共产党组织理论及党建思想是一脉相承的。

（二）组织社会层面

1938年，毛泽东同志在《论持久战》中指出，“日本敢于欺负我们，这主要原因在于中国民众的无组织状态。克服了这一缺点，就把日本侵略者置于我们数万万站起来了的人民之前，使它像一匹野牛冲入火阵，我们一声唤也要它吓一大跳，这匹野牛就非烧死不可。”1943年，毛泽东同志在中共中央招待陕甘宁边区劳动英雄大会上作了题为“组织起来”的重要讲话，提出把人民群众“组织起来”，创造性地将组织思想延伸至社会组织建设中。当时，在陕甘宁边区，绝大多数人民群众参加了民众组织。例如，各行业95％的工人加入了工会，农民全体加入了农会，70％以上的妇女加入了救国会，绝大多数青年加入了青年救国会，商人组织了商会，儿童组织了儿童团，此外，还有各种抗日救亡团体以及文化技术性质的组织，它们都为中国革命的胜利奠定了基础。这也印证了马克思主义导师的预言，一旦使分散的力量成为集中的力量，使分散的行动成为集中的行动，就能使处于个体状态的社会成员成为一个强有力的集合体，乡村振兴亦是如此。

（三）组织经济发展层面

在“逐水草而居”的5000年农耕文明中，形成了星星点点的小村屯、小村落。一家一户的个体劳作是几千年来农民的生产写照，虽在农业生产过程中也存在换工互助的习惯，但其目的仅为维持农业生产。在革命战争年代，因战争破坏和劳动力支前，党将根据地的农民组织起来，这是恢复生产的一种战略选择，即通过劳动互动形成组织优势，将人口压力转变为人力资源。中华人民共和国成立后，毛泽东在学习和借鉴苏联发展模式的基础上强调：“目前我们在经济上组织群众的最重要形式，就是合作社。”他直接参与和领导了新中国的农业合作化运动，先后形成了《关于农业互动合作的决议》《关于发展农业生产合作社的决议》《关于农业合作化问题的决议》。在合作化运动中，中国农村的社会主义前景也逐步清晰起来。《一九五六年到一九六七年全国农业发展纲要》，是中华人民共和国第一个关于乡村振兴的战略性规划文件，它也将农业合作化推

向了高潮。

然而,社会生产总在不经意间变革。1978年,安徽凤阳小岗村的18位农民签下“生死状”,将村内土地分田到户,开创了家庭联产承包责任制的先河,并在当年实现了小岗村粮食大丰收。20世纪80年代初,家庭联产承包责任制在全国铺开,实现了中华人民共和国成立后土地由统到分的第一次飞跃。斗转星移,中国迈进了新时代,为了适应新形势,“三权分置”成为继家庭联产承包责任制后农村改革的又一重大制度创新。它既坚持了土地集体所有权,又稳定了农户承包权,放活了土地经营权,为土地经营权的有序流转、农业适度规模经营、现代农业发展奠定了制度基础。

由此可见,“组织振兴”根植于中国共产党带领人民推翻“三座大山”建立新中国的伟大壮举中,熔铸于新中国建设、改革的各个历史时期,在这些历史时期,“组织”发挥了不可替代的巨大能量。

二、以组织振兴助推乡村振兴的基本原则与路径选择

组织振兴的重要经验与基本逻辑古今相通、一脉相承。进入新时代,习近平总书记在坚持马克思主义立场、观点、方法的基础上,进一步指明乡村组织振兴的三个维度,即打造坚强的农村基层党组织,深化村民自治组织,发展农民合作经济组织,最终以组织振兴这个“深根”使乡村振兴的“枝叶”更加繁茂。不难发现,上述三个维度分别对应中国共产党在革命党、社会、经济发展三个层面的组织经验,体现了习近平总书记深邃的洞察力和深厚的唯物主义历史观。

(一)提振基层党组织,筑牢乡村振兴的政治基础

习近平总书记强调:“只有党中央有权威,才能把全党牢固凝聚起来,进而把全国各族人民紧密团结起来,形成万众一心、无坚不摧的磅礴力量。”乡村亦是如此,党的基层组织是政治组织,是农村各种组织和各项工作的领导核心,必须强化这一领导核心,把全体党员牢固凝聚起来,进而把村民、经济组织团结起来,使之成为乡村振兴的磅礴力量。

1.加强基层党组织的领导

十九大报告提出,要“推进党的基层组织设置和活动方式创新”。据此,牟平区率先尝试创新农村党组织设置,将地缘相近、人缘相亲、业缘相似的若干行政村党组织整合成立中心村党委,发挥中心村党委的政治引领功能和组织优势,推动中心村各村资源实现优化配置,实现共同发展。例如,由12个行政村组成的龙泉镇枣园夼,以中心村党委为依托,打造特色乡村旅游。其中,在王石夼、邹家庄、孔庄三个美丽乡村打造了“将军谷旅游度假区”,依托中心村党委强

大的组织力、凝聚力实现抱团发展。这种党组织的联合，不是行政组合，没有改变农村的行政属性，而是形成村党组织与镇街党(工)委之间的缓冲地带，由中心村党委强化对所属村两委班子的监督管理，进一步强化党对农村工作的领导。以强村为龙头、联合弱村的强弱联合型管理方式。例如，牟平区宁海镇石硼村与水道镇分水岭村强弱联合，将分水岭村党支部、村委会关系转入石棚村，取消分水岭行政村。联合后的基层党组织不断壮大，实现了资源的优化配置。“组织”就像一张网，不仅要向上织大，而且还要向下织密。牟平区纵向建立起以“镇党委—片区党总支—村党支部—党小组”为主体的村级网格党组织架构，横向建立“党员联户”的基础网格。在全区3000多个村民小组基础网格中，由党员负责吸收大学生村官、退伍军人、返乡人员等优秀人才加入，让村级治理实现由条块分治向网格集成转变，让村党组织和党员的“神经末梢”进家入户，通过织大、织密“组织网”，扩大农村党组织覆盖面。

2.强化基层党组织建设

十九大报告指出，“党的基层组织是确保党的路线方针政策和决策部署贯彻落实的基础”，明确了一切工作延伸到支部的鲜明导向。乡村振兴战略能否真正在乡村落地生根，关键看村党支部是不是坚强有力，看农村基层党组织书记能否带领全体党员把群众组织动员起来。牟平区大刀阔斧地抓农村党组织建设，一是树标杆，“打造千千万万个坚强的农村基层党组织，培养千千万万名优秀的农村基层党组织书记”，抓住农村党组织书记的特点，给予精神鼓励，打造示范党支部，用榜样的力量激励他人。二是定标准，推进党建标准化建设，用指标体系的硬杠杠，保证党支部战斗堡垒作用的充分发挥。三是稳妥有序地开展不合格党员的处置工作，编印了《认定处置不合格党员流程图》，在各个镇街又建立了党性教育党支部，设置一年党性教育期，畅通党员出口。

(二)深化村民自治实践，筑牢乡村振兴的社会基础

乡村治理是国家治理的基石。如何真正带动村民参与农村社会治理，让老百姓有更多的参与感呢？村务监督委员会制度是个有益的实践，村务监督委员会是村民对村务进行民主监督的机构。建立健全村务监督委员会，对从源头上遏制群众身边的不正之风和腐败问题，促进农村和谐稳定具有重要作用。牟平区广泛建立乡贤工作站、村务监督委员会，紧盯村民关心的“三资”即资源、资产、资金问题，给村干部一个清白，给群众一个明白，使农村基层治理发生了重大而深刻的变化，“能人治村”的传统治理模式逐渐转变为“自治、法治、德治”相结合的现代治理方式，最终实现了“党委领导、政府负责、社会协同、公众参与、法治保障的现代乡村社会治理体制，确保乡村社会充满活力、安定有序”。

(三)提振农民合作经济组织,筑牢乡村振兴的经济基础

乡村组织振兴可以整合乡村经济要素,最终实现乡村经济的持续发展和农民的持续增收,让老百姓有更多的获得感。牟平区积极探索"党建+富民"的融合新路径,有力发挥党组织在全面建成小康社会中的强大生产力。探索建设村级新型集体经济组织,加大基层党组织对合作经济组织的领导,按照"哪有经济组织,哪就有党支部,哪有产业,哪就有党员"的原则,加大在合作经济组织、家庭农场中设置基层党组织的力度,把基层党组织建在产业链上、建在合作社上、建在生产小组上,推广"村社合一",把农户组织起来对接龙头企业、对接合作社、对接市场,把农民发动起来、组织起来、带领起来,抱团出山、集约发展,发挥党员在产业发展第一线的先锋模范作用,唤醒产业革命的内生动力。

三、以组织振兴助推乡村振兴的启示

一言以蔽之,乡村组织振兴是推动乡村振兴的基石。新时代的乡村组织振兴,就是通过基层党组织的全面振兴,更好地带动经济组织、全体农民。这不仅为乡村振兴蓄积了力量,而且还使党的组织模式、组织影响更好地渗进乡村社会的各个方面,从一定程度上改变了农村基层组织结构和农民的思维方式,将是推动农村变革的又一伟大力量。

2018年4月3日,山东省印发实施了《山东省乡村振兴战略规划(2018—2022年)》以及关于乡村产业、人才、文化、生态、组织振兴等方面的5个工作方案,与省委2018年一号文件配套形成了山东乡村振兴"1+1+5"政策规划体系,为乡村组织振兴以及乡村全面振兴描绘了更为清晰的蓝图。无疑,乡村振兴正在齐鲁大地落地生根,新时代的广阔乡村正闪耀着希望的曙光,农村大地即将迎来前所未有的历史嬗变。

【参考文献】

[1]陈丽芳:《延安时期毛泽东"组织起来"思想探析》,《北京党史》2011年第4期。

[2]尹胜:《毛泽东基于"组织起来"的乡村振兴战略布局——以〈一九五六年到一九六七年全国农业发展纲要〉为中心的考察》,《现代哲学》2018年第1期。

[3]《毛泽东选集》第二卷,人民出版社1991年版。

[4]《毛泽东选集》第五卷,人民出版社1977年版。

作者单位:中共烟台市牟平区委党校

乡村生态振兴篇

乡村振兴视域下绿色生态农业发展的青州探索

傅冬华

促进农业向绿色发展转型，实现农业可持续发展，保障从田间到“舌尖”的农产品安全，以绿色、安全、高品质的农产品满足群众消费升级的需求，正是当前我国农业供给侧结构性改革的重要内容。绿色是农业的本色，绿色发展是农业供给侧结构性改革的基本要求，质量兴农和绿色兴农是实施乡村振兴战略的重要举措，是实现我国农业强、农村美和农民富的必由之路。

绿色生态农业是指应用现代科学技术，根据生物与生物之间、生物与环境之间相互依存、相互制约的关系，采用使生态平衡、农业生物产量与品质持续提高与改良的措施，保证农产品无污染、无残毒，以满足人类健康、永续发展需要的农业发展模式。要求农业生物不使用转基因品种，种植业、养殖业及病虫害防治不使用化肥、化学农药及生长调节剂、饲料添加剂和化学防腐剂等。因而，绿色生态农业是一种符合经济可持续发展理念的模式，这种模式相对于“高成本、低效益、高污染”的农业增长模式来说，是一个根本性的变革。绿色生态农业的发展将有助于改善人类的生存环境，提高人类的生存质量，是农业发展的必然趋势。

近年来，青州市高度重视农业生态保护工作，扎实做好农业“三品一标”认证工作，不断加强与农业新技术的对接，大力推广植物病虫害绿色防控、测土配方施肥等技术，防止了农业面源污染，有效保护和改善了农业生态环境。但是，必须清醒地看到，当前农业和农村发展仍处在艰难爬坡阶段，农业基础设施薄弱，农业发展方式粗放，这些都是制约农业持续稳定健康发展的瓶颈。发展绿色生态农业，不仅能够解决长期以来由粗放的农业发展方式带来的资源浪费、生态破坏和环境污染等问题，而且对于提高农业生产效益，改善农村生活环境，提高人民群众生活质量具有重大的意义，是实现农业和农村经济可持续发展的必然选择。

一、发展绿色生态农业是青州市农业生产的必然选择

近年来，青州市农业发展紧紧围绕农民增收这一目标，认真落实党在农村的各项方针政策，着力做好农民增收这篇文章。按照“依托优势，综合发展，重点突破，形成特色”的发展思路，积极实施龙头带动、科技带动、市场带动“三带动”战略，大力推进农业产业化、标准化、国际化“三化”进程，使农业结构进一步优化，综合生产能力不断提高，农民生活水平显著改善。但是，随着农业生产的发展，人们对高质量食品的需求，人类健康与饮食的关系以及生态环境优化等，使发展新型绿色生态农业成为一项迫切需求。顺应这一社会需要，青州市要实现农业生产的更大发展，必须高度重视并且努力打造绿色生态农业。

（一）发展绿色生态农业有利于提升现代农业

绿色生态农业是现代农业的核心问题。在传统农业中，人们实行精耕细作，大量使用农家肥和绿肥培肥土壤，采用轮作倒茬、生物天敌、化学防治等方法，控制病虫及草害。而绿色生态农业能够消除传统农业的不利因素，综合提高传统农业的优势，是对传统农业的进一步发展和深化，同时也是现代农业发展的具体体现。

（二）发展绿色生态农业有利于满足人们的消费需求

绿色食品是21世纪人类的主导食品，特别是发达国家，对绿色消费非常重视。同时，随着经济收入水平和生活质量的提高，我国人民也要求有不同层次及更高品质的农产品供应。这就为发展绿色生态农业开辟了道路。青州人对食品的安全、保健、营养问题也越来越讲究，消费拉动绿色生态产品的动力十足。

（三）发展绿色生态农业有利于改善农村生产、生活环境

随着农村经济的发展，青州市农村环境污染问题日渐突出，主要表现在如下几个方面：一是化肥、农药的大量使用，严重破坏了农村的生态环境；二是畜牧业产生的大量粪便没法处理，污染了农村生态环境；三是随着农村人口增长而产生的大量生活垃圾处理不及时，污染了农村环境；四是水资源短缺，严重影响了农村的生产、生活。绿色生态农业实现了废弃物资源化，使农村聚居点周围的环境质量得到了较大改善。

二、青州市发展绿色生态农业的现状与问题分析

(一)青州市绿色生态农业发展成效显著

青州市高度重视现代农业生态环保工作,以绿色、优质、高效为目标,大力推进基础产业,向特色效益产业转变,着力发展优势主导产业,形成了优质粮食、标准畜禽、特色果品、精品花卉、菜篮子工程五大主导产业。同时,坚持生产与生态并重,在农村沼气建设、秸秆综合利用、生态循环农业建设、农药化肥减量增效、农业面源污染防控等方面取得了显著成绩。青州市还组织农业局、林业局的技术专家为种植户搞“贴身服务”,大力推广绿色控害技术,全面推行测土配方施肥技术,抓好农作物秸秆综合利用,全力推进农业示范园区建设。

(二)青州市绿色生态农业发展中存在的问题

1.认识严重匮乏

绿色经济是一种新兴的经济发展模式,一些地方和部门对绿色生态农业的认识还存在一定的偏差。盲目追求产量,随意焚烧秸秆和随意排放粪便,过多使用农药,农产品农药残留量增多等问题使农产品的安全性受到了严重影响,以及使用地膜而产生的白色污染,严重破坏了生态环境。这些思想观念上的障碍,直接导致绿色生态农业的发展动力不足,在一定程度上制约了绿色农业的快速发展。

2.人才力量薄弱

尽管青州市在提高资源利用效率方面取得了一些技术突破,但由于发展不均衡,绿色经济科技的开发力度和总体应用仍然滞后,支撑绿色生态农业发展的关键技术尚待研究,相当多的涉农企业尤其是农民技术水平低下,缺少信息平台和技术渠道。从事绿色经济研究和应用的专业技术人才相对匮乏,技术工人队伍数量明显不足。而且,传统型科技人员多,创新型科技人员少。由于近年来农作物品种和农业技术的更新速度加快,不少人的知识、技术和思维方式明显老化,对一些新兴的农业科技知之不多,对农业及农业科技的发展方向把握不准。

3.市场需求不足

受到宣传条件制约,广大消费者很难充分了解农业环境污染程度,无法了解农产品有害物质对人体造成的危害,对于农药残留等农业污染问题认识不够。所以,市场上农产品的销售量在很大程度上仍然取决于产品的外表及价格,这样就极大地刺激了饲料、化肥、农药、温室等手段的无节制使用。同时,无

污染的有机农产品管理体系和标志体系不完善，消费者没有明确的判断依据。所以，市场对绿色农产品、无公害农产品和有机农产品的需求不大，这直接造成了绿色生态农业发展的动力危机。

三、加快青州市绿色生态农业发展的建议

（一）加强宣传引导，营造良好氛围

发展绿色生态农业是进一步提高农业综合生产能力、增加农民收入的需要。为改善农村生活环境，实现农业的可持续发展，应采取有效措施，切实把发展绿色农业作为一件大事来抓。首先，必须采取有力措施，通过报刊、广播、电视以及举办绿色农业培训班等方式迅速加强对广大群众特别是农民的绿色农业宣传教育。其次，要倡导公众实行绿色消费。绿色消费所包含的内容非常宽泛，不仅包括绿色产品，而且还包括物资的回收利用、能源和资源的有效使用、对生存环境和物种的保护等。绿色消费体现了绿色发展的原则，为绿色经济思维指导下的农村经济发展指明了方向。因此，要把绿色消费作为绿色农业发展模式的实践形式，对消费者进行生态消费观念教育，提高消费者对有机食品和绿色食品的认知度，大力倡导绿色消费。

（二）加强宏观指导，进一步强化组织领导

加强政府的宏观指导是绿色生态农业发展的重要推力，在绿色农业发展初期尤为重要。要成立青州市绿色生态农业发展领导小组，切实加强对绿色农业工作的组织领导，对规划中涉及的重大事项以及绿色农业发展过程中遇到的重大问题，要进行综合决策和统一部署，协调各部门、各乡镇的行动。各有关部门均要明确分管领导和责任处室，形成分级管理、部门协调、上下联动、良性互动的工作制度。将绿色农业发展任务纳入全市国民经济和社会发展长期规划和年度计划。把绿色农业发展的规划目标、要求体现在产业政策制定、产业结构调整、建设资金安排、区域开发等工作中，贯穿于经济社会发展的全过程。

（三）制定科学规划，探索发展模式

要坚持因地制宜，从资源禀赋、产业基础、区位特点等实际出发，着力构建符合青州市实际、具有青州市特色的绿色生态农业发展模式。制定有利于调整农村产业结构、有利于农民增收、有利于保护和改善生态环境、实现资源高效和多层次利用的绿色农业规划。一是要建立与完善绿色农业经济管理体系，推行农业清洁生产，以开展农业废弃物减量化、资源化、无害化和产业化，发展无公

害、绿色和有机食品生产为重点，推动绿色农业的发展。二是要发挥每个区域的资源优势，选准发展路子，建立起各具特色的绿色农业发展模式；搞好无公害原料生产基地建设，积极扶持龙头企业，大力发展农产品加工企业；按照农产品生产质量标准，大力发展绿色食品、无公害农产品、有机食品生产，打响“生态牌”“绿色牌”“特色牌”，争创名牌产品，增强市场竞争力和创汇能力，提高农产品的商品率和国内外市场占有率。

（四）加快科技创新，形成技术支撑体系

重视研发，建立绿色生态农业的技术体系。目前，青州市应加大对以下几方面的研究及推广：一是要不断推进农业科技创新，发展生物工程技术，培育高产、优质、多抗的动植物新品种，逐步实现绿色农业技术产业化。二是要开发高产高效的立体种植技术、测土配方施肥技术、农村户用沼气技术、农村能源开发及循环利用技术、农业废弃物综合利用技术、生活垃圾资源化技术、危险废物和有毒化学品安全利用与处置技术、无公害产品生产技术、农业环境污染监测与评价技术等。三是要加强对高新技术影响农业生态系统的研究，形成有利于可持续发展的技术支撑体系。通过对农村进行科技投入，组织相关力量对绿色农业发展中的技术课题进行攻关，研发出适合青州市绿色农业发展的技术。注重加强农村科技队伍建设，推广和应用先进的农业技术。建立绿色农业技术服务中心，在乡镇设技术推广员，为从事循环农业的农户和企业提供技术支持。建立绿色农业新技术、新成果、新品种的实验示范基地，多渠道推广农业技术。

（五）拓宽投资渠道，弥补发展资金缺口

绿色生态农业的发展需要一定的资金投入，特别是启动阶段对资金的需求比较高，但许多农民不愿意进行投资，因此必须采取措施解决绿色农业发展资金短缺的问题。一是可以采用直接补贴的方式弥补绿色农业发展的资金缺口，可从国家基本建设资金中每年安排一定的扶持资金，启动示范乡镇建设。二是通过建立完善的融资渠道，解决资金短缺问题，如以基金的形式筹集资金，或直接引入民间资本，强化金融对农业的投入。三是通过其他产业与农业相结合的办法，如发展生态旅游，以旅游的收益保护生态环境，使绿色农业能在一定的生态基础和水平上发展。四是要切实减轻农民负担，实施税费改革，挖掘农业自身潜力，引导农民投入。

（六）注重人才培养，提高农民素质

农村普遍存在的问题，就是农民整体文化素质水平不高，科技水平较低，专业技术人才缺乏。因此，青州市必须把宣传教育工作放在显著位置，把培养人才和引进人才作为第一要务来抓。青州市要发展绿色生态农业，可以针对人才需要发展、培养相应的专业人才，特别是急需的专门人才，应该特事特办，在政策允许范围内给予照顾。通过培养人才，建立起绿色生态农业的人才体系。加大教育培训力度，提高农民素质是当务之急。要强化对农民的科技和文化教育，提高他们的科技文化水平，同时加强农民对绿色生态农业技术使用的培训，使他们掌握现代技术和科学的管理知识。在对农民的教育培训上，除了正规的教育途径外，还要注重技术培训手段的选择。

只有坚持绿色生态导向，走乡村绿色发展之路，才能进一步推动农业、农村实现可持续发展，这也是深入实施乡村振兴战略的最终目的。

作者单位：中共青州市委党校

岚山区实施乡村振兴战略的现状、问题及对策

张丽琴

党的十九大和中央农村工作会议都提出全面实施乡村振兴战略，并将乡村振兴提升到战略高度，写入党章，把农业、农村工作摆在更加重要的地位，为农业、农村发展指明了方向。为全面掌握岚山区乡村振兴战略实施情况，根据区委、区政府2018年的工作安排，6月上旬，岚山区委党校成立调研组，深入黄墩、中楼、碑廓、高兴、巨峰等8个乡镇、2个美丽乡村示范点，通过实地查看、召开座谈会、发放调查问卷、查看资料等形式，对全区乡村振兴战略实施情况进行了专题调研，对全区的实施现状、存在问题及对策建议进行了梳理和汇总。

一、实施现状

自2013年以来，区委、区政府成立了岚山区改善农村人居环境领导小组，由农工办专门负责乡村建设的总调度工作。目前，《日照市乡村振兴战略规划(2018—2022年)》正式印发实施，全区乡村振兴战略工作已进入全面启动阶段，各乡镇、各相关部门按照要求积极组织实施，取得了阶段性成效。截至目前，全区累计整合各类项目资金1亿多元，对269个村庄的环境进行了整治，计划建设美丽乡村示范村84个，其中省级示范村4个，市级示范村17个，区级示范村66个。

(一)精品城市打造工程稳步推进

开工建设城建重点工程24项，投资52.63亿元。加快推进城中村和棚户区改造，完成了6个片区的规划设计，拆迁房屋7498套，开工建设安置住房9662套。高起点规划通航小镇，建成了岚山通用机场，这为多岛海片区开发注入了新动力。实施了中水回用工程，启动了西护城河环境综合治理，开展了长治河等黑臭水体整治。完成了观海路改造及地下综合管廊建设。新建安东一

路、甜园路等城区道路 5 条，高标准打造厦门路等城市绿道 19 千米、景观节点 16 处。城区增绿、更绿面积 23.2 万平方米，新增企业绿化面积 15 万平方米。新建公共自行车站点、公交站亭 24 处，争取开通了岚山至日照城乡客运公交线路。铺设玉泉二路等供热管网 10.8 千米，改善供热面积 150 万平方米。全面决胜创城攻坚和全国卫生城市复审，更换维修道板 12 万平方米、路沿石 10 万余米，整治生活小区 89 个、杂乱线路 4 万米；创新实施城市管理“街长制”，开展了违法建设、校园周边环境、交通秩序等专项整治，城市形象得到显著提升。

（二）美丽乡村建设深入实施

高标准编制了美丽乡村标准化建设总体规划和市级示范片区规划。在全市率先启动“幸福公路”规划建设，新改建农村道路 181.6 千米，被评为全省城乡交通运输一体化建设工程示范区。实施了农村饮水安全巩固提升工程，使 48 个村的 4.08 万群众受益。完成农村改厕 3.5 万户，新增省级清洁能源供暖试点面积 21.5 万平方米。启动了虎山钢铁小镇等规划编制，其中巨峰镇成功入选全国第二批特色小镇。开展了乡镇驻地环境综合整治，其中虎山社区、滨河社区等新型社区建设顺利推进，全市最大的土地增减挂钩项目草涧社区全面建成并正式启用。高兴镇争创为全国文明镇。在全省城乡环卫一体化、移风易俗农村群众满意度电话调查中，全年综合成绩位列“双第一”。

（三）生态环保工作力度空前

连续三年开展林水大会战，年度投资 6.36 亿元，绿化造林 2.35 万亩，实施各类水利工程 216 处。大力开展“清清河流行动”，全面落实“河长制”，实施了巨峰河、龙王河、绣针河综合治理工程。严格管控畜禽养殖污染，关停禁养区养殖场 3399 家，在全省率先推行畜禽养殖废弃物资源化利用。扎实开展蓝天保卫战，关停整治矿山开采及“散乱污”企业 83 家，取缔燃煤锅炉 170 余处，空气质量不断改善，“蓝天白云、繁星闪烁”天数明显增多。积极配合上级环保督察，完成问题整改 122 件，关停、取缔企业 36 家。严厉打击环境违法行为，办结各类环境信访问题 585 起，群众对生态环境的满意度大幅提升。

二、存在的问题

岚山区美丽乡村建设工作虽然取得了较大成绩，但与国家建设标准要求和人民群众的期望还有较大距离，主要存在以下问题：

(一)思想认识上还比较模糊

在走访中发现,目前岚山区对美丽乡村建设的宣传力度不够,范围不广,各村群众对美丽乡村建设存在很大的认识偏差。一方面上级下达任务时间紧、任务重,存在急功近利的情绪,而一部分群众把美丽乡村建设看作政府的事情,“等、要、靠”的思想比较严重,存在“上热下冷”“干部干、群众看”的现象;有些群众法律意识淡薄,在土地流转中随心所欲,胡乱要价;在环境卫生保护中乱扔乱丢垃圾,破坏设施,霸占村里道路;对棚舍整治、村庄绿化等不理解、不支持,甚至存在抵触情绪。另一方面少数乡镇、村干部对美丽乡村建设的认识有偏差,盲目地照搬城市模式,认为做好房屋建造就是建设美丽乡村,而对农村产业发展、农民增收、乡村文化没有给予足够重视,顾此失彼现象严重。

(二)整体规划不全面、不系统

岚山区美丽乡村建设工作已开展三年多,期间虽然聘请了相关知名专家、团队编制建设规划,但目前还没有完整的长远规划,导致该项工作的推进缺乏系统性、地域性。多数乡镇在实施中基本是先建设后规划,缺少通盘考虑,没有充分挖掘乡村文化元素,互相参考、照搬照抄,缺乏本村特色;另外,也未严格执行规划。有的村子对规划不够重视,有规划却不按规划实施,随意变更规划,使规划的统筹引领作用发挥得不明显,“边干边看”现象比较普遍。

(三)主导产业缺乏支撑

除高兴镇多数村庄外出务工人员较少外,目前岚山区绝大多数村庄没有主导产业,农村经济特别是集体经济困难,缺乏建设资金,加之一部分村庄受地理位置、交通、思想观念等因素的制约,短期内很难改变面貌。一些有主导产业的村庄,缺乏龙头企业和领头人的带动,加上农民文化水平较低,接受新鲜事物的能力较弱,一些特色产业优而不强,小而分散,产业效益不明显,美丽乡村建设支撑力度欠缺。

(四)基础设施配套滞后

全区美丽乡村建设中的房屋改建工程进展迅速,但在水、电、暖、路、绿化、公共厕所等工作上相对滞后,出现了“建设快、入住难”的现象,特别是垃圾填埋、污水处理、道路硬化、供暖设施等方面由于资金尚无着落,前景不容乐观。在调研中还发现,有的乡镇垃圾未进行分类,村里只有一个垃圾箱。“厕所改造”工程表面上看已经完成,实际上后续工作未做到位,没有真正实现雨污分流。有的乡镇没有公厕,也未设保洁员。政府部门对相关资金的使用要求管得太死板,不符合实际情况。

（五）体制机制不完善、不健全

美丽乡村建设是一项庞大的工程,需要全区上下一盘棋,各相关部门共同参与,齐抓共促、长期投入。当前,岚山区美丽乡村建设中政府的统筹作用发挥不到位,相关政府部门各自为政,在上下联动方面缺乏有效及时的沟通机制。同时,存在重建轻管的现象。虽然岚山区在农村集中连片环境整治、绿化、美化等基础设施建设上投入了一定的资金,并取得了较好的效果,但由于没有健全的后续管理机制,农村基础设施和公用设施出现了有人建、有人用、没人管的现象。

（六）农业服务技术力量不足

农业技术人才短缺和技术服务力量不足是制约农业发展的重要因素,技术服务不到位更制约着岚山区农业产业的发展,农业部门技术力量严重不足。

三、建议

针对上述存在的问题,提出如下建议:

（一）重视思想认识,进一步营造美丽乡村建设的浓厚氛围

各级各职能部门要认真贯彻落实中央和省、市有关精神及部署要求,加深对美丽乡村建设与长效管理机制重要意义的认识。加强党的领导,充分利用各类宣传媒体,开展形式多样的宣传教育活动,让群众知道他们才是美丽乡村建设的主力军,让他们自觉参与美丽乡村建设事业。要把美丽乡村建设和乡村文明建设紧密结合,融入文化元素。挖掘文化资源,大力宣传农耕文化、诚信文化、红色文化等历史文脉,加强对古村落、古民居、古建筑、古树木、古农具等文化遗存的保护、开发和利用;进一步加大对传统艺术、传统技艺(比如黄墩镇的皮影、农民画、草编)、传统民俗、人文典故(比如碑廓镇圣公山项橐的故事)、地域风情等非物质文化遗产的发掘、传承和弘扬力度,避免过度统一,过度水泥化,过度开发破坏。加强法治惩戒力度,严惩村霸和黑恶势力,促进形成团结友爱、孝亲敬老、移风易俗、诚信守法、健康文明的生活方式和行为习惯,有效提高广大群众的文明素养,巩固美丽乡村建设成果。

(二)提升规划水平,进一步完善美丽乡村建设的总体布局

建议按照《日照市乡村振兴战略规划(2018—2022年)》所涉及的内容以及岚山区美丽乡村建设的实际情况,把全区作为一个“大乡村”进行规划,强化区城、镇街、村居三级互动联系,明确空间布局,注重指标控制和产业发展导向,切实提高城乡资源的配置效率,做到“城乡一套图,整体一幅画”,尽可能地避免多头规划、重复建设现象。在规划中要把水、电、路等硬件设施与地域风情、故土乡愁、生活习惯等软件环境相结合,长期规划,分步实施。要特别重视做好房屋规划,避免大拆大建,禁止随心所欲、破坏环境。同时,在规划中要把美丽乡村建设与医疗卫生、幼儿教育、老年关怀等民生工程和精准扶贫、特色旅游结合起来,在规划中体现产业布局、创业就业,让老百姓得到实惠,获得幸福感。

(三)提高产业扶持力度,进一步增强美丽乡村建设的发展势头

美丽乡村,产业先行。产业发展是美丽乡村建设的“造血工程”和持久动力,是美丽乡村建设取得民意支持的有效途径,应将其摆在核心位置。建议在巩固支柱产业发展成果的基础上,尽快制订乡村产业培育与生态发展专项计划,出台相应的推进措施和信贷政策,引导资源更多地流向乡村,壮大村集体经济。对黄墩镇这样农业不发达、远离城区、地处偏远的山村,可以利用其亲山近水的优势,做足地域“乡村”特色,突出山水风光及人与自然和谐特性,打造特色乡村旅游项目;对巨峰这样以茶叶、水果、蔬菜种植为主的村庄,应注重发展有机农业,提高传统农业的附加值,注重打造田园景观和由村落所构成的乡村意象,在继续发展传统农家乐、休闲观光采摘游、节庆游的同时,顺应乡村旅游新趋势,适时推出吃住在农村、分时农业、体验农业等休闲度假和康体娱乐等方面的产品,延长产业链条,逐步形成“生产—加工—物流—电商”管理模式,提升美丽乡村发展水平。

(四)注重基础设施建设,完善美丽乡村建设的基本条件

加强农村生产性基础设施建设是农业和农村发展的有力支撑,也是美丽乡村建设的先决条件。全面加强基础设施建设,应该是当前及今后一个时期美丽乡村建设工作的重中之重,应从政策、投入等方面给予强力支持。应继续加大招商引资力度,鼓励民营企业投资农村基础设施建设和管护,特别是在污水处理净化、垃圾处理、新能源开发利用等方面应充分发挥民营企业的重要作用,搭建好城市与农村协同发展的通道,保护好农村特有的生态环境,以实现政府引导、企业投资、群众受益的最终目标。

（五）加强资本整合效应，发挥美丽乡村建设的整体效果

美丽乡村建设是一个系统复杂的工程，必须有强大的财力支持。建议结合山东省乡村振兴规划及《日照市乡村振兴战略规划（2018—2022 年）》中关于美丽乡村建设的要求，对项目申报、立项、实施、考核验收严格审核、把关，确保各类建设资金优先安排给美丽乡村项目，集中打造示范点。同时，在立项、招投标、资金划拨等方面设立绿色通道，减少环节，缩短时间，加快项目审批。各乡镇村庄要尽最大努力引导和鼓励民资进入美丽乡村建设项目，项目主管部门也要积极做好项目规划，协调项目对接，最大限度地争取项目，为美丽乡村建设提供强大的项目支撑；区里要加大对各类项目的统筹整合力度，把更多的项目用在示范点上，并对做得好的乡镇、村子进行适当奖励，激发其积极性，尽早实现“一村一品”的美丽乡村建设局面。

（六）为人才发展营造良好的环境，为乡村振兴提供农业科技和人才支持

一是制定优惠政策，设立优厚待遇，吸引和留住专业技术人员，改善基层农业科技人才的工作环境、待遇。二是建立良好的人才选拔聘用机制，招聘一批大学生到乡镇农技岗位任职。三是选派省、市优秀技术骨干到乡镇工作，为当地的农业生产提供技术保障。四是鼓励、引导年轻人返乡就业，引导走出去的企业家回乡立业，在政策范围内给予补贴优惠、产业支持，以带动村民脱贫致富。

【参考文献】

张天柱、李国新主编：《美丽乡村规划设计概论与案例分析》，中国建材工业出版社 2017 年版。

作者单位：中共日照市岚山区委党校

乡村振兴战略背景下荣成市乡村生态旅游发展研究

宋美媛

作为现代农业与现代旅游业融合发展的新兴产业，乡村旅游不仅是推进农村一、二、三产业融合发展的新载体，而且还是培育新型农业经营主体、支持和鼓励农民就业创业的新抓手。荣成市拥有优越的自然环境和深厚的历史文化底蕴，并且是全国首批重点打造的全域旅游示范区，在新时代全面实施乡村振兴战略的背景下，在国家大力提倡产业兴旺、生态宜居、乡风文明、治理有效、生活富裕的乡村发展目标的指引下，荣成市的乡村旅游无疑将迎来新的发展契机。

一、荣成市发展乡村生态旅游的可行性分析

乡村生态旅游是以乡村社区为目的地，以乡村自然和人文景观为吸引物，以城市居民为主要目标市场，满足游客休闲、求知和回归自然等需求的旅游方式，是乡村旅游的高级化发展，更加注重经济、社会和生态效益的综合提升。荣成市的乡村旅游兴起于20世纪初，并始终处于山东省乡村旅游发展的前列。未来，荣成乡村旅游在生态化发展方面大有可为。

（一）生态环境优越，旅游资源丰富

荣成位于山东半岛的最东端，三面环海，拥有千里黄金海岸线。目前，荣成市的森林覆盖率已达到40%以上，是中国空气质量和海水质量最好的地区之一，负氧离子含量平均达到2万个以上，富有“天然氧吧”之称，$PM_{2.5}$指数为25左右，城市环境质量考核连续多年位居山东省县级第一，特别适宜发展乡村生态旅游。

荣成属于暖温带季风型湿润气候区，夏无酷暑，冬无严寒，年平均气温为12℃左右，具备国际公认的“阳光、沙滩、海水、空气、绿色”五个旅游资源基本要

素,所以说荣成发展乡村生态旅游的自然条件良好。此外,荣成还是全国唯一的"中国海洋食品名城"。省旅游局面向全国推出的"好客山东有三珍,阿胶海带胶东参"山东特色旅游商品品牌,荣成就占有两珍。

(二)文化底蕴深厚,竞争优势明显

荣成拥有丰富的历史遗迹、众多的人文景观以及独特的文化资源,是发展乡村生态旅游的优势所在。例如,以秦皇汉武成山拜日、明朝设卫等为代表的历史文化,以铁槎山、圣水观等为代表的宗教文化,以渔民祭海、民间剪纸、石岛渔家大鼓等为代表的民俗文化,以荣成籍党政军文艺企业等各界名人为代表的人文文化,以"一寺连三国"的赤山法华院为代表的中日韩友好文化和以蓝天、碧海、花鸟城等为代表的生态文化等。

(三)政府高度重视,政策条件优化

近几年,荣成市委、市政府非常重视乡村旅游发展,在政策上给予了乡村旅游极大的支持,如出台了《关于加快发展乡村民俗旅游的实施意见》《关于印发荣成市农家乐管理办法的通知》《荣成市乡村民俗旅游及农家乐奖励资金实施细则》等文件,并安排专项资金对每年新获评的全国休闲农业旅游示范点(村)、省级工农业旅游示范点(村)、省级旅游特色村等给予一定的奖励和支持。市旅游局将发展休闲农业和乡村旅游作为实施乡村振兴战略的重要工作,多次召开会议进行专题部署,邀请高校教授对乡村旅游从业人员进行培训,并组织相关人员参观学习。

(四)突破交通瓶颈,市场前景广阔

长期以来,荣成的特殊地理位置使得本地的旅游业发展受制于交通。2014年12月28日,青荣城际铁路正式通车,彻底打破了荣成交通"末梢"的瓶颈,标志着荣成融入了胶东"1小时生活圈",扩大了旅游的客源市场半径。从半岛交通条件看,青烟威三市居民选择荣成作为乡村生态游目的地的交通更为便捷也更具可能性。从全国交通条件来看,伴随着威海机场的扩建、荣乌高速的贯通,荣成与其他地区的时空距离明显缩短,选择荣成作为乡村生态旅游目的地的可达性得到显著提升,荣成乡村生态旅游的客源市场得到极大拓展。

(五)奠定良好基础,后劲蓄势待发

早在2012年1月,荣成就被国家农业部、国家旅游局联合授予全国首批"全国休闲农业与乡村旅游示范县"荣誉称号。近年来,荣成市结合乡村振兴战略，依托丰富的旅游资源优势，在全市大力实施乡村旅游“十百千”、旅游富民工程，按照“政府主导、统一规划、明确标准、突出特色、市场运作、规范管理”的方针，把乡村旅游融入滨海生态文化旅游主线，走出了一条“以旅促农、依农兴旅、旅农结合、共同繁荣”的乡村旅游发展新路子。重点打造休闲渔业游、生态采摘游、精品民宿游等乡村旅游品牌，培植了一系列的示范点，如全国休闲渔业示范基地、国家级海洋牧场示范区、省级休闲海钓示范基地和省级乡村旅游示范点等，不断提升乡村旅游的美誉度和知名度。

二、荣成市乡村生态旅游存在的问题

（一）缺乏品牌意识

任何类型的旅游开发，都应该注重打造旅游主题、品牌。当游客在选择旅游目的地时，第一时间筛选出的地点必然有着响亮的品牌知名度。然而，荣成的乡村旅游在开发和运营过程中存在着品牌意识不足、品牌知名度不高的问题。荣成是中国海洋食品名城，其中也不乏一些有特色的旅游目的地和旅游产品。但是，目前荣成的乡村旅游多以独立的村庄为单位，以“点”为旅游载体，单打独斗，各自为营，品牌知名度不高。一提到江苏、浙江的乡村旅游景点，马上会想到乌镇、周庄、西塘、同里等，但是有着丰富乡村旅游资源的荣成，鲜有叫得响的乡村旅游品牌。

（二）缺少规模效应

一方面，区域竞争日趋激烈。近年来，随着乡村旅游的兴起，周边的青岛、烟台等地，由于区域经济水平高，旅游业开发较早，配套设施比较齐全，客源市场竞争力较强，发展速度快，这对荣成乡村旅游的发展构成了一定的压力。另一方面，行业同质化竞争加剧。荣成的乡村旅游主要依赖农业、渔业资源，开发产品多停留在钓鱼休闲、餐饮（农家乐、渔家乐）、蔬菜瓜果采摘等方面，缺乏内涵和主题文化。投资者往往对项目缺乏合理的规划，看到别人的项目赚了钱，就在类似项目中投资，根本不看市场是否已经饱和。如每年 2 月后，荣成及周边地区的采摘游活动如火如荼，从草莓采摘到樱桃、桑葚采摘，再到葡萄采摘，等等。同质化竞争不可避免地会带来严重的内部损耗，导致旅游产品缺少市场竞争力。所以如何避免同质化竞争，挖掘特色，打造精品，是荣成乡村旅游需要思考的问题。

（三）从业人员素质不高

乡村旅游的经营主体是当地农民，农民的素质决定了服务意识、服务质量、服务水平，从而决定了游客对本地乡村旅游的印象。荣成市乡村旅游的从业者主要是本地农民，缺乏旅游专业人才的规划、指导，再加上受教育程度、农村习俗、生活方式等客观因素的影响，乡村旅游从业人员整体的服务意识相对较弱，存在管理水平、服务质量和服务水平不高等问题。例如：部分乡村旅游从业者的环保意识不足，他们往往把关注点放在旅游开发以及旅游业带来的经济效益上，忽视了对生态环境的保护；还有一些从业者接待游客的热情不高，或者只是简单地“迎进来”，而没有给游客提供全程尊重式服务或主动式服务，这样游客对乡村那种热情和朴实的体验感会有所缺失，更别说发自内心地向往乡村文化了。

（四）基础设施档次低下

目前，荣成的乡村旅游发展普遍存在这样一个问题：乡村旅游从业者缺乏对基础设施的重视和投资。这直接导致了很多乡村旅游景点的基础设施档次低下，不能满足游客的需求。例如，与旅游配套的道路、停车场、医疗卫生、洗手间等公共设施比较简陋，一些景点的客房、餐厅等接待设施条件差，安全、卫生等状况有待加强。旅游基础设施和乡村旅游是相互促进、相互制约的关系，如果基础设施达不到基本标准和要求，与游客的期望有差距，就会大大降低游客欣赏美景的兴趣，减少游客的停留时间。

三、荣成市乡村生态旅游的前景与展望

（一）规模化管理

当乡村旅游发展到一定阶段时，经营者就会在设计建设、经营管理、人才培养、宣传包装和分销渠道等方面积累丰富的经验，从而会逐渐形成较为完整的理论和管理运营体系，这时就可以利用已有的发展优势，逐渐扩大经营范围，实现连锁化、规模化经营，打造自身的独特品牌。例如，中国台湾地区的乡村旅游从 20 世纪 70 年代开始，就有自己的行业协会，由民间自己组织，不用政府干涉，这种管理模式会让乡村旅游发展更具持久性。荣成未来的乡村生态旅游建设可以以村为单位成立合作组织，以村或协会的形式引领、带动目前松散的经营方式。比如，河口胶东渔村通过集体经济的模式，做出了独具特色的管理模式。这种模式由集体统一管理分配，有利于形成合力，逐渐达到规模效应，从而打造自己的品牌。

（二）发展特色品牌

首先要树立品牌意识。在整个乡村旅游的对外宣传上，可以用统一的品牌，打出一个“乡村度假到荣成”的品牌，依托“太阳、大海、荣成人”城市形象标识，打造生态宜居荣成品牌。其次要形成与众不同的特色旅游产品。荣成的乡村旅游必须把握好自己的文化特色，挖掘深层次的文化内涵，从同质化发展、低端单一产品、个体分散经营向高级且有特色的差异化发展、休闲产品、实力企业运营和集群布局转变，逐步形成具有竞争力的特色旅游品牌。例如，海草房唐乡项目就是看中了胶东特有的海草房，将东楮岛的传统民居海草房进行科学保护与有限利用，在保护原有建筑价值的基础上，对当地的历史记忆、俚语方言、宗族传衍、生产生活方式等特色地域文化加以保护、传承、利用和创新，打造了“一院一主题，一房一文化”的特色民居。这种做法不仅创新了传统村落保护与发展模式，而且还增强了乡村旅游的竞争力。

（三）创新营销手段

一方面，开展营销推广。在准确定位市场的基础上，组织开展好营销推广活动，如与游客交朋友、与旅行社合作、与新闻媒体建立联系，特别是与互联网结合，开展线上线下全方位推广传播，打造乡村旅游产品品牌，大力推介乡村旅游线路，提升乡村旅游产品的品牌知名度。另一方面，发展“互联网＋乡村旅游”的O2O模式。随着共享经济以及O2O市场的爆发，在线旅游服务逐渐成为游客旅行的首选，如携程网、去哪儿网、途牛旅游网等知名预订网站已经成为旅行者的必备平台。随着80后、90后、00后逐渐站上消费舞台，消费市场势必会逐渐发展变化。这些消费群体天马行空的思维以及网络消费习惯、网络预定习惯，必将使O2O旅游市场迎来新的变化。整个乡村旅游行业将逐渐走向智能化，O2O旅游正在带来一场旅游方式的革命。荣成的乡村旅游应该紧跟“互联网＋”，将O2O模式融入经营，以期提高市场占有率。

（四）提高乡村服务管理水平

一是制定统一的接待服务标准，力求从接待条件、接待设施、卫生状况到接待能力等方面都达到标准化，对已经开始从事经营接待的经营者，要依据服务质量标准定期对其进行评审，以进一步提高其服务质量和水平；对刚刚开始发展乡村旅游的经营者，旅游管理部门要做好备案，对其进行有针对性的引导和指导，使其接待的服务达到标准并保持应有的水平。二是提升乡村旅游从业人员的素质。旅游管理部门要分期、分批举办乡村旅游培训班，将乡村旅游环境与设施、管理与服务等方面的标准量化、细化，并及时传达给每个乡村旅游经营者。通过教育培训这种方式，快速提升经营者的综合素质，提高服务质量，使乡村旅游步入集约化、规范化、专业化发展的轨道。同时，乡村旅游经营者要树立环保理念，正确处理好乡村旅游资源开发与保护的关系，特别要注重对生态环境的保护，严格控制各种污染，做好废水、废物的循环利用，力争实现经济效益、环境效益和社会效益的统一。

（五）完善基础设施建设

旅游业是一个关联效应很强的行业，涉及吃、住、行、游、购、娱各个环节。在旅游过程中，但凡任何一个环节不完善，都会直接影响游客的体验满意度。为此，必须对整个地区进行科学规划，加大乡村道路、水电、通信等基础设施的建设力度，指导乡村旅游经营者改造好客房、厨房、厕所等硬件设施。在基础设施建设过程中，一定要注意保留“乡村味道”，要在符合基本卫生要求的基础上，尽量保留“原汁原味”的、具有本地特色的民居。在配套设施方面，要考虑到游客会在旅游点暂住一段时间的可能性，在旅游点配备便民药店、小型超市等，为旅客提供生活便利。在改善卫生状况上，要建立与处理垃圾和改善卫生条件配套的服务体系。总之，可以通过不断完善基础设施，让游客在美丽、干净、舒适的自然环境中尽享乡村旅游的意境。这种意境是现代人追求的生活品质，也是乡村旅游生态化的内涵体现。

作者单位：中共荣成市委党校

建设特色小镇　助力乡村振兴

梁启玲　梁启婷

十九大报告提出，实施乡村振兴战略。要实现乡村振兴，摆脱贫困是前提，生活富裕是根本，要重点围绕农民群众最关心的利益问题，把乡村建设成为幸福美丽的新家园。实施乡村振兴战略，推进新型城镇化，特色小镇是一个重要的载体。巨峰镇于 2017 年 8 月获批为第二批全国特色小镇，是日照市首个，也是全省首个以茶产业为支柱的特色小镇。自获批以来，巨峰镇就把茶叶作为农业增效、农民增收、农村发展的重点产业来抓，大力推进土地流转，继续扩大茶产业规模，通过“三招三引”，落户一批优质的茶产业项目，在茶业发展过程中，注重一、二、三产业的融合发展，综合推进茶产业提质增效。

巨峰镇的镇域面积为 165 千米，辖 90 个行政村，人口为 7.8 万，三面环山，中部为平原，东面向海，位于北纬 35°。独特的土壤、气候特征为造就优质茶园提供了条件。作为日照绿茶的主产区，巨峰茶叶被誉为“北方绿茶”，是中国唯一的“海岸绿茶”。日照市与日本的静冈、韩国的宝城并称为世界三大“海岸绿茶城市”。自 1966 年日照市开始实施南茶北引以来，巨峰镇大力发展茶叶种植，截至目前，镇域茶园总面积已达 6.8 万亩，是北方最大的绿茶生产基地。随着茶产业规模的持续快速发展，茶产业大而不强、大而不精、大而不彰，质量效益和竞争力差距明显等问题也越来越突出，传统的发展方式也越来越难以适应经济新常态下茶产业提档升级的要求，特别是茶叶质量安全问题更是严重影响了茶产业的持续健康发展。茶产业发展的优劣密切关系着特色小镇建设的成败，关系到广大农民经济收入的高低。

一、产业发展面临的桎梏

(一)产业发展方式滞后

首先,规模效应能力弱,茶园集约化程度较低,全镇80%以上的茶园种植多以散户为主,大规模的茶叶片区数量还不够,“百里绿茶长廊”沿线断带区域较多。企业的规模带动能力也较弱。目前,茶叶加工企业虽然数量较多,但普遍规模小、带动能力弱,在全国、全省叫得响的知名茶企不多。其次,发展方式较传统,销售渠道单一。在茶园种植上,多数都采用茶籽直播的方法,种子间存在一定的遗传差异,建园标准相对低;在管理上,大部分是由茶农自种自管,缺乏统一指导;在茶叶采摘上,基本上为手工采摘,成本高。目前,全镇绝大部分茶叶销售都是通过线下交易来完成,线上交易量较少,未能充分利用“互联网+”的优势。再次,品牌效应不明显。当前,全镇茶叶商标多达80个,但品牌多、乱、杂,没有过硬的品牌。最后,产业融合欠缺。在茶产业“接二”力度上,缺少对茶叶深加工等项目的挖掘,导致茶叶二产发展相对单一,仅局限于炒茶、制茶,实体店的体验能力不足。在茶产业“连三”能力上,产业链条不够长,只局限于单一的、低层次的种植、加工、销售,与旅游、文化等相关产业脱节。

(二)茶业专业技术人员严重不足

通过走访发现,目前的茶产业科研专业人才严重不足,营销复合型人才缺乏,且很难留住高素质人才。大部分茶农年龄偏大、文化程度不高,许多茶企对人才非常渴望但又对现状相当无奈。例如,茶艺师的流动性特别大,而培养一个茶艺师又很难。一个合格的茶艺师需要全面学习茶学基础、茶文化理念、各类茶叶的冲泡方法,而不是稍微教一下就可以上岗的。

(三)茶文化无内涵,缺灵魂

茶不仅是一种商品,而且还是一种文化。目前,茶产业仅仅处于朴素的、初级的发展阶段,没有从文化的视角对其进行深层次的挖掘和研究,茶品缺少茶文化元素,竞争力不够强;茶叶产业链短,只是局限于单一的、低层次的种植、加工、销售,茶产业与旅游观光等相关产业脱节,特别是茶产业还没有占领旅游市场,更没有占领各大中等城市市场,不能“多条腿走路”。

(四)生态环境保护意识淡薄,茶叶质量安全欠保障

首先,茶农的质量安全意识淡薄,过度追求经济利益,不按要求执行用药安

全间隔期规定。其次，化肥使用不规范，在用肥过程中过度使用猪粪、鸡粪等肥料，造成土壤污染加重。再次，企业质量控制措施不严格，企业自律意识和品牌保护意识不够强，在茶叶鲜料的收购、进厂环节缺乏严格的质量审核，企业、合作社在茶叶鲜叶收购中缺乏必要的农残检测。

(五)组织建设不完善，监管不够到位

目前，全镇缺少规范的茶叶生产合作社、茶叶协会，个别茶叶合作社在理论上虽有一整套的品牌治理制度，但在具体执行中不够严格，个别茶叶产品质量低下，严重影响了品牌的整体形象。政府有关部门对茶叶产业的整体发展缺少指导，较重视新品种改良、引进等前期工作，而忽视对产中和产后的监管，对合作社的规范建设引导不够，缺少强有力的措施用于推动茶叶企业联合组团发展。

面对种种问题，巨峰镇党委以全国特色小镇建设为契机，拓展思路、提振精神、主动作为，努力探索乡村振兴之路，全面实现"五个振兴"，争创齐鲁样板。

二、提振精神，主动作为，努力开创特色小镇建设新局面

(一)坚持成果导向，做实特色小镇建设与乡村振兴的融合文章

巨峰镇党委、政府充分认识到特色小镇建设是全镇历史性的发展机遇，一改过去依赖上级党委、政府，投资方、施工方的状况，通过召开系列会议，统一思想，提振精神，及时行动，明确特色小镇建设是巨峰自己的事情，按照"以项目论能力、以项目论水平、以项目论作风、以项目论英雄"的导向，坚持一线指挥、一线调度、一线落实，全民参与特色小镇建设。

1. 产业振兴拉动，增强发展原动力

一产扩规模。力争通过三年奋战，实现茶园面积达到 10 万亩的目标；抓好土地流转，对"百里绿茶长廊"断带区域进行补植，改变茶园"豆腐块"现状，真正做到连线、成片。二产增效益。加快总投资过亿元的康谷茶饮料加工项目建设，拉长茶产业发展链条，力争项目投产达效；建成并启用日照茶都，招引全市、全国品牌茶企入驻，将茶都打造成极具特色的江北绿茶交易中心。三产提格局。加快实施茶叶市场准入工作，引导企业积极申报 QS 认证；推进"标准化工程"，建设薄家口茶叶加工产业园区，统一加工标准、统一 SC 认证、统一品牌，变家庭作坊为规模化、集约化生产。加快产业融合，促进二、三产业发展。继续发展"绿茶+"，拉长茶叶产业链条。在进一步抓好"绿茶+旅游""绿茶+电商""绿茶+流通"的同时，发展"绿茶+光伏"，力求在茶微粉和超微粉生产上有突

破，深度开发茶叶煎饼、茶叶面条、茶叶水饺、茶叶糕点等旅游产品。

2.人才振兴驱动，培育乡村主力军

跟踪服务人才，留住人才，加强对本土人才的培育，建设党员群众讲习所，发挥“智慧党建”“农家书屋”等平台的作用，吸引“茶专家”“茶二代”回乡就业。围绕项目聚才，抓住国家级特色小镇的契机，与高等科研院校合作，聘请1名科技副镇长，争引创业团队，切实达到项目、人才“双驱动”，建立“巨峰人才信息库”，提高招才引智的针对性和实效性。

3.文化振兴推动，转变发展新思路

2018年中央一号文件指出，要繁荣兴盛农村文化，焕发乡风文明新气象。千百年来，乡村文化凝聚着乡土之美、人文之美。全镇加大文化宣传力度，在驻地主要路口设置大型广告牌匾，做到“百米之内见标语、千米之内见展牌”。挖掘文化内涵，传承“古盐道”历史，打造“海盐古寨、茶香小镇”；发展“文化＋旅游”，建设“会呼吸的茶园”；建设茶文化展示区、现代化茶叶加工区、品茗演示区，拉长茶文化旅游消费链。充分挖掘茶文化内涵，组织形式多样的茶叶博览会、展示展销会、洽谈会、文化交流会以及各类茶事、茶艺、茶乡游等活动，实现巨峰绿茶品牌与巨峰绿茶文化融合发展、共同促进。同时，注意突出品牌建设，聚焦“海岸健康”，形成以茶为主题、以健康为内涵、以海岸为特色的品牌效应；加快茶叶品牌整合，抱团发展，提升产品的竞争力和市场占有率。

4.生态振兴带动，优化发展软环境

中央深改组第三十七次会议审议通过的《关于创新体制机制推进农业绿色发展的意见》，首次提出农业绿色发展“三不、两零、一全”的总体目标。巨峰镇实施林水会战，重点做好荒山披绿、扩大茶园面积、提质增效等工作，在甲子山区域打造万亩野山茶片区。建设美丽乡村，实施地下雨污分流、三线入地等，改善民居环境，开展农村环境综合整治。

5.组织振兴联动，打造农村硬班子

以党建为引领，带动班子的整体功能提升，夯实基层基础工作，通过特色小镇建设来锻炼干部、识别干部，为乡村振兴提供坚强保障。发展壮大集体经济，认真贯彻落实“清零”“倍增”，抓党建促村级集体经济发展的工作要求。全面实施乡村振兴战略，实施“党支部＋合作社＋企业＋农户”的模式，推进生态环境改造提升，规划产业、文化、旅游的田园综合体，培育出特色鲜明的乡村振兴战略示范强村。

（二）坚持规划引领，精雕细琢提升镇驻地综合管理水平

以“城市管理应该像绣花一样精细”为要求，以“让人民的生活更加幸福美

满”为目标，精雕细琢，创建更加整洁、安全、干净、有序的城市环境，“绣”出城市精细化管理的巨峰品牌。

1.以打造样板城镇为出发点，提升特色小镇的规划高度

坚持高起点、高标准规划，做到“历史文化一脉传承、建筑风格一律协调、项目规划一概统一”。挖掘文化历史资源，将盐元素融入茶文化，打造“海盐古寨、茶香小镇”，驻地沿街楼、党委办公楼全部以徽派风格打造，以此体现古寨韵味；统一规划风格，总体规划、控制性规划、核心区概念性规划全部都应体现茶乡特色和风貌。

2.以完善基础配套为切入点，丰富特色小镇的建设厚度

对镇驻地基础设施进行改造升级，实施雨污分流，力争启动驻地污水处理厂项目。实施园区提升，实现“三通一平”，加大园区绿化，完成企业“煤改气”。

3.以建立长效机制为着力点，强化特色小镇的管理力度

落实门前三包，与各沿街商户签订责任书，明确责任义务和违约处罚措施；实行网格管理，将镇驻地划分为14个网格，明确每个网格的网格长、网格成员、街长，由他们对网格辖区全权负责；建立巡查制度，加大对占道经营、私搭乱建等行为的整治力度，确保城镇管理常态化、规范化。

4.以改善生活条件为落脚点，培育特色小镇的生活温度

在以巨峰河为中心的2.5平方千米区域，以北方茶都项目为依托，集合茶叶加工、包装、检测、电子商务、文化旅游等复合功能，实施茶都综合体建设、滨河旅游开发、滨河社区建设、茶文化建设“四大工程”，通过核心带动，形成茶产特色的茶业小镇。加快推进棚户区改造项目，按照“改造一批空心点、整合一批偏远点、打造一批民俗点”的思路，启动对西青墩、尚家庄的旧村改造，提升驻地辐射力，通过改旧建新，提升镇驻地规模和人口承载力。

三、总结乡村振兴经验，奋力开拓进取

（一）优化产业结构强支撑

扩大茶叶种植规模，加强茶叶安全监管。巨峰镇出台了《巨峰镇人民政府关于加强茶叶生产质量安全监管工作实施意见》，对茶叶种植户、茶叶加工企业给予全面的引导。同时，争取住建、民政、扶贫部门的大力支持，解决了危房改造和农村改厕工作；加大农田水利和农民饮水工程建设。完成了市级美丽乡村的规划设计工作。

（二）强化项目建设提实力

巨峰镇大力招商引资，招引创新创业团队，引进高层次创新人才，引进先进技术，新建科技服务机构。同时，规划“幸福公路”，完成农村网化道路工程，全力推进社区工程建设。

（三）聚焦民生改善增福祉

巨峰镇紧紧围绕“丰富内涵、提质增效”的目标要求，突出绿茶特色，深入开展林水会战专项行动，全面提升全镇生态文明建设水平。同时，积极推进薄弱学校改造、解决“大班额”等教育工程；改造完成村级标准化卫生室，让老百姓不出远门就能享受到区级医院的先进诊疗技术及诊疗服务。

面对这一千载难逢的历史性发展机遇，承载着7.8万巨峰人民的殷切期望，巨峰镇党委、政府用宽肩膀担当、靠真本领成事，擦亮了特色小镇的城市名片，打造了全国特色小镇的“样板”，在乡村振兴的道路上留下了浓墨重彩的一笔。

作者单位：中共日照市岚山区委党校
日照市城西小学

乡村人才振兴篇

农村人力资源供给视角下乡村振兴问题研究

孙学立

党的十九大报告提出的乡村振兴战略，是中国特色社会主义进入新时代背景下，以习近平同志为核心的党中央在深刻把握我国国情、农情，深刻认识我国城乡关系变化特征和现代化建设规律的基础上，着眼于党和国家的事业全局，着眼于实现“两个一百年”的目标导向以及补齐农业、农村短腿、短板的问题导向，对“三农”工作作出的重大战略部署，提出的新的目标要求，必将对我国农业、农村发展乃至中国现代化进程起到重大的推动作用。2018 年中央一号文件指出，实施乡村振兴战略离不开农村人才队伍。在农村人才队伍中，对青年人力资源的培育与开发是关键，特别是近几年我国新农人主体的出现，如投资新农人、回乡新农人、科技新农人、电商新农人。在我国农业、农村发展进入新时代，由增产导向转向提质的重要阶段，农村优质人力资源供给成为这一转型的重要力量。

一、培育农村优质人力资源的动力体系

自 21 世纪以来，从我国人力资源流动趋势来看，农村中青年人力资源不断向城镇转移，但是这种生产要素的流动是由农村向城镇的单向转移，尽管它为我国工业化、城镇化的快速推进提供了强有力的人力支撑，带动了农村家庭收入水平的提高，并为规模化、集约化的现代农业发展提供了空间，但是同时也使农村优质人力资源流失，从整体上降低了农业生产经营者的素质，由此带来的农村优质人力资源供给不足已成为实施乡村振兴战略必须面对的问题。

（一）助推乡村振兴的农村优质人才动力不足

近年来，我国农业生产的经营模式和经营主体发生了很大变化，多数农民家庭改变了过去以经营自家承包地为主业的生产方式，逐渐把农业生产当作副

业,“谁来种地”的问题越来越令人担忧。据国家统计局2016年农民工监测调查报告显示,2016年农民工总量达到28171万人,比2015年增加424万人,增长率为1.5%,增速比2015年加快0.2个百分点。据国家发改委组织编写的《国家新型城镇化报告2016》数据显示,2016年我国户籍人口城镇化率为41.2%。据国家卫计委发布的《中国流动人口发展报告2017》数据显示,2016年我国流动人口规模为2.45亿,呈现稳步增长的趋势。这些流动人口绝大部分属于“离乡又离地”的农业转移人口。从上述数据可以看出,当前我国农村绝大多数中青年劳动力流入城镇,农村人才空心化现象严重。笔者最近在山东省济宁、菏泽等地调研也发现,在农村从事农业生产的经营者年龄一般都在50岁以上,同时他们也不是单纯地从事农业生产经营,有相当一部分把农业当成了兼业,大部分时间都到距家较近的城镇或农村加工厂打工,几乎没有把全部精力放在农业、农地经营上。

(二)仅靠“老人农业”无法支撑乡村振兴战略

当前,我国“老人农业”现象比较普遍,这也成为专家、学者讨论的热点问题。一些主张维系小农经济的专家认为,“老人农业”并不是问题,因为“老人农业”能够应对我国的粮食安全和社会稳定问题。他们认为,尽管现在农村种地的多是老年人,但是我国的粮食产量不也是一直在增加吗?老人种地不会威胁到国家粮食安全问题。这是农业的比较收益低,城市务工工资高于农业经营收益的必然,“老人农业”是农村作为城镇化的稳定器和蓄水池的自然反映。但我们必须清楚地知道,我国“老人农业”之所以近些年能够实现粮食生产的连年增产,主要得益于我国农业社会化服务水平的不断提高,以及我国政府出台的一系列强农惠农政策与农产品保护价制度。还有一个问题值得我们思考,“老人农业”是否具有可持续性?当这一代老人去世后,未来谁将耕种土地?年老之后返乡的农民工,真的能像父辈一样承担起农业生产的重担吗?调研发现,农村35岁或40岁以下的人,在很年轻的时候就外出打工,没有真正从事农业的经验。当这些人在50岁左右回乡(村)时,他们也没有从事农业生产的基础。

(三)实施乡村振兴战略需要更多优质人力资源留在农村

党的十九大报告提出,实施乡村振兴战略,要“培养一支懂农业、爱农村、爱农民的‘三农’工作队伍”。乡村振兴战略涉及经济、政治、文化、社会等领域,没有一支数量充足、结构合理、素质较高的农村人才队伍作为支撑,乡村振兴战略就很难实现重大进展。美国农业经济学家舒尔茨在其代表作《改造传统农业》中指出,在决定农业生产的增长量和增长率的生产要素中,土地的差别是最不重要的，物质资本的差别是相当重要的，而农民的能力的差别是最重要的。综观世界上的农业发达国家，像荷兰、以色列等农业资源并不富足的国家，正是依赖于高素质的农业生产经营者，才成了现代农业的典范。当前，我国城乡关系处于融合发展阶段，人力资源在城乡之间的互动开始出现，比如近几年出现的农村大学生返乡创业，外出农民工返乡创业，一些“城归”群体开始助推乡村振兴。现阶段应鼓励、支持有专业知识的中青年到农村去。因此，实施乡村振兴战略，必须充分发挥人力资本作用，牢牢抓住培育农村人才资源这一关键环节不放松，培养出大批能够满足乡村振兴战略要求的新型人才，为实现农村、农业现代化提供强大的智力支撑和人才保证。

二、农业发达国家对农村人力资源培育和开发的共性

农业经济比较发达的国家都非常重视培育和开发农村人力资源，从世界范围内看，发达国家培育和开发农村人力资源都有其共同的做法和经验，这值得我国学习、借鉴。

（一）通过制度立法使农村人力资源培育和开发法制化、规范化

通过对比美国、日本等国培育和开发农村人力资源的做法发现，最首要的一条经验就是：这些国家都为这项工作制定了科学合理的法律规范。比如，美国农村人力资源开发的相关立法主要包括三类：一是涉及基础教育的立法；二是涉及职业教育和继续教育的立法；三是与农业推广相关的立法。在日本，关于农村人力资源开发的主要法律是《农业改良助长法》。此法律确定了日本农民参与培训和促进农村经济发展的一系列制度，比如，规定国家和地方政府委托农业大学对农民进行技术培训，帮助他们掌握农业生产技术。在法国，关于农村人力资源开发的法律主要是1960年颁布的《农民教育指导法案》，该法案主要确定了农业教育的方针、教学改革的步骤和措施，使法国的农业教育得到了规范发展。在德国，相关法律主要是1969年颁布的《职业教育法》和1981年制定的《职业教育促进法》，这两部法律使联邦德国形成了“双元制”的农村教育体制。

（二）构建农村人力资源职业教育培训体系

从美国、德国、日本等国培育和开发农村人力资源的经验来看，他们各自都有一套完整的农民教育体系。在德国，政府通过农业职业学校来完成对农民各类知识技术的教育培训。德国农业职业学校和其他行业的职业学校相似，学制一般为3年，第一年主要学习农业科技成果、农业生产的经营管理和生态农业

发展等方面的内容,后两年主要是实践,深入农业企业进行专业技术培训。在美国,政府规定从事农业生产的农民必须接受免费的学习培训,并规定只有通过考核后才能从事农业生产,否则要自费完成继续学习和考核。在日本,主要通过农民组织团体对农村人力资源进行培训教育,如综合农协、农业改良普及中心和农业青年俱乐部等。这些农民组织团体组成了日本农业从业人员接受技术教育的培训体系。

三、创新人力资源培养体系

党的十九大报告指出,要培养造就一支懂农业、爱农村、爱农民的"三农"工作队伍,其本质要求就是要培养、造就适应农村、农业现代化要求的农村人力资源,重点是培养引领新型农业经营主体发展的优秀带头人和技术管理人才。这些新型农业经营主体是实施乡村振兴战略的骨干力量,要创新支持鼓励政策,加大培育力度,为其提供更广阔的创新空间。

(一)教育培训内容与方法

由于我国目前的农业经营主体多元化,因此对农村人力资源的教育培训应分类实施。笔者在调研中发现,虽然目前我国的农民培训部门不少,也分别组织了一些培训活动,但普通农户的参与兴致不高。存在这种问题的主要原因是培训课堂在乡镇、在教室,距离农户较远,培训内容"高深",不接地气。因此,对大多数普通农户的培训,应结合农业社会化服务体系,让"老人农业"经营主体适应现代农业发展的要求,通过举办实操型的现场讲学,从过去教室理论授课转到田间地头,手把手地教给他们现代科学技术,大面积普及现代农业生产经营理念,努力实现小农户和现代农业发展的有机衔接;对新型农业经营主体的教育培训,应结合现代农业发展理念,重点培训现代前沿科学技术,比如"互联网+"、大数据、物联网、区块链等技术在农业生产经营中的运用,提高农业全要素生产率;对返乡农民工和农村大学生创业群体的培训,更多的是让他们体会农村创业成功者的现身说法,接受致富能人、技术能手、科技人员的言传身教,在实际生产经营中增长本领,还可以通过培训、考试,建立职业农民培训认证制度,重点把这类经营主体打造为未来真正的职业农民群体。

(二)培育新时代"三农"工作干部队伍

实施乡村振兴战略,需要高素质的"三农"工作干部队伍。习近平总书记说:乡村是我们党执政大厦的地基,乡村干部是地基中的钢筋,位子不高但责任很大。这句话深刻阐述了乡村干部在我国农村经济发展和社会建设中的重要作用和重大责任。加强乡村干部队伍建设，一方面要选派大量学历高、专业背景强、思想进步的管理型干部充实到县级及以下行政部门，选派优秀大学生党员到农村担任第一书记，特别要注重培养和选拔村级党组织主要负责人；另一方面，要加强对驻村干部、大学生村官、乡村技术员等的培养和管理，充分发挥他们的优势和特长。比如，有的地方尝试探索“定制村官”培养计划，通过政策机制创新，定向培养一支本地生源优先、懂农业、爱农村、爱农民的“永久牌”村干部后备队伍，探索出一条能扎根农村的人才培育新路径，为农村地区更好地实施乡村振兴战略打下了坚实的基础。乡村干部素质的更新，会给一县、一镇、一村带来发展思路和面貌方面的崭新变化，也会对现有干部队伍的素质提升起到“鲶鱼效应”。

四、构建乡村教育振兴的长效机制

教育是百年大计，乡村振兴离不开农村教育振兴。现阶段我国优质的教育资源主要集中在特大城市、大城市，而农村区域不仅没有高等教育资源，而且也比较缺乏优质的中小学教育资源，乡村教育一直面临学校难招生、老师难留下等问题。实施乡村振兴战略，教育是基础性、管长远的工作，必须构建乡村教育振兴的长效机制。

（一）尽快制定推动优质教育资源均衡布局的战略规划

从发达地区的发展经验看，其优质教育资源的分布往往比较均衡，有相当数量的名牌大学建在小城市、小城镇。比如，浙江科技学院和德国吕贝克科技应用大学在浙江省安吉县合作创办了安吉中德工程师学院，两所大学凭借较高的教学质量，聚集了大量优质的人力资源，促进了优质资源布局的均衡化。这样的案例在浙江省还有宁波诺丁汉大学、温州肯恩大学等。从浙江省的经验看，为推动乡村教育振兴，应引导城市特别是特大城市、大城市的优质高等教育、中小学教育资源向农村区域布局，可将一些城市名牌中学的分校区直接安排到乡镇，将一些城市名牌小学的分校区直接安排到中心村。对于边远地区特别是山区，可以将已经撤并的部分小学恢复起来，让人口比较集中的中心村及一部分行政村乃至自然村，通过重新布局优质小学教育资源而恢复生机和活力，从而实现乡村教育的繁荣振兴。

（二）需要促成优质教育资源向农村正向流动

当前，广大农村中小学存在师资队伍年龄结构不合理、专业教师欠缺、新生师资力量不足的情况，许多优秀农村教师也都想通过各种渠道进入城市学校，这就使城乡之间的教育发展更加不均衡。乡村振兴需要实现优质师资从城市向农村正向流动,从而解决城乡教育发展不平衡、不充分问题。为此,要积极采取措施,补齐教育短板,实现整体提升。首先,鼓励优秀大中专师范类毕业生到农村学校任教,解决农村教育师资困境。实践证明,免费师范生培养制度有效改善了农村教师结构,提升了农村教师队伍整体素质。笔者通过实地调研发现,通过免费师范生培养制度培养出一个优秀小学老师,根据合同这位老师能回乡服务5～8年,而且有很大可能性会终生从事教育行业。因此,要继续深化这项制度,招聘本科生、免费师范生、特岗教师、全科教师,提高高学历教师比例,为乡村师资“输血”。对农村教师要设置特殊岗位津贴,农村教师在培训深造、职称评定、福利待遇等方面要有优先,要让种种优惠政策切实向农村教师倾斜,确保农村老师能够安心从教、安居从教,从根本上打造出一支“下得去、留得住、教得好”的农村教师队伍。

【参考文献】

[1]张军:《乡村价值定位与乡村振兴》,《中国农村经济》2018年第1期。

[2]李毅:《国外农村人力资源体系发展经验研究》,《世界农业》2013年第5期。

[3]陈华宁:《国外农村人力资源开发模式及启示》,《国际经济合作》2009年第3期。

[4]王春伟、刘云涛:《国外农村人力资源开发的经验借鉴》,《世界农业》2013年第4期。

[5]马隽、江雨:《国外农村人力资源开发经验及对我国的启示》,《改革与战略》2017年第5期。

[6]王文强:《论增强农业供给侧结构性改革的主体力量》,《农村经济》2017年第4期。

[7]刘合光:《乡村振兴战略的关键点、发展路径与风险规避》,《新疆师范大学学报》(社会科学版)2018年第1期。

[8]王亚华、苏毅清:《乡村振兴——中国农村发展新战略》,《中央社会主义学院学报》2017年第12期。

[9]罗哲、单学鹏:《农业供给侧结构性改革背景下的人力资本投资治理路径探究》,《农村经济》2017年第11期。

作者单位:中共济宁市委党校

农民工参与乡村振兴战略的思考

满新英

实施乡村振兴战略，按照产业兴旺、生态宜居、乡风文明、治理有效、生活富裕的总要求，加快推进农业、农村现代化，是党的十九大作出的重大决策部署。乡村振兴是全体农民的共同责任，返乡农民工作为农民中的活跃群体，经过出外打拼和磨砺，积淀了一定的资本，已成为代表农村先进力量的新型农民。在实现乡村振兴的征程上，农民工是链接城乡社会发展的纽带，将在振兴乡村中发挥重要作用。

一、农民工返乡现状及原因

农民工的“返乡潮”最早发生于2008年年底，主要是受金融危机影响而形成的。2015年以来的农民工返乡大军，主要是在国家进行产业结构转型升级的“调结构”背景下发生的。2016年中国农民工监测调查报告显示，2016年农民工总量为2.82亿人，较2015年同比上升1.53%，连续3年低于2%。2017年农民工监测调查报告显示，2017年农民工总量达到28652万人，涨幅较往年明显减少，返乡农民工数额激增，有超500万人选择返乡。从总体来看，随着我国经济增长进入新常态，农民工返乡的规模和速度明显提高，导致农民工返乡的原因主要有四点。

(一)经济结构转型，农民工就业难度加大

我国经济进入新常态，经济结构不断升级，这对劳动者素质、技能等提出了更高要求。产业结构出现了全面调整，这也导致企业的就业率减少。尤其是建筑行业、矿业的不景气以及一些劳动密集型行业的就业吸纳能力减弱，农民工在城市就业的难度加大，从而作出了返乡就业的选择。

(二)国家加大了对农民工返乡创业的政策支持

2007～2010年,连续四个中央一号文件都明确指出,“鼓励外出务工农民带技术、带资金回乡创业”“落实农民工返乡创业扶持政策”“将农民工返乡创业纳入政策扶持范围”。2016年7月的《关于实施农民工等人员返乡创业培训五年行动计划(2016—2020年)》指出,农民工等人员返乡创业,符合政策规定条件的,可享受减征企业所得税,免征增值税、营业税、教育费附加等税费,减免和降低失业保险费率。创业政策的不断完善,政策支持力度的不断加大,在一定程度上激发了农民工返乡创业的热情。

(三)农民工自身特点成为返乡的重要原因

从身份认同角度看,农民工在城市工作和生活的主体意识和融入性并不强,他们虽然在城市获得了体面的劳动和更多的发展机会,但并没有得到足够的劳动权益保障。社会排斥是阻隔农民工融入城市的因素之一。从年龄来看,出生于20世纪70年代的第一代农民工,目前已近50岁。由于他们大多从事建筑业,且这一行业对体力的要求高,年龄的增大使他们的体力开始下降。面对年龄的增长,越来越多的第一代农民工开始踏上返乡的道路。从教育水平看,农民工普遍教育水平较低,面对严峻的就业形势,不得不返乡。

(四)乡村环境的重大改善

随着我国经济社会的迅猛发展,乡村整体环境不断得到改善,尤其是农村建设的开展,以及精准脱贫战略的政策导向,减轻了在乡村地区创业及就业的负担,为农民工返乡工作创造了更为充实的政策环境和现实条件。各级政府出台的一系列有利于农民工返乡创业的政策,也为农民工创业提供了相应的保障。农村基础设施不断完善,土地流转和深加工产业快速发展,使得乡村地区的创业环境不断稳定和持续优化,在因地制宜发展特色经济的基础上,为农民脱贫致富创造了发展条件。

二、农民工返乡对实施乡村振兴战略的作用

农民工返乡迎来了创业潮,为乡村振兴战略提供了人才基础。

(一)农民工对推进乡村“产业兴旺”的作用

乡村要振兴,产业兴旺是重点,而农村产业兴旺必须依赖大量返乡农民工。因为大量农民外出务工,使农村失去了大量素质较高的劳动力,农民工返乡创

业实现了人才回流，能有效地解决农村劳动力资源短缺的问题。农民工有城市打工的经历，既了解城市生活，又了解农村现状，既具备了较强的市场开拓意识和创业能力，又能将农村实际和市场信息结合起来，能成为农村创业创新、积极参与乡村振兴建设的新型农民。因此，农民工成为农村经济发展的新动能，“归雁经济”必然带动人力、物力和财力的积聚，扩大农村经济产业规模，增加人口数量。

（二）农民工对推进农村“生态宜居”的作用

农村生态宜居包括农村生产方式、生活方式和思想观念的生态化。当前，随着城镇化建设的推进，农村经济也得到了发展，但农村环境问题日益突出，致使农村生态环境不断恶化。突出问题有工业污染，生活污水、生活垃圾处理不当，农药和化肥的过度使用导致的地力下降、水体污染、耕地污染、农产品品质下降，以及规模种植养殖业带来的污染，等等。要建设生态宜居的农村，与现代文明接触较多的返乡农民工可以发挥积极作用。农民工在城市生活时，吸收了城市的环保生态理念和卫生习惯，对家庭成员的卫生习惯、家庭饮用水来源、家乡环保意识，对生活垃圾等无机废弃物的处理，对农业副产物（秸秆等）的处理，对畜禽粪便的处理，对村里公共设施的关心程度等方面都有一定的正面影响和作用。

（三）农民工对于推进农村“乡风文明”的作用

中国有着历史悠久的农耕文明，这种文明也深深地植根于中国人的头脑。曾经极具地方特色的庭院村落、逢年过节的庆祝习俗、父慈子孝的祖传家训、诚信重礼的敦厚民风，蕴藏在一个个乡野村落中。城镇化建设加速了包括古村落在内的千万个村落的消失，农民受社会环境影响，对乡土文化的认同感和自信心也在逐渐消退。近年来乡村旅游的兴起，使乡土文化与乡土习俗成为不可或缺的旅游产品。农民工返乡参与乡村旅游开发，对复兴当地传统文化习俗，重现当地各种民间技艺、技能都有重要作用。

（四）农民工对于推进农村“治理有效”的作用

治理有效是实施乡村振兴战略的基础，决定农村社会的和谐稳定和长治久安。农村社会矛盾纠纷涉及宅基地、土地承包、项目征地、林地收益等经济矛盾纠纷，还有群众与政府相关部门、单位间的矛盾纠纷以及村民选举纠纷、医疗纠纷、环境保护纠纷、道路交通事故纠纷等，这些都给农村社会治理带来了考验。农民工可以在农村社会治理中发挥不可或缺的作用。由于农民工外出打工，常

年处于严格管理的社会环境中，接触了法律知识，增强了法律意识，因此可以吸纳农民工进入村委会，增强村委会的工作能力。

（五）农民工对于推进农村“生活富裕”的作用

农民工可以成为农村致富的带头人。通过城市大学的教育，农民工具备了现代科学文化知识、现代农业生产技能。返乡农民工可以以现代知识为指导，以发展现代农业为己任，成为传统农业继承人与现代农业的开拓者，成为农村致富的中间力量。

三、农民工助力乡村振兴的对策

当前，发挥返乡农民工的作用，还存在不少困境，如农民工综合素质较低、就业创业培训体系有待完善、创业困难重重等。通过提升农民工自身素质和创业能力，优化创业环境，调动其参与积极性，是我国实现乡村振兴的重要途径。

（一）提升返乡农民工自身素质

提升农民整体素质是乡村振兴的关键。返乡农民工作为农民中的精英，更应该在带领农民发家致富，推进美好乡村建设中起引领作用。要逐步提高返乡农民工的思想道德素质，使其成为爱党、爱国、爱农村的新农人；要逐步提高返乡农民工的文化素质，使其成为有知识、有能力、有理想的新农人；要逐步提升返乡农民工的职业素质，使其成为懂农业、懂技术、懂管理的新农人。要使他们具备创业所需的各项知识和能力，不断提高他们的就业创业能力。

（二）把农民工培育成为新型职业农民的先锋

乡村振兴需要政府、社会各界人士的重视和支持，但最重要的还是要培育千千万万个具有较高素质的现代农民，因为他们才是振兴乡村的重要支撑和依靠。农民工来自农民，出生在农村，知晓农业，加上城镇生活和工作经历，接受过城市教育，在回乡创业中可以很快成为“三农”队伍的骨干力量，这支力量是发展农业的重要人力资源。培育新型职业农民，要紧紧抓住推进农业供给侧结构性改革这条主线，制定满足新型职业农民需求的全方位、多样化的培训内容，实现农民向懂技术、善经营的新型农业经营主体转型，让农民学会现代技术与管理方法，树立现代经营理念，真正成为“爱农业、懂技术、善经营的新型职业农民”。

(三)优化农民工创业环境

政府要切实优化返乡农民工创业环境,为返乡农民工构建积极有效的创业扶持政策,同时要调动返乡农民工主动参与创业培训的积极性,提高他们的创业能力。首先,要着力解决创业融资难的问题。多渠道拓宽创业资金来源,通过鼓励银行等金融机构积极开发农村金融产品、小额贷款担保,充分利用财政资金建立专门的创业扶持基金,积极争取政策性金融服务项目对返乡创业的支持。其次,通过制定有针对性的创业培训计划,多渠道解决人才缺乏问题,鼓励各地建立专门的农民工返乡创业服务协调机制,提升创业管理服务水平,加大政府对农民工返乡创业的支持力度,建立对创业帮扶政策制定与落实的评估考核机制,解决返乡农民工创业过程中较为普遍的问题。

(四)大力调动农民工参与乡村振兴的积极性

首先要从产业发展、生态建设、乡村文明、社会治理和生活富裕方面,提高返乡农民工的获得感、幸福感、安全感,把农民工对美好生活的向往转化为乡村振兴的动力。其次要发挥农民工在乡村振兴中的带动作用。完善乡村治理组织结构,加强和改进村民会议、村民代表会议、村民议事会等组织在实现村民自治中的积极作用,使农民工能够有效参与乡村重要事务的计划与决策。最后要加强农村基础设施建设、人居环境建设,改善农村公共服务,建设美丽乡村,为返乡农民工就业创业提供良好的硬件条件,满足返乡农民工的基本需求,激发返乡农民工参与乡村振兴的内生动力。

【参考文献】

[1]《习近平主持召开中央全面深化改革领导小组第十次会议》,2015 年 2 月 28 日《人民日报》。

[2]牛永辉:《乡村振兴视阈下农民工返乡创业的动因、困境及对策探究》,《内蒙古农业大学学报》(社会科学版)2018 年第 1 期。

[3]国家统计局:《2016 年农民工监测调查报告》,2017 年 4 月 28 日,http://www.stats.gov.cn/tjsj/zxfb/201704/t20170428_1489334.html。

[4]国家统计局:《2017 年农民工监测调查报告》,2018 年 4 月 27 日,http://www.stats.gov.cn/tjsj/zxfb/201804/t20180427_1596389.html。

作者单位:中共山东省委党校